W0064239

Das Zeitalter der Renaissance

Das Zeitalter der Renaissance

Kunst, Kultur und Geschichte im Mittelmeerraum

Herausgegeben von
Eduard Carbonell, Roberto Cassanelli und Tania Velmans

Aus dem Französischen, Italienischen und Spanischen von
Jochen Grube, Stefan Knaute und Helmut Schareika

THEISS

Bibliografische Information Der Deutschen Bibliothek

Die Deutsche Bibliothek verzeichnet diese
Publikation in der Deutschen Nationalbibliografie;
detaillierte bibliografische Daten sind im Internet
über http://dnb.ddb.de abrufbar

Umschlaggestaltung:
Neil McBeath, Stuttgart, unter Verwendung einer Studie des menschlichen Körpers
nach Vitruv von Leonardo da Vinci. Federzeichnung, Tinte und Wasserfarbe;
1490 Galleria dell Accademia Venedig. © INTERFOTO München

Originalausgabe Il mediterraneo e l'arte: L'alba del mondo moderno.
Dal Gotico a Rinascimento nel Mediterraneo (1250–1450 ca.)
© 2003 by Editoriale Jaca Book spa, Milano/Lunwerg Editores, Barcelona
All rights reserved

Übersetzung: Jochen Grube, Stefan Knaute und Helmut Schareika

© für die deutschsprachige Ausgabe:
Konrad Theiss Verlag GmbH, Stuttgart 2003
Alle Rechte vorbehalten
Lektorat: Christiane Wagner, Leinfelden-Echterdingen
Satz: Steffen Hahn GmbH, Medienservice, Kornwestheim
Druck: Lunwerg, Barcelona
ISBN 3-8062-1814-5

Inhalt

Die Küsten des Mittelmeers, dargestellt in dem Abraham und Jafuda Cresques zugeschriebenen Atlas von 1375, f. 3.

Einleitung

Tania Velmans

Die Kunstgeschichte Europas und des Mittleren Orients birgt zwischen der zweiten Hälfte des 12. Jahrhunderts und dem 15. Jahrhundert noch viele ungelöste Rätsel. Vor allem die künstlerischen Umwälzungen im Abendland und der byzantinischen Welt werfen noch viele Fragen auf. Der erstaunliche Aufschwung der italienischen Renaissance ist im Keim zwar in der byzantinischen Kunst angelegt, aber Architektur, Skulptur und Malerei dieser Periode besitzen dennoch ihr eigenes Gesicht, ihren eigenen Erfindungsreichtum und ihre eigene Kühnheit. Im Vergleich zu den künstlerischen Normen der vorangegangenen Epoche sind sie im wahrsten Sinn des Wortes verblüffend. Kein Zweifel – sie markieren das Ende des Mittelalters.

In der Architektur ist die Gotik, die in der Île-de-France entstanden war, Ausdruck eines strengen Glaubens und einer Stimmung, die nach geistiger Erhebung drängte. Sie ist aus dem Willen entstanden, das flache Dach der Basiliken zu durchbrechen, das als drückend und zu alltäglich empfunden wurde, um den Geist und die Gebete der Gläubigen bis zum Höchsten dringen zu lassen. Man begann Basiliken mit Kreuzrippengewölben zu errichten, womit die Vorstellungskraft und das Einfühlungsvermögen der Architekten freigesetzt wurden. Der neue Typ Gotteshaus lebte von Spannung, Kraftlinien und Bewegung. Die räumlichen Proportionen erhielten eine größere Bedeutung als die Formen, die später ständig fortentwickelt wurden. Vor diesem Hintergrund sind die rasche Zunahme von Spitzbögen, Rippen, schmalen und gebündelten Diensten und die Aufteilung von Kreuzgratgewölben in immer kleinteiligere Kreuzrippengewölbe zu verstehen. Ob es sich nun um Kathedralen oder Reliquiare handelt – stets wird ihre Struktur durch einen unwiderstehlichen Drang in die Höhe bestimmt. Die massiven und aus der Antike vererbten Mauern der Romanik lösen sich komplett in dünne Zwischenwände mit großen verglasten Fensteröffnungen auf. Der wuchtige Stein und seine in ihrem Geist gestaltete Oberfläche machen einer luftigen Hülle mit zahlreichen Schmuckelementen Platz. Die Türme und Strebebögen treten hervor und vollenden den vertikalen, geradezu Schwindel erregenden Schwung der Gebäude. Die Säulenfiguren, die sich ganz an der antiken Bildhauerei orientieren und die Kirchen schmücken, sind in die architektonische Gesamtkonzeption fest eingebunden.

Die byzantinische Kirchenarchitektur erneuert sich kaum, da die Kirchen fast alle den traditionellen Kreuzgrundriss mit einer oder mehreren Kuppeln beibehalten. Ihre Baumasse aber wird aufgelockert: Es gibt wesentlich mehr Seitenkapellen und die Größe einer Kirche ist nicht mehr so wichtig wie in der Vergangenheit. Das hängt zweifellos mit der Tatsache zusammen, dass seit dem 13. Jahrhundert nicht mehr nur Herrscher und hohe kirchliche Würdenträger Sakralbauten stiften, denn seit der Eroberung Konstantinopels durch das vierte Kreuzfahrerheer war das Reich verarmt. Der Kirchenbau griff auf breitere Schichten über, sodass auch lokale Instanzen wie der niedere Adel, Priester, reiche Händler und andere Privatleute Kirchen stiften konnten.

Die Freskenmalerei dagegen weist seit der zweiten Hälfte des 12. Jahrhunderts bis zur Mitte des 13. Jahrhunderts, in manchen Gegenden sogar bis ins 14. Jahrhundert, spektakuläre Neuerungen auf. Im Vergleich zum Abendland ist sie im byzantinischen Reich hoch entwickelt. Dabei bewegen sich die Veränderungen, von denen in diesem Band berichtet wird, hauptsächlich in zwei Richtungen: Zum einen handelt es sich um die Einführung von affektiv verknüpften Wertvorstellungen in das Gebiet der Sakralkunst und zum anderen um die Aufmerksamkeit, der sich Vorbilder aus der Antike plötzlich erfreuen. In Byzanz war während des Bilderstreits basierend auf den Lehren der Bilderverehrer, die das Dogma der Inkarnation Christi mit aller Deutlichkeit betonten und damit nachhaltig die Menschwerdung des Gottessohnes hervorhoben, seit dem 9./10. Jahrhundert ein neuer Humanismus erwacht. Man wagte also, Jesus in seiner Passion und tot am Kreuz darzustellen. Damit tauchten neue Bildthemen wie der Threnos (die Beweinung Christi) oder der Schmerzensmann auf, die später nach Europa gelangten und dort unter der Bezeichnung „Marienklage" oder „Pietà" dargestellt wurden; ebenso die Ikone, die konservativste Werkkategorie, die schon um 1130 das Christuskind zeigte, das seine Mutter hingebungsvoll liebkost.

Die Eroberung Konstantinopels im Jahr 1204, von den Byzantinern als Trauma erlebt, das sämtliche Fundamente, sogar die der orthodoxen Kirche bedrohte, bekämpften sie mit einer beispiellosen kulturellen Kompensation. Deshalb erklärte man die Kunstwerke der Antike flugs zum Erbe des

Reichs, dessen Ursprung römisch und dessen Bevölkerung griechisch sei. Als Folge dieser heilsamen Lüge beschäftigten sich Künstler und Dichter umgehend und mit großem Interesse mit den aus der Antike ererbten Vorbildern. Genau daraus entstand in den zwanziger Jahren des 13. Jahrhunderts die so genannte palaiologische Renaissance. Ihre Merkmale waren heilige Personen mit groß dimensionierten und perfekt modellierten Körpern, fleischigen und vom Ideal des Asketen weit entfernten Gesichtern. Der Asket wurde durch das Bild des frommen und kunstliebenden Menschen ersetzt. Den anfangs leeren, sich in die Unendlichkeit öffnenden und zur Vortäuschung des göttlichen Lichts goldenen Bildhintergrund löste eine Kulisse aus architektonischen Elementen ab, die zumindest Raumtiefe suggerierten.

Mit einer künstlerisch weniger monolithischen Tradition, die jahrhundertelang weder Kontakte mit dem Ausland noch gar künstlerisch überlagernde Einflüsse von außen kannte, einem anderen politischen Umfeld und einer dem rationalen Denken gegenüber aufgeschlosseneren Kirche wie im Abendland, hätte schon die byzantinische Renaissance des 13. Jahrhunderts in das breit angelegte *Rinascimento* des 16. Jahrhunderts führen können. Bestimmte Figuren aus dem Kloster Sopoćani besitzen z.B. eine künstlerische Ausdruckskraft und Vitalität, die auch bei Anerkennung aller Unterschiede noch an Michelangelo erinnern. Nachdem diese Voraussetzungen aber nicht bestanden, wurde die Entwicklung der so genannten palaiologischen Renaissance seit Beginn des 14. Jahrhunderts gebremst und kam schließlich in der zweiten Jahrhunderthälfte gänzlich zum Stillstand, wahrscheinlich als Folge der Eingliederung der von Kaiser Johannes VI. Kantakuszenos geförderten Strömung des Hesychasmus in die orthodoxe Kirche.

Im 13. und 14. Jahrhundert, als der byzantinische Staat deutlich geschwächt war, blühte die Malerei dieser Renaissance in den östlichen Randgebieten des Reiches auf, vor allem in Georgien und Armenien. Im 14. Jahrhundert gelangte sie in die Walachei und hinterließ ihre Spuren auch in Italien. Aber während die palaiologische Renaissance im byzantinischen Kernreich Ende des 14. Jahrhunderts mit Ausnahme einiger Sonderfälle abbrach, vollzog sich in Italien das Fortleben humanistischer Strömungen bis zum Aufblühen der Renaissance im 16. Jahrhundert. Zu dieser Blüte kam es auf dem Gebiet der Malerei durch die Begegnung gotischer Baugestaltung aus Frankreich mit dem byzantinischen Modell (das heißt seiner Wiederentdeckung der Antike im 13. Jahrhundert) und italienischen Malern wie Duccio di Buoninsegna in Siena, Cimabue in Florenz, Pietro Cavallini in Rom und Taddeo Gaddi in Genua, die alle unter dem Einfluss der byzantinischen Malerei begannen, deren Werke aber bereits ein neues Verständnis des Menschen und der Welt ankündigten.

Der Entwicklungssprung zur italienischen Gotik gelang mit den Fresken Giottos in der Arena-Kapelle (ab 1305) in Padua und in der Oberkirche von San Francesco in Assisi. Die dort abgebildeten heiligen Personen erinnern an voluminöse Statuen, die sich vor Landschaftsdarstellungen und wirklichkeitsgetreuen Gebäudeteilen langsam durch den Raum bewegen. Auch der Zeitrahmen, in dem die jeweilige Handlung verläuft, entspricht dem der Menschen, ihrer Arbeiten und der Abfolge der Jahreszeiten und nicht dem der Ewigkeit, die byzantinischen Fresken zufolge im Reich Gottes vorherrscht. Die Gesichtszüge schließlich erinnern trotz ihrer idealisierten Form an die Gesichter von zeitgenössischen Fürstenhöfen. Pietro Lorenzetti, Simone Martini und Paolo Veneziano steckten den Rahmen noch viel weiter und bereiteten mit Gentile da Fabriano in Norditalien, Masaccio, Fra Angelico, Domenico Ghirlandaio und Sandro Botticelli in Florenz, um nur die bedeutendsten Maler zu nennen, den Triumph der bildenden Kunst im 15. Jahrhundert vor.

Italien übte nun einen geografisch zwar begrenzten, aber doch deutlichen Einfluss auf gewisse Fresken im byzantinischen Stil unweit der Adriaküste aus, zum Beispiel auf die Wandbilder der so genannten Moravaschule in Serbien. In ihnen finden sich Einflüsse von Fresken Masaccios und von Skulpturen Donatellos. In fast allen italienischen Regionen entwickelten sich nun avantgardistische Strömungen wie in Umbrien, in der Stadt Padua, wo der von Andrea Mantegna beeinflusste Perugino als bildender Künstler arbeitete, und schließlich in Venedig, das trotz seiner säkularen Bindung an die byzantinische Ästhetik dank Bellini und Carpaccio an dem unglaublichen Aufschwung der neuen Kunstströmung partizipierte.

In den italienischen Skulpturen des 14. Jahrhunderts vereinigten sich Elemente der gotischen Bildhauerei des 13. Jahrhunderts, der Malkunst Giottos und der spezifisch fürstliche Geschmack, der sich an den verschiedenen Königs- und Fürstenhöfen des Landes herausgebildet hatte. Diese gotisierende, aber auch ausgesprochen italienische Bildhauerei blühte zum großen Teil dank des Wirkens von Niccolò und Andrea Pisano in Florenz auf. Mit Ghiberti, Brunelleschi und Donatello erreichte sie wie die italienische Malerei ihren Höhepunkt im 15. Jahrhundert.

Um die gleiche Zeit erlebte die Provence wegen der Verlegung des päpstlichen Hofs nach Avignon einen enormen Entwicklungsschub. Dieser Umzug verwandelte die Stadt in eine europäische Metropole, die sowohl zu einem Banken- und Handelszentrum wie auch zum Ort der Begegnung für die maßgeblichen internationalen Kunstströmungen emporstieg. Der französische Architekt Pierre Poisson errichtete dort den Papstpalast, dessen bildnerische Ausstattung im internationalen gotischen Stil Simone di Martino oblag. Ein weiteres goldenes Zeitalter brach für die Provence im 15. Jahrhundert unter der Herrschaft des „guten Königs René" (René I., Herzog von Anjou und König von Neapel), eines Kunstmäzens, an, der an seinem Hof in

Aix-en-Provence italienische, flämische und französische Künstler versammelte; zu ihnen zählten Barthélemy d'Eyck (1444), Enguerrand Quarton oder Jean des Martins.

In der großen Hafenstadt Genua, die lange Zeit fast ausschließlich zum byzantinischen Einflussbereich zählte, wuchs aufgrund intensiver Handelsbeziehungen ein international ebenso aufblühendes Zentrum heran wie in Avignon. Auch sie beherbergte flämische und italienische Maler, ohne dabei – wie übrigens auch Florenz und Venedig – in irgendeiner Form von ihren engen Verbindungen zur islamischen Welt zu lassen. Ein weiterer internationaler Knotenpunkt, insbesondere für die Handelsströme von Nord- nach Südeuropa, entstand in Neapel, wo sich die neue Maltechnik ansiedelte, die Jan van Eyck und seine Schule in Flandern erfunden hatten. Die flämische Kultur erreichte wegen der bestehenden Handelsverbindungen zu Brügge, einem der lebendigsten Kunstzentren Flanderns, auch Katalanien und Valencia mit seinem ebenfalls wichtigen Einzugsgebiet.

Für den Islam bedeutete das 13. Jahrhundert eine Zeit besonderer Prachtentfaltung, charakterisiert durch das Aufblühen der Philosophie und Kunst. Seit dem Ende des 12. Jahrhunderts hatte Averroes (Ibn Ruschd) durch seine Aristoteles-Übersetzung das Interesse der muslimischen Welt an der griechischen Philosophie geweckt. Im 13. Jahrhundert wurde Ibn Sabin durch seine Frage nach der Identität des menschlichen Intellekts nach dem Tod bekannt. Die Wissenschaftszweige Algebra, Geometrie, Astronomie, Optik und Geografie hatten ihre hohe Zeit zwar schon ein wenig früher erlebt, aber auch sie hatten die Araber mit den Werken der Antike bekannt gemacht und ihre Gelehrten geformt.

Fernab von den großen europäischen Kunstströmungen der Gotik und des italienischen und byzantinischen Kunstschaffens entwickelten sich die Künste im Islam deutlich zwischen dem 12. und 14. Jahrhundert, allerdings auf ihren eigenen Wegen. Besonders zur Zeit der Mameluckenherrschaft beobachten wir diese neue kulturelle Blüte in Syrien und Ägypten mit dem Auftauchen der Madrasa (Medrese; Koranschule) und des Mausoleums (Unterkunft einer Derwisch-Gemeinschaft) auf rechteckigem Grundriss, die wie im Fall der Baybars-Moschee in Kairo (1267–1269) oft direkt an Moscheen anschließen. Koranschulen dehnten sich rasch auf dem Gebiet der heutigen Türkei oder in Nordafrika aus; einige Jahrhunderte später beeinflussten sie sogar den Baustil in südamerikanischen Ländern. In Andalusien entwickelte sich eine aus mehreren Komponenten zusammengesetzte Architektur. In ihr überwog der islamische Einfluss, wie am spanisch-maurischen Palaststil, zum Beispiel der Alhambra in Granada, zu sehen ist. Neben architektonischen Veränderungen beobachten wir auch die Verbreitung von künstlerisch höchst unterschiedlich gestalteten Tierformen aus Edelmetall. Ihre Bearbeitung verweist auf deutliche Einflüsse aus dem Iran; die bekanntesten dieser Schmuckwerkstätten befanden sich in Syrien.

Die Lüsterfayence, deren erste Stücke im 9. Jahrhundert im Irak auftauchen, eroberte bald Syrien und Ägypten, später auch Valencia und Málaga, die sich zu blühenden Umschlagplätzen dieser glasierten und mit einer metallisch schimmernden Auflage versehenen Keramikwaren entwickelten. Ebenfalls in Spanien erzeugte der Mudéjarstil, ein von muslimischen Künstlern und Handwerkern in christlichen Diensten entwickelter Bau- und Dekorationsstil, einen außerordentlichen Formenreichtum. Einer Kalligrafenschule gelangen im 13. Jahrhundert einige Meisterwerke.

Die Weberei war im Orient schon immer erfolgreich betrieben worden, aber im 13. Jahrhundert nahm sie wegen der wachsenden Nachfrage nach Tapisserien und Wandteppichen mit geometrischen Formen oder Tierornamenten einen neuen Aufschwung. Schmuckwebstücke dieser Art wurden nach Europa exportiert, wo sie sich offenbar großer Wertschätzung erfreuten, denn sie tauchen auf Gemälden von Duccio, Giotto und Taddeo Gaddi auf. Schließlich gelangte auch die Miniaturmalerei mit weltlichen Motiven aufgrund eines neuen Humanismus im 13. Jahrhundert zur Blüte, der seine besondere Aufmerksamkeit auf die menschliche Natur und ihre Eigenart richtete, wie beispielsweise die *Makamat d'al-Hariri* oder die *Kalila wa Dimna* zeigen. Dies erlaubt, von einer Form der Renaissance zu sprechen, zu der offenbar auch byzantinische Vorbilder ihren Teil beitrugen.

Der Vergleich dieser kurzen Einführung mit dem Inhaltsverzeichnis des vorliegenden Bandes zeigt, dass es unmöglich war, eine an künstlerischen Aktivitäten so reiche und komplexe Periode, in der zudem neue Denkformen und eine manchmal veränderte Beziehung zwischen Mensch und sakraler Welt auftauchen, auf einigen Seiten zusammenzufassen. Im Übrigen sind diese gesammelten Erfahrungen für die künftige Ausdrucksform der Bildhauerei wegweisend, was wiederum allen, selbst künstlerisch weniger wichtigen Erscheinungsformen Bedeutung verleiht. Da unsere Einführung nicht alle Aspekte dieses Buches aufgreifen kann, muss sie sich mit dem bescheidenen Ziel begnügen, dem Leser einen Vorgeschmack von dem intellektuell wie sinnlich angenehmen Schwindel zu vermitteln, der ihn bei der Lektüre der folgenden Seiten ergreifen wird. Hoffen wir dabei auf Erfolg.

Tania Velmans

Die byzantinische Frührenaissance (13.–15. Jahrhundert)

Tania Velmans

Seit dem 19. Jahrhundert hält sich die Behauptung, die byzantinische Malerei sei feierlich und unbeweglich, obwohl das Gegenteil schon lange erwiesen ist. Worum handelt es sich also tatsächlich? Im 19. Jahrhundert kannte man praktisch nur Bilder, die im Byzantinischen Reich zwischen dem 6. und 10./11. Jahrhundert entstanden waren. Zwar sind wir bei dieser Malerei vom 6. Jahrhundert bis 1160 Zeugen unterschiedlicher Stilrichtungen und einer beachtlichen Entwicklung der Bildgestaltung, aber die Künstler hielten sich auch damals strikt an die überlieferten Vorstellungen der traditionellen byzantinischen Ästhetik, das heißt die Entmaterialisierung der Formen, die absolute oder relative Unbewegtheit der Figuren, die Unerschütterlichkeit der dargestellten und aufgrund ihrer moralischen Perfektion heiligen Personen und die nicht vorhandene Tiefe, die durch einen Goldhintergrund als glänzenden Lichtvorhang ersetzt wird. Natürlich hat es im 10. und 11. Jahrhundert die so genannte makedonische Renaissance[1] gegeben, aber diese Strömung, die ihre enge Verwandtschaft mit der klassischen Antike nicht leugnete, kam nur in Miniaturen und Elfenbeinschnitzereien für private Kunstliebhaber zum Tragen, die sich für den griechisch-römischen Humanismus begeisterten.

Das alles liegt zwar lange vor der Zeit, der wir uns hier zuwenden wollen. Die Erwähnung dieser Epoche war aber notwendig, um Missverständnisse zu vermeiden und auch, um den Grad der Neuigkeit, Kühnheit und Innovation auszuloten, den byzantinische Maler zwischen dem 13. und dem 15. Jahrhundert bewiesen.

Noch vor Giotto (1266–1336), der Italien eine neue Sichtweise des Menschen und der Welt eröffnete, setzte um 1220 und somit lange vor allem anderen Kunstgeschehen im damaligen Europa die so genannte palaiologische Renaissance in der byzantinischen Welt ein. Allenfalls die Skulpturen berühmter Kathedralen kamen an sie heran, aber im Allgemeinen stammen diese aus einer Zeit nach 1220 und besitzen in der abendländischen Malerei kein Äquivalent. Um das zu erkennen, genügt ein Blick auf die Figuren der Kirchen von Mileševo, der Acheiropoietos-Basilika in Saloniki oder auf irgendein sonstiges gotisches Fresko der gleichen Zeit. Die byzantinische Renaissance dauerte von 1220 bis etwa 1454, dem Jahr der Eroberung Konstantinopels durch die Türken. Ihr Ausdehnungsgebiet umfasste die Balkanhalbinsel, die griechischen Inseln und Russland. Wie wir in einem anderen Kapitel (S. 134 ff.) sehen werden, war die östliche Peripherie des Byzantinischen Reichs nicht oder nur wenig davon betroffen.

Innerhalb des erwähnten Zeitraums beobachten wir in der Bildikonografie und im Malstil wichtige, aber unterschiedliche Innovationen. Neben den spektakulären und zu Beginn des 13. Jahrhunderts auftauchenden stilistischen Neuerungen entwickelten sich die Veränderungen im Bildprogramm nach dem Bildersturm im 9. Jahrhundert zwar sehr langsam, aber progressiv und kontinuierlich. Um die Mitte des 12. Jahrhunderts beschleunigte sich der Rhythmus allerdings, um schließlich in der 2. Hälfte des 13. Jahrhunderts in eine überaus lebendige Entwicklung zu münden.

11

Die stilistischen Innovationen erinnern an eine brutale Kehrtwendung – und sind es in gewisser Weise auch. Sie wurden aber keinesfalls von einer künstlerisch schöpferischen Persönlichkeit ausgelöst, die, wozu es später in Italien häufig kam, eine Schule gegründet hätte. Es handelt sich vielmehr um ein kollektives Phänomen, das präzise Gründe hat, von denen später die Rede sein wird. Deshalb die Frage: Was zeigt uns die Beobachtung der Fakten?

Etwa 15 Jahre nach der Eroberung Konstantinopels durch ein Kreuzfahrerheer (1204) ließ der Serbenkönig Radoslav im Kloster von Mileševo[2] eine Kirche errichten, die als Mausoleum der Nemanjidendynastie gedacht war. Zahlreiche Indizien zeigen, dass er Künstler aus Konstantinopel anwerben ließ, um diese Grablege zwischen 1222 und 1224 mit Fresken zu schmücken. Sie beweisen, dass das grafische Raster, das sonst die Silhouetten und alle Gesichtszüge und Körperteile umgab, nicht mehr herangezogen wurde.

Künftig traten in den Bildern robust geformte Personen mit breiten Schultern und dicken Oberschenkeln auf, die wegen des Vorbilds der Antike an Körpervolumen zugenommen hatten und in unterschiedlichen Farbabstufungen gemalt wurden. Ihre Gesichter waren fleischiger, ihre Nasen wurden länger und ihre Münder mit deutlicher gezeichneten Lippen breiter. Die tief liegenden Augen hatten mit den früher gezeichneten und in ihren Konturen wie ziseliert wirkenden Sehorganen nichts mehr gemein. Zuletzt schließlich wich die asketische Strenge der Gesichtszüge früherer Zeiten vollen und runden Wangen. Am erstaunlichsten aber war der Wandel in den Gesichtstypen: So hat die Jungfrau in Mariä Verkündigung[3] ihre strengen Gesichtszüge verloren und erinnert an eine sehr junge Frau, über die man lange vor den Madonnengestalten der Gotik sagen konnte, sie sei liebenswert. Genauso erinnern die Engel des Jüngsten Gerichts[4] an Sieger in der Antike und bestimmte Apostel[5] erscheinen wie Brüder der Apostelgestalten in der Kirche Santa Maria Antiqua in Rom[6] mit ihren Wandmalereien aus dem frühen 8. Jahrhundert und ihren noch älteren römischen Vorbildern.

In der Kreuzabnahme[7] ist der Körper Jesu mit ganz geringen Mitteln und in erstaunlicher Meisterschaft modelliert – ein Leichnam, den Maria zärtlich in die Arme nimmt, während eine andere heilige Frau in einer besonders liebevollen Geste seine Hand hält. In der Folge unterscheiden sich diese typischen Merkmale durch viele unterschiedliche Verzierungen wie beispielsweise in der Apostelkirche des ehemaligen Patriarchenklosters in Peć, das Patriarch Sabas um 1230 n. Chr. als Grablege der serbischen Patriarchen gegründet hatte und das um 1260[8] mit Wandmalereien geschmückt wurde. Auch hier entspricht das Gesicht der Gottesgebärerin[9] bei der Himmelfahrt Christi in der Kuppel nicht der üblichen sublimen Mariendarstellung der byzantinischen Malerei mit ihren länglichen Gesichtspartien und den fein gezeichneten Gesichtszügen. Ganz im Gegenteil: Es ist dem Gesicht einer jungen, robusten und vor Gesundheit strotzenden Frau ähnlich und die Engel an ihrer Seite zeigen die Züge antiker Vorbilder. So wie der Kopf Christi in diesem Himmelfahrtsbild gemalt ist,[10] erinnert er eigentlich frappierend an die Kreuzigungsszene in der San-Isodoro-Kapelle (8. Jahrhundert) von Santa Maria Antiqua.[11]

Fast um die gleiche Zeit malten griechische Künstler, von denen einige sicherlich aus Konstantinopel kamen, die Sophienkirche in Trapezunt von 1260 bis 1280 mit Fresken aus. In ihnen erstaunen vielleicht nicht einmal die klassische Schönheit der Engelskrone im Kuppelgemälde oder die stark individualisierten Gesichter der Evangelisten in den Gewölbezwickeln[12] am meisten, sondern die Lust an der detaillierten Erzählung zum Beispiel in den Fresken über die Hochzeit von Kanaan oder die wundersame Speisung der Fünftausend mit Brot und Fisch mit ihren vielen Figuren.[13] Und schließlich nicht zu vergessen der Kampf Jakobs mit dem Engel,[14] ein Wandbild mit vielen Farbtupfern neben den Figuren, die es in eine strahlende, quasi impressionistische Schwingung versetzen, die später allerdings nicht mehr nachgeahmt wurde.

Ihren Höhepunkt erreichte die Freskenmalerei der palaiologischen Renaissance in der Dreifaltigkeitskirche des Klosters Sopoćani (1263–1268) in Serbien. Dieses Kloster hatte König Uroš I. gegründet und die Wandmalereien stammen mit Sicherheit von den besten zeitgenössischen Künstlern Konstantinopels.[15] Die vielen, sämtlich allein stehenden und großfigurigen Heiligen besitzen wahre Athletenkörper[16] und sind wie antike Statuen platziert. Ihre gewaltigen Oberschenkel, ihre wuchtigen Hände und großen Füße entfernen sie weit von den fundamentalen Prinzipien der byzantinischen

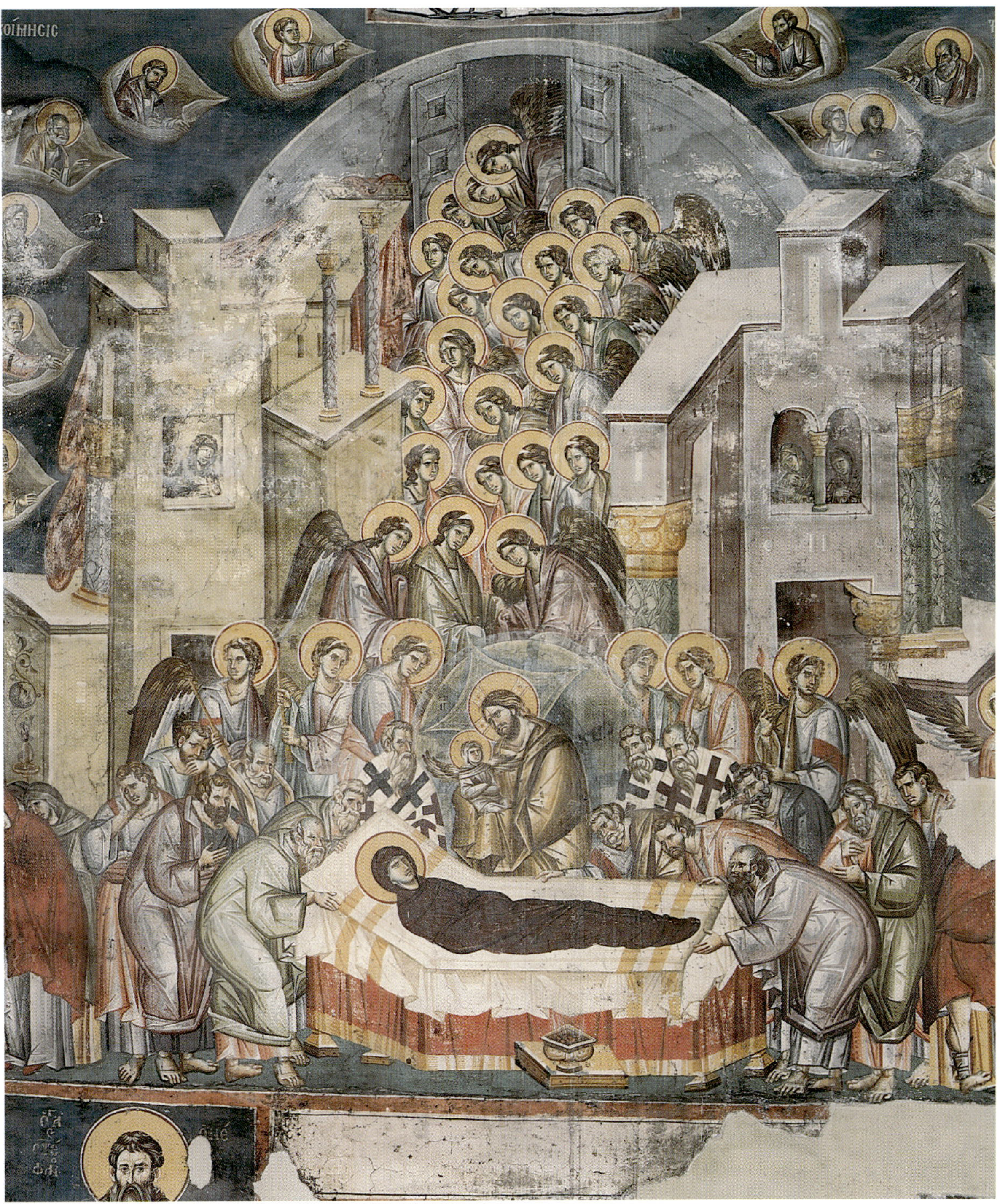

Marientod (Koimesis der Muttergottes), Fresko in der Muttergotteskirche des Peribleptosklosters von Ohrid.

Folgende Doppelseite:

Die Apostel und Christus mit der Seele der Muttergottes, Detail vom Marientod in der Kirche von Ohrid.

Ästhetik. Die Gesichter mit ihren geschwungenen Lippen und breiten Nasen zeugen von einer gewissen Sinnlichkeit.[17] Die Verkürzungen verblüffen manchmal ob ihrer Genauigkeit wie bei den am Boden liegenden Aposteln im Bild der Verklärung Christi.[18]

Manche dieser Bildkompositionen nehmen einen gewaltigen Raum ein wie die Entschlafung Marias. Das über ihr angebrachte Register stellt Christus dar, der vom Himmel herabsteigt, um die Seele seiner Mutter in Empfang zu nehmen.[19] Er ist von den Aposteln umgeben. Sie sitzen auf Wolken, die Engel in die vier Himmelsrichtungen ziehen, damit sie der Bestattung Marias beiwohnen können. In der Ebene darunter verneigen sich die Jünger vor der Entschlafenen. Christus, ganz strahlendes Licht, in einem gelb-goldenen Gewand und von einer weißen Aureole umgeben, hält die Seele Marias wie einen Säugling in seinen Armen. Sein Antlitz drückt eine angemessene und schweigende Trauer aus,

die an Melancholie erinnert. Ihn umgibt eine Engelsschar, die anstelle der einstigen Lanzen Kerzen-
leuchter mit brennenden Kerzen schwingen, während zwei heilige Bischöfe – der eine hält das
Evangelium in seinen Händen und der andere ein Weihrauchfass – hinter den Kopf der Dahingeschie-
denen treten. Mit diesen Attributen suggeriert der Maler entsprechend den Tendenzen der Epoche
eine Totenmesse, in der die Engel die Rolle von Diakonen, Christus selbst die Rolle des Offizianten
und die heiligen Bischöfe die der Konzelebranten spielen. Zu dieser Zeit gab es (im Sinne der itali-
nischen Renaissance) nirgendwo eine „fortschrittlichere" Darstellung dieser Apostel, die an antike Phi-
losophen erinnern, und keine sinnlicher wirkenden Engel,[20] die aussehen, als hätte ein Bildhauer sie
geformt, und die in chromatisch perfekt abgestimmten Pastellfarben gemalt sind.

Die Fresken von Sopoćani orientieren sich an der Monumentalmalerei in der serbischen Klosterkirche von Gradac, die um 1275[21] entstanden ist, und vielleicht auch an den Propheten in der Kuppel
der Panhagia Parigoritissa (Marienkirche) von Arta in Epirus.[22] Einen weiteren Fortschritt aber stellt
man in der Muttergotteskirche in Ohrid (erbaut 1295; Makedonien) fest, die unter Anweisung des großen byzantinischen Heteriarchen Arbanas Progon Sgouros[23] mit Fresken geschmückt wurde, selbst
wenn die beiden Hofmaler König Milutins, Michail Astrapas und Euthychios aus Thessaloniki, die sie
signierten, deutlich unter dem Niveau der Meister von Sopoćani arbeiteten. Die körperlich robusten
Personen sind ziemlich plump herausgearbeitet, aber bestimmte Jungengesichter verraten die Züge
von Gassenjungen.[24]

In allen Freskenprogrammen macht sich der Hang zum Dramatischen und zu erzählenden Tendenzen breit, wie beispielsweise in der Threna (Beweinung des toten Christus), deren fünf oder sechs
Personen in der anfänglichen Bildkomposition aus dem 12. Jahrhundert durch eine wogende Menschenmenge ersetzt wurden: Eine Frau rauft sich die Haare, eine andere streckt ihre Arme in den Himmel und die entsetzte Maria nimmt eine dritte Frau als Zeugin. Alle Frauen sind zum Boden gebeugt
und ihre Körper, die sich mal auf die eine, mal auf die andere Seite neigen, bewirken eine Art ver-
zweifelte Balance in der gesamten Gruppe.[25]

Die in frühen Bildern noch für sich stehenden und zerbrechlichen Baulichkeiten, eher Ideogram-
me als Bildteile, hatten sich inzwischen zu einer wuchtigen und zusammenhängenden Kulisse entwickelt, die wie in der Antike einen Großteil des Bildhintergrundes einnimmt. Die Formen dieser Gebäude und ihre Dreiviertelansicht mit Winkeln und Kanten vor dem Betrachter wurden übrigens
ebenfalls antiken Vorbildern entlehnt. Aber statt der vorgetäuschten Perspektive, die diese Vorbilder
auszeichnet, stellt sich hier der umgekehrte Effekt ein: Das eine Gebäude ist dem jeweils folgenden
gegenüber platziert, sodass beide aufeinander zu stoßen scheinen, wenn man sich ihnen nähert. Dadurch sieht der Betrachter anstelle eines einheitlichen mehr oder weniger realitätsnahen Raums nebeneinander gestellte Raumteile, die ihm eine unbekannte Welt[26] präsentieren.

Diese zerrissene Raumeinteilung kam offenbar aufgrund widersprüchlicher Wünsche zu Stande:
Die inzwischen groß geratenen Figuren erforderten eine gewisse Raumtiefe, und die ließ sich nur mithilfe von architektonischen Elementen in Dreiviertelansicht erreichen. Auf der anderen Seite musste
verhindert werden, dass religiöse Szenen dadurch „verweltlicht" wurden, dass sie zu sehr an die irdi-
sche Welt erinnerten. Zur gleichen Zeit erneuerte Giotto, der einer anderen Kultur entstammte, die italienische Malerei, indem er nicht die antiken Formen, sondern die antiken Bauformen und die umgebenden Landschaften so genau wie möglich wiedergab; er stellte sie so dar wie die annähernde
Perspektive der Antike – eine Methode, die der byzantinischen Malweise diametral entgegenstand.

Die byzantinische Renaissance, die ihren Höhepunkt in Sopoćani erreicht hatte, entwickelte sich
– wenn auch nicht geradlinig – bis zum 15. Jahrhundert fort: Die Bildprogramme blieben weiterhin
prächtig, aber der neue Malstil, der allein den Begriff der „Renaissance" rechtfertigen würde, wich zu
Beginn des 14. Jahrhunderts von seiner anfänglichen Bahn wieder leicht ab. Danach orientierte er sich
in einem gewissen Maß wieder an antiken Vorbildern, ohne allerdings auch nur im Mindesten an dem
künstlerischen Geist zu partizipieren, der diese Modelle durchzog und in Sopoćani überall präsent
ist.

Die erwähnte Abweichung ist in dem herrlichen Freskenschmuck der Choraklosterkirche – besser
bekannt als Kariye Camii[27] – in Konstantinopel (um 1215) deutlich wahrnehmbar, der im Auftrag des
großen Logotheten des Byzantinischen Reichs, Theodoros Metochites, entstand. Die Mosaiken glän-
zen wie Emaille und die Wandbilder in der Südkapelle sind in derart raffinierten Farbabstufungen

gehalten, dass sie eine anatomisch ebenso gekonnte wie sanfte Modellierung der Gesichter und Körper ermöglichen.

Das alles stimmt mit dem Fundus an Erfahrungen der Renaissance überein und trifft auch für die aufbrausenden Bewegungen der Personen und die hohe Dynamik der Bildkompositionen, zum Beispiel dem Abstieg Christi in die Hölle in der Südkapelle von Kariye Camii[28], zu. Dort zieht er die Körper Adams und Evas so heftig an sich, dass sie in der Waagerechten zu schweben scheinen. Dasselbe gilt für die lebensnahen, von antiken Vorlagen kopierten Details wie das geschlachtete Schaf aus der Hochzeit von Kanaan[29] oder die spielenden Kinder in der wundersamen Brotvermehrung.[30]

Die Personen sind jedoch wieder sehr klein und schmächtig gezeichnet – und gerade darin liegt die Abweichung. Sie tanzen wie in der Luft schwebend, häufig berührt nur ihre Fußspitze den Boden, wie etwa in der Reise nach Bethlehem[31] zu sehen. Obwohl sorgfältig gezeichnet, entfliehen sie durch

diese Leichtigkeit und ihre zarte Silhouette der materiellen Welt und damit der Realität. Wie ein Bild der Gottesgebärerin[32] inmitten einer Engelsschar in der Kuppel der Südkapelle zeigt, haben die Gesichter wieder ihre längliche Form und ihre Strenge von früher angenommen. Dieser Gesichtstyp taucht in der gesamten Kirche auf, insbesondere in dem prachtvollen Mosaik der Deesis – in der Mitte der thronende Christus, zu seinen Seiten fürbittend Maria und Johannes der Täufer.[33] Die Landschaften sind in den bildlichen Darstellungen der byzantinischen Renaissance noch unausgereift, zeigen aber bei aller Unwirklichkeit bisweilen malerische und komische Züge wie in den Mosaiken der Rückkehr aus Ägypten[34] oder der Ersten Schritte Marias.[35] Der Untergrund der Mosaiken ist vergoldet, sodass die Bäume, Felsen und Gebäude durch diesen Licht gewordenen Himmel wie verklärt erscheinen.

Der Schmuckstil von Kariye Camii ist gewiss eigentümlich und leicht zu erkennen, aber die Abweichung der Haupttendenzen der palaiologischen Renaissance, die sich dort vollzieht, ist für die gesamte byzantinische Malerei des 14. und 15. Jahrhunderts maßgeblich. Der tiefe Sinn dieser „Abweichung", von der hier die Rede ist, liegt im Wunsch, sich der Realität nicht zu sehr zu nähern und den

Die Zählung Mariens und Josephs, Mosaik im Exonarthex der Erlöserkirche von Chora (Kariye Camii), Konstantinopel.

Grundprinzipien der byzantinischen Ästhetik bei aller Beachtung gewisser Neuerungen der Renaissance grundsätzlich treu zu bleiben.

Die Innenausstattung der Kariye Camii hat nicht nur die Zeitgenossen, sondern auch die nachfolgenden Generationen zutiefst beeindruckt – besonders weit außerhalb der Grenzen des Byzantinischen Reichs. Ihr Einfluss lässt sich in Curtea de Arges in der Walachei (im heutigen Rumänien), in Kalenić (heute Serbien)[36] und sogar – wenn auch in geringerem Maße – in der Höhlenkirche von Iwanowo (Bulgarien) und schließlich in den georgischen Kirchen Ubisi und Kalendzikha[37] deutlich nachweisen.

Im Laufe des 14. Jahrhunderts stärkte Thessaloniki seine Position als künstlerisch-kulturelles Zentrum, das mit Konstantinopel durchaus konkurrieren konnte, obwohl der Einfluss der Hauptstadt es vollständig beherrschte. Die „fortschrittlichsten" und von formalen Zwängen nur am Rande beeinflussten Fresken finden sich in der Sankt-Euthymon-Kapelle (1302–1303), der zu Ehren des heiligen Demetrios erbauten Basilika[38] und in der Apostelkirche (1312–1315), die vom Patriarchen Nipho I.[39] von Konstantinopel gestiftet wurde. Viele dieser Mosaiken sind zwar beschädigt, aber es genügt, die zur

Kuppel hinstrebenden Propheten und ihre feinen Gesichtszüge zu sehen, um ihre enge Verwandtschaft mit den Mosaiken in Kariye Camii zu erkennen. Der Narthex ist mit einem Bildzyklus geschmückt. Er erzählt aus dem Leben Johannes' des Täufers; ein anderes Bild, dessen eine Hälfte nicht mehr existiert, zeigt Szenen aus der Kindheit Marias. Im Übrigen sind relativ seltene Bildmotive zu erkennen wie der Baum Jesse (der Stammbaum Jesu) und die Verheißung Marias (s. u.) aus Lk. 1,26–38 oder Bilder, die bereits in Kariye Camii entwickelt wurden und eine Variante dieses Stils bedeuten.

Auch die meisterlich gestalteten Fresken in der Sankt-Nikolaus-Orphanos-Kirche (1220–1230),[40] ein weiteres Gotteshaus in Saloniki, zeigen nicht diese enge Bindung an Kariye Camii. Gleichwohl sind sie von deren Einfluss nicht ganz frei, wie schließlich auch die Wandmalereien der Hagios-Christos-Kirche (1315) im unmittelbar benachbarten Verria, die von Georgios Kaliergis stammen, dem, wie eine Inschrift ausweist, „Maler von ganz Thessalien".[41] Dieser herrliche Wandschmuck bestätigt übrigens die Selbsteinschätzung des Künstlers. Selbst wenn seine Figuren die Größe und das Volumen jener in Sopoćani nicht erreichen, ist die Art, wie Kaliergis die Gesichter und Körper modelliert, aufgrund der vielen farblichen Zwischentöne und subtilen Farbabstufungen ungleich durchdachter.

Im Verlauf des 14. Jahrhunderts wurden noch andere Kunstzentren wie Mistra auf der Peloponnes, Kastoria in Nordgriechenland und die Bischofsstadt Ohrid in Makedonien bekannt. In Mistra, der Hauptstadt des einstigen Despotats von Morea, findet sich eine weitere, für die palaiologische Renaissance wichtige Gruppe von Kirchen. 1204 bauten fränkische Kreuzfahrer hier eine Burg, die 1262 von den Byzantinern zurückerobert wurde; danach entwickelte sich die Siedlung zu einem Ort von ausgesucht künstlerischem und geistigem Leben. Davon zeugen mehrere freskengeschmückte Kirchen, zum Beispiel die Panhagia Hodegetria im Brontochionkloster, auch Hodegetria Aphendiko genannt (1311–1312 und 1322),[42] eine der schönsten Kirchen dieser Epoche. In der Kapelle an ihrer Südwestseite schweben an den Wänden Engel, die den Glorienschein des Pantokrator[43] tragen und deren Gürtel aufgrund ihrer heftigen Bewegungen wie Flügel durch die Lüfte fliegen. Ihre Gesichter sind von klassischer Schönheit und unterschiedlich, gewissermaßen individuell gestaltet. Der künstlerisch beachtliche und in Pastellfarben bemalte Narthex zeigt einen großen Bildzyklus über die Wunderheilungen Jesu und in jeder seiner Szenen tummeln sich zahlreiche Menschen. Die großen Körper sind perfekt ausgearbeitet. Für Landschaften und Baulichkeiten ist ziemlich viel Raum vorgesehen wie im Bild der Heilung der fieberkranken Schwiegermutter des Apostels Petrus und in der Heilung eines Blinden, die in einem einzigen Bild vereint sind.

Dieses neue Interesse für die Landschaft, das man zur gleichen Zeit auch in Italien, dort aber etwas anders ausdrückt findet, ist in der Kirche des Peribleptosklosters in Mistra (um 1360)[44] noch viel lebhafter ausgeprägt. In der Darstellung der Geburt Marias nehmen Gebäude drei Viertel der Bildfläche ein und die Geburt Jesu findet in einer weiten Felslandschaft statt. Auch seine Taufe ist in einem großen Landschaftsbild festgehalten. Der Künstler begnügte sich nicht mit einer den traditionellen Bildgestaltungsregeln entsprechenden Darstellung Johannes' des Täufers, der mit der Unterstützung von Engeln Jesus tauft, sondern verlegt narrative Szenen von zweitrangiger Bedeutung in Felsterrassen, wie die beiden Gruppen von Juden, die auf ihre Taufe warten. Kinder stürzen sich in die Fluten des Jordan und schwimmen zwischen Fischen, der Versinnbildlichung des Flusses und des Ozeans, während hoch oben eine Engelsgruppe die Szene aus dem offenen Himmel beobachtet.

Mit dem Bild von dem Einzug Jesu in Jerusalem[45] in der Marienkirche des Peribleptosklosters befindet sich Kaliergis wegen der weit ausladenden Landschaft und seiner weniger abstrakten Darstellung der Stadt als zuvor schließlich in ziemlicher Nähe zur zeitgenössischen italienischen Malerei. Der Nachteil dieser Bilder liegt zweifellos in ihrer Vielzahl, die den Maler zur Miniaturisierung der dargestellten Episoden zwang. Im Übrigen erinnern auch ihre Ausführung und ihr Stil sowie die Szenen, wo die Form oft durch kleine, neben- oder übereinander gesetzte, lebhaft leuchtende Farbtupfer, die sehr feine, parallel verlaufende Lichtstrahlen erzeugen, an diese Gattung italienischer Werke.

„Die Flucht der hl. Familie nach Ägypten"[46] in der Pantanassa-Kirche in Mistra (1428) ist eines der schönsten Werke der Malerei im 15. Jahrhundert. In ihm lebt die Kunst der Spätantike wieder auf. Obwohl leicht beschädigt, zeichnet sich dieses Fresko durch die Feinheit und Ausgewogenheit seiner Formgebung und die verblüffend realitätsgetreue Darstellung des Esels aus. In diesem Sinn sei auch noch auf die Himmelfahrt Christi verwiesen, die in eine sanft lächelnde Landschaft verlegt wird. Vie-

le andere Fresken aus dem gesamten Fries erreichen diese Qualität allerdings nicht, sondern wirken wie die Geburt Jesu ziemlich schematisch. Das Bild zeugt von einer Art kompositioneller Unordnung[47], für die der Einzug in Jerusalem ein ausgezeichnetes Beispiel bietet.

Bestimmte Freskenfriese, die homogene Bildgruppen formen, sind im Gegensatz zu den von dem serbischen König Milutin erbauten Kirchen – unter ihnen die Sankt-Joachim-und-Anna-Kirche (1314) im Kloster Studenica, die Sankt-Georgskirche im Kloster Staro Nagorićane (1313–1318) oder auch die Sankt-Nikolauskirche in Čučer (1316) – nicht um einen Mittelpunkt zentriert, aber alle drei Kirchen wurden von Michail Astrapas und Euthychios,[48] den Hofmalern König Milutins, mit Fresken geschmückt. Den beiden Künstlern aus Thessaloniki gelangen hier sehr viel subtilere Bilder als 1295 in ihren Anfangszeichnungen in der Muttergotteskirche in Ohrid. Ihre Szenengestaltung stets voll belebter Figuren ist die gleiche wie beispielsweise im Bild der Verspottung Jesu in der Klosterkirche von Staro Nagorićane, wo sich eine dichte Menschenmenge um Jesus drängelt, um die wiederum Tänzer und Musikanten herumschwirren.[49] Aber vor allem bei Personen von nachrangiger Bedeutung wie Soldaten, Dienern und Juden entdeckt der Betrachter Physiognomien, die, wie übrigens auch in dem

Der Einzug nach Jerusalem, Fresko im Katholikon der Pantanassa-Kirche, Mistra.

eben erwähnten Fresko, an echte Straßengesichter erinnern. Diese Wandbilder stehen ihren antiken Vorbildern selbstverständlich weniger nahe als die in Sopoćani. Trotzdem sind sie etwa in die Mitte zwischen dem Monumentalstil des 13. Jahrhunderts und der zerbrechlichen Leichtigkeit der Figuren in Kariye Camii einzuordnen. Die Personen bewahren hier ihr Körpervolumen, ihren schwerfälligen Gang und ihre oft pausbäckigen Gesichter wie in der Darstellung der Kommunion der Apostel von Staro Nagorićane[50].

Ein ziemlich ähnlicher, aber der künstlerischen Tradition Konstantinopels doch näher stehender Stil ist für die Wandbilder von Gračanica (um 1320) typisch. Unter ihnen sei auf eine kleine, in das Jüngste Gericht eingestreute Szene verwiesen, deren Ähnlichkeit mit antiken Vorbildern frappiert. Es handelt sich um eine Allegorie des Meeres.[51] Die bis zur Taille nackte weibliche Figur sitzt in ihrem „Wagen", einer Muschelschale, die von einem Meerungeheuer gezogen wird. Das Ungeheuer „gibt" ein menschliches Wesen „zurück" oder genauer: Es würgt dieses Wesen so aus wie die meisten Greifvögel und Fische, die die Szene vervollständigen. Das Thema dieses Wandbilds ist die Auferstehung der Toten am Tag des Jüngsten Gerichts, an dem Erde und Meer alle Körper herausgeben, die sie verschlungen haben. In den Klöstern auf dem Berg Athos wurden leider zwar nur wenige authentische Malereien aus byzantinischer Zeit aufbewahrt, aber unter den wenigen seien die Bilder in Chilandar (1318–1320) erwähnt, die König Milutin malen ließ.[52]

Die byzantinische Renaissance lässt sich auch in den Prophetenbildern in der Kuppel der „Georgsrotunde" in Sofia[53] (zweite Hälfte des 14. Jahrhunderts) und in den Fresken der kleinen Felsenkirche Zarkwatka im bulgarischen Dorf Iwanowo[54] (um 1360) mit Händen greifen. Mit raschen Pinselstrichen, fast wie in einem impressionistischen Bild gemalt, erinnern diese Fresken auch an Miniaturen. Ihre besondere Note erhalten sie durch einige Kühnheiten des Malers wie die Einführung nackter Statuen als Atlanten und eines Löwen in Passionsszenen.

Die hier erwähnten Zentren und Schulen arbeiteten auch im 15. Jahrhundert weiter, aber die Türken drangen nach ihrem Sieg in der Schlacht an der Maritza (1371) auf dem Balkan unaufhaltsam vor. Das im 14. Jahrhundert so große und mächtige Königreich Serbien war auf ein kleines Territorium, das Teilfürstentum Lazars I. von Raška, geschrumpft, wo die Moravaschule dennoch zu strahlendem Glanz aufblühte. Ihre Kleinodien sind die freskengeschmückten Kirchen von Resava (um 1418) und Kalenić (um 1420). Beide gehören zu befestigten Klöstern, die auch berühmten Gelehrten und Theologen serbischer, griechischer und bulgarischer Nationalität in ihren Mauern Schutz boten, die vor den muslimischen Eroberern geflohen waren. So entwickelten sich der Fürstenhof und die Klöster des Landes zu Zentren der Kultur und Orthodoxie, in denen intensiv gearbeitet wurde. Unter anderem entstand dort eine Variante des Palaiologenstils, die hin und wieder künstlerische Anleihen aus Italien[55] aufweist.

In der Dreifaltigkeitskirche von Resava[56] sind hoch gewachsene Personen in kostbaren, golddurchwirkten Gewändern und in eleganten, bisweilen ein wenig maniriert wirkenden Körperhaltungen zu sehen. Der Naos präsentiert eine Reihenfolge militärischer Schutzheiliger, die, groß und dynamisch dargestellt, sich vom üblichen Stil der palaiologischen Renaissance klar unterscheiden. Die Gesichter der Engel weisen hier und dort nicht die primitiven Züge des 15., sondern die der italienischen Renaissance des 16. Jahrhunderts auf.[57] Ungewohnt viel Raum nehmen die Wunder und Gleichnisse Jesu in diesen Fresken ein, zum Beispiel das Wunder vom armen und reichen Lazarus, dem drei höchst realistisch anmutende und der gotischen Malerei entlehnte Hunde die Wunden lecken und die Szene vervollständigen.[58]

In der Klosterkirche von Kalenić[59], deren Ikonografie und Malstil an die Fresken von Kariye Camii erinnern, ist die Landschaft genauso entwickelt wie in Mistra. Was hier aber am meisten beeindruckt, das sind die vielen wie in einem Traum versunkenen Figuren, so etwa Herodes bei der von Augustus befohlenen Volkszählung, der Kreuzfahrer Procopius oder der heilige Gobdelas.[60] In beiden Kirchen rühren die meisten Gesichter den Betrachter wegen ihrer Sanftmut, ihrer Melancholie und ihres lyrischen Ausdrucks an. In der Dreifaltigkeitskirche von Resava ist die Farb- und Formgebung deutlich ausgeprägt, während in der Kirche von Kalenić in bestimmten Szenen häufig etwas diffuse Formen vorherrschen, die in Pastellfarben gemalt und wie in eine Art goldenen Nebel getaucht sind.

Im 13. Jahrhundert hatten die Mongolen mit Ausnahme von Nowgorod im Norden fast alle russischen Fürstentümer besetzt. Deshalb blühte gerade dort in Verbindung mit den Hansekontoren in Pskow, Jaroslawl und anderen, Nowgorod geografisch näher liegenden Handelszentren kurz vor Beginn des 14. Jahrhunderts eine Malschule für Ikonen auf, die allerdings nicht von der palaiologischen Renaissance abhing. Tatsächlich handelt es sich bei den Ikonen aus Nowgorod um Figuren in lebhaften Farben und sehr abgeflachten Formen. Sie sind eine geglückte Mischung aus lokaler Volkskunst und akademischer Malerei. Auf sie wollen wir an dieser Stelle jedoch nicht näher eingehen, unser Thema bleibt die Wandmalerei.

Die Fresken der Klosterkirche Mariä Geburt in Snetogorsk[61] (1313) zeigen bis heute einige ausgesucht schöne Darstellungen, unter ihnen die Apostel an Pfingsten, deren Aussehen dem von Propheten im Augenblick ihrer Zwiesprache mit Gott oder Mystikern in tiefer Versenkung gleicht.[62] Trotz gewisser formaler Schematismen ist der Stil der Wandbilder so offen gehalten, sind die Pinselstriche so sichtbar und rasch gesetzt, dass man von einer impressionistischen Ausführung sprechen kann, deren Formen ausschließlich von Licht und Schatten bestimmt werden. Die Fresken in der Erlöserkirche von Kowalewo[63] nahe Nowgorod (um 1380) stehen den Wandbildern der Kirchen sehr nahe, die König Milutin I. im früheren Jugoslawien errichten ließ, selbst wenn die Körper und Gesichter konventioneller gezeichnet sind, wie sich – unter anderem – in der Verklärung Christi erkennen lässt.

Diese ganz offensichtlich russische Version der palaiologischen Renaissance findet ihren Höhepunkt in der Mariä-Entschlafungs-Kirche von Wolotowa[64] (um 1380), die im Zweiten Weltkrieg zerstört wurde, von der aber noch Fotos existieren. Auf ihnen sind Fresken zu sehen, die sich vor allem durch die ungebändigte Dynamik ihrer Bildkomposition – in der Darstellung der Verklärung Christi stürzen sich zum Beispiel die Apostel von Felsen in die Tiefe – und manchmal durch ihre Missachtung der organischen Form und des Körpervolumens auszeichnen. So erscheinen die Leiber der zu Jesu Füßen sitzenden Martha und Maria im Bild der Erweckung des Lazarus[65] nicht als Körper im wörtlichen Sinn, sondern nur als zwei formlose, aber suggestive Farbflecken, denen allein ihre Gewänder Formen verleihen. Das Gesicht des greisen Simeon im Fresko „Jesus als 12-jähriger Knabe im Tempel" wagte der Maler gar als unangenehm-unfreundliche Grimasse darzustellen. Die anderen Fresken, etwa die Porträts der Erzbischöfe Alexis und Moses, wurden höchstwahrscheinlich von verschiedenen Künstlern gemalt, stehen aber dem palaiologischen Kunstempfinden näher.

Obwohl die Wandmalerei aus der Zeit der Palaiologenherrscher in Russland inzwischen fast überall zerstört ist, zeigt doch gerade diese Epoche die Fähigkeit der Byzantiner zur größtmöglichen Innovation in der Gestaltung von Fresken. Gleichwohl blieb ihr eine Fortsetzung nicht beschieden; sie vermochte sich nur als Ausnahme zu offenbaren. Eine festgefügte 1000-jährige Tradition, die Sakralisierung des Bildes als Teil des Gottesdienstes und die Unterwerfung unter die Orthodoxie verhinderten eine Weiterentwicklung. In den Bildern von Theophanes dem Griechen treten uns die Besonderheiten der „palaiologischen Renaissance" aber noch einmal entgegen und seine Fresken enthüllen die ganze Genialität der byzantinischen Wandmalerei.

Dieser erleuchtete und von tiefer Mystik erfüllte Mönch hat in der Erlöserkirche von Nowgorod (um 1380) Propheten gemalt, die – welch eine Schande für die byzantinische Ästhetik! – mit ihren gewaltigen Nasen, ihren wie im Bild des heiligen Makarios[66] auf Striche reduzierten oder gänzlich weggelassenen Augen und einem Mund, den das Bartgestrüpp verdeckt, objektiv hässlich sind. Auch die Engel, die in der byzantinischen Malerei allgemein als heilige Personen gelten und deren Körper Vorbildern aus der Antike in Byzanz weitgehend gleichen, entrinnen diesen absichtlichen Entstellungen schließlich nicht. Die Gesichter, Silhouetten und Einrichtungsgegenstände sind bei diesem Maler in einen bräunlichen Farbton getaucht, werden aber durch rasche, fast weiße und das Relief betonende Pinselstriche aufgehellt. In diesen Bildern gibt es weder sorgsam Geformtes noch Körperlichkeit im eigentlichen Wortsinn. Die Körper sind meist flach gehalten, Häuser oder andere Bauformen im Hintergrund kommen nicht vor. Trotzdem wühlen die Fresken mit ihren dramatischen Akzenten in der Zusammenschau zutiefst auf, denn sie verraten die geistige Anspannung, aber auch die Zweifel des Asketen, seine Kämpfe und seine absoluten Grenzen als Mensch.

Trotz der starken Persönlichkeit des Malers, die er sich auch nicht scheut zu äußern, wären diese Fresken ohne die palaiologische Renaissance nicht möglich gewesen. Sie sind aus ihr nicht direkt hervorgegangen und Theophanes ließ sich von antiken Vorbildern auch nicht beeinflussen. Doch obwohl sie im 14. Jahrhundert von den fundamentalen Prinzipien der byzantinischen Ästhetik abwich, hat diese Renaissance einen, wenn auch höchst relativen Bruch mit dieser Tradition bewirkt, was einem Meister vom Kaliber Theophanes des Griechen den Weg öffnete.

Trotzdem stellte sein Malstil – der seiner Zeit in den verwendeten Ausdrucksmitteln so weit voraus war, dass man ihn ohne Weiteres dem 20. Jahrhundert zuordnen könnte – durch einen unerwarteten und sogar ein wenig paradoxen Umweg auch eine Rückwende dar. Natürlich ist damit keine Rückkehr zu den zwischen dem 6. und dem 13. Jahrhundert aufeinander folgenden Stilformen gemeint, wohl aber eine durch unterschiedliche Mittel hervorgerufene erneute Hinwendung zu den leitenden Vorstellungen des traditionellen Kunstempfindens in Byzanz (Entmaterialisierung der Form, Unbeweglichkeit der Figuren, Askese, Spiritualität u. a.). Nur die Forderung nach innerer Ruhe und Unerschütterlichkeit der heiligen Personen wurde nicht mehr respektiert.

In seinen Ikonen gibt sich Theophanes viel konventioneller und der Kunst seiner Zeit nahe, zum Beispiel in den Holzbildern der Verklärung Mariä oder der Entschlafung der Jungfrau. Das aber erklärt sich aus dem heiligen Charakter der Ikone, der eine persönliche Handschrift des Malers noch viel kategorischer verbot als jede andere Bildgattung.

1380 unterlagen die Mongolen in der Schlacht auf dem Kulikower Feld und wurden aus Russland vertrieben – dies fiel auch mit dem raschen Aufstieg des Großfürstentums Moskau zusammen. Die meisten freskengeschmückten Kirchen dieser Zeit sind zerstört; nur Chroniken berichten noch von ihnen. Seit dem 15. Jahrhundert löste die Schule von Moskau die von Nowgorod ab. Ihr begabtester Künstler, Andrej Rubljow, beteiligte sich an der Ausschmückung der Erzengel-Michail-Kathedrale und an der ebenfalls im Moskauer Kreml gelegenen Verkündigungskathedrale[67] (1405), deren Fresken heute verschwunden sind. 1408 arbeitete er an dem gewaltigen Wandbild des Jüngsten Gerichts in der Mariä-Entschlafungs-Kathedrale in Wladimir[68] mit. Diese Fresken litten allerdings unter verschiedenen stümperhaft ausgeführten Restaurationsarbeiten und bezeugen zwei unterschiedliche, leicht erkennbare Malstile.

Den Chroniken zufolge arbeitete auch ein anderer Maler, Daniel Cerny, in dieser Kathedrale. Rubljow hat uns eine Ikonostase[69] und vor allem herrliche Ikonen hinterlassen, unter ihnen eine Pantokrator-Darstellung, in der Christus in einer weiß glühenden Mandorla und umgeben von Engeln erscheint,[70] oder auch ein Bild der Dreifaltigkeit, die durch die alttestamentarische Episode der Gastfreundschaft Abrahams (1 Moses 18, 1–6) dargestellt wird. Sie zeigt entsprechend dem üblichen Bildschema die drei um einen Tisch stehenden Engel, das Symbol der Trinität.[71] Bei Rubljow aber berühren die drei Engel einander und formen mit ihren unendlich graziösen Bewegungen einen imaginären Kreis. Dabei bilden sie dieses ideale und geheimnisvolle Dreieck, das exakt der heilsgeschichtlichen Definition der Dreieinigkeit entspricht. Dieser mystische Begriff ist mit Worten nicht adäquat zu erklären, aber Rubljows Bild lässt uns begreifen, dass dies doch möglich ist. Diese Ikone voller Inspiration, die durch eine Harmonie kalter Farben dominiert wird, ist einem Gesang vergleichbar, so übermächtig ist ihre dichterische Sprache. Das hindert uns aber keinesfalls, aufgrund ihrer im Vergleich zur palaiologischen Renaissance strengen Kalligrafie der stereotypen Gesichter wieder eine Rückwendung zu sehen. Diese Wende vollzieht sich über den Umweg einer ebenso mystischen wie lyrischen Meditation und mündet in der Überlegenheit der Linie gegenüber dem Farbtupfer und der Formgebung, selbst wenn diese Linie fein, gewunden und darüber hinaus außerordentlich melodiös ist.

Diese kurze Definition der palaiologischen Renaissance hat uns gezeigt, wie sie sich darstellte und zwei Jahrhunderte lang erfolgreich bestand – nun aber ist nach ihren möglichen Gründen und Grundlagen zu fragen.

Konstantinopel war 1204 vom vierten Kreuzfahrerheer erobert worden und Nicäa in Kleinasien wurde die Hauptstadt eines geschwächten Reichs, das überdies viele seiner Territorien verloren hat-

te. Der psychologische Schock wirkte umso grausamer, als man die Stadt von Christus und der heiligen Jungfrau geschützt glaubte. Das Reich in seiner territorialen Unversehrtheit war bisher wesensgleich mit der Welt gewesen, das heißt garantiert bis zu deren letztem Tag, an dem Christus wieder auf die Erde zurückkehren würde. Die Kirche erklärte sich die Katastrophe mit den „Sünden" der Byzantiner, aber eine solche Interpretation der Ereignisse konnte der politischen Elite, von der das Land abhing, weder Kraft noch Mut zurückgeben.

Doch dann erhob sich eine seltsame Spekulation: Einige Byzantiner, die überzeugt waren, dass der Kontakt mit Kunstwerken aus heidnischer Zeit dem Christentum nicht mehr schaden konnte, weil es in den Köpfen der Menschen inzwischen fest verankert sei, behaupteten mit sichtlichem Stolz auf ihre römischen Ursprünge und ihre griechische Sprache plötzlich, sie seien „Hellenen", und erklärten deshalb sämtliche antiken Kunstwerke zum alleinigen Erbe und Besitz der Byzantiner. Dieser Schrei aus tiefer Verzweiflung wäre folgenlos geblieben, wenn das byzantinische Reich keine so tiefe moralische Krise durchlaufen hätte, und tatsächlich stellte sich das Gegenteil auch bald ein: Die Byzantiner vertieften sich in das Studium antiker Autoren und bald tauchten deren Zitate überreichlich in ihren Schriften auf. Im Hinblick auf die Zahl seiner Gelehrten stellte Georg von Zypern Nicäa auf eine Stufe mit Athen. Parallel dazu studierten und beschäftigten sich Künstler mit antiken Statuen, Mosaiken, Fresken und Straßenbelägen, die es im Reich ja noch überall gab.

Auch die Vorstellung vom idealen Menschen hatte sich sehr verändert. Der Asket wich dem frommen, akademisch Hochgebildeten, der die Schönheiten von Kunstwerken zu schätzen verstand. Dem Reich fehlte das Geld allerdings an allen Ecken und Enden und deshalb konnte es sich keine neuen Kirchen leisten. Die slawischen Könige hingegen waren liquide und wollten für ihr Geld nur die besten griechischen Künstler. Folgt man gewissen Dokumenten und Inschriften, so lud das serbische Königshaus zwei Jahrhunderte lang Künstler aus Konstantinopel und Saloniki an seinen Hof ein. Diese Maler, die mit der Kunst der griechischen Antike groß geworden waren und den byzantinischen Humanismus in der 2. Hälfte des 12. Jahrhunderts geerbt hatten, fühlten sich in der Ferne zu Neuerungen bestimmt freier, als wenn sie zu Hause geblieben wären. So vereinigten sich um 1220 alle für eine frühe Renaissance in Byzanz günstigen Bedingungen.

Das ikonografische Programm wurde zwischen dem 13. und 15. Jahrhundert erheblich reichhaltiger. Nach dem Ende des Bilderstreits im 9. Jahrhundert pflegte man Christus als Pantokrator, als Herrn der Welt und gefolgt von Engeln, Aposteln und Propheten in die Kuppel zu stellen. Maria als Instrument der Menschwerdung Christi erschien mit oder ohne Kind in der Apsis. Der Zyklus der zwölf großen, liturgischen Feste im Kirchenjahr mit den wichtigsten Episoden des Evangeliums wurde entweder in den Gewölben oder in den oberen Partien der Innenwände dargestellt.

Die Weiterentwicklung der ausschließlich in Byzanz kodifizierten Bildprogramme fand zwischen dem 10. und 11. Jahrhundert statt, als man im zweiten Register der Apsis direkt unter der Jungfrau mit dem Kind das Abendmahl der Apostel als Bild der von Christus im Himmel zelebrierten Eucharistiefeier anbrachte. Auf der am weitesten verbreiteten Variante dieses Bildthemas taucht Christus zweimal hinter einem Altar auf. Dabei assistiert ihm ein Engel als Diakon, der einen liturgischen Fächer, ein *ripidion,* hält. Auf dem Altar stehen ein Kelch und eine mit kleinen Stücken des heiligen Brots gefüllte Patene. Die Apostel, denen er die Kommunion austeilt, umstehen ihn von zwei Seiten wie beispielsweise in der Sophienkirche von Ohrid (Makedonien, um 1040).[72] Seit dem Ende des 11. und vor allem 12. Jahrhunderts zeigten sich die heiligen Bischöfe (Kirchenväter und berühmte Theologen), die im folgenden Register der Apsis bis dahin en face und unbeweglich dargestellt wurden, in Dreiviertelansicht. Sie rücken in Richtung Mittelachse, wobei sie zwei entsprechende Reihen bildeten. Anstelle von Büchern halten sie Spruchbänder mit liturgischen Inschriften in den Händen, was bedeutet, dass sie die Messe lesen.

Diese beiden Bilder, in denen sich jedes Mal Menschen in langen Zügen zur Mitte hin bewegen, ergänzen einander und stellen zusammen die Übereinstimmung der beiden Liturgien dar, von denen die himmlische (das Abendmahl der Apostel) das Vorbild der irdischen Kommunion ist. Sie erinnern den Gläubigen, dass jede Messe das Heilswerk Christi erneuert.

Vor der palaiologischen Renaissance streben diese beiden Reihen der Heiligen auf das Christuskind zu, das entweder alleine oder in einer Patene auf dem Altar liegt. Es ist nackt, zum Teil mit einem liturgischen Schleier bedeckt und wird von zwei Engeln in Gestalt von Diakonen mit *ripidia* in den Händen beschützt. Das Ganze wird *amnos* (Lamm) oder *melismos* (Austeilung des – selbstverständlich – heiligen Brotes) genannt. Das Bild verweist auf die Vision Jesajas vom Opferlamm (Jes. 57,7), die des Evangelisten Johannes (1,29) und der Offenbarung (5; 6; 13), somit auf Texte, auf die sich die Abendmahlsliturgie bezieht. Die Darstellung dieser Vision in einem Kind stützt sich auf patristische Texte, zum Beispiel Cyrils von Jerusalem: „Ich sehe ein Kind, das sich, auf der Erde liegend, als Opfer hingibt (…), es ist Hirte, aber auch Lamm.“[73] Eine Inschrift zu dieser Szene in der Sankt-Joachim-und-Anna-Kirche in Studenica (1314) verdeutlicht den Sinn dieser Worte: „Das Lamm Gottes wurde geschlachtet und für das Leben der ganzen Welt geopfert.“[74] Bildlich dargestellt wurde das Opferlamm zum ersten Mal in der Sankt-Georgs-Kirche von Kurbinowo (1191).[75]

Nur wenig später taucht an Kirchenwänden im 13. Jahrhundert ein ebenfalls symbolhaftes Motiv auf – es ist schon auf einer Ikone, allerdings aus dem 12. Jahrhundert, zu sehen –, das ganz eng mit den Gebeten an Karfreitag und Karsamstag verknüpft ist: Es zeigt Christus als Schmerzensmann zusammen mit Maria als Mater dolorosa oder auch ohne sie. Er erscheint entweder in seiner ganzen Körperlänge mit geschlossenen Augen und über der Brust oder dem Unterleib gekreuzten Armen oder, was häufiger vorkommt, als Brustbild und hinter ihm das Kreuz seines Leidens. Es handelt sich um eine Figur aus dem Passionszyklus, die Jesus tot, aber aufrecht zeigt. Ikonografisch vom Motiv der Kreuzabnahme abgeleitet, steht dieses in vielfältiger Weise symbolträchtige Bild sowohl für den Tod als auch für die Auferstehung Christi entsprechend den Worten eines Hymnus, der am Ostersonntag gesungen wird: „Christus ist auferstanden! Er ist wahrhaftig auferstanden! Er hat den Tod durch den Tod überwunden und denen, die im Grabe sind, das Leben geschenkt.“[76] Dieses Bildschema gelangte über Italien in das Abendland, das es in Form der Pietà leicht veränderte.

Die Bipolarität von Tod und Auferstehung des Schmerzensmanns Christus prägt auch andere symbolische Bildthemen, aber die meisten von ihnen entstanden erst im 14. Jahrhundert wie „Christi Auge, das wacht“, wobei die Szene in eine paradiesische Landschaft (weißer Hintergrund mit Blumen) verlegt ist. Im „Christus Immanuel“, einem Motiv, das sowohl an die Inkarnation wie an die Erlösung

erinnert, ruht Christus auf einer Matte, flankiert von zwei Engeln, die Gegenstände aus der Passionsgeschichte tragen. Diesem Bild liegt eine Anregung aus der Liturgie zugrunde, die sich ihrerseits wieder auf einen Vergleich aus dem *Physiologos* stützt, einem im 6. Jahrhundert bekannten Bestiarium: Die Löwin bringt tote Junge zur Welt, die (wie die Auferstehung Christi drei Tage nach seinem Tod) drei Tage später durch den Atem ihres Vaters zum Leben erweckt werden. Darüber hinaus unterstellt dieses Erbauungsbuch christlicher Morallehre, dass der Löwe im Schlaf die Augen offen halte, „ganz wie Jesus Christus als Mensch schläft und als Gott wacht". Ein Hymnus aus der Karsamstagsmesse greift diesen Topos wieder auf: „Wie ein Löwe, oh Erlöser, der in seinem Fleisch müde geworden, schläft wie ein totes Löwenjunges, so wirst du uns zum Leben erwecken, nachdem dein Körper dem Leiden überantwortet worden ist."[77] Dieses Bild erscheint unter anderem im Diakonikon des Peribleptosklosters von Mistra.[78]

Als in der Krise des byzantinischen Staatswesens im 14. Jahrhundert sich die Macht und Ausstrahlung der orthodoxen Kirche unaufhaltsam erweiterten, genügte das vergleichsweise schlichte Abendmahlsbild der Apostel in der Apsis nicht mehr, um die heilsbringende Rolle der Liturgie zu verdeutlichen. Deshalb entwickelte sich ein neues Bildthema, die himmlische Liturgie, wie man sie nannte, in der Christus manchmal als Bischof gezeigt wird, der vor einem Altar die Messe zelebriert, assistiert von Engeln in den Gewändern von Diakonen, die liturgische Geräte (Kelch, Patene, Kreuz, Evangelium und Taufgerät) tragen und sich ihm im Ritus des Großen Einzugs nähern. Bei diesem Ritus tragen die (Engel-)Diakone die für die Zurüstung der Verwandlung von Wein und Brot notwendigen Gaben zum Altar und singen den Cherubim-Hymnus.

Am Altar, so der orthodoxe Glaube, sieht der Priester im eucharistischen Gebet (Anaphora)[79] das Bild der himmlischen Abendmahlsfeier mit den Engeln. Im Augenblick der Epiklese schwebt der Heilige Geist nach dem Willen von Vater und Sohn über dem Altar und verwandelt die Gaben in das Fleisch und Blut Christi. Im Bild ist dieser Ritus in den Himmel verlagert und wird deshalb zumeist in der Kuppel dargestellt, wo er wie in den Kirchen von Gračanica (1315) und in der Marienkirche in Peć (1324–1338) eine Krone um den Weltenherrscher (Pantokrator) bildet. Die Bedeutung des Themas gewinnt zusätzlich an Komplexität, da eine Inschrift um den Pantokrator Psalm 102,19–22 zitiert: „(...) Der Herr sieht vom Himmel auf die Erde, dass er (...) losmache die Kinder des Todes, auf dass sie in Zion verkündeten den Namen des Herrn und sein Lob in Jerusalem."[80]

Dieses Bild der himmlischen Eucharistie taucht aber auch in der Apsis auf wie in der Peribleptoskirche von Mistra[81] und in der Sankt-Demetrius-Kirche des Marko-Klosters (1365–1370) bei Skopje[82], wo es im letzten Register der Wand, knapp über dem Fußboden figuriert, so als wollte der Maler einen echten Einzug der Engelsdiakone in die Kirche suggerieren, die sich dort ausbreiten. In der Sankt-Demetrius-Kirche ist die Bildkomposition übrigens ziemlich eigenwillig gestaltet: Den Engeln, die die liturgischen Geräte tragen, sind die Messe lesenden Bischöfe beigesellt. In ihrer Mitte steht Christus, der die Feier leitet, hinter einem Altar und etwas tiefer erscheint das Bild des Opferlamms. Diese Anordnung illustriert nicht nur die Liturgie des Großen Einzugs,[83] sondern exakt den Moment dieses Ritus, in dem der Offiziant betet: „Herr (...) lass bei unserem Einzug auch deine heiligen Engel mit eintreten, damit wir dir mit ihnen dienen. (...)" Christus ist in diesem Bild Opfernder und Opfer zugleich, entsprechend dem bekannten Vers des eucharistischen Gebets.

Aufgrund des offensichtlich allem christlichen Bildschaffen innewohnenden Erlösergedankens entstand eine bestimmte Zahl von Bildern oder modifizierten Bildschemata, die zeitlich vor der palaiologischen Renaissance anzusiedeln sind. Manchmal handelt es sich wie im Bild der Kreuzigung in Sopoćani (1263–1268)[84] um direkte Hinweise – wie die offenen Särge der Auferstandenen –, meist aber wird das Dogma der Auferstehung durch das Hinabsteigen Christi in die Hölle, wo er Adam und Eva erlöst,[85] ausgedrückt oder durch eine Deesis, anders gesagt, durch die Fürbitte Marias und Johannes' des Täufers bei Christus.

Im 11. Jahrhundert wurde die Deesis noch mit höchst einfachen bildnerischen Mitteln als Brustbild dreier Personen dargestellt, das im Bogen der Apsis so wenig Raum beanspruchte, dass man es kaum bemerkte. Seit dem Ende des 12. Jahrhunderts schmückte die Deesis schon die Innenwände und in Kurbinowo erhielt sie noch größere Bedeutung.[86] Noch auffälliger wurde sie 1315 in Kariye Camii[87] platziert und im Marko-Kloster entstand zwischen 1365 und 1370 das Bild einer Großen Deesis, das neben den schon genannten Personen auch die Erzengel Michael und Gabriel und die Apostel Petrus und Paulus zeigt. Das Fresko nimmt das letzte Register des Naos kurz vor dem Boden ein; manchmal erscheint es auch an anderen Stellen des Raums, in dem sich die Gläubigen versammeln.

Ein anderes, neues Bildmotiv zeigt Christus im kaiserlichen Gewand mit Krone und Maria als Königin, an ihren Seiten zwei Engel, die Propheten David und Salomon und viele weitere heilige Personen. In diesem Schema erscheint Christus als König der Könige oder als König des gesamten Universums, so wie ihn auch die Psalmen 44–46, vor allem aber Psalm 46,8 bezeichnen: „Gott ist König über die ganze Erde." Möglicherweise schöpfte der Ikonograf aber auch direkt aus der Liturgie, denn der Cherubim-Hymnus, der beim Großen Einzug am Karsamstag gesungen wird, spricht von Christus als dem „König aller Herrschenden"[88] und von Maria als „Nikopoia" durch die Strophe „(...) die Königin geht an deiner rechten Seite." Diese Deesis im Marko-Kloster setzt in gewisser Weise die himmlische Liturgie fort, an die der Ritus des Großen Einzugs in der Apsis gemahnt: In beiden Fällen werden Begriffe, die der Liturgie entlehnt sind, in Bilder übersetzt. Die Figuren, die diese Deesis verlängern, lassen sich nicht mit letzter Sicherheit identifizieren; vielleicht handelt es sich um die gesamte Heiligenschar und die ganze Szene spielt im himmlischen Jerusalem.

Der Wille, liturgische Texte und Riten so vollständig wie möglich abzubilden, steht auf den Kirchenwänden auch hinter der Ausweitung der Freskenthemen um Personen aus dem Alten Testament. Schon seit langer Zeit hatten theologische Kommentare Episoden aus dem Alten Testament in die Nähe von Personen aus dem Neuen Testament gerückt. So war die Gastfreundschaft Abrahams, eine alttestamentarische Begebenheit, zum Symbol der neutestamentarischen Dreieinigkeit geworden und die drei Hebräer im Glutofen zum Symbol der Auferstehung und des Heils. Andere Auszüge aus dem Alten Testament wurden als Vorläufer des Neuen Testaments betrachtet, zum Beispiel die (fast vollzogene) Opferung Isaaks durch Abraham als Ankündigung der Kreuzigung Jesu. Diese Versuche, die beiden Testamente einander anzunähern, sowie die Verse gewisser Psalmen wurden in der orthodoxen Liturgie häufig erwähnt und man räumte ihnen im Freskenschmuck der Kirchen sehr viel mehr Raum ein als früher. Dabei entstanden manchmal überladene Bildkompositionen und Figuren, die wie im Bild von Christus als Darstellung der göttlichen Weisheit[89] sehr komplexe Inhalte ausdrücken.

Das ist beispielsweise in der kleinen, flachen Kuppel des Narthex in der Muttergotteskirche (1295; später Clemenskirche) von Ohrid zu sehen. Das Bild Christi als eines Engels[90] im Großen Rat des Vaters stützt sich auf die Weissagung Jesajas über die Geburt eines Kindes (Jes. 9,5–6) und auf ihre Lesung in der Vespermesse zur Feier der Geburt Christi.[91] Es bezieht sich direkt auf die 2. Homilie (Einstimmungstext zur Messe), die das Buch Habakuk (21,1)[92] kommentiert. Johannes von Damaskus schöpft in seinem Osterkanon (1. und 4. Ode) ebenfalls aus diesem Text und Gregor von Naszianz, der Kommentator von Habakuk 21,1, spricht von Christus „mit dem Gesicht eines Engels", der das Heil für die Welt, die Auferstehung und Frieden auf Erden[93] verkündet. Dieser Christus-Engel von Ohrid ist tatsächlich mit den schönen, ebenmäßigen Zügen eines Epheben ausgestattet und von einer Gloriole umgeben; neben ihm stehen die Propheten Jesaja und Habakuk. Er verkündet den Christen die Frohe Botschaft: Christus besiegt den Tod in der Glorie seiner Wiederkunft auf Erden.

Ein anderes, zwar schon im 12. Jahrhundert bekanntes Bildthema wurde zur Zeit der Palaiologenherrschaft wieder aufgegriffen – der Baum Jesse. Jesaja erwähnt ihn bereits im Alten Testament (Jes. 11, 1–10; 7,14), aber wie bei allen Hinweisen dieser Art stützte man sich lieber auf die Aussagen der christlichen Texte. Die Bibelverse über die Abstammung Jesu von Jesse griff der Evangelist Matthäus (Matth. 1,1–17) wieder auf und über ihn gelangten sie in die liturgischen Texte der Vorweihnachtszeit. Sie wurden in den Messen des dritten und vierten Adventssonntags gelesen und dem Gedenken der Vorfahren Jesu während der Abendgottesdienste zur Feier von Christi Geburt und bei Festgottesdiensten zu Ehren Marias[94] gewidmet. – Das Bild zeigt den liegenden Jesse im Vordergrund. Dort wurzelt ein Baum, dessen Zweige die Porträts von Adam, Abel, Seth und anderen bis hin zum Brustbild der Jungfrau Maria, der letzten Blüte in dieser Genealogie, tragen. Zwischen den Zweigen erscheinen Episoden aus dem Alten und Neuen Testament, an die in verschiedenen Homilien über die Wurzel Jesse erinnert wird. Der Sinn dieses Bildes, das beispielsweise in Dečani zu sehen ist,[95] deckt sich wieder einmal perfekt mit den Vorstellungen aus den Lehren der Bilderverehrer während des Bilderstreits in Byzanz, denn es legt die Menschwerdung Christi in all ihrer irdischen Dichte offen: Über Maria stammt Jesus von einer langen Linie hervorragender Männer ab.

Seit dem 12. Jahrhundert schwoll die Marienverehrung beträchtlich an und Maria wurde schließlich die zentrale Figur der Volksfrömmigkeit, denn man sah in ihr sowohl die Mutter, die so viel gelitten hatte, als auch die Vermittlerin, die für die Menschen betete. Ihre Vita, die im Kanon der vier Evangelien des Neuen Testaments eher am Rande auftaucht, wird in den apokryphen Schriften, vor allem im Jakobusevangelium erzählt; auch in der Liturgie wird sie häufig erwähnt. Für Marienfeiern entwickelte und kommentierte das homiletische Schrifttum viele Szenen aus ihrem Leben. Die Ikonenmaler setzten diese Episoden in Bilder um, wobei sie unter dem Titel der Kindheit Marias einen umfassenden Bildzyklus schufen. Neben ihm entstand auf der Grundlage der apokryphen Evangelien ein anderer Zyklus – die Kindheit Jesu. Bestimmte Szenen der beiden Zyklen hatte man schon früher dargestellt, aber im 14. Jahrhundert verwandelte sie allein schon ihre Anzahl zu echten Bildberichten.

Den Zyklus der Kindheit Marias vervollständigte das Bildmotiv ihrer Entschlafung, das im Byzantinischen Reich schon seit dem 11. Jahrhundert bekannt war und von dort in den Okzident gelangte. Aus diesem Einzelbild entwickelte sich seit dem Ende des 13. Jahrhunderts ebenfalls ein ganzer Bildzyklus, der in mehreren Episoden und in bestimmten Kirchen entstanden ist. Bei diesen Bildern stützten sich die Künstler auf apokryphe Texte des Neuen Testaments und auf die Handreichungen zur christlichen Lebensführung des heiligen Johannes von Damaskus. So zu sehen in den Fresken der Muttergotteskirche in Ohrid (1295), zum Beispiel in der Ankündigung des nahen Todes Marias durch den Erzengel Gabriel, ihren Abschied, ihr Gebet im Garten Gethsemane, die Mitteilung ihres nahen Todes an ihre Freunde, ihre eigentliche Entschlafung, ihre Bestattung und ihre Himmelfahrt.[96]

In den Messen zu Marienfeiern (der Marienmonat wurde 1217 eingeführt) erinnerten entweder Oden oder Lesungen[97] an viele Episoden aus dem Alten Testament, die Theologen als Vorwegnahmen Marias betrachteten. Diese Hinweise sind als eine Art Typologie der Gottesgebärerin zu verstehen beziehungsweise als Figuren, die die Weissagungen der Propheten über die Menschwerdung Christi symbolisieren. Die Maler stellten sie in Bildern dar, die wie in Kariye Camii einen Zyklus bilden. So wird Moses beim Empfang der Gesetzestafeln vor dem Dornbusch gezeigt, der brannte, ohne dass die Flammen ihn selbst verzehrten (Ex. 3,1–2, 5), und der die Jungfräulichkeit Marias symbolisiert; auch das verschlossene Tor (Ez. 44,2) wird in diesem Sinn gedeutet. Im Bild der Sänfte Salomons, von der das Hohelied (3, 7–8) berichtet, ist das königliche Bett mit einer Ikone von Maria mit dem Kind zu sehen. Nur das Köpfchen des kleinen Knaben ragt aus dem Mantel seiner Mutter und erweckt dadurch den Eindruck, er befinde sich noch in ihrem Schoß. 60 Helden umringen sie. Das Bild orientiert sich an einem Kommentar Gregors von Nyssa zum Hohelied, der in dieser Episode die Vereinigung der Menschenseele mit Gott, das heißt die Verbindung Christi mit Maria erblickt. Johannes von Damaskus bezeichnete das Bett Salomons als „heiligen Tempel Gottes, den Salomon errichtete und bewohnte." Durch dieses Bild soll schon die Empfängnis Marias als der Augenblick der Inkarnation Christi ausgedrückt werden. Die Muttergotteskirche von Ohrid und die Kariye Camii[98] besitzen eine Vielzahl gut erhaltener Fresken.

Dort sind auch gewisse Lobgesänge auf die Muttergottes im Bild festgehalten, zum Beispiel der Hymnus, der in der Weihnachtsvesper gesungen wird. Das Sticheron zu Weihnachten zählt auf, was Erde, Wüste, Himmel, die Hirten und die Menschen der verehrten Jungfrau schenken. Diese thront in der Mitte des Freskos, umgeben von den Symbolen, die der Text erwähnt. Am unteren Rand des Registers erscheint ganz plötzlich eine andere Szene, ein Historienbild: Der König und sein Hofstaat auf dem Weg zum erwähnten Gottesdienst werden von der hohen Geistlichkeit an der Kirchentür empfangen (vgl. die Fresken in der Kirche von Zica und in der Muttergotteskirche in Ohrid).[99] Auch dieses Eindringen weltlicher Elemente in eine religiöse Szene ist eine Innovation, die aus dem Zeitgeist entstanden ist.

Ende des 13. Jahrhunderts erscheinen einzelne Fresken aus dem im 6. Jahrhundert gedichteten Hymnus Acathystos auf den Kirchenwänden. Die 24 Strophen dieses Lobgesangs zu Ehren Marias sind in ebenso viele Wandbilder umgesetzt. Die ersten zwölf Fresken zeichnen die Ereignisse zwischen Mariä Verkündigung und der Geburt Jesu nach, während die zweite Hälfte Christus und Maria verherrlichen.[100] Seit dem 14. Jahrhundert verbreitet sich ein Bildmotiv „In dir erfreut sich (...)", das nach den ersten Worten des Hymnus benannt ist, den es darstellt. Dieser Hymnus zählt sämtliche Elemente der Schöpfung – Menschen, Tiere, Sterne etc. – auf, die die Gottesmutter rühmen. Sie thront in der Bildmitte, umgeben von zehn kleinen Bildern der Schöpfung in konzentrischen Kreisen.

Der Marienkult inspirierte auch die Wandbilder, die Maria als Quelle des Lebens zeigen. In den meisten dieser Fresken ist sie im Brustbild dargestellt und hält ein Gefäß vor sich, aus dem das Kind auftaucht[101], oder sie badet mit ihm in einem Becken.[102] Diese Bilder illustrieren Psalmverse aus der Liturgie, insbesondere den Kanon des Gründonnerstags: „Die Weisheit Gottes, Grund aller Dinge und Schöpferin des Lebens hat ihr Haus auf der Frucht einer reinen Mutter gebaut" und auch der Weihnachtshymnus von Joseph dem Hymnographen (816–886) ermuntert die Gläubigen: „Lasst uns feiern die Mutter Gottes, den Quell, der Leben gibt." Schließlich bezeichnen viele Texte die Kirche als Vorbild, der heiligen Jungfrau vergleichbar.

Einen letzten und äußerst wichtigen Faktor für die ikonografischen Neuerungen zwischen dem 13. und dem 15. Jahrhundert stellt das Aufkommen jener religiösen Sensibilität dar, die sich als Folge der humanistischen Vorstellungen herausbildete, die nach dem Bilderstreit (726–843) im Byzantinischen Reich entstanden. Die Bilderverehrer unter den Theologen hatten seinerzeit den Aspekt der Inkarnation Christi betont: Gerade weil Christus auf die Erde gekommen und wahrhaft Mensch geworden war, durfte er auch im Bild dargestellt werden! Kaum war der Bilderstreit vorüber, wurde dieses Argument durch Bilder übersetzt, zum Beispiel durch die Darstellung der Kreuzigung mit dem toten Jesus, den man früher mit offenen Augen gemalt hatte. Diesem tatsächlich Gestorbenen fügte man das Motiv der Kreuzabnahme hinzu, um allen Gläubigen ganz deutlich klar zu machen, dass der Tod bei ihm eingetreten war. Dennoch vergingen einige Jahrhunderte, bevor der neue Humanismus das religiöse Gefühl veränderte oder die Frömmigkeit um die Mitte des 12. Jahrhunderts gefühliger wurde

und Künstler beeinflusste. Eine der ersten Darstellungen dieser neuen Gefühligkeit war das Motiv der barmherzigen Maria (Eleusa), das bereits schon früher in Kappadokien auftauchte, sich aber erst seit 1130 erfolgreich durchsetzte, als in Konstantinopel eine Marien-Ikone gemalt wurde, in der Mutter und Kind einander liebkosen, und die zunächst nach Kiew und dann nach Wladimir[103] geschickt wurde. In dieser Ikone blickt Maria zwar streng und nachdenklich, weil sie den künftigen Leidensweg ihres Sohnes vorausahnt, aber das Kind auf ihrem Arm presst seine Wange an die ihre und umarmt sie voller Zärtlichkeit. Trotzdem musste man bis zur 2. Hälfte des 12. Jahrhunderts warten, bevor ein so hoch signifikantes Bildthema und eine Neuinterpretation der wichtigsten Szenen aus der Passionsgeschichte in Erscheinung traten.

Diese Entwicklung kam nicht von ungefähr: Sie hatte sich bereits früher in einigen Miniaturen und in der Gottesmutter vom Fluss Miroza (1156) in der Erlöserkirche von Pleskau (Pskow) gezeigt, die die Klage über den Tod Jesu (Threna) darstellt[104], wobei die Personen aber eine unerschütterliche Ruhe zeigen.

Konkret wird dieses Phänomen schließlich in der Klosterkirche des heiligen Pantaleion (1164) im Dorf Nerezi in Makedonien. Dort ist ein Fresko über die Beweinung Christi zu sehen, das den tiefen Schmerz Marias verrät. Diese Episode taucht in den synoptischen Evangelien nicht auf, sondern wird im apokryphen Nikodemus-Evangelium aus dem 4. Jahrhundert zum ersten Mal erwähnt[105], aus dem auch der im 6. Jahrhundert von Romanos Melodos (Romanus der Sänger) komponierte und in den Messen zu Gründonnerstag und Karsamstag[106] gesungene Hymnus stammt. In dem Fresko liegt der ausgestreckte Leichnam Jesu auf einer Steinplatte. Die weinende Maria drückt ihn in ihren Armen an sich und presst dabei ihre Wange an die seine. Johannes umfasst zärtlich seine Hand, während Joseph und Nikodemus zu seinen Füßen knien.[107] Im Bildhintergrund streckt eine auf dem Boden sitzende heilige Frau ihre Arme zum Himmel; die Figuren zweier anderer, aufrecht stehender Frauen sind zerstört. So ist Christus nicht nur am Kreuz gestorben, sondern wurde auch beweint, so als würde man seine göttliche Natur verleugnen. Dasselbe passiert auch im – trotz einer gewissen Zurückhaltung – unendlich traurig-harmonisch gehaltenen Fresko der Kreuzabnahme in derselben Kirche von Nerezi und später auch in anderen Passionsszenen.

Der Sinn für Dramatik entwickelte sich erst im Verlauf der palaiologischen Renaissance. In Mileševo ist die Kreuzabnahme noch sehr karg dargestellt, was auf verinnerlichten Schmerz hindeutet: Maria steht wie eine Säule und hält den geschundenen Leib ihres Sohns in den Armen, wobei das Spiel der Hände zwischen der Ersten der heiligen Frauen und Jesus[108] bezeichnend ist. Seit dem Ende des 13. Jahrhunderts aber verwandelt sich diese Szene in eine Tragödie. In der Muttergotteskirche in Ohrid[109] bringt der Schmerz Bewegung in sämtliche Bildfiguren – sie krümmen sich und taumeln. Im 14. Jahrhundert wiederum löst das Interesse am Narrativen diese so gefühlsbetonte Betrachtung der Leiden Christi und vor allem Marias klar ab. So zeigt die Bildkomposition in Gračanica (um 1320)[110] schließlich sehr viele lebhaft bewegte Personen, während sich Maria in klassisch verzweifelter Gebärde die Haare rauft.

Der früher im Allgemeinen nur wenig entwickelte Passionszyklus wird weitgehend vervollständigt und stellt nun alle in den Evangelien erwähnten Episoden der Leidensgeschichte dar. Auch die Bilderfolgen der Wunder Jesu und seiner Gleichnisse werden thematisch deutlich erweitert und seine Erscheinungen nach der Auferstehung bilden in relativ geräumigen Kirchen wie in Resava und Kalenić ebenfalls einen Zyklus. Das Thema des Jüngsten Gerichts wird in zahlreichen Szenen der Bestrafung fortentwickelt, die jede einer bestimmten Sünde zugeordnet sind. Bildporträts von Zeitgenossen kommen immer häufiger vor; die unterschiedlichen Stifter von Fresken reflektieren die gesellschaftliche Wirklichkeit. Unter ihnen tauchen Bilder von Herrschern, Adligen und Kirchenfürsten ebenso auf wie die Gesichter von Geistlichen und Kaufleuten. Letztere kommen allerdings seltener vor und sind auf kleine Provinzkirchen beschränkt.

Hinsichtlich ihrer Neuerungen folgt die Herstellung von Ikonen der Freskenmalerei, bleibt aber in Bezug auf die Deutung ihrer Motive und ihrer stilistischen Merkmale immer ein wenig zurück. Trotzdem kennen wir Ikonen mit herzzerreißenden Kreuzigungsdarstellungen, zum Beispiel im Kloster Johannes Theologos (Johannes der Theologe) auf Patmos[111], und andere, die von einer Art betrübter Reflexion zeugen wie die Prozessions-Ikone der Gottesmutter Katafygi im Kloster Poganovo bei Pirot, die sie und den Evangelisten Johannes in Ganzfigurenansicht zeigen; auf der Rückseite das Bild einer prophetischen Vision in einer lieblichen und vor Licht flirrenden Landschaft.[112]

Die Miniaturmalerei verlor in der Zeit der Palaiologenherrschaft zwar an Bedeutung, brachte aber immer noch Meisterwerke wie die Verklärung Christi im Homilienbuch des heiligen Johannes Chrysostomos (Paris, Bibliothèque Nationale; gr. 1242) hervor. Diese Miniatur entstand zwischen 1370 und 1375.[113] Die gesamte Szene ist in verschiedene Blautöne getaucht, die durch Goldtupfer aufgehellt werden, was ihr eine traumhaft-visionäre Dimension verleiht. Andere Miniaturen zeigen noch heute ganzseitige Porträts von beeindruckender Schönheit. Sie verraten die genaue Beobachtung lebender Vorbilder wie beispielsweise eine Sammlung theologischer Traktate von Kaiser Johannes VI. Kantakuszenos (1347–1354) in der Nationalbibliothek in Paris (gr. 1242) zeigt. Die Rückseite von Blatt 123 dieser Sammlung stellt Johannes VI. gleich zweimal – einmal als Mönch und einmal als Kaiser – dar. Fotografische Vergrößerungen des Doppelporträts lassen einen in der spätbyzantinischen Zeit seltenen Realismus erkennen.[114]

Qualitativ geringer, aber reich an ikonografischen Innovationen ist die bulgarische Ausgabe der Chronik des Konstantin Manasse, die in der Vatikanbibliothek (Vat. Slavo 2) aufbewahrt wird. Sie spiegelt in mehreren Miniaturen die persönliche Not des Bulgarenkönigs Ivan Alexander (1331–1371) wider, der kurz zuvor seinen Sohn verloren hatte. Die Darstellung der Trauer eines Vaters über den Tod seines Sohns ist ein neuer Zug in der byzantinischen Kunst. Eine Miniatur zeigt über die gesamte Bildfläche hinweg die Beisetzung des jungen Prinzen im Stil der Entschlafung Marias und eine andere seinen Einzug ins Paradies.[115] Beide Szenen beweisen den kühnen und direkten Eingriff eines

Herrschers in die Kopie einer griechischen Chronik aus dem 12. Jahrhundert, die die „universelle Geschichte“ seit der Erschaffung der Welt erzählt und illustriert.

Zu Ausschmückungen des reinen Palaiologenstils, die manchmal äußerst komplexe Themen wie in der berühmten „Dalmatica“ darstellen, die ebenfalls im Vatikanmuseum[116] aufbewahrt wird, kam es im 14. und 15. Jahrhundert.

Die Bildhauerei, die im Byzantinischen Reich wegen der Furcht der Kirche vor Götzendienst nie besonders gepflegt wurde, kam auch während der Palaiologenherrschaft praktisch nicht vor. Trotzdem entstanden im 13. und 14. Jahrhundert schöne Stücke, darunter die Köpfe einiger Skulpturen, die in Fenari Isa Camii in Konstantinopel (13. Jahrhundert)[117] gefunden wurden. Sie folgen, um nicht zu sagen, gehen dem voraus, was wir in der Freskenmalerei beobachteten.

Nach allem, was bisher über die Erweiterung des ikonografischen Repertoires der byzantinischen Bildgestaltung gesagt wurde, muss klar anerkannt werden, dass es nicht das Niveau der zeitgenössischen Kunst im Abendland erreichte. So kannte man in Byzanz sozusagen keine Motive mit profanem Inhalt, noch solche zu Fabelwesen oder naturgetreuen Tierbildern, abgesehen vom Esel, dem Ochsen und den Herden der Hirten bei der Geburt Christi, noch gar die Dämonen, auf die man in romanischen und gotischen Kirchen trifft. Die ostkirchliche Orthodoxie hätte derartige Darstellungen nicht toleriert. Das ist verständlich, da seit dem Ende des Bilderstreits die Einstellung bestand, das Bild sei in gewisser Weise Teil der göttlichen Welt und vervollständige die Liturgie insofern, als sie den Gläubigen in Wahrnehmungsbereiche einführe, die dem Wort verschlossen blieben.

Dieser knappe Abriss kann keine präzise Vorstellung von der doch sehr beachtlichen Bereicherung der Bildprogramme zur Zeit der Palaiologen vermitteln. Er sollte aber helfen, die großen Linien zu erkennen, um die herum sie sich vollzog. Diese Linien sind von der orthodoxen Liturgie, dem Gefühlsausdruck und einer zugleich narrativen wie didaktischen Tendenz vorgegeben, so als hätte man in Byzanz das Bedürfnis empfunden, die Worte der Liturgie durch Bilder als zusätzliche Beweise zu untermauern. Deshalb wuchs nicht nur die Zahl der Bildthemen und -zyklen, sondern auch die Zahl der Personen in jedem Bild um durchschnittlich eine bis sechs Figuren. Die Engel erscheinen tendenziell nicht mehr einzeln, sondern als himmlische Heerscharen. Architektonischen Elementen und Felslandschaften wird in den Bildern immer mehr Platz eingeräumt. Die Entwicklung der Ikonografie wurde von der Renaissance zwar wenig geprägt, aber sie verdankt ihr trotzdem das Vergnügen an der Erzählung, das man auch in den Werken der Spätantike findet, wie auch die Erforschung des malerischen Details.

Die Mudéjararchitektur in Spanien

Rafael López Guzmán

Rafael López Guzmán

Die Eroberung Toledos im Jahre 1085 bezeichnet den entscheidenden Schritt hin zu einer neuen politischen und militärischen Ordnung. Sie trat an die Stelle des Kalifats von Córdoba, das bisher die Vorherrschaft innehatte. Der Bürgerkrieg (*Fitna*), der das Ende der Herrschaft der Omayyaden herbeiführte, spaltete al-Andalus in etwa 20 kleine islamische Staaten. Ihnen standen die christlichen Reiche des Nordens gegenüber, der ebenfalls politisch zersplittert war, wenngleich in geringerem Maße. Während die *Taifas*[a] nun bestrebt waren, ihre neu erlangte Unabhängigkeit und ihre Besonderheiten gegenüber dem Nachbarn zu behaupten, begannen in den christlichen Ländern kleinere Konflikte zu Gunsten eines gemeinsamen Zieles zurückzutreten: der „Reconquista" (Rückeroberung). Dabei stellte der Einzug Alfonsos VI. in Toledo einen Wendepunkt dar, an dem sich erstmals die Macht der Reiche des Nordens gegenüber der kulturellen und bis dahin auch militärischen Überlegenheit der muslimischen Länder abzuzeichnen begann.

Zugleich lässt sich an einem veränderten Konzept der Aneignung eroberter Territorien eine neue Beziehung zwischen Christen und Muslimen ablesen, möglicherweise infolge der Schwierigkeiten, die bei der Wiederbesiedlung des Duerotals zu beobachten gewesen waren. Nun erhielt eine maurische Bevölkerung mit der Kapitulation den Status als Mudéjares[b], wonach sie ihre Besitztümer behielt und ihre Bräuche und Religion unangetastet blieben. Als Gegenleistung bezahlte sie eine direkte Steuer an den Monarchen, der als ihr Schutzherr auftrat. Hinter dieser Neuerung stand die Absicht, eine gewisse Kontinuität der Bevölkerung zu garantieren und damit die christliche Besiedlung der Region sowie eine funktionierende Wirtschaft zu gewährleisten. Das bedeutete, dass die Mauren nun unter denselben Bedingungen wie die Mozaraber[c] unter den Kalifen von Córdoba lebten, nur unter umgekehrten Vorzeichen.

In dieser Lage gab die unmittelbare Zukunft Toledos wenig Anlass zu Optimismus. Die Ankunft zunächst der Almoraviden, später der Almohaden sollte das kastilische Vordringen blockieren. Die Belagerung der Stadt bedeutete den vorläufigen Stillstand der christlichen Eroberungen. Es sollte mehr als ein Jahrhundert vergehen, bis Toledo den Glanz als alte Hauptstadt der Westgoten und Sitz des Erzbischofs und Primas von Spanien wiedererlangte. Die christliche Herrschaft über das Tal des Guadalquivir sollte mit der Schlacht von Navas de Tolosa im Jahre 1212 begründet werden, die der Herrschaft der Almohaden in al-Andalus ein Ende setzte. Der Tod des kastilischen Königs Alfonso VIII. bremste jedoch 1214 das Vordringen, das durch den militärischen Erfolg plötzlich möglich geworden war. Erst als sein Erbe, Fernando III., die Volljährigkeit erreichte und sich die sozialen Spannungen im Innern Kastiliens legten, konnte die Niederlage der Almohaden in weitere militärische Erfolge umgemünzt werden. Die kastilischen Truppen nahmen 1236 Córdoba ein, 1248 folgte Sevilla und 1344 schließlich Algeciras, womit das mittelalterliche christliche Andalusien seine vorläufige Ausdehnung erreichte. Zugleich entstand östlich davon das Königreich der Nasriden in Granada, das am Ende des 15. Jahrhunderts in Kastilien aufgehen sollte.

[a] taifas, Teilfürstentümer (Anm. d. Übers.)

[b] Aus dem Arabischen, eigentl. „unterworfen", bezeichnet die unter christlicher Herrschaft lebenden spanischen Muslime. (Anm. d. Übers.)

[c] Von arab. Mustarib, „arabisiert", bezeichnet die unter muslimischer Herrschaft lebende christliche Bevölkerung der Iberischen Halbinsel. (Anm. d. Übers.)

Der Hof von Santa Isabella in der Aljafería von Zaragoza. Der 1046–1082 erbaute Palast wurde im 14. Jahrhundert radikal erneuert und anschließend restauriert.

Diese historische Einordnung ermöglicht es uns, drei große Zentren der Baukunst im Mudéjar-Stil innerhalb des Königreiches Kastilien auszumachen: Es sind die Gebiete entlang des Duero, die Stadt Toledo sowie die Gebiete Andalusiens beiderseits des Guadalquivir. Unabhängig davon verlief die Entwicklung im Königreich Aragón. Diese vier Zentren sollen im Weiteren näher betrachtet werden.[1]

DAS TAL DES DUERO

Infolge der Schwächung der muslimischen Macht, mit der Verschiebung der Grenze nach Süden und der daraus resultierenden gestiegenen Sicherheit entstanden im 12. und 13. Jahrhundert im Tal des Duero zahlreiche kleinere und größere Städte.[2] Die Baukunst im Mudéjar-Stil weist in dieser historischen Phase einen ausgeprägt ländlichen Charakter auf, obgleich die umherziehenden Handwerker von kulturell bedeutenden urbanen Zentren beeinflusst waren. Die Umsetzung groß angelegter Bauvorhaben im Geiste der in Europa zu jener Zeit vorherrschenden Romanik und Gotik in den Hauptstädten sowie die Zerstörung und Überformung der Architektur haben dazu geführt, dass nur eine kleine Anzahl der Bauten im Mudéjar-Stil bis heute erhalten geblieben ist.

Die in einer ersten Phase verwirklichten Bauwerke hatten ihren Ursprung in romanischen Plänen; ihr Erscheinungsbild veränderte sich in der Folge durch den Wandel der Bautechniken in seiner Gesamtheit. Mustergültig hierfür ist Sahagún in León mit der Kirche San Tirso (1126) und im näheren Umkreis San Pedro de las Dueñas sowie Santos Gervasio y Protasio in Santervás de Campos (Mitte 12. Jahrhundert), die dem Konzept des basilikalen Grundrisses mit drei Apsiden um den Chor entsprechen.

Die im 12. Jahrhundert ausgeführten Bauwerke, von denen wenige erhalten sind, hatten eine Vorbildfunktion. Sie schufen die Grundlage für die dekorative Formensprache, die in späterer Zeit weiterentwickelt werden sollte. Sie bestand hauptsächlich in der Verwendung von Bögen an den Apsiden und Mauern, in der Regel mit doppelten Rundbogenstellungen, die sich auf verschiedenen Ebenen wiederholten. Die bedeutende Bautätigkeit in den darauf folgenden Jahrhunderten gestattet die Bestimmung unterschiedlicher Zentren, deren Architektur durch die Grundrisse und vor allem dekorative Besonderheiten gekennzeichnet war (Sahagún, Toro, Tierra de Pinares).[3]

In Sahagún gehen in der weiteren Entwicklung zwei architektonische Konzepte eine Verbindung ein. Das erste entstammt dem 12. Jahrhundert mit Bauwerken, denen der Geist der Romanik zu Grunde liegt; das zweite manifestiert sich in einer Gruppe fein strukturierter Gebäude, an denen ein gewisser gotischer Einfluss auszumachen ist. Hauptwerke dieser Phase sind San Lorenzo, um 1253 errichtet, und die Kirche des Klosters La Peregrina.

Die Stadt Toro, in der heutigen Provinz Zamora gelegen, weist als künstlerisches Zentrum einige Besonderheiten auf: an erster Stelle die Gliederung der Mauern durch eine einzige Reihe von Rundbögen (San Salvador de los Caballeros, San Pedro del Olmo und Santa María de la Vega). Der Einfluss dieser auf das erste Drittel des 13. Jahrhunderts zu datierenden Bauwerke lässt sich in der näheren Umgebung an gestuften Lösungen erkennen (Don Vidas oder Santo Domingo de Silos und La Lugareja in Arévalo), die in der Mitte des Jahrhunderts das Vorbild fortführten.

Die Kirche San Pedro de Alcazarén in Tierra de Pinares, die in der zweiten Hälfte des 13. Jahrhunderts ausgeführt wurde, ist an den Beginn einer Reihe von Bauwerken zu stellen, die durch die Bewegung, die in die Bögen an den Apsiden kommt, charakterisiert sind. Dabei ruht jeder Bogen auf dem Schlussstein des darunter liegenden Bogens. Dieser Umstand verleiht dem Ganzen eine Nuance von Bewegtheit und Leichtigkeit, die durch die unterschiedliche Höhe der Bogenreihen noch um ein Vielfaches verstärkt wird. Weitere hier zuzuordnende Bauwerke sind die Kirchen San Andrés in Olmedo und Santa María in Íscar.

Im 14. Jahrhundert werden die in den vorhergehenden Jahrhunderten bewährten Strukturen beibehalten, sowohl im Grundriss wie im Bauschmuck. Dennoch beginnt ein Prozess der Vereinfachung, in dem der Typ der Basilika mehr und mehr aufgegeben wird und sich die Einschiffigkeit durchsetzt. Als Beispiele hierfür dienen die Kirchen Trinidad in Olmedo und San Juan in Mojados.

Von jener Architektur, die zwischen dem 12. und dem 14. Jahrhundert entstanden ist, sind hauptsächlich die Apsiden und die Joche der Altarräume erhalten geblieben, von einer Tonne oder Halb-

tonne aus Ziegelsteinen überwölbt. Über den oberen Abschluss der Kirchenschiffe ist wenig bekannt, wenngleich von Holzdecken schon seit vorromanischer Zeit ausgegangen wird. Im Laufe des 15. Jahrhunderts wird nun das Mauerwerk erneuert und es entstehen bedeutende Holzdecken mit Flechtmusterverzierungen im Mudéjar-Stil. Eine der bedeutsamsten erhaltenen Baugruppen ist diejenige von Tierra de Campos mit Bauwerken wie Santa María in Becerril de Campos und der Pfarrkirche von Husillos.[4]

Auf der Ebene der höfischen Architektur haben sich in dem hier betrachteten geografischen Raum einige Charakteristika des Mudéjar-Stils entwickelt. Sie sind sowohl an der Überbauung bereits bestehender Gebäude als auch an neu entstandenen Bauwerken abzulesen.[5]

Palasträumlichkeiten, die in diesem Zusammenhang von Bedeutung sind, finden sich im Alcázar von Segovia. Zu ihnen zählt der Waffensaal, der dem Konzept des rechteckigen und dreigeteilten, offensichtlich auf muslimischen Ursprung zurückzuführenden Raums entspricht und in dem es nicht an ockerfarbenen Malereien an den Sockeln mit geometrischen und figürlichen Darstellungen mangelt. Des Weiteren ist der so genannte Königssaal zu erwähnen, der möglicherweise auf Alfonso X. zurückgeht. Der endgültige mittelalterliche Zustand wird im 15. Jahrhundert von den Neuerungen der Trastámara-Herrscher Enrique III. und Enrique IV. bestimmt. Sie verdoppeln die bestehenden Räume mit der Verwirklichung des Galeerensaals, des Thronsaals und des Pinienzapfensaals. Vorbildern im Mudéjar-Stil folgend wurden die Decken in Holz ausgeführt; sie ruhen auf Stuckfriesen mit lateinischen und spanischen Inschriften.

Weitere Bauwerke mit Merkmalen im Mudéjar-Stil finden sich im Huelgas-Kloster in Burgos. Der Bauschmuck des Kreuzgangs von San Fernando wurde vor dem Jahre 1230 ausgeführt. Die Stuckdekoration muslimischer Herkunft, die das Gewölbe gliedert, ist heute eine der am vollständigsten erhaltenen aus jener Zeit. Sie lässt almoravidische Vorbilder erkennen, die mit Motiven, wie sie von Textilien aus Almería bekannt sind, in Verbindung gebracht werden können. Im letzten Viertel des 13. Jahrhunderts sollte das Bauprogramm mit der Kapelle von Santiago vervollständigt werden. Sie greift das Vorbild der islamischen *Qubba* auf. Es entspricht dem Geist der Reconquista, dass die Ritter ihr geistliches Rüstzeug in einer Umgebung erhielten, die dem Mudéjarstil entsprechend ausgestaltet war.

Kuppel des aus dem 13. Jahrhundert stammenden Gebäudes „Taller del Moro", Toledo.

Inneres des „Taller del Moro", Toledo, mit der charakteristischen Verzierung.

Die Palastanlage von Tordesillas, die 1363 schließlich in ein Kloster umgewandelt wurde, ist die vielleicht vielschichtigste in ihren möglichen Deutungen und weist die meisten Neuerungen auf. Die Arbeiten müssen unter Alfonso XI. im Jahre 1340 begonnen worden sein und wurden unter Pedro I. im Jahre 1354 fortgesetzt. Der ersten Bauphase sind der Vergel-Kreuzgang (Umbau im 17. und 18. Jahrhundert), die Bäder, die ihre ursprüngliche Gliederung in verschiedene Säle bewahrt haben, sowie bedeutsame Malereien, in denen heraldische Themen eine große Rolle spielen, zuzuschreiben. Auch die Capilla Dorada (vergoldete Kapelle), die vielleicht ursprünglich ein Alkoven in der Mitte des Gartens war.

Aus der Zeit Pedros I. stammen die Fassade und die Vorhalle des Palasts. Die Verwandtschaft mit dem Portal der Montería und der Stuckdekoration des Salón de Embajadores oder Botschaftersaals im Alcázar von Sevilla ist offensichtlich; der König hatte an verschiedenen Bauwerken dieselbe Entscheidung in ästhetischer Hinsicht getroffen. In die Regierungszeit Pedros fällt ebenfalls der so genannte Patio Mudéjar (Hof im Mudéjar-Stil). Jede weitere Deutung wird in diesem Falle von der historistischen Restaurierung aus den Jahren 1893 bis 1904 mitbestimmt.

Die bereits erwähnte Umfunktionierung des Palasts zu einem Kloster hatte zahlreiche Umbaumaßnahmen zur Folge, von denen die zunächst tiefgreifendste die Errichtung einer Kirche war. Das Bauwerk umschreibt ein rechteckiges Schiff im gotischen Stil; der Altarraum wird von einem Dachstuhl im Mudéjar-Stil aus dem 15. Jahrhundert bedeckt.

Die Einheit von Palast und Kloster – typisch für die spanische Monarchie – nimmt in Astudillo Züge des Mudéjar-Stils an. Eine päpstliche Bulle von 1354 genehmigte die Gründung eines Klosters. Bis zum Jahre 1356 war die Kirche mit gotischem Chor und mudéjarer Holzdecke im Schiff bereits vollendet. Zeitgleich wurden die Palasträume für Pedro I. und María de Padilla begonnen, deren Bau allerdings durch den Tod des Königspaars (1369 beziehungsweise 1361) unterbrochen wurde. Dennoch konnten die bis dahin errichteten Gebäude als Palast dienen. Sie behielten diese Funktion bis mindestens 1430 bei, als Juan II. in ihnen die Gesandten und Würdenträger der Stände empfing.

Die Kapitulationsverträge von Toledo ließen die Besitztümer der maurischen Bewohner wie auch der übrigen Bevölkerung, Juden und Mozaraber, unangetastet. Davon ausgenommen war allein das Vermögen des Monarchen Al-Qadir, das an Alfonso VI. überging. Damit gelangten erstmals bedeutende Palastbauten in den Besitz der kastilischen Könige, was sich im weiteren Verlauf des Mittelalters vielfach wiederholen sollte.[6]

Die Gewohnheit, die maurischen Palasträume zu nutzen, ging auf den Adel von Toledo über, der entweder bereits bestehende Paläste umbauen ließ oder die Palastanlagen in seinen Neubauten imitierte. Einige dieser Bauwerke wurden später religiösen Körperschaften übergeben, die sie in ihre Klausuren integrierten und mehrere angrenzende Gebäude zu einem Kloster zusammenfügten. In den so entstandenen unregelmäßigen Innenräumen blieb die nichthöfische Architektur Toledos auf das Beste bewahrt.[7]

Zu nennen ist etwa die ehemalige Wohnung des Hamete Xarrafi, der Sohn des Habrahem Xarrafi, des *Alfaquí* oder Gesetzeskundigen der Mauren in Toledo. Sie liegt innerhalb des Klosters Santa Clara und trägt die Bezeichnung Patio de los Naranjos (Orangenhof). Die Hausanlage aus dem 12. Jahrhundert war in zwei Flure an den Stirnseiten des rechteckigen Hofes gegliedert. Säulengänge führten zu den Sälen mit doppelten, von Stuckdekoration umrahmten Hufeisenbögen. Die Wohnräume müssen dreigeteilt gewesen sein, mit *Alhanías*[d] an den Enden; an der Südseite teilte der Flur sich außerdem in zwei Gänge auf. Dieser Aufbau geht auf den Palast Dar al-Mulk in Madinat al-Zahra zurück. Dasselbe gilt für den so genannten Taller del Moro aus dem 14. Jahrhundert, der von Lope González Palomeque, einem Herrn aus Villaverde, in Auftrag gegeben wurde und später einen Teil des Klosters Santa Eufemia bildete, wie auch für die verschiedenen Paläste des 15. Jahrhunderts, die in das Kloster Santa Isabel de los Reyes integriert wurden. Sie alle weisen die beschriebenen Merkmale auf: offene, rechteckige Säle und Innenhöfe, in denen Stuckdekorationen, Keramik und Holzdecken zu finden sind. Im Rahmen der Veränderungen, die im 15. Jahrhundert eingeführt wurden, hatten die Innenhöfe nicht mehr nur zwei Galerien an den Stirnseiten, sondern sie wurden in der Art eines Kreuzgangs ringsum von Galerien umgeben. Ein Beispiel ist der Palast von Fuensalida, um 1440 von Pedro López de Ayala errichtet.

Die sakrale Architektur gründete sich bei der Gestaltung und Inbesitznahme der neu eroberten Stadt hauptsächlich auf die Umfunktionierung bestehender Gebäude, wobei die stark islamisierte mozarabische Tradition voll zum Tragen kam. So verwundert nicht das Überdauern formaler Kennzeichen, die auf die andalusische Kultur zurückgehen, wie etwa die Verwendung diverser unterschiedlicher künstlerischer und architektonischer Materialien. Die Moschee Bab Mardum, die als geweihte Kirche den Namen El Cristo de la Luz trägt, ist wegen ihrer genauen Datierung auf das Jahr 999 ein häufig zitiertes Beispiel dafür, wie in Toledo ein Vorbild aus der Kalifatszeit übernommen und adaptiert, und das heißt in diesem Fall in der lokalen Ziegelbauweise ausgeführt wurde. Ziegel waren auch schon in Córdoba verwendet worden, jedoch nicht mit derselben Ausschließlichkeit wie in Toledo.[8]

Der Umbau zu einer Kirche mit einer angebauten Apsis steht gleichfalls für die Präsenz von Raumlösungen, die aus dem Bereich der Romanik stammen und in die toledanische Bautradition übernommen wurden. Den geschwungenen Arkaden der Apsis entsprechen Spitz- und Vielpassbögen sowie Schwellbögen. Die romanischen Gestaltungsformen, die aus dem nördlichen Kastilien stammten, neh-

d Eine Art Wandschrank. (Anm. d. Übers.)

men also neue Einflüsse auf. Ähnliches wiederholt sich bei anderen Bauwerken der näheren Umgebung wie der Kirche der Santas Justa und Rufina oder der Einsiedelei des San Eugenio.

Mehr noch, es entwickeln sich im 13. Jahrhundert Bauformen mit großen Apsiden und einem reichen System von Blendbögen auf mehreren Ebenen. Beispiele dafür sind San Vicente, Santa Leocadia und San Bartolomé.

Daneben gibt es eine weitere Gruppe von Kirchenbauten, die sich in der räumlichen Aufteilung nicht weit von den islamischen Vorgängern entfernt haben und die daher zumeist als umfunktionierte Moscheen betrachtet werden. Ähnliches gilt für Kirchen aus westgotischer Zeit, die durch die islamische Herrschaft hindurch beibehalten wurden (besonders jene, in denen Alfonso VI. die westgotische Liturgie aufrechterhielt). Sie sind in der Regel dreischiffig mit geradem Abschluss, die Schiffe sind durch Pfeiler und Hufeisenbögen abgeteilt. Als beispielhaft für diesen Typ können San Lucas, Santa Eulalia und San Andrés gelten.

Einen Sonderfall stellen die Kirchen San Román und Santiago del Arrabal dar. Bei der Erstgenannten fällt auf, dass die drei Schiffe durch Hufeisenbögen getrennt sind, die auf Pfeilern ruhen, an die wiederum Säulen mit Kapitellen (auch römischen) angestellt sind (Spolien). Eine reichhaltige Wandmalerei tritt hinzu, in der sich christlich-religiöse Szenen, Heilige, Propheten und apokalyptische Motive mit islamischer Dekoration mischen. Möglicherweise wurde die Ausschmückung im Auftrag des Erzbischofs Ximénez de Rada fertig gestellt, der die Kirche 1221 weihte.

Santiago del Arrabal ist zweifelsohne das Meisterwerk der Mudéjaren des 13. Jahrhunderts in Toledo, sowohl durch die beeindruckende Größe ihres Innenraums als auch dadurch, dass sie als Einzige den Typ des Mudéjar-Stils in seiner Gesamtheit bewahrt hat – trotz einiger späterer Zutaten eher kosmetischer Natur wie den Kuppeln, die im 17. Jahrhundert eingezogen wurden.

Die Kirche entstand an der Stelle einer Moschee, die seit 1125 als Kirche weiter genutzt worden war. Von ihr zeugt noch das alte Minarett, das als Glockenturm in den Neubau des 13. Jahrhunderts einbezogen wurde. Hier lässt sich die Entwicklung vom islamischen Turm zum Mudéjar-Stil der Toledaner Kirchen ablesen. In der Gliederung des Innenraums greift Santiago del Arrabal die Grundrisse auf, die in der kastilischen Romanik verwendet wurden: drei Schiffe, Querhaus und drei Apsiden. Im Innenraum dienen hingegen kreuzförmige Pfeiler mit doppelten Spitzbögen in eher gotisierendem Stil als Stützen, dank derer das Mittelschiff eine bis dahin in der Stadt nie erreichte Höhe einnehmen konnte. In den Apsiden findet sich reichhaltiges Toledaner Bogenwerk mit wechselnden Ausprägungen. Eine weitere Neuerung in Santiago del Arrabal stellen die Portale dar, sowohl das Haupt- als auch die Seitenportale. Hier erscheinen doppelte Hufeisen- und Vielpassbögen, die oben ineinander verschlungen sind.

Das Vorbild ist die Moschee von Córdoba, es fand darüber hinaus auch an anderen Bauten in Toledo Verwendung, so am Portal von Santa Leocadia. Bei dieser letztgenannten Kirche lohnt es sich, den Turm einer Betrachtung zu unterziehen, da er eine für Toledo typische Entwicklung erkennen lässt, die mit der Umwandlung von Minaretten wie bei der oben erwähnten Kirche Santiago del Arrabal ihren Ausgang nimmt. Die Mauern sind in Abschnitte von Bruchsteinmauerwerk und dieses verstärkende Backsteinlagen gegliedert. Kleine Öffnungen lassen Licht ins Treppenhaus dringen, die sich um ein Widerlager nach oben windet. Den Abschluss bildet der Glockenstuhl, der mit Spitz- und Vielpassbögen ausgeführt ist, die auf verschlungenen Blendbögen ruhen. Dieser Typ wird in anderen Kirchen kopiert, wobei jede eigene Merkmale entwickelt, wie San Andrés oder Santo Tomé, um nur zwei zu nennen.

Auf die Schlacht von Navas de Tolosa und die sich daran anschließenden Eroberungen folgte langsam die Hinwendung zum Mudéjar-Stil in der Architektur. Erst im beginnenden 14. Jahrhundert setzte der Mudéjar-Stil mit eigenen Besonderheiten in Andalusien ein.[9]

Die Kirchen Córdobas[10] im Mudéjar-Stil stehen im Zusammenhang mit dem Bauprogramm, das unter Bischof Don Pascual (1274–1293) umgesetzt wurde. Zu dieser Gruppe zählen die Pfarrkirchen San Miguel, San Pedro, San Andrés, Santa Marina, San Lorenzo, Santa María Magdalena und Santiago. Leider haben viele dieser Bauwerke im Laufe ihrer Geschichte schwerwiegende Veränderungen erfahren. Bei einigen wurden Kapellen angebaut oder neue Portale errichtet, die eine Bereicherung darstellen; andere hingegen sind durch den Einzug barocker Gewölbe verfremdet worden. Schließlich haben Veräußerung oder Brände oder andere Katastrophen für einige – wie für Santiago und Santa María Magdalena – das Ende bedeutet.

Was die räumliche Gestaltung angeht, so ist am häufigsten das basilikale Schema ohne Querhaus anzutreffen. Die Apsiden tragen Rippengewölbe, die Schiffe hingegen Holzdecken im Mudéjar-Stil. Im Allgemeinen besteht das Mauerwerk aus Quadersteinen, angeordnet als Läufer und Binder. Viereckige Pfeiler mit zwei Diensten, die die Schildbögen tragen, und Wandpfeilern an den beiden anderen Seiten treten auf. Die Bögen sind stets spitz zulaufend, wenngleich die Gesimse unterschiedlich ausfallen, in Abhängigkeit von ihrer Lage und Funktion. Das Mittelschiff ist höher als die Seitenschiffe und die daraus resultierende Mauer trägt Blendbögen und Maueröffnungen, sodass Licht in den Raum fallen kann.

An den Fassaden ist die Gliederung des Innenraums erkennbar. Das Mittelschiff ist höher und breiter als die Seitenschiffe und findet seinen Abschluss in Pinienzapfen und einer zentralen Rosette. Das Eingangsportal ist gemeinhin durch einen Spitzbogen gekennzeichnet, der auf kleinen Säulen oder zurückgestufter Laibung ruht, manchmal von einer rechteckigen Mauerrahmung umschlossen. Interessant ist, wie diese durch Ziegelwerk, das auf Kragsteinen oder hölzernen Konsolen ruht, geschützt ist (San Miguel, San Lorenzo, Santa Marina).

In Sevilla sank die Bevölkerungszahl mit der christlichen Eroberung im Jahre 1248 dramatisch. Nur langsam kehrte die geflohene maurische Bevölkerung in die Stadt zurück. So gingen die anfänglichen Baumaßnahmen nicht über die Umfunktionierung der Moscheen zu christlichen Kirchen und einige

TER PISIO AC ABISTE LA CLA RISIO A SALVTE COM PER GLO BIO SAO AR O ALI TA PRECIOSA SICVT LILIDM FORMOSA
ABACVC

Umbaumaßnahmen hinaus. Die Größe der Stadt und die große Anzahl der unzerstörten Häuser führten trotz der geringen Bevölkerungsdichte dazu, dass um 1250 bereits 24 Pfarreien ausgewiesen worden waren. Dies sollte bis in die Neuzeit hinein seinen Niederschlag in der Baukunst finden.[11]

Bereits bei den ersten Bauprojekten können wir die charakteristischen Merkmale der Grundrisse und der Techniken erkennen, die für eine spezifische Sevillaner Baukunst stehen, die wiederum bis gegen Ende des 15. Jahrhunderts beinahe unverändert fortbestehen sollte. An den Kirchen Santa Marina, San Julián (bereits aus dem 14. Jahrhundert) und Santa Lucía (derzeit ohne kultische Funktion) kommen die Formen des Mudéjar-Stils der Sevillaner Architektur am besten zum Ausdruck. Sie gehen in der Raumaufteilung vom gotischen Vorbild aus, wie an der Kirche Santa Ana[12] zu sehen.

Greifbar werden diese Merkmale an den drei Schiffen mit achteckigem Presbyterium, das von einer gotischen Kuppel bedeckt ist. Das Mittelschiff ruht auf Pfeilern und hat eine Holzdecke im Mudéjar-Stil. Die Giebel besitzen drei große Fensteröffnungen zur Beleuchtung des Innenraums. Das trompetenförmige Portal ist in Stein ausgeführt, während die Mauern der Fassade aus Ziegeln bestehen. Die Türme, die in der Regel neben der Fassade stehen, erheben sich auf quadratischem Grundriss und umfassen ein zentrales Fundament, gemäß den Minaretten bei den spanischen Mauren.

Endgültig sollte sich dieser Bautyp nach dem Erdbeben durchsetzen, das Sevilla im Jahre 1356 verwüstet hat. König Pedro I. nahm sich persönlich der entstandenen Schäden an und finanzierte den Wiederaufbau zerstörter Kirchen wie San Miguel, Omnium Sanctorum, San Román und Santa Marina[13].

Die Kirche Nuestra Señora de la Oliva in Lebrija, mit deren Bau 1264 begonnen wurde, stellt einen Sonderfall in der Anfangszeit der Mudéjararchitektur im südlichen Andalusien dar. Von dem ursprünglich dreischiffigen Bau sind vier Joche erhalten; der Chor und das erste Joch entstanden später (Ende 15. und 16. Jahrhundert). In unserem Zusammenhang ist die Präsenz unterschiedlicher Schmuckformen der Kuppelgewölbe interessant. Sie bestehen aus Bandwerk, Sebka-Ornamenten oder Rippen in der Tradition des Kalifats.

Die Verwendung von Holzdecken islamischen Ursprungs zeigt sich in einer der monumentalsten Lösungen des andalusischen Mudéjarstils: den Capillas Funerarias. Der stärkere Rückhalt des Adels in Andalusien nach der Übernahme der Königswürde durch die Trastámara-Dynastie sowie der Aufstieg des niederen Adels, der weniger auf lokale Ämter angewiesen war, ermöglichte die Verwirklichung begrenzter Bauvorhaben. So entstanden Votiv- und Grabkapellen, die an bestehende Kirchen angebaut wurden und die nach außen hin die Macht demonstrierten, die die jeweilige Familie innehatte.[14]

Ein Musterbeispiel dafür ist zweifellos die Capilla Real in der Großen Moschee in Córdoba. Auf viereckigem Grundriss errichtet, greift sie mit ihrem aus parallelen Bögen gebildeten Deckengewölbe das Beispiel der Villaviciosa-Kapelle auf, mit der das Schiff des Mihrab im Erweiterungsbau Al-Hakens II. in der Kalifatszeit begonnen worden war. Die Wände zeigen mit ihren Kacheln und ihrer Stuckdekoration großen ornamentalen Reichtum.

In Sevilla finden sich Bauwerke dieses Typs in der zweiten Hälfte des 14. Jahrhunderts und der ersten Hälfte des 15. Jahrhunderts sehr häufig. In der Mehrzahl ist Näheres zu den Stiftern nicht bekannt, sodass die Benennung nach der heutigen Funktion erfolgt. Hier ist zunächst die Capilla de la Hermandad de la Exaltación in der Kirche Santa Catalina zu nennen, deren Trompenkuppel mit Bandwerk verziert ist, in das Elemente glasierter Keramik eingefügt sind. Die Kirche San Andrés verfügt über zwei Kapellen im Mudéjar-Stil im rechten Seitenschiff, die sich durch halbkugelförmige Gewölbe über Trompen auszeichnen und an der Außenseite von Zinnen dekoriert sind. In der Kirche San Pedro findet sich in der so bezeichneten Capilla del Sagrario, die um 1379 errichtet wurde, eine achteckige Kuppel, die auf mit Bandwerk verzierten Trompen ruht. Das Bandwerk wurde mit zugeschnittenen Ziegeln und Keramikstücken gefertigt.

Eines der vielschichtigsten Bauprojekte ist die Capilla de la Hermandad de la Quinta Angustia. Sie ist der letzte Überrest der zu einem Dominikanerkloster gehörenden mittelalterlichen Kirche San Pablo el Real, die 1691 einem Neubau, der heutigen Pfarrkirche Santa María Magdalena, weichen musste. Die Kapelle hat einen rechteckigen Grundriss mit drei quadratischen Jochen; über ihr wölben sich Kuppeln auf mit Bandwerk verzierten Trompen. In der mittleren Kuppel haben sich Reste von Malerei erhalten. Sie können auf das Ende des 14. oder den Beginn des 15. Jahrhunderts datiert werden.

In der Klosterarchitektur[15] erfolgte im 15. Jahrhundert eine Festlegung auf die einschiffige Kirche mit jeweils unterschiedlich ausgeführtem Altarraum. Diese war als Teil einer Gesamtanlage zu sehen, die den Kreuzgang und weitere Gebäude umfasste. Dies stand im Zusammenhang mit den eingeschränkten kulturellen Funktionen der religiösen Gemeinschaften.

So wurde etwa das Santa-Clara-Kloster in Sevilla in mehreren Bauabschnitten über einem vormaligen maurischen Palastbau errichtet. Die Kirche erhebt sich auf rechteckigem Grundriss, mit einem zweiten kleinen Chor im Westen; über das Polygon des Hauptchors ziehen sich gotische Kreuzrippen, das Schiff ist holzgedeckt.

Die weltliche Baukunst des späten Mittelalters hat in den meisten Fällen nur wenige Zeugnisse hinterlassen. Die unausgesetzte Nutzung und der Wechsel der Eigentümer und Funktionen haben dazu geführt, dass dieser Teil des kulturellen Erbes immer wieder Veränderungen und Umbauten unterworfen war. Einige Elemente sind deshalb nur mehr von späteren Bauphasen her zu erahnen. Manchmal sind Gebäude oder Gebäudeteile mit ihren Merkmalen erhalten geblieben, weil sie durch adlige Stiftungen in ein Kloster integriert und so bewahrt wurden. Die übrigen, fast schon archäologischen Reste treten zwar in allen bedeutenden urbanen Zentren zu Tage, etwa in Osuna, Ecija, Marchena oder Jerez, doch sind weitergehende kunstgeschichtliche Aussagen hier nur begrenzt möglich.

Bedeutsamer sind in dieser Hinsicht die Palasträume des Alcázar von Sevilla, die durch verschiedene Eingriffe in die an dieser Stelle bestehenden Paläste zustande gekommen sind. So hat Alfonso X. einen interessanten Entwurf für einen Palast im Mudéjar-Stil ausgearbeitet: Über dem so genannten Patio del Crucero liegende Gärten und Wasserbecken verbinden sich mit ehemaligen Amtsräumen im gotischen Stil sowie anderen Räumen islamischen Ursprungs.[16] Der Grundriss im Mudéjar-Stil ging durch das Erdbeben von Lissabon verloren; bei den Aufbauarbeiten war man zu Veränderungen gezwungen, die den ursprünglichen Plan entstellten. Auch unter Alfonso XI. wurden bauliche Veränderungen vorgenommen, so wurde die Sala de la Justicia (Gerichtssaal) neu errichtet, eine *Qubba* im Mudéjar-Stil neben dem Patio del Yeso (Stuckhof).

Das bedeutendste Bauvorhaben wurde wohl unter Pedro I. verwirklicht. Er schuf zwischen 1364 und 1366 das heute gut erhaltene Ensemble mittelalterlicher Palastarchitektur. In der Folge sollte jedoch auch dieser Gebäudekomplex Veränderungen und Anbauten erfahren, besonders in der Zeit der Katholischen Könige und unter den ersten Habsburgern.[17]

Der Komplex ist um zwei Innenhöfe angeordnet: den Patio de las Muñecas (Puppenhof), der einen privaten Charakter hat, und den Patio de las Doncellas (Jungfrauenhof) für gesellschaftliche Aktivitäten. Um diese Höfe herum findet sich eine Reihe von Räumlichkeiten, die die *Qubba* des Salón de Embajadores als gemeinsames Zentrum haben. Das Ensemble schließt neben diesem Saal auch die angrenzenden Säle ein sowie den Salón del Techo de Felipe II., auch Sala de la Media Caña. Der Gesamtkomplex wiederholt in seinem Aufbau das Schema des Espacio de las Dos Hermanas im Palacio de los Leones (Löwenpalast) auf der Alhambra in Granada, was ein beredtes Zeugnis über die Beziehungen ablegt, die der kastilische König mit den Nasriden unterhielt und die weit über den rein dekorativen Austausch hinausgingen, der in der Forschung wiederholt gewürdigt worden ist.

Der wichtigste Raum war ohne Zweifel die als Salon de Embajadores (Saal der Gesandten) bekannte *Qubba*, in der sich das öffentliche Hofzeremoniell konzentrierte. Sie wird aus einer quadratischen Grundfläche gebildet, die von Drillingsarkaden mit Hufeisenbögen und Friesen über Säulen und Kapitellen aus der Kalifatszeit begrenzt ist. Die Wandseiten bieten ein abwechslungsreiches dekoratives Programm mit Keramiksockeln und Stuckdekorationen, auf denen die Deckenkonstruktion ruht. Die Kuppel in Form einer halben Orange *(media aranja)* wurde in der Zeit Juans II. ausgeführt. 1427 entwarf Diego Ruiz eine der bedeutendsten Holzkonstruktionen der spanischen Zimmermannskunst. Über Pendentifs, die mit vergoldeten Muqarnas verziert sind, erhebt sich die Kuppel, die von zwölf mit Sternflechtmuster versehenen Spindeln gebildet wird. Diese laufen im Zentrum der Kuppel in Form eines Rades im Schlussstein zusammen.

Der „Jungfrauenhof" ist der überragende Mittelpunkt des Palasts, an ihm treffen alle Wege zusammen. Er besteht aus einem Rechteck, das an allen vier Seiten von Säulengängen eingefasst ist. Über den Doppelsäulen aus dem 16. Jahrhundert, die andere Säulen ersetzt haben, erheben sich Vielpassbögen, deren durchbrochene Sebka-Ornamente sich an den Wandseiten fortsetzen. Die Bezüge der dekorativen Ausstattung zum nasridischen Granada sind intensiv, sowohl bei der Stuckdekoration als auch bei den Keramikfliesen an den Sockeln der Galerien und der durchgehenden Beschriftung mit arabischen Schriftzeichen. Es fehlt nicht an heraldischen Verweisen auf den Herrscher, so finden sich die Wappen Kastiliens und Leóns sowie des von Alfonso XI. gegründeten Orden de la Banda, die im 16. Jahrhundert durch dasjenige Karls V. ergänzt wurden. Möglicherweise ist im 16. Jahrhundert auch ein vierteiliger Garten in dem offenen Raum angelegt worden.

Dieser architektonische Komplex öffnet sich nach außen mit einer der ersten monumentalen Fassaden, die in den Städten der Iberischen Halbinsel verwirklicht worden sind. Das Portal wird auf jeder Seite von vier mit Ziegeln überhöhten Bögen eingerahmt, die sich über achteckigen Pfeilern erheben; die oberen Galerien stammen aus der Zeit der Katholischen Könige. Diese Betonung der Mitte verweist in der Vertikale auf den oberen Teil des Daches der Cámara Real Alta. Am Eingangsportal fließen wie in einem Wandteppich mit architektonischen Strukturen, die besten Traditionen Toledos, Sevillas und Granadas zusammen. Bauleute aus allen drei Städten haben an dem Portal mitgewirkt, doch ist natürlich vom Entwurf eines einzigen Meisters auszugehen.

Das Projekt König Pedros stellt zweifellos den bedeutendsten Palastbau der spanischen Monarchie im Mittelalter dar. Hier finden sich Lösungen in Bezug auf Funktion und Raum, die Traditionen der spanischen Mauren aufgreifen sowie Erfahrungen nutzen, die im gleichen Zeitraum im Königreich Granada und besonders bei der Alhambra gemacht wurden. Damit ergeben sich interessante kulturelle Wechselwirkungen zwischen dem vom Mudéjar-Stil geprägten Sevilla und dem maurischen Granada. Das Modell der Gesamtanlage konnte dabei nicht als Vorbild dienen, ebenso wenig wie Bauten des christlichen Europas getreu nachgeahmt werden konnten. Sicherlich haben frühere Bauwerke dieselben Funktionen erfüllt, doch haben sie nicht dieselbe zusammenhängende Raumaufteilung erreicht. Zudem bietet der Bauschmuck, der von der Architektur nicht zu trennen ist, ein Kaleidoskop der Möglichkeiten von Stuck, verglaster Keramik und Holz. Das Repertoire der islamischen Tradition wird voll und ganz ausgeschöpft, und auch Motive christlicher Herkunft sind eingebunden.

Die Herausbildung des aragonesischen Reichs nach dem Fall des Kalifats von Córdoba erreichte zwischen den unter Pedro I. begonnenen Eroberungen Ende des 11. Jahrhunderts und der Mitte des 12. Jahrhunderts die entscheidende Phase. 1118 erobert Alfonso I. Zaragoza; nach der Schlacht von Cutanda 1120 werden Catalayud und Daroca annektiert. Ein Jahr zuvor waren auch Tudela und Tarazona unter aragonesische Herrschaft geraten.

Von dieser Zeit an wird die Region vom Christentum geprägt und die Weihe ehemaliger Moscheen zur Regel. Die neu und nach Bedarf errichteten Bauten waren von geringer Qualität und sollten in späteren Jahrhunderten ersetzt werden. Die einzigen Ausnahmen bilden am ehesten solche Bauwerke, deren Errichtung römischen Vorbildern folgend mit massiven Quadersteinen begonnen wurde. Erst während des Bauprozesses ging man zur Verwendung regional vorhandener Materialien wie des Ziegelsteins über und wandte dabei für den Mudéjar-Stil typische Arbeitsweisen an. Die bedeutsamsten Beispiele finden sich in Daroca, so in den Kirchen Santo Domingo und San Juan.

Doch wenn Daroca für die Anpassung römischer Vorbilder an Merkmale des Mudéjar-Stils und schließlich für ihre Ablösung durch dieselben steht, so beginnen sich an anderen Orten Aragóns neue räumliche und strukturelle Vorgaben herauszubilden, die für die weitere Entwicklung des aragonesischen Mudéjar-Stils eine große Bedeutung haben sollten.[18]

Konkret lässt sich dies an der 1284 begonnenen Kirche San Pablo in Zaragoza zeigen. Die Kirche ist einschiffig, der polygonale Altarraum hat keine Strebepfeiler an der Außenseite. Schiff und Querhaus tragen Tonnengewölbe mit über der Vierung spitz zulaufenden Jochen. An den Seiten waren ursprünglich Kapellen zwischen den Strebepfeilern eingerichtet, die später für den dreischiffigen Ausbau genutzt wurden. Der achteckige, 1342 vollendete Turm steht exemplarisch für den aragonesischen Mudéjarstil. Es handelt sich genauer um zwei Türme, einen inneren und einen äußeren, die lediglich durch die Treppe verbunden sind, die zwischen beiden nach oben führt. Diese Konstruktion, die insgesamt auf das Vorbild des almohadischen Minaretts zurückgreift, erlaubt das Vorhandensein übereinander liegender Räume. Die üppige Außendekoration hingegen ist weitaus reichhaltiger als diejenige maurischer Vorbilder und verleiht so der in dieser Region entwickelten Baukunst einen unverwechselbaren eigenen Charakter. Alle Möglichkeiten, den Ziegelstein als grundlegendes Element zu variieren, liegen hier nebeneinander vor (Zacken-, Fischgrät-, Zickzack-, Kreuzmuster, Sebka-Ornamente) und werden durch die bunte Glaskeramik (unter anderem in den Farben Grün, Weiß, Honigfarben) belebt.[19]

So zeigt diese Kirche zwei Merkmale, die den aragonesischen Mudéjar-Stil ausmachen: die Türme oder Minarette nach almohadischer Tradition und der einschiffige Grundriss mit polygonalem Altarraum im gotischen Stil. Die Fortsetzung dieser Verbindung finden wir in Santa María del Tauste, einer auf die letzten beiden Jahrzehnte des 13. Jahrhunderts datierten Kirche, sowie im 14. Jahrhundert in San Miguel de los Navarros und Santa María Magdalena, beide in Zaragoza, und in der Kirche San Pedro in Alagón. Ebenso entsprechen zwei im 14. Jahrhundert begonnene Kirchen dieser Typologie, Santas Justa y Rufina und Santa María in Maluenda.

In der zweiten Hälfte des 14. Jahrhunderts kommt ein neuer Kirchentyp auf, den man als Wehrkirche bezeichnen kann. Der Grundriss ist rechteckig und erinnert an einen weltlichen Versammlungsraum. Das Tonnengewölbe wird an jedem Joch von einem turmgekrönten Widerlager an der Außenseite gehalten. Die Strebepfeiler bilden ebenerdige Seitenkapellen und besitzen darüber liegende, sich nach außen öffnende Emporen.

Die Kirchen dienten der Verteidigung und waren Teil der Stadtbefestigung oder standen mit nahe gelegenen militärischen Bauten in Verbindung. Die Lage an der kastilischen Grenze oder in Gebieten, die einem Ritterorden unterstanden, begründet diesen Kirchentyp. In diesem Zusammenhang muss auch der Krieg zwischen Pedro I. von Kastilien und Pedro IV. von Aragón von 1356 bis 1369

erwähnt werden. Doch als dieser Typ sich erst einmal herausgebildet hatte, fand er auch in anderen, benachbarten Gebieten Verbreitung, auch ohne die unmittelbare Gefahr eines Kriegs.[20]

Möglicherweise ist San Gil Abad in Zaragoza die erste in diesem Sinne errichtete Kirche. Leider ist sie im 18. Jahrhundert stark verändert worden. Ein repräsentatives Beispiel für die Wehrkirche ist hingegen die Kirche De la Virgen in Tobed, innerhalb der Gebiete des Ordens vom Heiligen Grab gelegen. Ihre Errichtung begann im Jahre 1356 mit dem Chorraum. Hier befinden sich drei Kapellen, die der Jungfrau, Johannes dem Täufer und der Heiligen Maria Magdalena geweiht sind und nach denen möglicherweise die gesamte Raumaufteilung ausgerichtet ist.

In einer zweiten Bauphase zwischen 1385 und 1394 wurde mit direkter Förderung durch Papst Benedikt XIII. der Eingangsbereich fertig gestellt. Die als Strebepfeiler dienenden Türme, die die Seitenkapellen umgeben, folgen in ihrem Innenaufbau dem Minarett und sind um ein zentrales Widerlager gebaut. Nicht alle sind jedoch mit einer begehbaren Treppe ausgestattet, da weitere Zugänge zur äußeren Empore nicht benötigt wurden.

Hinsichtlich des Bauschmucks ist der westliche Giebel mit seinem Bänderwerk hervorzuheben. Auffallend ist ein Keramikband in Ährenform und in den Farben Weiß, Blau und Grün, das auch die Maueröffnungen einrahmt. Ebenfalls aus Keramik sind die achtstrahligen Sterne gebildet, die das Eingangsportal umgeben. Die so eingefassten Bögen lassen ein vielseitiges Formenspiel hervorspringender Ziegel erkennen, die unterschiedliche Bänder, ineinander verschränkte Bögen und gezackte Friese bilden, sowie Kacheln mit heraldischen Motiven und Malerei auf Stuck über Vorsprüngen.

Im Innenraum findet sich an den Wänden und im Gewölbe reiche Ornamentik mit geometrischen und architektonischen Motiven. Interesse verdient auch die Stuckdekoration, die den Abschluss der Maueröffnungen bildet. Nach Westen hin – und damit im Bereich der zweiten Bauphase – treten im Kirchenschiff zunehmend gotische Elemente auf, bis schließlich die Hohlräume der luftigen Konstruktion zu dominieren scheinen.

Die Raumaufteilung, die in der Kirche in Tobed umgesetzt worden ist, wurde in anderen Bauten an der Schwelle zum 15. Jahrhundert aufgegriffen. Dies gilt auch für die Kirchen San Félix Mártir in Torralba de Ribota oder Santa Tecla in Cervera de la Cañada.

Ein bedeutendes Kapitel innerhalb des aragonesischen Mudéjarstils stellt die Entwicklung in der Stadt Teruel dar.[21] Teruel bildete aufgrund seiner Verbindungen nach Süden und zur Küste der Levante eine bedeutende Enklave. Die Kathedrale ist das künstlerisch überragende Bauwerk. Als Santa María de Mediavilla errichtet, wurde sie 1423 zur Stiftskirche und 1587 zur Kathedrale erhoben. Der ursprüngliche Bau war romanisch; zahlreiche Veränderungen der Folgezeit haben der Kathedrale ihre Prägung im Mudéjar-Stil verliehen. Der älteste Teil ist der 1257/58 errichtete Turm. Es folgten die drei Schiffe nach dem Vorbild der romanischen Basilika und die Apsiden sowie der Kreuzgang. Die Errichtung des Altarüberbaus fällt bereits in das 16. Jahrhundert.

Der Turm der Kathedrale entspricht in seiner inneren Struktur der sakralen Architektur in christlicher Tradition mit verschiedenen übereinander liegenden Räumen, durch Holztreppen verbunden, wenngleich Anpassungen an veränderte Funktionen den ursprünglichen Grundriss über die Jahrhunderte verändert haben. Er besteht aus drei Abschnitten und einem achteckigen Abschluss, auf dem eine Laterne des 17. Jahrhunderts angebracht ist. Der unterste Abschnitt trägt einen Spitzbogen, während die beiden oberen alle dekorativen Möglichkeiten der Verbindung von Ziegeln und glasierter Keramik durchspielen, wie sie für den aragonesischen Mudéjar-Stil charakteristisch ist. Diese Verbindung findet sich an den Kirchtürmen von San Pedro sowie an den außergewöhnlichen Türmen von El Salvador und San Martín weiterentwickelt, die in Teruel den Höhepunkt des Mudéjarstils im 14. Jahrhundert markieren. Das Innere der beiden letztgenannten weist übereinander liegende Räume auf, die in ihrer Anordnung auf almohadische Vorbilder schließen lassen. In der Ornamentik und Farbgestaltung übertreffen die Außenmauern die Vorläufer aus der maurischen Kultur.

Das Dach der Kathedrale stammt aus der Zeit um 1270. In dem Aufbau entspricht es einer Holzdecke des Mudéjar-Stils. Ihre Bedeutung verdankt sie ihrer dekorativen Bemalung. In ihr zeigen sich die unterschiedlichsten heraldischen und geometrischen Motive, Pflanzenmotive und Aufschriften, viele davon auf Arabisch. Besonders aber finden sich figürliche Darstellungen, die ein reichhaltiges Repertoire religiöser und weltlicher Themen umfassen.[22]

In Bezug auf Zaragoza sind noch einige Umbauten an der Kathedrale La Seo zu erwähnen. Der heutige Bau der Kathedrale vereint verschiedene künstlerische Vorhaben in sich, die durch Ausschmückung, Um- und Neubauten die ursprüngliche Bausubstanz verändert haben und sich dabei nicht immer an genau zu definierenden Stilen orientierten. So sind die Eingriffe des 14. und dann auch des 15. Jahrhunderts im Mudéjar-Stil für den heutigen Besucher nicht leicht auszumachen.[23]

Die Erhebung des Bistums Zaragoza zum Erzbistum im Jahre 1318 hatte zur Folge, dass Don Pedro López de Luna eine Reihe von Bauvorhaben in Angriff nahm, an deren Ende ein zu dem Zeitpunkt bereits veralteter romanischer Bau stand. Der Neubau war dreischiffig mit einem erhöhten Mittelschiff, mit drei Jochen und einem Kuppelgewölbe über der Vierung. Letzteres sollte im 16. Jahrhundert dem heutigen Bau weichen. Weitere Veränderungen wurden im Auftrag Papst Lunas und des Erzbischofs Alonso de Aragón vorgenommen. Der Erzbischof erweiterte den Bau zu einer fünfschiffigen Anlage, die in der Mitte des 16. Jahrhunderts durch Hernando de Aragón fertig gestellt wurde. Weitere Neuerungen wie Kapellen, der Turm und das Portal traten im 17. und 18. Jahrhundert nach und nach hinzu.

Zudem ließ Erzbischof López de Luna seine Grabkapelle errichten, parallel zum Querhaus und zu diesem hin geöffnet; sie ist als die Parroquieta de San Miguel bekannt und wurde zwischen 1374 und 1381 auf rechteckigem Grundriss mit zwei Jochen und gotischem Gewölbe erbaut. Durch einen Spitzbogen betritt man den Altarraum, den eine schöne Holzdecke im Mudéjar-Stil abschließt.

Die Außenmauern der Parroquieta gehören hinsichtlich ihres Architekturschmucks zu den bedeutendsten der aragonesischen Baukunst. Bauleute aus Aragón und Sevilla haben hier gemeinsam gewirkt und so ihre unterschiedlichen Traditionen der Ornamentik vereint. Die aragonesischen Maurer beendeten ihre Arbeit in den ersten Monaten des Jahres 1378, nachdem sie die auskragende Dekoration mit Ziegeln und auch Keramik zu Ende geführt hatten. Das Ergebnis sollte die ästhetischen Ansprüche des López Fernández de Luna nicht befriedigen, sodass er Mitte 1378 zwei Kachelmacher aus Sevilla unter Vertrag nahm, die für eine reichere Ausgestaltung der Mauern sorgten. Sie sind unter den Namen Garcí und Lope Sánchez dokumentiert.

Zu Beginn des 15. Jahrhunderts ließ Papst Luna erneut Veränderungen an der Kathedrale vornehmen, die jedoch sämtlich rückgängig gemacht wurden oder heute nicht mehr sichtbar sind. Das Kuppelgewölbe, dessen Errichtung der Hauptzweck der neuerlichen Umbaumaßnahmen war, wurde im 16. Jahrhundert sogar komplett beseitigt. Ein weiteres Resultat des Umbaus waren drei polygonale Apsiden über den romanischen, die mit Ziegeln statt mit Quadersteinen ausgeführt wurden. Diese Arbeiten fallen in den Zeitraum von 1403 bis 1408, in dem auch die Innendekoration in Angriff genommen wurde. Sie stand unter der Verantwortung des Meisters Mahoma Rami, der über der Kuppel des heutigen Presbyteriums die ursprüngliche Bemalung mit der Rankenverzierung und den vorgetäuschten Fensteröffnungen unverändert ließ. 1408 wurde auch das Kuppelgewölbe fertig gestellt, mit dessen Dekoration Meister Rami ein Jahr darauf begann. Der Architekturschmuck an den Außenmauern der Apsiden wird durch Kämpfer und Zinnen in verschiedene Ebenen getrennt. Er besteht aus Bandwerk, gezackten Friesen, Rhomben und Zylindern aus Keramik, Ährenornamenten, Scheiben, Sternen und päpstlicher Heraldik.

Der Aljafería-Palast schließlich hat seit der Eroberung durch die Christen zahlreiche Veränderungen erfahren, von denen nur einige wenige das Gesamtgebäude bereichert haben. Der überwiegende Teil der Umbaumaßnahmen jedoch geht auf die vielfältige Nutzung des Gebäudes in den vergangenen Jahrhunderten zurück, etwa als Gefängnis der Inquisition oder als Kaserne; diese Veränderungen haben originale Teile unwiederbringlich zerstört und die kunsthistorische Deutung teilweise unmöglich gemacht. Der Einzug der Cortes de Aragón, des aragonesischen Regionalparlaments, in den Palast hat in den vergangenen Jahrzehnten umfangreiche Bauuntersuchungen möglich gemacht und zur Wiederinstandsetzung und Nutzung der ursprünglichen Substanz geführt.[24]

Für die Entwicklung des Mudéjarstils ist der Umstand von Interesse, dass der Aljafería-Palast gleich nach der Eroberung Zaragozas durch Alfonso I. am 18. Dezember 1118 zu einem Teil der königlichen Residenz wurde. Die aragonesischen Könige haben so, zusammen mit der Raumaufteilung des Palasts auch einen anderen, sich aus ihr ergebenden Lebensstil übernommen. Mehr noch, zwei Jahrhunderte lang wurde der Palast in seinem ursprünglichen Zustand belassen, von minimalen Veränderungen und Instandhaltungsarbeiten abgesehen. So konnten die künstlerischen Formen des maurischen Palasts zum Bezugspunkt für die gesamte aragonesische Architektur werden; eine ähnliche Rolle hatten auch Palasträume im Königreich Kastilien gespielt.

Die größten Veränderungen noch im Mittelalter fallen in die Regierungszeit Pedros IV. (1336–1387), der die Kapelle San Martín errichten ließ und dem so genannten Patio de Santa Isabel sein heutiges Aussehen verlieh. Es entstanden umlaufende Bögen und neue Gänge, die die bisherigen aufnahmen und formale Lösungen anboten, ohne mit den verbliebenen maurischen Bauteilen zu brechen.

Die Gotik im Königreich Aragón und im Mittelmeerraum

Josep Bracons

Der historische Rahmen

Nach der entscheidenden Schlacht von Muret im Jahre 1213 erfuhr die politische Ausrichtung Aragóns einen tief greifenden Wandel. Der historische Kontext im Allgemeinen und der Druck seitens des französischen Königs im Besonderen zwangen dazu, die über Jahrhunderte verfolgten Pläne zur Schaffung eines Staats beiderseits der Pyrenäen aufzugeben und damit den Traum, die Geschicke Kataloniens und Aragóns mit jenen Gebieten zu verbinden, deren Völker die „Langue d'oc" sprachen – mit Okzitanien. Die neue Expansionspolitik der aragonesischen Krone richtete sich nunmehr zunächst auf die iberische Levante und unmittelbar danach auf das westliche Mittelmeer mit dem Ziel, die Kontrolle über das Meer und seine Handelswege zu erlangen.

In der ersten Phase der mediterranen Ausdehnung Aragóns, die mit der Herrschaft Jaimes (Jakobs) I. des Eroberers (1213–1276) zusammenfiel, erfolgte die Eingliederung von Mallorca (1229) und Valencia (1235). Nachdem so die Herrschaft über einen bedeutenden Teil des nordwestlichen Mittelmeers und der Balearen gesichert war, konnte der Sohn und Nachfolger Jaimes I., Pedro el Grande (Peter der Große; 1276–1285), die mittelmeerischen Besitzungen des Reichs auf Sizilien ausdehnen. Durch das Zwischenspiel der so genannten Sizilianischen Vesper im Jahre 1282 sah er sich mit der Gegnerschaft des Papstes und des Hauses Anjou konfrontiert. Dieser Konflikt, der zu einem Kreuzzug führte, wurde durch den Vertrag von Anagni 1295 beigelegt, der unter anderem die Heirat König Jaimes II. (1291–1327) mit Blanca von Anjou sowie die Rückgabe Siziliens an das Papsttum vorsah.

Zum Ausgleich für Sizilien erhielt Jaime II. im Jahre 1297 von Papst Bonifatius VIII. Sardinien und Korsika zum Lehen. Doch die tatsächliche Inbesitznahme Sardiniens und seine Eingliederung in das Herrschaftsgebiet der Krone begann erst 1323 und gelang schließlich im 15. Jahrhundert vollständig. Auf Korsika hingegen konnte Aragón seine Herrschaft nie wirklich festigen.

Die Expansion des Königreichs Aragón in Richtung auf das östliche Mittelmeer nahm mit dem Vertrag von Caltabellotta im Jahre 1302 ihren Ausgang, in dem die sizilianische Frage, die mit dem Vertrag von Anagni nicht vollständig hatte beigelegt werden können, endgültig gelöst wurde. Federico II., der Sohn Pedros, erlangte die Anerkennung als König von Trinacria (1296–1337). Auf Grund dieses Vertrags trat ein großer Teil des almogaravischen Heers, das in Sizilien an der Seite Federicos gekämpft hatte, unter dem Befehl des Roger de Flor in die Dienste von Byzanz. Diesen Truppen ist es zu verdanken, dass die Grafschaften Athen und Neopatria in den Besitz der aragonesischen Krone kamen, wo sie bis in das Jahr 1388/90 verblieben.

Die Eroberung des Königreichs von Neapel gelang durch die Initiative und das tatkräftige Handeln Alfonsos des Großmütigen (1418–1458). Er hatte verstanden, dass der Schlüssel zur Festigung der ara-

Meister Bartomeu und Gehilfen, Grabmonument Peters des Großen im Kloster von Santes Creus, begonnen 1292.

gonesischen Herrschaft über die Inseln in der Kontrolle über den Süden der Apenninhalbinsel lag und dass sie zugleich eine ehrgeizige Mittelmeerpolitik ermöglichen würde, die auf eine vollständige Hegemonie abzielte.

Nachdem er die Stadt im Jahre 1442 erobert hatte, ließ sich Alfonso der Großmütige in Neapel nieder und verbrachte dort seinen Lebensabend.

Die politische und militärische Ausdehnung des katalanischen Herrschaftsgebiets ging mit einer anderen Art der Expansion einher, der des Handels. Seine Protagonisten waren in großem Maße die katalanischen *mercaderes* (Kaufleute), die ihrerseits einen wesentlichen Teil der Ausdehnung des Reichs finanzierten. Auf einer soliden juristischen Grundlage, die ihnen der Consulado del Mar („Rat des Meers") verschafft hatte, entstanden an allen Küsten des Mittelmeers katalanische Konsulate, deren Aufgaben repräsentativer wie auch juristischer Art waren. Neben den neuen Gebieten, die in das Königreich Aragón eingegliedert worden waren, erhielten alle bedeutenden Häfen und Städte des westlichen Mittelmeers solche Konsulate, von Málaga über Almería, Montpellier, Arles, Avignon, Marseille, Nizza, Genua, Pisa und Florenz bis Rom. Im östlichen Mittelmeer waren die Katalanen in Konstantinopel, Damaskus und Rhodos vertreten, daneben auf der Insel Malta, an der nordafrikanischen Küste in Ägypten, Tunesien und in der Berberei.

Die Gotik im Königreich Aragón fällt also in eine Zeit des Aufschwungs und Wohlstands nicht so sehr des Binnenlands, sondern vor allem der Städte und Regionen am Mittelmeer. Dies spiegelt sich im großzügigen Ausbau der Städte, im anhaltenden Konsum von Kunst- und Luxusgegenständen sowie in der Produktivität der Werkstätten, in denen diese entstanden. Ebenso zeigt sich der Wohlstand in der schnellen und unmittelbaren Verbindung mit den Hauptstädten der europäischen Kunst und der Fähigkeit zur Herstellung von Objekten von hoher künstlerischer Qualität in Bezug auf die ästhetische Raffinesse, die den Ansprüchen und dem Geschmack der Käuferschaft gerecht wurde.

Die Verhältnisse im aragonesischen Königreich waren vielschichtig und uneinheitlich. Seine politische Struktur war die eines Staatenbunds, der die politische und juristische Identität und die Verwaltung der einzelnen Glieder unangetastet ließ. Die Institution der Krone war dabei das Bindeglied zwischen ihnen. Bezogen auf die kulturelle Identität waren in Aragón die aragonesische und katalanische Sprache in Gebrauch, während Mallorca und Valencia nach der Zurückdrängung der Mauren durch die katalanischen Neusiedler ebenfalls in den katalanischen Sprachraum einbezogen wurden. Auch die Kolonisten in der sardischen Stadt Alghero brachten ihre Sprache mit, und bis auf den heutigen Tag kann man dort Katalanisch hören. Der überwiegende Teil der italienischen Besitzungen Aragóns behielt jedoch selbstverständlich die italienische Sprache bei.

Aus ähnlichen Gründen erlangte auch die gotische Kunst des aragonesischen Reichs keine völlige Homogenität. Tatsächlich ist das Vorhandensein zahlreicher lokaler Varianten eine der Konstanten der gotischen Kunst überhaupt.

Es existierten jedoch auch integrierende Faktoren, die überwiegend mit den Machtverhältnissen zusammenhingen. Für Einheitlichkeit sorgten etwa die künstlerischen Aufträge des Königs und des Adels, die gewöhnlich sehr konkreten ästhetischen Vorbildern folgten und ihrerseits Vorbildfunktion hatten, und auch die oberen Ränge der kirchlichen Hierarchie, die sich an den verschiedenen Brennpunkten des Reichs bildeten und häufig auf Künstler zählen konnten, die dieselben Wege gingen.

Die Entwicklung der Gotik im Königreich Aragón kann in verschiedene Abschnitte oder Phasen eingeteilt werden. Der erste Abschnitt umfasst einen Großteil des 13. Jahrhunderts und ist durch das Fehlen einer höfischen Kunst im eigentlichen Sinne gekennzeichnet sowie durch ein deutliches Widerstreben gegen die Übernahme des *opus francigenum,* also der aus Frankreich stammenden Gotik der Kathedralen.

Die zweite Phase beinhaltet die letzten Jahrzehnte des 13. Jahrhunderts und den Großteil des 14. Jahrhunderts. In diese Zeit fällt die Blüte des oben beschriebenen Architekturstils, die Übernahme und Verwurzelung eines italienisierenden Geschmacks in der bildenden Kunst und die vom Hofe ausgehende Verbreitung bevorzugter künstlerischer Vorbilder über die spanischen Gebiete des Reichs.

Die Kunstpolitik des Hofs gründet sich in dieser Zeit auf die katalanische Kunst, die im 14. Jahrhundert im Rahmen des Königreichs Aragón eine Vorreiterrolle einnimmt.

Die dritte Phase entspricht dem 15. Jahrhundert. Nach dem Wechsel der Herrscherdynastie, die sich im Jahre 1412 durch den Kompromiss von Caspe vollzieht (die Barceloneser Dynastie erlischt, es gelangt ein Zweig des in Kastilien herrschenden Hauses Trastámara auf den Thron), verringert sich die vorherrschende Bedeutung des Königs als Förderer der Kunst beträchtlich, von einzelnen glanzvollen Momenten wie der Herrschaft Alfonsos des Großmütigen in Neapel abgesehen. Die künstlerische Produktion des 15. Jahrhunderts ist vorwiegend auf den Bedarf des hohen Klerus sowie bestimmter Teile des Adels und des Bürgertums zugeschnitten. In dieser Zeit wird der Verlust der Vorherrschaft der katalanischen Kunst sichtbar; der Grund dafür ist das Heranwachsen neuer, aufblühender Zentren in Aragón und auf Mallorca und besonders in Valencia. Diese Stadt und ihr Umland entfalten im 15. Jahrhundert eine außerordentliche künstlerische Produktivität und werden zum Zentrum der Aufnahme italienischer und flämischer Einflüsse. Ihre Vorreiterrolle innerhalb des Königreichs Aragón hatte bis in die Neuzeit Bestand.

Nach dieser eher allgemeinen Einführung in den historischen Hintergrund soll nun auf einige Aspekte eingegangen werden, die für den künstlerischen Austausch zwischen dem Königreich Aragón und den Mittelmeerländern in den Jahrhunderten der Gotik besonders von Bedeutung sind, und zwar in beiden Richtungen, im Sinne der Aufnahme wie der Weitergabe von Einflüssen.

Es wurde bereits gesagt, dass die Kunst des 13. Jahrhunderts im Königreich Aragón durch das Fehlen einer höfischen Kunst gekennzeichnet war. Dies galt besonders für die bis 1276 dauernde Herrschaft Jaimes I. Dieser König war ein von militärischen Interessen geprägter Monarch, der ein schlichtes Leben führte und keinen ständigen Hof hielt, sondern zumeist durch seine Gebiete reiste und nicht einmal der Ausgestaltung der königlichen Grablege ein besonderes Augenmerk widmete. Aus diesen Gründen fand seine Regierungszeit trotz ihrer enormen historischen Bedeutung und zeitlichen Länge keinen angemessenen Niederschlag in der Kunst. Die bildende Kunst des 13. Jahrhunderts ist in besonderer Weise der Tradition verhaftet, und obwohl die Einführung ikonografischer Neuerungen nach den Vorbildern der französischen Gotik oder infolge des Einflusses der Bettelorden und ihrer Spiritualität spürbar ist, scheint die Nüchternheit der Zisterzienser doch weiterhin die Oberhand behalten zu haben.

Dies ist beileibe kein Zufall. Die in der ersten Hälfte des 13. Jahrhunderts vorherrschenden Werte standen den feudalen und ritterlichen Idealen, die die Kunst der Zisterzienser inspiriert hatten, weit näher als denen, die den Kathedralen der französischen Gotik zugrunde lagen, oder als der Geisteshaltung der Bettelorden. Zudem muss die offene Auseinandersetzung mit dem französischen König infolge der Katharerkriege in Betracht gezogen werden. Aus alldem erklärt sich der Widerstand gegen das *opus francigenum*. Oft ist dieser Widerstand als bloße Fortführung der romanischen Kunst ohne jede Neuerung oder Hinzufügung interpretiert worden: Nichts läge der Wirklichkeit ferner. Die gewollte Distanz zu den architektonischen Vorbildern, die im Herrschaftsgebiet des französischen Königs Geltung erlangten, entspricht einem entschlossenen Willen der Selbstbehauptung. Neuere Interpretationen der Architektur des 13. Jahrhunderts heben diesen Aspekt hervor und betonen die Bedeutung der Elemente der Suche nach Innovation, die in der Kunst und Kultur Südeuropas und der Mittelmeerländer ihren Niederschlag gefunden hat.

Die Entwicklung einer höfischen Kunst nimmt ihren Anfang mit den Söhnen und Nachfolgern Jaimes I.: Pedro el Grande (1276–1285) trat die Herrschaft über die Gebiete der Krone auf dem Festland an, während der zweitgeborene Jaime König von Mallorca wurde (1276–1311). Das Königreich Mallorca blieb bis 1344 unabhängig, als es durch Pedro mit dem Beinamen El Ceremonioso[a] wieder in das Kernland der Krone eingegliedert wurde. Bis dahin förderten die Könige von Mallorca die Entwicklung der Kunst als einen identitätsstiftenden Faktor. Wie M. Durliat dargelegt hat, weist die künstlerische Entwicklung zahlreiche Berührungspunkte mit der Gotik Südfrankreichs und vereinzelt Italiens auf. Zu nennen wäre etwa der Aufenthalt eines auf die Herstellung von Glasfenstern

spezialisierten Handwerkers aus Siena auf Mallorca, der für die Jahre 1325 bis 1330 urkundlich belegt ist, sowie die Ausrichtung auf die italienische Malerei, die ein einzigartiges Werk kennzeichnet: das große Wandbild der Passion Christi im Museo Diocesano de Mallorca (um 1290–1305).

In den auf dem Festland gelegenen Gebieten des Königreichs Aragón bildete sich erst mit Jaime II. (1291–1327) eine höfische Kunst im großen Stil heraus. Sein Aufenthalt auf Sizilien in den Jahren 1285 bis 1292 hat einen entscheidenden Einfluss auf ihn gehabt, erstmals ablesbar am monumentalen Grab seiner Eltern, Pedro el Grande und Constanzas von Sizilien, das sich im Zisterzienserkloster Santes Creus befindet. Die Ausführung des Grabmals wurde 1292 dem Meister Bartomeu anvertraut, einem Künstler, der sich mit seiner Mitarbeit an der Fassade der Kathedrale von Tarragona (1277–1292) als ein Künstler auf der Höhe seiner Zeit einen Namen gemacht hatte.

Das von Bartomeu in Santes Creus ausgeführte Grabmal umfasst mehrere Stücke roten Porphyrs, die Jaime II. eigens zu diesem Zweck aus Sizilien herbeischaffen ließ, in der Hauptsache eine große Wanne, die zu einem Sarkophag umgestaltet wurde. Seine Absicht liegt auf der Hand: Das Grabmal sollte die imperiale Berufung von Pedro el Grande symbolisieren sowie seine Verbindung mit der Familie der Hohenstaufen unterstreichen. Deshalb nimmt das Königsgrab von Santes Creus eine Typologie an, die in direkter Verbindung mit den Kaisergräbern in der Kathedrale von Palermo und besonders mit dem Grab Friedrichs II. steht. Dieses Grab besteht ebenso wie das in Santes Creus aus einer Porphyrwanne, die von Löwen getragen und von einem Baldachin überspannt wird.

Für die weitere Regierungszeit Jaimes II. ist die Ankunft italienischer Künstler belegt, deren Anwesenheit eine unmittelbar einsetzende, starke italienische Strömung in der Kunst zur Folge hatte. Diese Künstler kamen aus den großen künstlerischen Zentren der Toskana, wie der Goldschmied Duccio de Siena (im Katalanischen: Tutxó de Senis), dessen Anwesenheit für die Jahre 1313 bis 1323 dokumentiert ist, oder der Steinschneider aus Florenz, Andrea da Chiesanova (belegt für 1326), sowie der Bildhauer Lupo di Francesco aus Pisa.

Sicherlich kann der Aufenthalt des Letztgenannten in Barcelona mit der Gesandtschaft Pisas in Verbindung gebracht werden, die im Jahre 1326 zur Unterzeichnung des Friedensvertrags nach der Eroberung Siziliens in die Stadt verlegt wurde. Ein Dokument belegt die Anwesenheit Lupo di Francescos im folgenden Jahr und erlaubt es, ihn mit dem Schöpfer des Grabmals der heiligen Eulalia zu identifizieren, eines großen marmornen Grabmals, das sich in der Krypta der Kathedrale befindet. Obwohl es erst im Jahre 1339 zusammen mit der umgebenden Krypta vollendet wurde, passen sein Konzept und seine bedeutendsten Teile genau zu der bildhauerischen Tradition, die Lupo di Francesco aus Pisa mitgebracht hatte. So steht auch die Typologie des Grabmals in einer Linie mit den Gräbern des heiligen Dominik in Bologna und des heiligen Petrus in Mailand. Ebenso verweisen die Reliefs an dem Sarkophag, die man früher dem Meister der Kanzel von San Michele in Borgo zugeschrieben hat, in ihrem Stil direkt auf Giovanni Pisano.

Obwohl im Laufe des zweiten und des letzten Drittels des 13. Jahrhunderts die Ankunft weiterer italienischer Künstler belegt ist, vollzieht sich unter der Herrschaft Alfonsos des Gutmütigen (1327–1336) und besonders unter Pedro el Ceremonioso (1336–1387) die Übernahme der Florentiner und Sieneser Kunst des 13. Jahrhunderts über einen kleinen Kreis von Hofmalern. Von diesem harten Kern ausgehend, konsolidiert sich die italienische Strömung als die vorherrschende Ästhetik in der bildenden Kunst des aragonesischen Reichs.

Möglicherweise hat die Forderung einheimischer Künstler nach protektionistischen Maßnahmen einen längeren Aufenthalt italienischer Künstler verhindert und gerade dadurch die Aufnahme italienischer Einflüsse durch die einheimischen Künstler gefördert. Jedenfalls ist bekannt, dass König Alfonso der Gutmütige im Jahre 1330 die Tätigkeit italienischer Goldschmiede in Valencia verboten hat.

Der wichtigste Vertreter der italienischen Strömung in der Malerei ist Ferrer Bassa, gemeinsam mit seinem Sohn Arnau der bevorzugte Maler von König Pedro el Ceremonioso. Der Name Ferrers taucht in den Quellen zum ersten Mal im Jahre 1324 auf, als er aus unbekannten Gründen mit Verbannung bestraft wurde. 1333 tritt er erneut in Erscheinung, als er in den Diensten Alfonsos des Gutmütigen als Kolorist tätig ist. Unter der Herrschaft König Pedros verstärkt sich seine Aktivität, wie aus ihrem Niederschlag in den Quellen zu schließen ist. Im Auftrag dieses Königs führte er Altarbilder für die Pfalzkapellen in der Aljafería in Zaragoza, in Barcelona, Lérida, Mallorca und Perpignan aus. Für denselben Zeitraum gibt es Belege für seine Tätigkeit als Miniaturmaler, und ab 1346 fertigte er die

Lupo di Francesco und andere, Grabmonument der heiligen Eulalia, 1327–1339, Kathedrale von Barcelona.

Wandbilder des königlichen Klosters von Pedralbes, sein bekanntestes Werk. Von 1348 an finden sich keine weiteren Belege für die Anwesenheit des Ferrer Bassa, womit wahrscheinlich ist, dass er ebenso wie sein Sohn ein Opfer der großen Pestwelle wurde.

Die italienische Prägung der Malereien in Pedralbes durchdringt das Ambiente des Raums, in dem sie sich befinden. Sie offenbart sich in erster Linie im Bemühen des Künstlers, räumliche Effekte zu erzeugen, in der Vorherrschaft der Farbe über die Linie oder in der Gestaltung der Figuren, die eine ruhige, zeitlose Humanität ausstrahlen. Im Rahmen der äußerst produktiven italienischen Malerei jener Zeit ist Siena die Stadt, in der sich die Vorbilder für das Werk von Ferrer Bassa in Pedralbes finden, beispielsweise in den Werken der Gebrüder Pietro und Ambrogio Lorenzetti. Jedoch ist nicht genau geklärt, auf welchen Wegen Ferrer Bassa mit jener italienischen Malerei, die er so getreu nachgebildet hat, in Berührung gekommen ist. Am wahrscheinlichsten scheint eine Reise, auf der er die Bekanntschaft der Meister aus Siena und Florenz, die in Neapel in den Diensten Roberts von Anjou tätig waren, gemacht haben könnte. Denn die Kunst Bassas beschränkt sich nicht auf die bloße Reproduktion einiger konkreter Formeln, die er bei einem oberflächlichen Kontakt kennen gelernt oder in wenigen Stichworten in einem Notizbuch festgehalten haben könnte; sie spiegelt vielmehr ein tiefes Eindringen in die Sensibilität der Malerei des Trecento wider.

Es wurden auch Werke eingeführt, unter denen ein außergewöhnliches, mit Seide und Gold besticktes Antependium herausragt, das der Jurist Ramón Saera aus Florenz mitbrachte und das als Schenkung an die Kirche seiner Heimatstadt Manresa ging, wo es noch heute aufbewahrt wird. Dieses Antependium weist eine beträchtliche ikonografische Bandbreite auf und stellt den kompletten Zyklus der Passion Christi dar. Eine Inschrift nennt den Schöpfer und die Herkunft des Werks: *Geri Lapi rachamatore me fecit in Florentia.*

Die Bereicherung der Gotik im Königreich Aragón durch italienische Einflüsse erfährt um 1400 einen weiteren Schub von weit reichender Bedeutung, zu einem Zeitpunkt, als sich die europäische Gotik konsolidiert. Dieser neuerliche Einfluss ist hauptsächlich in Valencia zu lokalisieren, wo für die Dauer von etwa sieben Jahren, von 1395 bis 1401/1404, die Anwesenheit des Gherardo di Jacopo Starnina belegt ist. Sein intensives Wirken in verschiedenen Gebieten Spaniens (es gibt ein Werk von ihm in Toledo) und seine wiederholten Reisen in sein Heimatland haben dazu geführt, dass er als reisender Maler bezeichnet wird.

Man hat Starnina, wenn auch nicht unwidersprochen, ein wunderbares Kunstwerk zugeschrieben: das Altarbild des Mönchs Fray Bonifacio Ferrer, eines Bruders des heiligen Vicente Ferrer, das von ihm selbst für seine Privatkapelle in der Kartause von Porta Coeli in Auftrag gegeben wurde. Das Altarbild hat nach Italien weisende Merkmale, die für die Zuschreibung an Starnina sprechen. Andererseits passt die zeitliche Einordnung, die sich an dem Datum der Weihe der Kapelle im Jahre 1397 orientiert, zu dem ersten Jahr von Starninas Aufenthalt in Valencia.

Wenige Jahre später erscheint ein weiterer herausragender Künstler aus Florenz in Valencia, der Bildhauer Giuliano Poggibonsisi (in Spanien: Julián Florentino), der gemeinsam mit Jaume Esteve die Alabasterreliefs des Chorlettners ausführte (1415–1424), der sich heute in der Santo-Cáliz-Kapelle („Heiliger Kelch") in der Kathedrale befindet. Ein anderer Julián Florentino oder Julián Nofre erscheint in Barcelona im Jahre 1435 als Schöpfer des Taufbeckens in der dortigen Kathedrale.

Obwohl im Laufe des gesamten 15. Jahrhunderts die Verbindungen mit den Mittelmeerländern im Allgemeinen und mit Italien im Besonderen sehr lebendig bleiben und ein reger Austausch zu verzeichnen ist, ist doch die Kunst der Toskana nicht länger der wichtigste ästhetische Bezugspunkt. Der Blick richtet sich vielmehr auf die flämische Kunst. Aus diesem Grund ist während eines Großteils des 15. Jahrhunderts keine Präsenz italienischer Künstler mehr nachzuweisen.

Dies bedeutet keineswegs einen Rückgang der künstlerischen Tätigkeit in den Mittelmeerländern, ganz im Gegenteil. Die Empfänglichkeit für neue Einflüsse ist weiterhin groß. Dies gilt etwa für den Hof Alfonsos des Gutmütigen wie auch für denjenigen des René von Anjou, die sich in jener Zeit zu glanzvollen künstlerischen Zentren entwickelten und eine aktive Vorreiterrolle für die Begegnung

Ferrer Bassa,
Wandmalereien der
Kapelle des heiligen
Michael im Kloster
von Pedralbes,
Barcelona, 1346.

der beiden großen künstlerischen Pole jener Zeit, Italiens und Flanderns, einnahmen. Darauf wird in anderen Kapiteln dieses Bandes ausführlicher eingegangen.

Bis hier ist auf einige Aspekte hingewiesen worden, die für die Einflüsse aus dem Mittelmeerraum und hauptsächlich aus Italien in den spanischen Gebieten der Krone von Aragón von besonderer Bedeutung sind. Im Weiteren wird es notwendig sein, auf einige Aspekte im Zusammenhang mit der Wirkung der Gotik des aragonesischen Reichs nach außen hin, in Richtung seiner italienischen Besitzungen, einzugehen.

Auf Sizilien fällt der aus dem Königreich Aragón stammende Einfluss auf den Boden einer reichen und vielfältigen Kultur und manifestiert sich in einer Tendenz zur Verschmelzung mit den lokalen Traditionen, was sich besonders in der Baukunst offenbart. So behält der so genannte Chiaramontano-Stil die Oberhand, obgleich in Einzelheiten und Elementen der Ornamentik, besonders bei den Türen und Fenstern vieler Gebäude, der aus Spanien kommende Einfluss sichtbar wird. Zu nennen wären etwa die Portale der Kirchen San Giorgio in Ragusa und Santa Maria de Gesú in Modica, beide von unzweifelhaft katalanischer Typologie.

Außerhalb der Kirchenarchitektur zeigt sich die Übernahme und in der Folge die Umdeutung der charakteristischen Typologie des katalanischen Palasts in der Art, dass die Innenhöfe mit ihrer ordnenden Funktion aufgewertet werden und Galerien mit Bogengängen und Treppen erhalten. Beispiele hierfür finden sich in den Palästen Abbatelli, Aiutamicristo und Marchese in Palermo. Ebenfalls in Palermo ist der bischöfliche Palast zu nennen, an dessen Errichtung einer der Brüder Sagrera mitgewirkt hat. In Syrakus lassen die Paläste Bellomo und Lanza-Bucceri den gleichen Einfluss erkennen, ebenso wie in Taormina die Paläste Ciampoli und Corvaia.

Im Bereich der Malerei spiegeln zahlreiche Werke aus dem Atelier der Gebrüder Serra und aus ihrem unmittelbaren Umkreis den Import katalanischer Werke wider. So ein Wandbild des Letzten Abendmahls, das in der Galleria Regionale von Palermo aufbewahrt wird, oder ein Bildnis einer von Heiligen umgebenen Jungfrau Maria in Syrakus. Doch eines der außergewöhnlichsten Zeugnisse der Ausstrahlungskraft der katalanischen Kunst in den Mittelmeerländern muss – wenn es denn je ausgeführt wurde – das Altarbild gewesen sein, das im Jahre 1407 bei dem Maler Guerau Gener für die Kathedrale von Monreale in Auftrag gegeben wurde. Der Auftrag ging auf Bischof Guerau de Queralt zurück, einen der zahlreichen katalanischen Geistlichen, die in Sizilien die Bischofswürde erlangten.

Die Darstellung der Jungfrau, die über diesem Altarbild stehen sollte, war ein Werk des Bildhauers Pere Sanglada, des Schöpfers des bedeutendsten Teils des Chors in der Kathedrale von Barcelona. Sein Name wird an dieser Stelle nicht zufällig genannt, denn der Chor der Kathedrale von Barcelona diente als Vorbild für den Chor der Kathedrale von Palermo, deren Errichtung von einem weiteren katalanischen Bischof, Nicolau Pujades (1466–1467), begonnen wurde.

Es sei an dieser Stelle noch ein bedeutendes Gemälde angeführt, in dem unterschiedliche Kunststile zusammenzufließen scheinen, neben anderen auch der katalanische Stil, und das ein herausragendes Kunstwerk der europäischen Gotik darstellt. Die Rede ist von dem Fresko „Der Triumph des Todes", das aus dem Palazzo Sclafani stammt und im Museum von Palermo aufbewahrt wird.

Auf Sardinien ist die Präsenz der aus Spanien und besonders aus Katalonien kommenden Kunstrichtung noch deutlicher auszumachen, besonders in jenen Städten, die nach der Eroberung neu besiedelt wurden, wie Cagliari, Sassari oder Alghero (katalan.: Càller, Sàsser und Alguer). Das Phänomen der Verschmelzung findet sich hier nicht in der gleichen Intensität wie auf Sizilien. Vielmehr gibt es eine große Zahl von Beispielen für den Import und die Einfügung der mitgebrachten Kunstwerke sowie für die Einwanderung von Künstlern.

Die gotische Baukunst Kataloniens erreicht Sardinien bereits zu einem frühen Zeitpunkt. Noch während des jahrelangen Prozesses der Eroberung wird auf königliche Initiative hin die Wallfahrtskapelle von Bonaria bei Cagliari errichtet. Sie übernimmt den katalanischen einschiffigen Grundriss. Die gesamte Struktur zeigt eine besondere Nähe zu der Kapelle des Königspalasts in Barcelona und zum Kloster von Pedralbes, das ebenfalls mit der Krone in Verbindung stand.

Im Verlauf des 14. und 15. Jahrhunderts entstehen in Cagliari die gotischen Kirchen San Jaime, Santa Eulalia und Santo Domingo. Trotz Zerstörungen und des Verlusts von Figurenschmuck sind in diesen Kirchen noch heute zahlreiche Details von unmittelbar katalanischer Inspiration zu finden.

Es gibt auf Sardinien noch einige andere Kirchen, die sich an die katalanischen Ausprägungen halten, diesen jedoch ein charakteristisches Unterscheidungsmerkmal hinzufügen: Während in einschiffigen katalanischen Kirchen Schiff und Chorraum gleichsam unverbunden sind und die Frage der räumlichen Kontinuität nicht gelöst ist, sind die Chöre in den sardischen Kirchen kleiner als die Schiffe und erscheinen eindeutig abgeteilt, was auch in der unterschiedlichen Lichtwirkung der Innenräume zum Ausdruck kommt.

Die Kathedrale von Alghero ist ein interessantes Beispiel für die Langlebigkeit der katalanischen Gotik. Nach der Einrichtung des Bischofssitzes im Jahre 1503 wurde um 1520 mit dem Bau der Kathedrale begonnen. Von außen gesehen ist ihr bedeutendstes Element der große Glockenturm auf achteckigem Grundriss, der verspätet das Vorbild des Kirchturms der Kirche Del Pino in Barcelona aus dem 13. Jahrhundert aufgreift oder dasjenige des Miguelete-Turms der Kathedrale von Valencia.

Im ländlichen Raum Sardiniens sind Kirchen eines anderen Typs zu finden, der besonders repräsentativ ist für die gotische Architektur des Königreichs Aragón. Gemeint sind einschiffige Kirchen mit einem hölzernen Satteldach, das von Gurtbögen getragen wird. Gute Beispiele hierfür sind San Giorgio in Perfugas und San Francisco in Iglesias.

In der weltlichen Architektur ist in ähnlicher Weise die Übernahme des katalanischen Vorbilds des Palasthauses zu beobachten, dazu finden sich einige charakteristische Elemente wie die großen Bogenportale. Stellvertretend für andere Beispiele seien der Carcasona-Palast und die Casa de Albis in Alghero genannt. Im Laufe der ersten Hälfte des 16. Jahrhunderts wurde in dieser Stadt auch der Palast der Familie Doria errichtet, der in seiner Architektur einige Details besitzt, die auf den Palacio de la Generalitat in Valencia verweisen.

Sardinien war für katalanische Künstler ein häufig besuchter Anlaufpunkt. Im 15. Jahrhundert ist die Anwesenheit der Maler Bartomeu Lunell (1328), Pere Blanc (1355) und Ramonet de Caldes

(1395) belegt. Häufig gelangten auch Werke von den produktivsten katalanischen Künstlern und Werkstätten nach Sardinien. So schuf Llorenç Saragossá ein Altarbild für die Kathedrale von Cagliari, das den Heiligen Antonius und Gabriel gewidmet war (1364/65). Auch von Pere Serra stammt ein Werk in Alghera, das er im Jahre 1404 schuf. Doch das bekannteste der importierten Kunstwerke ist das Altarbild, das der Maler Joan Mates für die Kirche San Francesco de Stampace in Cagliari ausführte (um 1406–1410). Es zeigt die Verkündigung und wird in der dortigen Pinacoteca Nazionale aufbewahrt.

Aus der gleichen Kirche stammt ein Altarbild des heiligen Bernhard, das 1455 bei zwei in Cagliari wohnhaften katalanischen Malern, Rafael Tomas und Joan Figuera, in Auftrag gegeben wurde. Während der Aufenthalt Tomas' auf der Insel nur kurze Zeit dauerte, ließ sich Figuera dort nieder und wirkte bis zu seinem Tod im Jahre 1477 auf Sardinien.

Aus San Francesco de Stampace, einer Kirche, die eine Reihe bedeutender sardisch-katalanischer Gemälde besaß, stammt auch ein Altarbild mit der Heimsuchung Mariä. Es stammt aus der Hand eines weiteren katalanischen Malers, der sich ebenfalls zu jener Zeit auf Sardinien aufhielt, Joan Barceló.

In der Endphase der gotisch-sardischen Malerei ragt eine anonyme Persönlichkeit hervor, die als der Meister von Castelsardo bekannt ist. Die ihm zugeschriebenen Arbeiten weisen ihn als direkten Nachfolger Jaume Huguets aus, und es ist davon auszugehen, dass er sein Handwerk in Katalonien gelernt hat. Eine Anwesenheit Huguets auf der Insel ist jedoch nicht auszuschließen.

In der Kathedrale von Oristano (katalan.: Oristany) sind einige Skulpturen erhalten, die eindeutig auf katalanischen Einfluss zurückzuführen sind; ebenso einige Reliefs aus dem 14. Jahrhundert, die dem Stil Jaume Cascalls sehr nahe kommen und die möglicherweise Teil eines steinernen Altarbilds

waren. In Oristano wird in der Kirche San Francesco das Bildnis eines „Christo doloroso" verehrt, für das ein katalanischer Ursprung angenommen und das auf den Beginn des 15. Jahrhunderts datiert wird, obgleich die zeitliche Datierung auch um ein Jahrhundert vorverlegt werden könnte. Angelo Franco hat die zahlreichen Bezüge beider Werke zu Spanien untersucht. Neben diesen wären noch einige andere zu nennen, wie die Gruppe des Heiligen Grabes in der Kathedrale von Cagliari, die direkt mit derjenigen der Kirche Santa Ana in Barcelona in Verbindung steht sowie mit der verloren gegangenen Gruppe in der Kathedrale von Vic.

In Neapel überstrahlt das Castel Nuovo in seiner enormen Bedeutung alle weiteren Spuren eines künstlerischen Einflusses aus dem Königreich Aragón.

Unmittelbar im Anschluss an die Eroberung hatte Alfonso der Großmütige seinen Wohnsitz in die Stadt verlegt und mit dem vollständigen Umbau der alten Burg der *Anyou* das Castel Nuovo geschaffen. Mit der Übernahme des Projekts durch den Mallorquiner Architekten Guillem Sagrera um 1447/48 nahm es Gestalt und bedeutende Dimensionen an.

Alfonso der Großmütige ermöglichte eine fruchtbare Begegnung der künstlerischen Strömungen Spaniens, Flanderns und Italiens. Zu seinem Geschmack gehörte die Neigung zum Naturalismus der flämischen Malerei und zum Klassizismus der italienischen Renaissance in der Plastik. Sein Auge war durch die Begegnung mit Kunstwerken aus erster Hand, vielleicht sogar von Jan van Eyck selbst, geschult.

Zu den italienischen Künstlern, mit denen der König in Kontakt trat, zählen Dello Delli, der später auf der Iberischen Halbinsel wirkte, Pisanello, der Schöpfer des berühmten Medaillons mit dem Profil des Monarchen, der Maler Colantonio sowie die Bildhauer, die den Triumphbogen des Palasts in Neapel nach römischer Art und in weißem Marmor ausführten, ein Sinnbild für den triumphalen Einzug des Königs in die eroberte Stadt.

Unter den aus Spanien stammenden Künstlern, an die Aufträge König Alfonsos gingen, finden sich Pere Joan, Antoni Gomar und Antoni Fraburch, der Goldschmied Berenguer Palau und Maler aus Valencia wie Lluís Dalmau und Jacomart.

Die Übernahme des flämischen Stils in den Mittelmeerländern beschränkt sich im 15. Jahrhundert nicht auf die höfische Sphäre, sondern zeigt sich auch abseits davon in den Werken herausragender Künstlerpersönlichkeiten. Einer der bedeutendsten dieser Künstler ist ohne Zweifel Bartolomé Bermejo. Aus seinem Werk sei an dieser Stelle auf das Triptychon von Acqui Terme verwiesen, das während seines zweiten Aufenthalts in Valencia entstand.

Das Piemont und das Herrschaftsgebiet der Grafen von Savoyen scheinen in dieser Zeit aktive künstlerische Kontakte zum Königreich Aragón unterhalten zu haben. Neben dem Wirken Bermejos in Acqui ist der Aufenthalt des Malers Antoni Llonye in Katalonien belegt sowie die Tätigkeit eines weiteren Malers mit Namen Pere Nisart oder Pere von Nizza.

Auf Letzteren geht eine Tafel mit der Darstellung des heiligen Georgs und seines Kampfs mit dem Drachen zurück. Die Tafel war das Mittelstück eines Altarbilds, das um 1470 für die – nicht mehr erhaltene – Kirche San Nicolás in Palma de Mallorca geschaffen wurde. Dieses Werk ist als die mögliche Kopie eines anderen Gemäldes mit demselben Thema gedeutet worden, das sich im Besitz Alfonsos des Großmütigen befand. Die Tatsache, dass dieses Gemälde verloren gegangen ist, macht jede Beweisführung unmöglich, doch ist offensichtlich, wie F. Ruiz betont, dass sich viele Parallelen zu den Darstellungen des Themas in der flämischen Malerei finden.

Auch im östlichen Mittelmeerraum gibt es zahlreiche Anzeichen für die Ausstrahlungskraft der Kunst des aragonesischen Reichs. Ein solcher Hinweis ist im Kloster der heiligen Katharina am Berg Sinai anzutreffen, das unter anderem für seine außergewöhnlichen und bedeutenden Manuskripte und für seine Ikonensammlung berühmt ist. Unter den Ikonen findet sich eine Votivtafel, die Bernat Manresa, Bürger von Barcelona und katalanischer Konsul in Damaskus, im Jahre 1387 stiftete. Dies ist einer auf Katalanisch abgefassten Inschrift zu entnehmen, die auf der Tafel neben den Wappen Kataloniens, der Stadt Barcelona und des Stifters selbst abgebildet ist. Die Tafel zeigt die Namenspatronin des Klosters am Sinai, die heilige Katharina. Der Stil verweist auf eine wahrscheinliche Entstehung im Bereich der Krone von Aragón, in Katalonien oder auf Mallorca. Der Künstler stand unzweifelhaft unter dem Einfluss der italienischen Malerei.

Es gibt Aufzeichnungen über die Existenz eines weiteren katalanischen Altarbilds auf der Insel Rhodos, genauer gesagt über dessen Einschiffung in Barcelona im Jahre 1432. Der Quelle zufolge nahm ein Schiffseigner mit Namen Lluís Ferrer ein Altarbild in Empfang, das für die Kapelle des katalanischen Konsulats von Rhodos bestimmt war. Doch kennt man weder den Schöpfer dieses Werks noch ist etwas über seinen ikonografischen Inhalt bekannt.

Zu diesem Zeitpunkt war der Katalane Antoni Fluvià (1421–1437) Großmeister des Hospitaliterordens, dem die Insel Rhodos unterstand. Später sollte ein weiterer Katalane dieses Amt ausüben, Pere Ramón Sacosta (1461–1467). Auf seine Initiative geht der Bau mehrerer Verteidigungsanlagen wie des Turms des heiligen Nikolaus zurück. Darüber hinaus zeigt sich der Einfluss der katalanischen Architektur in den Palästen und Herrschaftssitzen mit ihren Bogenportalen und Innenhöfen mit ausladenden Treppen, aber auch bei der Gestaltung des Hospitalgebäudes.

Auch für Zypern fand Enlart einige Belege für den Einfluss der katalanischen Baukunst, die vielleicht auf die dynastischen Verbindungen zurückzuführen sind: Diese Verbindungen wurden zwischen Maria von Zypern und Jaime II. (1315) sowie zwischen Pedro de Lusignan und der Prinzessin Elionor (1353) geschlossen.

Auch in einer kurzen Abhandlung wie dieser darf eine Tatsache nicht unerwähnt bleiben, die den latenten Humanismus der aragonesischen Kultur in der Zeit der Gotik und dessen tiefe Verwurzelung in der Tradition der Mittelmeerländer offenbart. Es geht um nichts weniger als um die Akropolis von Athen und ihr Hauptgebäude, den Parthenon, der bekanntlich seit der Spätantike für den christlichen Kultus genutzt worden ist.

Im Jahre 1380 nahm König Pedro el Ceremonioso, der sich in Lleida (span.: Lérida) aufhielt, die Huldigung der Gesandten der Grafen von Athen und Neopatria entgegen. Einer der Gesandten war der Bischof von Megara, der sich mit der Bitte an ihn wandte, zehn oder zwölf bewaffnete Männer zum Schutz der „Burg von Athen" abzustellen. Es ist anzunehmen, dass der König umfassend über die Bedeutung des antiken Bauwerks informiert worden ist, da er der Bitte umgehend und in großzügiger Weise entsprach. Er gestand dem Bischof die erbetenen zwölf Armbrustschützen zu und verfügte, dass sie aus gutem Hause stammen und über hinreichend Bewaffnung verfügen sollten; der Sold sollte ihnen für vier Monate im Voraus bezahlt werden. Bei dieser Entscheidung ging der König offensichtlich von der Notwendigkeit aus, die Akropolis als ein historisches Denkmal zu schützen, und nicht etwa von einer etwaigen strategischen oder militärischen Bedeutung der „Burg" von Athen. Im Wortlaut der Quelle heißt es, dass *aço es molt necessari e que no es tal cosa que no es deja fer, majorment com lo dit castell sia la pus rica joia que al mon sia e tal que entre tots los reys de cristians envides lo podrien fer semblant.* Der Einsatz der Armbrustschützen ist also dringend notwendig und unerlässlich, vor allem aus einem Grund: den Erhalt der „Burg" von Athen zu gewährleisten, die „das kostbarste Juwel auf der Welt ist, sodass nicht einmal alle christlichen Könige vereint dergleichen schaffen könnten". Pedro el Ceremonioso liefert hiermit einen wesentlichen Beleg für die Wertschätzung des Mittelalters für die bedeutenden Baudenkmäler der Antike.

Votivikone, 1387 vom katalanischen Konsul in Damaskus dem Katharinenkloster auf dem Berg Sinai gestiftet, sie befindet sich heute noch dort.

Pere Nisart, Der heilige Georg und der Drache, 1468–1470, Museu Diocesà zu Palma de Mallorca.

Von der Gotik zur Renaissance

Alain Erlande-Brandenburg

Die Gotik folgte nicht direkt auf die Romanik, wie allzu gerne geglaubt wird; die größten romanischen Bauwerke waren schon fertig, als die ersten großen Klosterkirchen und Kathedralen gebaut wurden. Die Bauherren, Äbte und Bischöfe, die eine neue, lichte Kirche schaffen wollten, wandten sich an Baumeister, die sich für die Umsetzung dieses neuen Bauprogramms empfänglich zeigten. Sie gehörten alle der gleichen Generation an und teilten dieselben Ideale, die von dem spirituell hoch entwickelten Denken in Paris während der ersten Hälfte des 12. Jahrhunderts geprägt wurden.

Das Kloster Saint-Victor, erst zu Jahrhundertbeginn gegründet, stieg dank der außergewöhnlichen Personen in seinen Mauern sofort zum Zentrum der neuen Spiritualität auf. Alle am Bau gotischer Kirchen beteiligten Äbte und Bischöfe waren an die Spitze berühmter Institutionen gewählt worden, die in der Île-de-France, dm Kernland um Paris, ihren Glanz entfalteten, und alle waren von der Notwendigkeit einer konzeptionell erneuerten Sakralbauweise und ihrer Anpassung an die neuen geistigen Gegebenheiten überzeugt.

Der in dieser Hinsicht unter seinen Kollegen besonders aktive Abt von Saint-Denis, Suger (1126–1151), war der Erste, der ein in Bezug auf die Gesamtarchitektur, aber auch auf deren einzelne Bauteile wie Glasfenster und Skulpturen sowie alles andere, das zu den *ornamenta ecclesiae* zählt, absolut neues Werk schuf. Es handelte sich, wie Suger in verschiedenen Schriften erklärte, um ein als solches auch beabsichtigtes Gesamtwerk, das er in vier Bauabschnitten – Kloster, Außenfassade, Sanktuarium und Kirchenschiff – errichtete. Letzteres konnte er allerdings nicht mehr vollenden.

Viele Kirchenfürsten in den vierziger Jahren des 12. Jahrhunderts handelten wie er. So leicht es auch fällt, die Pläne der Bauherren zu begreifen, so schwer tut man sich dagegen mit den Persönlichkeiten der Architekten, die bis auf Guillaume de Sens, der nach dem großen Brand auf der Baustelle der Kathedrale von Canterbury namentlich genannt wird, sämtlich unbekannt sind. Sie gestalteten die Kircheninnenräume durchlässiger, um das Licht fluten zu lassen. Die Mauern wurden wesentlich dünner und schlanker und verschiedene Strukturelemente romanischer Kirchen entfielen ganz. Dem gotischen Baumeister schwebte eine Architektur voller Spannung vor, während sein romanischer Kollege entsprechend der römischen Tradition dem Prinzip der massigen Basilika mit ihren mächtigen Pfeilern und Säulen verhaftet blieb. Dadurch erhielt die gotische Kirche eine gewisse Elastizität, die die Erfüllung der Anforderungen der Bauträger erlaubte.

Die neuen Bauformen sollten an Gebäude anschließen, die aus der byzantinischen Ästhetik hervorgegangen waren, mit dünnen, wie aus Stein geschnitzten Mauern, zahlreichen Wanddurchbrüchen – hohe Spitzbögen und Fenster – und sehr weiten, 10 bis 16 Meter messenden Abständen zwischen den Stützen. Während ein Architekt zur Zeit der Romanik wegen der mächtigen Steinmauern keinen Abstand von mehr als neun Metern Länge planen konnte, musste der gotische Baumeister eine neue

Technik ersinnen, um diese Zwischenräume zu überwinden. Im Kreuzrippengewölbe war schließlich die Lösung gefunden, weil es dank seiner Leichtigkeit die architektonischen Herausforderungen überwand. Auf der anderen Seite besaß diese Gewölbeform den Vorteil, die Decken, die bisher dem Druck der Außenmauern standhalten mussten, weiter zu spannen und den Kircheninnenraum so hoch zu gestalten, dass die Luft zirkulieren konnte. Der Einsatz dieser neuen Technik in der mittelalterlichen Welt war nur möglich geworden, weil es hoch qualifizierte Fachleute gab.

Die neue Ästhetik prägte das Gebäude ebenso wie seine Teile; beides lässt sich nicht getrennt analysieren. Um jeglichen baulichen Missklang zu vermeiden, wurde der neue Kirchentyp als Ganzes entworfen und gebaut. Der Architekt steuerte eine Gesamtplanung mit ihren unterschiedlichen Einzelaspekten, wobei er sorgfältig auf deren Konsistenz und die Harmonie zwischen Überliefertem und Zeitgenössischem achtete. Der Ehrgeiz von Bauherr und Baumeister zielte auf die Erneuerung, wenn nicht gar die Ersetzung der Konzeption der Architekten Konstantins im 6. Jahrhundert zu Gunsten eines neuen, der modernen Zeit angepassten Baustils.

Mit Ausnahme der Kathedrale von Canterbury in England entwickelte sich die Frühgotik hauptsächlich in Nordfrankreich. Der neue Stil schwappte nicht gleich wie eine Woge über ganz Europa, sondern erst ein Jahrhundert später in seiner verfeinerten Form als Flamboyant-Stil. Dieser Stil gründete vor allem auf der Faszination des Lichts und verdankte sein Aufkommen dem Umstand, dass man inzwischen die außerordentlichen baulichen Möglichkeiten der Gotik begriffen, aber auch das Empfinden der Bevölkerung an sie angepasst hatte. Die Errichtung der Sainte-Chapelle in Paris von 1241/42 bis 1248 durch Ludwig den Heiligen, der sie als gewaltigen Reliquienschrein aus Glas und Stein zum Schutz der Reliquien der Passion Christi betrachtete, führte die Gesetze der Materie bis an ihre technischen Grenzen. Das Mauerwerk – nur noch ein dünnes steinernes Skelett – öffnete den Raum für eine 600 Quadratmeter große Glasfläche und Glas war eine der bedeutendsten Erfindungen des Mittelalters.

Keiner der französischen Bauherren oder Baumeister entkam jener Konstante, die sich in ganz Europa feststellen ließ: Die Zweifel an der in manchen Regionen tief verwurzelten romanischen Tradition setzten nur langsam und namentlich unter zwei unterschiedlichen Aspekten ein. Der erste betrifft die „nordfranzösische" Gotik und der zweite die Gotik im nördlichen Mittelmeerraum, die so genannte „gothique méridional" in Italien, Südfrankreich und Spanien.

Im ersten Fall handelt es sich vor allem um eine bestimmte Anzahl von Kathedralen. Die nordfranzösischen Bischöfe oder die, die ihre geistliche Ausbildung in Mittel- und Nordfrankreich empfangen hatten, trafen eine mutige Entscheidung für den Flamboyant-Stil, weil sie mit ihm auf die Bedürfnisse einer von der Häresie des Katharertums aufgewühlten Gesellschaft reagieren wollten. Die Bauarbeiten dauerten lange. Im Fall einer Gesamterneuerung alter romanischer Kirchengebäude wie in Clermont, Limoges, Narbonne, Rodez und Toulouse wurden sie allerdings rasch wieder abgebrochen. Handelte es sich jedoch nur um den Neubau eines Chors, nahm man sie wie in Bordeaux oder Carcassonne umgehend wieder auf.

Weder im einen noch im anderen Fall stellte sich das Problem, ob man dem französischen Stil (*opus francigenum*) folgen sollte, wie etwa vom Kölner Dom her bekannt, sondern man bemühte sich um einen eigenen Baustil; wenn auch in einzelnen Punkten, zum Beispiel in der Zahl der Kapellen um den Chor und in der dreiteiligen Wandgliederung in Arkaden, Triforium und Obergaden, vieles gemeinsam blieb. Andere Elemente wiederum zeugen von individuell schöpferischen Fähigkeiten. So in Carcassonne, wo der Architekt in einem einzigen Raum Querschiff und Kapellen, die sich ihm öffnen, verschmolz, weil er sich zu der Verwendung von hohen Säulen und der Entfernung der Trennwand zwischen den Kapellen ab einer bestimmten Höhe entschloss. Die Architekten von Clermont, Limoges und Narbonne schufen überraschende Hell-Dunkel-Effekte, indem sie die Wandöffnungen verkleinerten und das Triforium dunkel hielten. Das gotische Wandsystem behielten sie im Prinzip bei und entschieden sich für eine geometrisch gegliederte Baumasse mit klar ausgeprägten Horizontalen.

Der Architekt der Kathedrale Saint-Just in Narbonne hat diesen Effekt noch viel weiter getrieben, indem er den Stilunterschied zwischen den unteren und oberen Partien der Kirche hervorhob. Seine originelle Bauausführung findet sich in vielen Einzelheiten wieder, die eine neue Denkweise enthüllen: Die Bauformen sind hoch entwickelt, die Gurtbögen weit gespannt und die kleinen Säulen auf den großen Säulen mildern den Effekt optisch; die Arkaden steigen von den Pfeilern nach oben, durchstoßen die Kapitelle und streben danach in Gurtbögen und Rippen auseinander.

In dieser Hinsicht bewies der Baumeister von Saint-Michel in Carcassonne besonderen Einfallsreichtum und ließ eine profunde Kenntnis der nordfranzösischen Flamboyant-Architektur erkennen. Er befreite den Innenraum des Querschiffs von allen Kapellen und dem Chor, um ihn mithilfe des Außenlichts zu einem Ganzen zu vereinen. Er übernahm die großen Säulen, rückte deren Kapitelle auf die gleiche Höhe, baute keine Trennwände zwischen die Kapellen und brach in die Außenmauern riesige Fensteröffnungen. In dieses Schema sind auch die Fensterrosen des Querschiffs eingebunden. Für diese Skelettstruktur hat er das gesamte Gebäude in eine Art Rüstung aus Metall gezwängt. So erhielt er hohe, lichtdurchlässige Trennwände aus bemaltem Glas mit dem Ziel, die Wahrnehmung im Kircheninnern zu verändern. Das Mauerwerk schmückte er mit einem besonders gelungenen Skulpturenensemble, das Christus, die Jungfrau, Mariä Verkündigung, die Apostel und Heilige vereint.

Die zweite Strömung, die „südfranzösische Gotik", breitete sich am nördlichen Rand des Mittelmeerraums in Spanien, Südfrankreich und Italien aus. Mit ihrer Entscheidung für einschiffige Kirchen reichen ihre Wurzeln bis in die Antike hinab. Anfänglich handelte es sich um kleine, rechteckige Gebäude, die im Grund- wie Aufriss zu allen möglichen Veränderungen einluden, zum Beispiel zu einer Holzbedachung, die den Vorteil bot, dass sie den optischen Eindruck mächtiger Mauern milderte und größere Fensteröffnungen erlaubte, oder zu einem Dach aus Stein, zu einem Chor mit einem Kranz von Apsidiolen oder zum Bau von Kapellen zwischen den Strebepfeilern. Diese Entscheidungen erlaubten unterschiedliche Lichteffekte, die indes nicht von allen Zeitgenossen gutgeheißen wurden. Über sie wurde auch in einem Kolloquium diskutiert, zu dem der Bischof von Gerona ein-

lud, um sich über die architektonische Gestaltung des Kirchenschiffs Gedanken zu machen, weil man für die Apsis Seitenschiffe brauchte. Die Fachleute tauschten verschiedene Argumente technischer und ästhetischer Art aus, bevor sie sich für die Einschiffigkeit entschieden. Diese Bauweise bot einige Vorteile: Die Gläubigen ließen sich leichter versammeln, sie sorgte für eine bessere Akustik – mit Blick auf die Predigt wichtig – und schließlich auch für eine größere Helligkeit; hinzu trat noch das Argument der geringeren Kosten. Somit erklärt sich die Zustimmung der Bettelorden, die sich den verschiedenen Argumenten gegenüber offen zeigten, fast von selbst. Die neue Konzeption setzte sich mit dem Bau des Langhauses der Kathedrale Sainte-Etienne in Toulouse zu Beginn des 13. Jahrhunderts in Südfrankreich durch. Dem Architekten gelang es sogar, auf dieses 12 Meter lange Kirchenschiff noch ein Steingewölbe zu setzen.

Der Erfolg stellte sich in den südfranzösischen Pfarrkirchen und Sakralgebäuden der Bettelorden umgehend ein. Bernard von Chastenet, Bischof von Albi, griff auf diese Gebäudeform zurück, als er 1277 den Wiederaufbau seiner Kathedrale beschloss. Er übernahm zwar die traditionellen nordfranzösischen Maße: 113,50 Meter Länge, 35 Meter äußere Breite und 30 Meter Höhe, aber auf allen anderen Gebieten, vor allem in Bezug auf das Baumaterial – Backstein –, führte er Neuerungen ein. Noch nie zuvor war der Außenmantel einer Kirche so auffällig zur Geltung gebracht worden. Im 19 Meter langen Innenraum wurden die Kapellen zwischen den Strebepfeilern untergebracht.

Die Dominikaner von Toulouse erwiesen sich als nicht weniger kühn, wenn man sich die Kathedrale Sainte-Etienne als ihr kirchenbauliches Endresultat im ausgehenden 13. Jahrhundert vor Augen führt, nachdem sie bei der Errichtung ihrer Kirche kurz nach Baubeginn 1229 noch eine Reihe von Veränderungen realisiert hatten. Aber auch hier ein einschiffiges Langhaus und Backstein als Baumaterial. Das Langhaus umfängt eine mächtige Außenmauer, während das Kircheninnere trotz seiner beiden Schiffe, die man wegen der 22 Meter hohen Säulen und der 28 Meter hohen Gewölbe aber kaum bemerkt, leicht und luftig wirkt. Der Architekt erreichte diese räumliche Einheit, weil er sich intensiv um die Beleuchtung des Kirchenraums kümmerte: Das Licht dringt nun durch hoch liegende Fensteröffnungen in den Raum. Selbst der Architekt von Papst Clemens VI. ließ sich bei der Errichtung der Kirche Saint-Robert über dem päpstlichen Marmorsarkophag in Chaise-Dieu von der Idee des einschiffigen Langhauses leiten. Auch er platzierte Kapellen zwischen den Strebebögen und durchbrach die Trennmauern, woraus sich der täuschende Eindruck einer Kirche mit Seitenschiffen ergibt.

Italien

Das kontrastreiche Bild gotischer Bauformen in Frankreich bot sich in Italien noch viel deutlicher. Der Norden des Landes zeigt nur wenig Ähnlichkeit mit dem Süden und bei derart tiefen Rissen sind Unterschiede üblich. Seit man dem Baumeister oder Architekten die wesentliche Rolle bei der Gestaltung eines Bauwerks zugestanden hatte, birgt diese Feststellung nicht Überraschendes. Der Ideenreichtum dieser Personen erklärt die Unterschiedlichkeit ihrer Entscheidungen. Über diese Beobachtung hinaus trifft für Italien jedoch auch eine andere, viel tiefer reichende Erklärung zu: Das ganze Land hat sich der gotischen Kunst gegenüber zunächst sehr reserviert verhalten. Man braucht dabei gar nicht an ihre gnadenlose Verurteilung durch die Gebildeten des Quattrocento zu erinnern, denn es ist allgemein bekannt, dass künstlerisches Schaffen von unterschiedlichem Empfinden abhängt. Kein Werk aus den Bereichen Architektur, Bildhauerei und Malerei ist in Italien als typisch gotisch anzusprechen; allenfalls Einzelkunstwerke sind von dieser Feststellung ausgenommen. Dies ist nicht abwertend gemeint, sondern soll genau den Weg erhellen, den die verschiedenen Akteure gegangen sind. Dieser Weg musste in einer die Vision von Europa umstürzenden Ästhetik enden.

Die Bestandsaufnahme der tatsächlichen Ereignisse in Italien zur damaligen Zeit muss unter den Aspekten Politik, Geschichte und individuelle Auftragserteilung erfolgen. In Norditalien springen uns zwei Punkte ins Auge. Der erste betrifft die Bauherren. Die Laien übernahmen Bauformen, die sie im Allgemeinen bei königlichen Bauten entlehnten, während die Kleriker mit sehr ähnlichen Formen die Bedürfnisse der Gläubigen stillen und liturgischen Notwendigkeiten entsprechen wollten. Deshalb wurde die bauliche Mannigfaltigkeit in Italien zur Regel. Da keine politische Einheit bestand, herrschte eine Freiheit, die Institutionen und private Bauträger zu nutzen verstanden. Man braucht ja nur

Die – einschiffige – Oberkirche der Basilika San Francesco in Assisi, erbaut nach 1253.

an die verschiedenen Kommunalverwaltungen zu erinnern, deren Anstöße bei der Stadtplanung, beim Bau öffentlicher Gebäude und bei der Errichtung von Domen entscheidend waren. In diesem „magischen Dreieck" fanden Florenz und Siena zu einzigartigen Lösungen – die Bischöfe waren dabei von nachgeordneter Bedeutung, wohingegen Dominikaner und Franziskaner in einer Reihe norditalienischer Städte wie Bologna, Florenz, Siena und Venedig eine wichtige Rolle als große Bauherren spielten. Schließlich darf auch die Auftragserteilung durch Privatleute nicht übersehen werden: Sie war für die Epoche etwas Neues und setzte sich im 15. Jahrhundert schließlich in ganz Europa durch.

Der zweite Punkt verweist auf das Gewicht einer ebenso belastenden wie mannigfaltigen Vergangenheit. Da waren zunächst Rom und die römische Zivilisation, die beide als bedrückend gelten konnten, sofern die antiken Monumente noch bestanden. Als Nächstes dann die aus Gewohnheit eben so genannte Spätantike mit ihren gewaltigen Kirchenbauten, die an den Triumph des Christentums unter Kaiser Konstantin dem Großen erinnern. Rom konnte sich davon nie lösen und sah sich gezwungen, seiner Geschichte treu zu bleiben. Diese konservative Sichtweise zeigte sich vor allem im Kirchenbau der Bettelorden im letzten Drittel des 13. Jahrhunderts. Und schließlich hat sich der byzantinische Einfluss nach der Einnahme Konstantinopels durch das vierte Kreuzritterheer (1204) und der daraus folgenden Flucht von Künstlern nach Italien noch verstärkt. Bauherren wie Künstler zögerten ihre endgültige Entscheidung zwischen den unterschiedlichen Strömungen lange hinaus. Deshalb genügt die Prüfung eines Details noch nicht, um den Stil eines Kunstwerks zu bestimmen.

Die Architektur

Das gilt natürlich auch für die Architektur. Das Kreuzrippengewölbe allein reicht nicht, um den neuen Baustil zusammenfassend zu beschreiben. Es ist zunächst nur ein Mittel unter vielen, um einen Raum mit Stein abzudecken, und besitzt für sich allein genommen noch keine Auswirkungen auf die architektonische Ästhetik. Gerade die Abteikirchen in den Zisterzienserklöstern Fossanova (1187) und Casamari (1203–1207) sind im Geist der Romanik entstanden. Auch das Mauerwerk der Kirche Sant'Andrea in Vercelli (nach 1219) ist trotz einiger Verbesserungen romanisch.

Zum tatsächlichen Bruch kam es, wie nicht anders zu erwarten, als die Bettelorden auftauchten. Da sie mit ihrer Zeit aufs Engste verbunden waren, waren sie bestrebt, auch im Kirchenbau den Zeitgeist umzusetzen. Die Debatte flammte wahrscheinlich auf, als Gregor IX. 1228, also nur zwei Jahre nach dem Tod des „armen kleinen Bruders Franz", den Bau der Doppelkirche San Francesco in Assisi anordnete. Seine Vorgaben ließen an Klarheit nichts zu wünschen übrig: Die Oberkirche richtet sich nach der Gestaltung des einschiffigen Langhauses. Ihre Form wird durch die dicken Mauern der Unterkirche mit darüber liegenden, von kleinen Fensteröffnungen durchbrochenen und von mächtigen vertikalen Pfeilern rhythmisch unterbrochenen dünnen Mauern bestimmt, um die Rippen zu tragen. Der Architekt dieser Kirche bewies in Konzeption und Bauausführung ein seltenes Können. Er verstand es, die Schubkräfte der Gewölbe zu verringern und kam deshalb mit halbrunden Diensten als Stützen aus. Der Kirche San Francesco in Bologna (1236) fehlt dieser klare Stil, sie bleibt im Traditionellen verhaftet, obwohl sie einen Chorumgang mit einzelnen Kapellen besitzt.

Ende des 13. Jahrhunderts hatte die italienische Gotik eine entscheidende Etappe insofern überwunden, als nun Sakralbauten von einer sehr ungewöhnlichen Konzeption des Äußeren errichtet wurden. Im Grundriss betrachtet, handelt es sich um Kirchen mit Seitenschiffen, deren verschiedene Innenräume aber ineinander fließen. Dies wird durch die Höhe des Innenraums, die Höhe der Arkaden, den Abstand der Mittelschiffpfeiler und schließlich deren flacher Verankerung im Boden erreicht. Trotz der Seitenschiffe ist jede dieser Kirchen grundsätzlich als einschiffiges Langhaus konzipiert, wobei sich die Architekten an das Prinzip der dünnen Kirchenwände in Skelettbauweise hielten, wie die Beispiele Santa Croce in Florenz, und San Lorenzo in Neapel zeigen. Diesem Prinzip folgten sie aber auch in Gewölbekirchen, wie Santa Maria Novella in Florenz und in der Zanipolo-Kirche in Venedig. Die Architekten der Dominikaner und Franziskaner ersannen Lösungen, die immer wieder überarbeitet wurden. Da sie oft Backstein als Baumaterial verwendeten, konnten sie die statischen Probleme lösen, und ihr sehr einfacher Grundriss erleichterte – wie in der Musik – vielfältige Variationen. Der im Allgemeinen vertikale Rhythmus der Kirchen wird hin und wieder durch ein horizon-

tal verlaufendes Band unterbrochen, das ihm eine gewisse Nuance verleiht und die Lebendigkeit des Mauerwerks betont. Die Breite des Mittelschiffs ist nicht weniger ausgeklügelt und schließlich gewinnt die Apsis wegen ihrer erstaunlichen Luminosität als bewusster Gegensatz zu der des Langschiffs an Bedeutung. Der Vergleich der Kirchen San Lorenzo in Neapel, Santa Croce in Florenz und Zanipolo in Venedig veranschaulicht diese schöpferische Fähigkeit. Die Fixierung auf die Einheit der Innenräume wird besonders in der Kirche San Fortunato von Todi deutlich, weil deren drei Schiffe gleich hohe Decken aufweisen.

Diese Gotteshäuser spiegeln die architektonische Vielfalt gegen Ende dieses 13. Jahrhunderts wider. Sie charakterisiert in erster Linie den Baustil im nördlichen Mittelmeerraum, den man zuallererst in Bezug auf südfranzösische Kirchen feststellt, aber den man eigentlich auch für Kirchen in Katalonien reklamieren müsste. In Italien hingegen hat der mediterrane Sakralbau aufgrund seiner Berührung mit den Bauwerken einer großen Vergangenheit seine eigene Färbung angenommen. Wie die Architekten Kaiser Konstantins entwarfen die italienischen Baumeister des ausgehenden 13. Jahrhunderts Gebäude mit einer streng schematisch-geometrisch gegliederten Außenhaut, um den Kontrast zur Lichtfülle des Innenraums hervorzuheben. Fast alle bauten mit Backstein, dessen hervorragende Verwendungsfähigkeit als Baumaterial schon im 4. Jahrhundert außer Zweifel stand. Letzten Endes – und vielleicht vor allem – standen die kolossalen Dimensionen der ersten christlichen Kirchen vor ihrem geistigen Auge, die ein Vergleich zwischen der Kirche Santa Croce in Florenz (Länge des Mittelschiffs: 90,5 Meter; Breite des Mittelschiffs: 19,5 Meter und Firsthöhe der Kirche: 34 Meter) mit dem Petersdom in Rom beweist (Länge des Mittelschiffs: 89 Meter; Breite des Mittelschiffs: 21 Meter und Firsthöhe: 38 Meter). In der Tat gelang ihnen eine Art glückliche Synthese und insofern erschließt sich das Ziel Arnolfo di Cambios, Florenz mit dem Dom Santa Maria del Fiore „die schönste und vornehmste Kirche der Toscana" zu geben.

Gleichwohl gab es in Norditalien eine eigene Richtung des Kirchenbaus, die mit der Errichtung des Mailänder Doms endete. Für ihn war keine Synthese zwischen dem konstantinischen Kirchenbau und der Gotik notwendig, wohl aber zwischen dem Baustil nördlich der Alpen und der typisch italienischen Kirchenarchitektur. Die Etappen dieser Verschmelzung werden markiert durch Siena, wohin Lando di Pietro 1391 berufen wurde, um die Verlängerung des südlichen Arms des Querschiffs zum Mittelschiff zu entwerfen, die Berufung Antonio di Vincenzos an die Kirche San Petronio in Bologna (1390) und schließlich den Mailänder Dom (Santa Maria Nascente), das mit seinen 148 Metern Länge und 87 Metern Breite großartigste Bauvorhaben des Mittelalters: Fünf Schiffe, ein gewaltiges Querschiff und ein Chor ohne Umgang stellten nach dem Willen seiner Baumeister die Quintessenz der gotischen Architektur in Europa dar. Hier wurde der Bruch mit der spätantiken Tradition erstmalig vollzogen – in der Innenausstattung, vor allem aber in der Außengestaltung. Zum ersten Mal in Italien war die Außenwahrnehmung einer großen Kirche wichtiger und deshalb wurde auf sie viel Sorgfalt verwendet, während dieses Prinzip in Frankreich bereits seit dem ersten Drittel des 13. Jahrhunderts galt. Die Verkleidung des Baukörpers mit Marmor passt in dieses Schema.

Niccolô Pisano, der Zug der Könige, Bildfeld an der Kanzel im Dom von Siena, 1266–1268.

Giovanni Pisano, Platon und Maria di Mosé, zwei der vor 1297 geschaffenen und für die Fassade der Kathedrale bestimmten Skulpturen; jetzt im Museo dell'Opera del Duomo zu Siena.

Eines der hervorstechenden Merkmale des italienischen Kunstschaffens ist das Unvermögen gewesen, ein in sich geschlossenes „nationales" Werk zu Stande zu bringen. Seit dem 12. Jahrhundert arbeitete jeder Künstler nach seinen eigenen Vorstellungen und dieser weit verbreitete Hang zum Individualismus unterminierte jede Technik, die in den Ländern nördlich Italiens als Teil eines Ganzen verstanden wurde. Dort nämlich trug der Baumeister die Verantwortung für das Gesamtgebäude. Die aufkommende Tendenz zur Auftragsvergabe durch viele Bauherren zeigte sich in Italien bei der Bauausführung, denn der Architekt wurde nicht mehr als Beauftragter des Magistrats wahrgenommen. Dieses Faktum erklärt auch, warum die Bauverantwortung anderen Personen als Architekten, im Allgemeinen bekannten Künstlern, übertragen wurde.

So erinnerte sich die Stadtverwaltung von Florenz 1334 an den Maler und Baumeister Giotto di Bondone in Neapel, um ihm die Errichtung des Grabmals der Santa Reparata, aber auch die Planung und Durchführung der städtischen Befestigungsanlagen zu übertragen. Siena wandte sich wegen der Gestaltung der Westfassade seines Doms an Giovanni Pisano. In Orvieto erhielt Lorenzo Maitani 1310 den Titel eines *universalis caput magister.* Von den Malern und Bildhauern wurden nun Entwürfe für Gesamtdarstellungen und nicht mehr nur von Einzelfiguren und -partien verlangt, aber kein Einziger von ihnen wetteiferte um den Planungsauftrag für das Nordportal der Kirche. Giotto schmückte die Mauern des Campanile neben dem Dom von Florenz mit Reliefs, während es Giovanni Pisano nicht gelang, seine Reliefgruppe in die Fassade des Doms zu integrieren. Lorenzo Maitani, der Revolutionär unter den drei Künstlern, schuf mit seiner Marmorgruppe und den Bronzefiguren in der Portalzone des Doms von Orvieto ein unvergleichliches Werk – auch insofern unvergleichlich, als er zum ersten Mal Marmor und Bronze zusammen verarbeitete.

Aus dieser Anmerkung, die einen wichtigen Unterschied zwischen Italien und dem Europa nördlich der Alpen klarstellt, darf aber auf keine totale Unabhängigkeit der beiden Kunstszenen voneinander geschlossen werden. Das künstlerische Milieu in der Bildhauerei ist sicher so komplex wie in der Architektur und die Verbindungen zwischen beiden Gebieten lassen sich nicht immer offen nachweisen, wie insbesondere der Fall Benedetto Antelamis zeigt: Seine Kreuzabnahme am Dom von Parma, die er 1178 datiert und signiert hat, weist über den lokalen Kontext hinaus. Zwar blieb Antelami der romanischen Reliefdarstellung treu, drückte ihr aber einen Stil auf, der eine fundierte Kenntnis der Skulpturenzyklen in Nordfrankreich verriet. Mit seinen späteren Skulpturen am Baptisterium des Doms ist er noch darüber hinausgegangen: Er presste sie in ein geometrisches Schema, um sie räumlich zu entwickeln.

Das plastische Schaffen der Bildhauer ging bald dazu über, die Formenvielfalt der antiken Kunst für sich zu nutzen. Der Stauferkaiser Friedrich II., der davon träumte, mit den größten heidnischen wie christlichen Kaisern zu wetteifern, stachelte schließlich die künstlerische Sensibilität seiner Zeitgenossen an. Der ihm geweihte Triumphbogen von Capua (1234–1239) stellt eine geglückte Synthese zwischen dem zeitgenössisch-kreativen Aspekt und einer exakten Kenntnis der römischen Architektur dar: Seine Figuren wirken umso beispielhafter, als man bei ihren Entwürfen nichts dem Zufall überließ. Der Bildhauer „legitimierte seine absolute Unabhängigkeit". In diesem Sinn gelang Niccolò Pisano die Ablösung von der romanischen Tradition. In der Kanzel des Doms von Pisa (1260) ließ er die Ausdruckskraft der römischen Skulptur wieder aufleben, bevor er sich in der Gestaltung der Sieneser Domkanzel (1266–1269) kurz darauf wieder von ihr abwandte. Sie steht für den Schock, den die Gotik in Italien auslöste: Hat man in dieser Kanzel eine revolutionäre Wendung von Pisanos Stil zu sehen oder drückt sie eher den Wunsch des Auftraggebers Fra Melano, eines Fabrikanten, aus, der unbedingt wollte, dass sich die neue Kanzel gegenüber ihrer Vorgängerin stilistisch abgrenzte? Der Vertrag vom 29. September 1265 lässt solches vermuten, aber Niccolò Pisano, der für seine sehr lebhafte Sensibilität bekannt war, setzte die Akzente. Die neue – gotische – Domkanzel von Siena markiert einen entscheidenden Abschnitt in der Geschichte der Bildhauerei – aber auch in der Malerei. Mit seinem Sohn Giovanni, mit Arnolfo di Cambio, Donatello und Lapo di Ricevuto formte Pisano eine Mannschaft, die den Erfolg der Gotik in Italien umgehend garantierte, spätestens dann, als jeder dieser Künstler seine eigene Werkstatt eröffnet hatte.

Man berief sie wegen ihrer allgemein anerkannten künstlerischen Reputation, aber auch, weil sie sich zu diesem Stil entschlossen hatten, an verschiedene Dombaustellen in Italien, wo sie ihren Teil zur Stärkung dieser Kunstströmung beitrugen. Wo immer sie wirkten, weckten sie das Interesse von Bildhauern und Malern an der neuen Stilrichtung. In dieser Hinsicht war Arnolfo di Cambio auf seinen Reisen nach Rom, Perugia, Assisi und Orvieto sicher eine der beherrschenden Persönlichkeiten. 1296 hielt er sich als Bildhauer und Dombaumeister in Florenz auf; dort ist er 1302 auch gestorben.

Giovanni Pisano bietet das Bild einer von Leben und Werk eher benachteiligten Figur. Er scheiterte an der Fertigstellung seines größten Auftrags, eines monumentalen Skulpturenfrieses am Dom von Florenz, und flüchtete nach quälenden Auseinandersetzungen mit seinem Auftraggeber nach Siena. Dort gelang es ihm, seinen Werken eine Ausdruckskraft zu verleihen, die sich mit den berühmten Kirchenportalen in Nordfrankreich durchaus messen konnte. Seine *Madonna mit Kind,* die größte je aus Elfenbein geschnitzte Figur dieser Art war für das Domkapitel von Siena die wichtigste Auftragsarbeit und für den Hauptaltar bestimmt. Stil und Ikonografie waren ihm vorgegeben. Als Vollrelief gearbeitet, entfaltet sie sich mit einer verblüffenden Sicherheit im Raum.

Die 21 für die Domfassade von Siena bestimmten Skulpturen sind von unvergleichlich größerer Dramatik. Giovanni Pisano wollte den Betrachter mitreißen, indem er den Bewegungen seiner Figuren und den Gesten ihrer Glieder einen leidenschaftlich bewegten Ausdruck verlieh. Die einmal erworbene Freiheit finden wir auch in den Halbreliefs der Kanzeln von Sant'Andrea in Pistoia (1301) und vor allem im Dom von Pisa (1311) wieder. Kein Bildhauer hat seine Figuren je einem derart erregenden Formenrhythmus untergeordnet und Reliefs von solcher Ausdruckskraft hervorgebracht wie Giovanni Pisano.

Obwohl die Feststellung, dass zwischen Norditalien und der Île-de-France künstlerische Verbindungen bestanden, keinerlei interpretative Schwierigkeiten bereitet, so bleibt die Art dieser Beziehungen aber doch sehr geheimnisvoll. Gewiss, die Ikonografie lässt daran keinen Zweifel – man braucht nur an die Kreuzigungsgruppe von Lucca aus der Werkstatt Niccolò Pisanos (um 1260) zu denken, die von der Kreuzabnahme im Lettner von Bourges (um 1237) inspiriert wurde, oder an die Jungfrau mit dem Kind von Giovanni Pisano, für die Vorbilder aus Nordfrankreich in diesem Gebiet zirkulierten. Komplexer hingegen ist der Stil, der Kenntnisse über die französische Skulptur belegt. Diese lässt sich nicht allein durch die überreichliche Verbreitung französischer Werke erklären, sondern eher durch die persönliche Vision des Künstlers, der durch sie wahrscheinlich heftig erschüttert wurde.

Benedetto Antelami kannte die französische Plastik des 12. Jahrhunderts. Den Skulpturenzyklus von Chartres hat er wahrscheinlich mit eigenen Augen gesehen. Wie er war auch Giovanni Pisano nach Paris gereist und hat mit Sicherheit die gewaltigen Skulpturen am Querschiff von Notre-Dame studiert. Im Werk Pierre de Montreuils am südlichen Querhausportal, das wohl kurz nach 1258 entstanden ist, hat Pisano die Ausstrahlungskraft von im Wesentlichen durch Figurengruppen beherrschten Kompositionen erfasst und am nördlichen Querhausportal mag ihm die unerlässliche Verbindung

S · MA TIA
S IA COB
S BR TIO
S THO MAS
S MA TIA
DUCIO DI … TE ODIA PINXIT ITA
SCS CHE SCEOTHUS
IOHES BAPTA
S DIETORI
SCA AGNES

zwischen Skulptur und Mauer deutlich geworden sein, um Körpervolumen zu erzeugen und die Dynamik einer Skulptur durch den Faltenwurf ihrer Kleidung herauszuarbeiten. Zu der Zeit wurde für eine Plastik zuerst die Körperhaltung entworfen, bevor der wallende Stoff die Dynamik der Figur nach mehreren Entwürfen unterstützte. Bestimmte italienische Künstler sind im 13. Jahrhundert aus den gleichen Gründen nach Paris gereist wie europäische Künstler im 17. Jahrhundert nach Rom. Paris war nicht nur die Hauptstadt eines hervorragend organisierten Königreichs, sondern auch die Stadt, von der aus der Geist der Gotik und ihres künstlerischen Schaffens über ganz Europa strahlte. Dennoch dürfen die gotischen Bauwerke in Italien nicht mit denen der nördlich angrenzenden Länder verglichen werden. Man denke dabei nur an das Grabmal der 1271 verstorbenen Isabelle von Aragon, das Bildhauer schmückten, die der französische König Philipp der Kühne geschickt hatte.

Ganz unbestritten waren viele Intellektuelle und Künstler aus Italien von dem Geist beeindruckt, der damals in Nordfrankreich und hauptsächlich in der französischen Hauptstadt herrschte. Besonders überraschte sie der Wille zur Verschmelzung, der sich bei der Errichtung von Notre-Dame, dem wichtigsten Bauwerk der Stadt, ausdrückte. Es vereinigte die schöpferischen Einzelleistungen aller am Bau Beteiligten zu einem Ganzen und stellte gleichzeitig die Einheit zwischen der Welt des Göttlichen und der materiellen Welt des menschlichen Handelns her. In der Literatur spielte der 2. Teil des *Rosenromans* (Roman de la Rose), den Jean de Meung nach 1270 verfasste, eine ähnliche Rolle, weil er den Reiz des Lebens und das leibliche Glück betonte. Das intellektuell entscheidende Werk der Epoche aber war die *Summa theologica* Thomas von Aquins, niedergelegt zwischen 1266 und 1268. Sie ist typisch für die Intellektuellen dieser Zeit, die Europa als ihr Handlungsfeld betrachteten und universell dachten. In genau diese geistige Umgebung gehört auch die *Göttliche Komödie*, zu deren Abfassung Dante 14 Jahre benötigte – er ist 1321 gestorben –, aber auch das Werk Giottos.

Ebenfalls dieser Epoche zuzurechnen ist, dass sich die Malerei als oberste Kunstgattung etablierte, was in der italienischen Renaissance deutlich zum Ausdruck kam, und auch durch die Schrift über das „Leben der ausgezeichnetsten Maler, Bildhauer und Baumeister von Cimabue bis zum Jahr 1567“ von Giorgio Vasari bestätigt wurde.

Im 13. Jahrhundert standen die Bildhauer an der Spitze der italienischen Kunstszene, was übrigens auch Dante erkannte. Sie spielten bei der Erneuerung der Formensprache von 1260 bis 1300 die treibende Rolle. Diese Neukonzeption mussten die Maler zur Kenntnis nehmen. Sie schärfte ihren Sinn für Umfang und Raum, Relief und Bewegung; unabhängig davon standen sie mit den Bildhauern ja auch häufig in Kontakt. In der zweiten Hälfte des 13. Jahrhunderts trafen sich in Rom Künstler mit so unterschiedlichen Erfahrungshorizonten wie Cimabue, Giotto und Arnolfo di Cambio. Was sie dort gelernt hatten, lässt sich an der Doppelkirche San Francesco in Assisi beurteilen, der größten Baustelle in Europa für ein halbes Jahrhundert. Hier, innerhalb dieses einzigartigen Rahmens, in dem die Maler einander ablösten, trafen die Antike und die Gotik aufeinander und daraus entstand die zeitgenössische Kunst, die schließlich das Ende des byzantinischen Stils in Italien einläutete.

Wer die Fresken und Bilder in der Ober- und Unterkirche aufmerksam betrachtet, kann diesen langen Weg anhand der unterschiedlichen Künstlerpersönlichkeiten verfolgen, deren Identität nicht in allen Fällen gesichert ist. Man kann sich vorstellen, dass die Vollendung der 28 Szenen des Franziskuszyklus niemand unter ihnen unberührt ließ. Alles war neu, vor allem die Ikonografie, die erst noch erdacht werden musste. Angesichts der Tatsache, dass es sich bei Franz um den wahrscheinlich berühmtesten Heiligen der Epoche und fast noch einen Zeitgenossen handelte, gab es kein Zögern, ihm das größte, je ersonnene Bildensemble an seinem Grabmal zu weihen.

Deutlicher als in Assisi lässt sich die Persönlichkeit Giottos in Padua beurteilen. Die Ausmalung der Arena-Kapelle (Cappella degli Scrovegni) vollendete Giotto um 1310 zwar nicht allein, denn ihm assistierte – wie damals üblich – eine mehrköpfige Werkstatt, aber er besaß hier eine sehr viel größere Freiheit als in Assisi. Die genaue Betrachtung seines Freskenzyklus erleichtert das Verständnis seiner Kunst; gleichzeitig entfalten die kleinen Dimensionen der Kapelle einen Zauber, dem man sich nur schwer entziehen kann. Giotto hat diese Fresken sehr breit angelegt, ihre erzählerische Funktion

interessierte ihn nicht. Die Personen in seinen Bildern behandelte er durch die Zentralperspektive gesehen wie Skulpturen, die aus ihrem abstrakten Untergrund herauszuwachsen scheinen.

Von entscheidender Bedeutung ist die Bildkomposition. Sie findet nicht über die Bewegung der Figuren, sondern über die Einstellung des Malers, die er suggeriert, zusammen. So fügt er die Geschichte in die Ewigkeit ein. Deshalb sind die Farben in dieser unverfälschten Temperamalerei, die an die Welt der Skulpturen erinnert, von ausschlaggebender Bedeutung. Wie die gotischen Steinmetze in Nordfrankreich verwendete Giotto alle künstlerischen Mittel, um die Gewandfalten seiner Personen zur Geltung zu bringen. Er betont die Bewegungen ihrer Körper und lässt die Gesten einzelner Körperteile ineinander fließen, um Brüche zu vermeiden. Dieses Zueinander der Bewegungen ist so eng verwoben, dass es in gewissen Szenen weit über seine Ikonografie hinaus deutlich an den Lettner in der Kathedrale von Bourges erinnert. Die Vermutung, Giotto habe ihn nicht gesehen, ist also nur schlecht vorstellbar. Ebenso muss er vor der Ausmalung der Arena-Kapelle die Außenfassade von Notre-Dame in Paris und die Marienkrönung gesehen haben, denn er geht bei diesem Flachbild wie ein Bildhauer zu Werke, der ein Hochrelief von seinem Hintergrund löst.

Dank dieser präzisen Zeichnung gelang ihm die Darstellung genau bestimmter Körper. Wie der Bildhauer, der sein Relief polychrom entwirft, um es zu akzentuieren und die Flächen hervorzuheben, löst Giotto seine Figuren, eine Schar in ihrer Bewegung erstarrter „Statuen", von einem abstrakten Hintergrund. Das erinnert nicht an die Malerei früherer Zeiten, wohl aber an die zeitgenössischen, narrativ-plastischen Szenen nordfranzösischer Lettner.

DIE SCHULE VON SIENA

Wie die Bildhauer der vorangegangenen Generation, so war auch Giotto von den nordfranzösischen Monumentalskulpturen in der ersten Hälfte des 13. Jahrhunderts geprägt. Vor allem in Siena hingegen herrschte eine andere Kunstauffassung, die sich über die Verbindung mit Avignon sehr rasch in weiten Teilen Europas verbreitete. Ihr unbestreitbarer Erfolg enthüllte eine neue Sensibilität der bürgerlichen Gesellschaft. Sie trug mit dazu bei, dass diese Epoche in den Debatten über die Kunst eine

wichtige Rolle spielt. Siena beauftragte Ende des 13. Jahrhunderts für ein großes Gemälde im Dom einen jungen Maler namens Duccio di Buoninsegna, der wegen seines kurz zuvor fertig gestellten Bildes *Madonna Rucellai* (1285) auf sich aufmerksam gemacht hatte. Die begeisterte Menge, die am 9. Juni 1311 den *Maestà*-Altar zum Dom geleitete, feierte nicht nur die Schutzpatronin der Stadt, sondern auch den Stil des Gemäldes, in dem sie sich wiederfand. Die Farben, die feine Linearität der Formen, die klare Bildkomposition und der elegante Rhythmus des Bildes hatten die Sieneser überzeugt – und das umso mehr, als sie für die *maniera greca* eine gewisse Zuneigung empfanden, insbesondere für die Verbindung von deren goldenem Bildhintergrund mit der „modernen" gotischen Räumlichkeit.

Über die Malkultur des Künstlers ist uns wenig bekannt, aber man kannte die nordalpine Gotik in Siena: Der Goldschmied Giovanni Pisano und der Emailleur Guccio di Mannaia hatten bereits mehrere Jahre lang mit deren Formen gearbeitet. Duccio blieb gar nichts anderes übrig, als diesen Stil aufmerksam zu beobachten, dessen Erfolg dank der Unterstützung von Simone Martini und Pietro Lorenzetti nicht lange auf sich warten ließ. Die *Maestà* Martinis für den Palazzo publico, das Rathaus der Stadt (1315), ist als weitere Etappe im Überzeugungsprozess der bürgerlichen Kreise der Stadt zu sehen, nachdem man beschlossen hatte, dass Bilder mit religiösem Inhalt nicht mehr nur in kirchlichen Gebäuden, sondern auch in öffentlichen Bauten in Erscheinung treten sollten. Der Auftrag Roberts von Anjou an den Künstler (um 1317), mit der Ausführung des *Heiligen Ludwigs von Toulouse* zu beginnen, erweiterte seine mystische Auffassung um eine höfische Dimension. Die Fresken aus dem Leben des heiligen Martin, die er in der Cappella di San Martino in Assisi malte, überzeugten Kardinal Stefaneschi, Martini nach Avignon zu holen. Der Buchmaler Jean Pucelle, der wie die anderen, an die Papstresidenz in Avignon berufenen Künstler wahrscheinlich italienischer Herkunft war, hatte diesen höfischen, der Welt zugewandten Stil entwickelt, der die weltlichen Kreise entzückte.

Donatello, San Marco,
1411–1412,
Orsanmichele, Florenz.

Der Auftrag für Andrea Pisano, die Bronzetür am Südportal des Baptisteriums in Florenz mit Darstellungen aus dem Leben Johannes' des Täufers zu gestalten, unterstreicht, dass der neue Stil auch die Florentiner für sich eingenommen hatte. Bei der Ausführung blieb nichts dem Zufall überlassen und ab 1329 nahm sie langsam Gestalt an. In diesen 28 Medaillons, deren Bildschema dem Bau- und Bildschmuck nordfranzösischer Kathedralen entlehnt ist, gelang Andrea Pisano eine geglückte Synthese zwischen dem höfischen Stil und der Darstellungskunst Giottos. Die einzelnen Gruppen bewegen sich wie die Giottos innerhalb eines strikt abgegrenzten Rahmens, aber bei Andrea Pisano steht jede Person dank des geschmeidigen Spiels der Gewänder in harmonischem Kontakt mit der anderen. Wahrscheinlich beeinflussten den Künstler jene wunderschönen Elfenbeinschnitzereien, die um 1300 in Paris entstanden und in Europa weit verbreitet waren.

Die Sieneser Kunst hielt an dieser Stilrichtung, die um 1400 ganz Europa eroberte, bis weit in das 15. Jahrhundert hinein fest. Zweifel an ihr tauchten nur zögernd und wenn, dann entsprechend einem Schema auf, das merkwürdig an die Umstände im 13. Jahrhundert erinnert, als die Bildhauer die Rolle der Entdecker spielten. Dieses Mal allerdings lag das Zentrum der fruchtbaren künstlerischen Tätigkeit im ersten Viertel des 15. Jahrhunderts in Florenz. Dazu seien drei Anmerkungen gestattet: Zunächst – die neue Bewegung blieb lange Jahre hinter den Stadtmauern verborgen, bevor sie über die Stadtgrenzen hinausgelangte. Darüber hinaus handelte es sich zu Anfang bloß um intuitive Erfahrungen, bevor sie sich als ausgewogenes und theoretisch reflektiertes System präsentierten. Und – als Drittes – wieder standen die Bildhauer an der Spitze der Bewegung.

Der Erfolg Lorenzo Ghibertis, der den berühmten Wettbewerb von 1402 um die zweite Bronzetür des Baptisteriums in Florenz gewann, zeugt von einer engen Bindung an die Tradition, während der Entwurf seines Mitkonkurrenten Brunelleschi in die Zukunft wies. Ghiberti arbeitete damals als Goldschmied und Bildhauer, bevor er sich später der Architektur zuwandte. Die ersten Skulpturen seines Freundes Donatello, mit dem er schließlich nach Rom zog, bewirkten ein neues Kunstempfinden, das mit der Sieneser Kunstauffassung gebrochen hatte. Der *David* und der *Evangelist Johannes*, die beide für den Dom bestimmt waren, sowie der *heilige Markus* für Or San Michele (1409–1413) in Florenz und der *David* für den Palazzo del Bargello (um 1412) erklärten sich nicht nur aus der Wiederentdeckung der antiken Bildhauerei. Man braucht nur über den imposanten *Propheten* Ghibertis nachzusinnen, um zu begreifen, was er an Erkenntnissen aus der sich stets erneuernden Beziehung von Körper und Gewand gezogen hat. Bei Ghiberti wie bei Giotto besitzen Gewandfalten demonstrativen Wert – bei dem *Propheten* sollen sie den Eindruck eines unerbittlichen Gesichts unterstreichen. Seine wahre Dimension erhält das Werk aber durch die Nische oder das Tabernakel, das zusammen mit ihm entworfen wurde.

Der Maler Masaccio hat die Botschaft Ghibertis aufgegriffen und bei der Gestaltung der Brancacci-Kapelle von Santa Maria del Carmine in Florenz (1424–1427) einen wesentlichen Teil davon umgesetzt. Auch in diesem Fall hatte das Zusammentreffen von Auftraggeber und Künstler entscheidende Bedeutung und hat neue Wege geöffnet: Masaccio schloss durch seine feierliche Bildsprache wie durch die Verwendung der Zentralperspektive wieder zu Giotto auf.

In der Malerei war eine neue Epoche angebrochen, aber ihre Vorläufer hatten sich schon um die Mitte des 14. Jahrhunderts unter Karl V. (dem Weisen) von Frankreich und besonders kurz vor 1400 und kurz danach im Werk des niederländischen Bildhauers Claus Sluter in Dijon gezeigt (Mosesbrunnen und Grabmal Philipps des Kühnen). Auch Sluter zählt zu den großen Künstlern einer erneuerten Formgebung, wobei er sich gerade auf jene Formen stützte, die ihm für den Ausdruck einer neuen künstlerischen Empfindsamkeit passend erschienen. Die Menschen der Renaissance haben gerade das zu verleugnen versucht, was ihnen gestattet hätte, Neuerer zu sein.

*Gesamtansicht des Papstpalastes von Avignon, in intensiver Bautätigkeit
über dem vorherigen Bischofspalast erbaut, gefördert von allen Päpsten zu Avignon
von Johannes XXII. (1316–1334) bis Urban V. (1362–1370).*

Der päpstliche Hof in Avignon im Brennpunkt internationaler Kunstströmungen

Liana Castelfranchi

Die Gründe, aus denen Klemens V. – Bertrand de Got, im Jahre 1305 in Perugia zum Papst gewählt – den Papstsitz nach Avignon verlegte, sind noch nicht völlig klar. Sicher ist jedoch, dass die so genannte „Babylonische Gefangenschaft der Kirche", die sich mit einer Reihe von Päpsten über einen gut Teil des Jahrhunderts hinzog, weder eine Periode kirchlicher Krise noch eine Phase der Unterordnung unter das französische Herrscherhaus darstellte. Stattdessen ist sie als Epoche eines außerordentlichen kulturellen und insbesondere künstlerischen *essor* (Aufschwungs) bekannt, der sich durch einen kulturellen und künstlerischen Internationalismus hervorgetan hat, wie es ihn in der Geschichte nur wenige Male gegeben hat.

Vielleicht war es nicht die Absicht des Papstes, Rom und Italien endgültig zu verlassen. Tatsächlich war das Städtchen Avignon zunächst nur ein behelfsmäßiger Wohnsitz, während der päpstliche Hof eine provisorische Unterkunft in Carpentras gefunden hatte. Die Gegenwart des Papstsitzes veränderte daher in den ersten Jahren das architektonische Gesicht der Stadt nicht, das Gesicht eines blühenden Städtchens im Süden Frankreichs.

Erst am Ende des langen Pontifikats Johannes' XXII. (1316–1334), damals Bischof von Avignon, richtete sich der päpstliche Hof endgültig in Avignon ein, erst damals verwandelte sich die Stadt in ein internationales Zentrum und nahm das Gesicht einer großen europäischen Kapitale an, sowohl unter dem Gesichtspunkt des Handels- und Finanzwesens mit der Präsenz von Bank- und Handelsgesellschaften, vor allem jedoch unter dem kulturellen Gesichtspunkt. Um eine Vorstellung davon zu bekommen, wie sich das Gesicht der Stadt nach und nach geändert haben muss, braucht man nur daran zu denken, dass die Kardinäle sich in Privatresidenzen niederließen, den so genannten *livrées*[a]. Angesichts der Namen von Künstlern und Architekten, die uns die Dokumente in einer gewissen Fülle liefern, sollte man hervorheben, dass die Künstler mit Ausnahme einiger Engländer bis fast zum gesamten Pontifikat Johannes' XXII. noch aus dem französischen Raum stammten.

In dieser Zeit jedoch, das heißt in den ersten Jahren des Pontifikats Johannes' XXII., spielte in der Szene Avignons das Werk eines italienischen Künstlers eine Rolle, ein Opus von höchstem Niveau, der *Kodex des heiligen Georg* (Rom, Bibl. Vat.), der für den Kardinal Jacopo Stefaneschi, Titular der Kirche San Giorgio in Velabro zu Rom – eine einzigartige Mäzensgestalt –, mit Miniaturen ausgestattet worden war. Möglicherweise wurde der Kodex zwischen 1320 und 1325 in Avignon selbst illustriert, wo Stefaneschi lange Aufenthalte verbrachte und insbesondere auch die letzten 20 Jahre seiner Laufbahn. Ein Datum *post quem* für dieses äußerst erlesene vatikanische Manuskript liefert die Präsenz des Kardinals Stefaneschi auf einem Blatt des Kodex, der das Werk selbst Pietro da Morrone (Papst Celestin V.) darbringt, der im Jahre 1313 heilig gesprochen wurde.

[a] Aus dem mittellatein. „lib(e)ratae", Unterkünfte (Anm. d. Übers.).

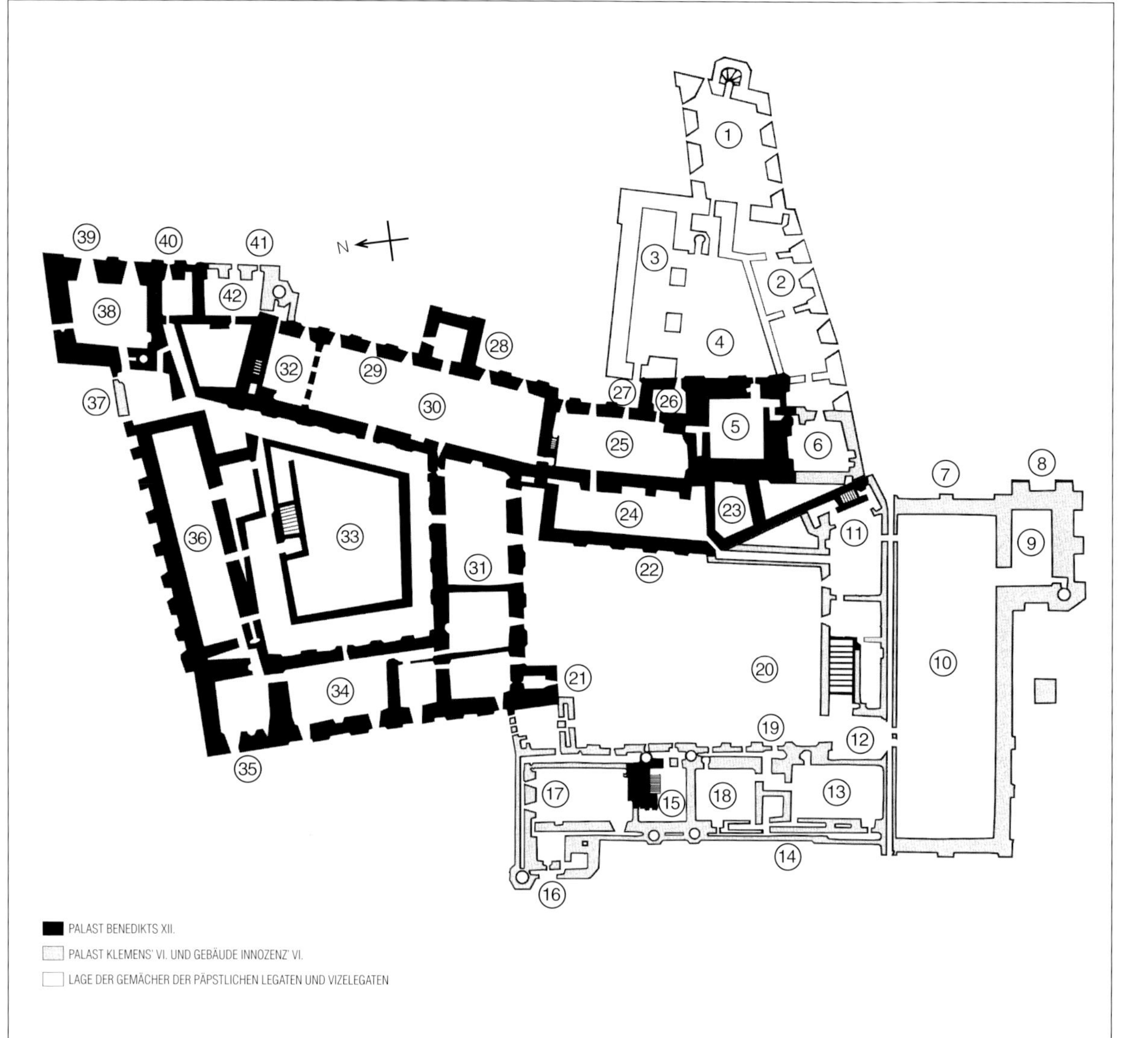

Plan des Papstpalastes am Ende des Pontifikats Urbans V.

Das außerordentliche Format dieses Miniaturisten – der im Übrigen weiterhin anonym bleibt – wurde in den jüngeren Studien immer stärker hervorgehoben; seine Entwicklung schließt eine wahrscheinliche Herkunft aus dem Umfeld Giottos nicht aus, trotz der starken Sieneser und insbesondere von Simone Martini geprägten Komponente seiner raffinierten Sprache, in der auch Echos der zeitgleichen französischen Buchmalerei zu bemerken sind. Die bekannte Seite 85r ist berechtigterweise – unter anderem – wegen des Landschaftsidylls berühmt, das unten die kavalereske Szene der Befreiung der Prinzessin abschließt.

Um dieses Meisterwerk herum wurde eine bemerkenswerte Gruppe von Büchern mit Miniaturen desselben Meisters und von kleinen Tafelbildern rekonstruiert (Letztere befinden sich in New York, Metropolitan Museum und Cloisters, sowie in Florenz im Bargello-Museum). Es handelt sich um Werke, die sowohl Autonomie und Reichtum seiner Ausdrucksformen bekräftigen, in die sich Sieneser und florentinische Akzente mischen, als auch frühe Echos der Pariser Miniaturmalerei in einer Phase starken Aufschwungs unter dem entscheidenden Anstoß von Jean Pucelle, besonders in der Einführung von Personen und Vignetten auf den Bordüren.

Das Pontifikat Benedikts XII. (1334–1342) markierte bei all seiner Kürze die endgültige Wahl Avignons zum beständigen Sitz der Kurie; so entstand von 1335 bis 1336 ein neuer Palast neben den päpstlichen Gemächern, der zur Aufnahme der wichtigsten Büros der Kurie bestimmt war. Der Architekt war Petrus Piscis (Pierre Poisson), Bruder eines nach Rom geschickten Jean Poisson, der dort

die Restaurierungsarbeiten an Sankt Peter zu beaufsichtigen hatte. Das Äußere dieses neuen Palastes ist schwer einzuordnen, da die imposante Reihe von Gemächern, Sälen, Kapellen, Kreuzgängen, die um einen vierseitigen Hof herum angeordnet sind, ohne einen präzise vorbereiteten Plan entstand; beeindruckend und von faszinierender Imposanz ist die Reihe von Türmen mit massiven Stützmauern, welche die lange Fassade nach Osten hin rhythmisch gliedern und eine mächtige Verteidigungsbastion bilden.

Das Faktum jedoch von entscheidender Bedeutung, welches das kurze Pontifikat Benedikts XII. und auch das entscheidendere Ereignis der internationalisierenden Ausrichtung von Malerei und Buchmalerei in Frankreich innerhalb weniger Jahre auszeichnet, ist die Anwesenheit des damals 40-jährigen Simone Martini in Avignon, vielleicht schon ab 1336 und bis zu seinem Tod im Jahre 1344. Das erste mit Sicherheit von Simone Martini am päpstlichen Hof angefertigte Werk ist mit Petrarca in Verbindung zu bringen, der schon seit Jahren den gepflegten Hof von Avignon besuchte und der 1327 in Avignon zum ersten Mal seine Geliebte Laura gesehen hatte. Es ist bekannt, dass Simone Martini für Petrarca ein verloren gegangenes Porträt Lauras malte.

Ebenfalls mit Petrarca verbunden ist auch das erste sichere Werk von Simone Martini: Der Dichter, der im Jahre 1338 wieder in den Besitz eines Kodex mit den Werken Vergils in der Kommentierung des Servius gelangte, der ihm Jahre zuvor entwendet worden war, bat seinen Freund Simone, das Frontispiz mit einer vergilischen Allegorie zu illustrieren. Diese berühmte miniaturbemalte Seite des

Kodex, jetzt in der Biblioteca Ambrosiana zu Mailand (S.P. 10.27), beeindruckt auch durch ihre einzigartige Komposition, die die Seite mehr wie ein vollständig bemaltes Tafelbild organisiert denn wie eine Miniatur. Die ausgreifenden Bäume im Hintergrund (eine Anspielung an den Musenhain), der an einem Baumstamm ausgestreckte Dichter, der Dichter Servius, der auf Vergil und Äneas weist, der Bauer, der den Baum stutzt, und der Hirte, der seine Schafe melkt (Personen, die jeweils Äneis, Bucolica und Georgica symbolisieren), verschaffen der Seite einen großen evokatorischen Reiz und verleihen der Allegorie den Ton traumhafter erzählerischer Wirklichkeit, der die internationale gotische Manier um einige Jahre vorwegnimmt.

Den größten Beitrag von Simone zur schnellen Herausbildung dieser internationalen gotischen Sprache bilden vielleicht vor allem Tafelbilder von kleinen Ausmaßen, gewöhnlich in privatem Auftrag entstanden, wie etwa das kleine Triptychon, von dem nur der *Trauernde Evangelist Johannes* (Birmingham, Barber Institute) erhalten ist, Werke, in denen sich die äußerste Eleganz des Stils mit einer Betonung pathetischer Gefühle und expressiver Gesten verbindet. Dieses Bündnis findet sich schon auf den Tafelbildchen des berühmten so genannten „Polyptychon Orsini" (nach dem Familienwappen auf der Rückseite des „Gangs auf den Kalvarienberg"), ursprünglich ein tragbarer kleiner Altar, jetzt unter Antwerpen, Paris und Berlin aufgeteilt; ein Teil der Kritik neigt dazu, ihn in die letzten Jahre vor dem Aufenthalt des Malers in Avignon zu datieren. Das letzte bekannte Werk des Malers jedoch, das Tafelbild *Jesus wird von seinen Eltern ermahnt,* signiert und datiert 1342 (Liverpool, Walker Art Gallery), bestätigt und betont diese psychologische Auslotung feiner Gefühle, Gesten und knapp angedeuteter Blicke, die sich in faszinierender Weise mit der raffinierten Beweglichkeit der Linienführung vermählt.

Die Tragweite der langen Anwesenheit Simones in Avignon erscheint in ihrer gesamten Ausdehnung, wenn man an die verlorenen Fresken für die Eingangshalle der Kathedrale Notre Dame des Doms denkt, von denen nur einige kostbare Sinopien geborgen werden konnten; doch vor allem ist es die Anwesenheit zahlreicher weiterer Sieneser Maler in Avignon, die an eine bestimmte Stilentscheidung denken lässt, die in jenen Jahren gefasst wurde. Unter diesen Malern befinden sich der Bruder Simones, Donato Martini, der überaus raffinierte Meister der Madonna aus dem Palazzo Venezia (Rom, Nationalmuseum) und vor allem der geniale anonyme Meister der rebellischen Engel. Dieser hat seinen Namen nach einem zweiseitigen Tafelbild (*Der Fall der rebellischen Engel* und *Der heilige Martin verschenkt seinen Mantel an den Armen,* Paris, Louvre), das 1969 von Laclotte bekannt gemacht wurde. Es offenbart ein so intensives Interesse an der Wiedergabe des Raums und zugleich eine so klare Entscheidung für Oberfläche und Natur, dass es Zeugnis für die „Ankunft" der fortschrittlichsten Malkultur Italiens in den dreißiger und vierziger Jahren des 14. Jahrhunderts in Avignon ablegt.

In das Pontifikat Benedikts XII. gehören noch die Freskoausschmückungen des Papstzimmers, das im vom Architekten Petrus Piscis im Jahre 1336 errichteten „Turm der Engel" lag, die ersten einer Folge dekorativer Landschaften, an denen neben französischen Meistern wahrscheinlich italienische Mitarbeiter beschäftigt waren. Die gesamte heiter naturalistische Dekoration ahmt eine kontinuierliche Laube nach, ein frisches Geflecht belaubter Zweige, in einem eleganten zweidimensionalen Dekorativismus, der trotzdem einige „Raum"-Vorstellungen beherbergt – gemalte Loggien, leere hängende Vogelkäfige, Konsolen und kleine Säulen mit dreidimensionalen cosmatesken Verzierungen –, die an die Beteiligung italienischer Maler denken lassen.

Mit einem weiteren profanen, noch größeren Reliefzyklus beginnt das Pontifikat Klemens' VI. (1342–1353), ein entscheidendes Pontifikat nicht nur für künstlerische Aktivitäten, sondern für die gesamte auf Prestige und *grandeur* ausgerichtete Politik dieses Pontifex, der sich gern sowohl mit einer internationalen kulturellen „Elite" umgab, Theologen, Juristen, Gelehrten, Humanisten, als auch einer wahren Schar von Höflingen. Mit diesem Papst erreichte der kulturelle Internationalismus von Avignon wohl seinen Höhepunkt.

Der erste von Klemens VI. initiierte Malzyklus ist derjenige, der die Wände der „Garderobe" ziert, die neben dem Zimmer des Papstes im dritten Stock des von daher so genannten Turms „Tour de la Garde-Robe" liegt; der Zyklus ist eine enge Fortsetzung des vorherigen und schließt sich auch wegen seines fröhlich naturalistischen Sujets an das Papstzimmer an. Auf einem ununterbrochenen Hintergrund von Bäumen und Sträuchern, der die einzelnen architektonischen Abschnitte szenografisch unsichtbar macht, findet die profane Szene einer *ars venandi* mit Windhunden, Jägern und Dienern in der Kleidung der Zeit statt; dazu noch das fröhliche Bad einer Gruppe junger Leute und ein Fischteich mit Fischern. Die ganze Manier – wenn auch noch nicht der Stil – zeigt schon vollständig die internationale Seite der Gotik, da sie Personen aus Aristokratie und Volk und vor allem eine ganz alltägliche Reihe herrschaftlicher Vergnügungen und Zerstreuungen im Rahmen einer glücklichen Natur aneinander reiht. Im Laufe einiger Jahrzehnte werden wir dieselbe Vorstellung in den reichen profanen und auch religiösen illustrierten Kodizes wiederfinden, die den internationalen Stil der Gotik ausdrucksvoller und auffälliger darstellen werden.

Um die Fresken der Papstgarderobe kümmerte sich eine Schar von Malern, deren Namen in zahlreichen päpstlichen Dokumenten registriert sind. Unter diesen taucht in einem Dokument vom 22. September 1343 unter Angabe der Bezeichnung *magister* der Name von Matteo Giovannetti aus Viterbo auf. Seine außergewöhnliche Künstlerpersönlichkeit wird die Szene von Avignon in der Rolle des *pictor pape*[b] und Organisators der Unternehmungen für fast 25 Jahre beherrschen, in der Zeit der größten Ausweitung der Initiativen und Aufträge des Papstes. In seine sehr weit gespannte Tätigkeit und vor allem in die scharfsinnige Originalität seines künstlerischen Ausdrucks, die nur zum Teil der Sieneser Bildung geschuldet ist, hat in erschöpfender Weise Enrico Castelnuovo[c] Licht gebracht.

Bei den Fresken der Papstgarderobe scheint sich das Vorhandensein französischer und italienischer Namen in den Dokumenten in einer bestimmten Mischung aus französischen und – auf den ersten Blick dominierenden – italienischen Ausdrucksformen widerzuspiegeln. Einerseits denkt man bei ihnen an französische Gobelins, andererseits an profane Freskodekorationen aus italienischer Geisteshaltung. Zudem enthielt auch die schon erwähnte Seite mit der Miniatur Simone Martinis oder diejenige des Meisters des San-Giorgio-Kodex sehr ausdrucksstarke Stellen mit dieser Art Naturempfindung.

Wenn die Garderobe-Fresken eine Mischung aus französischen und italienischen Ausdrucksformen zeigten, offenbart uns dagegen die anschließende Tätigkeit Giovannettis ab den Fresken der Kapelle Saint-Martial, für die er am 3. Januar 1346 die Bezahlung erhielt, in ihrer ganzen Kraft und Originalität, zu welch erfinderischer Leidenschaft der Maler aus Viterbo fähig war. Die *Geschichten des heiligen Martialis*, des Patrons von Limoges, der Geburtsstadt Klemens' VI., in denen Martialis in den Rang des Jüngers Christi und eines Bekehrers von Aquitanien erhoben wird, bedecken vollständig die vier Wände und das Gewölbe

der Kapelle in einer Üppigkeit, die sich schon in der geschlossenen, gedrängten Verteilung der Geschichten, unterteilt in die beiden Reihen von Geschichten auf den Wänden, manifestiert, die bis an die Fensterlaibung fortgeführt wird und sich in den Wölbungen steigert.

Der ausgeprägt vitale Schwung dieser Fresken kündigt sich im tiefen Ultramarin des Himmels in den Gewölben an, das durch Sterne noch gesteigert wird, und in den reichen, außergewöhnlich variierten und verkürzten Architekturprospekten, zwischen denen sich die Menge der Personen bewegt, ein ganzes Spektrum menschlicher Typen, eine regelrechte Galerie mächtiger Kirchenleute, junger Reiter, Soldaten, Frauen, eine geschlossene Menge, die mit Leidenschaft an der Handlung der Szene teilnimmt und sich mit einer Freiheit nahe an der Unordnung bewegt, in einer Unmittelbarkeit ausgeprägter Vitalität, in einer unerschöpflichen Verschiedenartigkeit von Gesichtern, Kleidern, Gesten und Gefühlen.

Es war diese launenhafte, redundante und offensichtlich ungeordnete Darstellung, die bis in moderne Zeiten viel Aufmerksamkeit auf sich zog. Man fragte sich, wo man wohl den radikalen Gotizismus des Malers aus Viterbo unterbringen könne, während Matteo Giovannetti gerade in Viterbo in einer vorzeitigen gotischen Malkultur erzogen worden sein muss (man denke an die weitläufigen Loggien des Papstpalastes zu Viterbo) wie auch bei der genialen Darstellung eines greifbaren Raums in

Matteo Giovannetti, der Fischer mit dem Netz, Detail aus den Fresken der Garderobe oder der Kammer des Hirschs, 1343, Papstpalast, Avignon.

Die Gesamtheit der von Matteo Giovannetti in der Kapelle Saint-Martial mit Fresken bemalten Gewölbe mit Darstellungen von Szenen aus dem Leben des Heiligen, 1343–1346, Papstpalast, Avignon.

der neuen Malerei eines Lorenzetti und der von Assisi des beginnenden 14. Jahrhunderts. Zudem hatte er in Avignon die direkte Anschauung der großartigen Neuerungen der letzten Gemälde Martinis gehabt.

Die Kapelle des heiligen Johannes neben dem Saal des Konsistoriums im Erdgeschoss des so genannten Johannes-Turms (Tour Saint-Jean) wird von Matteo Giovannetti mit Geschichten der beiden heiligen Johannes ausgeschmückt. Da es sich um eine den Versammlungen des heiligen Kollegiums und den Gerichtsverhandlungen gewidmete Kapelle handelte, war es vorgeschrieben, reichlich Raum auch für das geschriebene Wort zu lassen, und das erklärt die mit geschriebenen Sätzen übervollen Phylakterien (Gebetsriemen), die viele Personen präsentieren. Die ganze Art der Kapelle ist weniger verworren als die der Kapelle Saint-Martial, obwohl sie prachtvolle Stellen mit Landschaften und extrem zeitgenössischen Personengruppen enthält. Unter diesen erscheinen alte Hebräer und feierliche Rabbiner; auch die Farbe ist weniger tief gehalten und besteht stattdessen aus raffinierten klaren und changierenden Tönen.

Während die für La Chaise-Dieu – das Kloster, wo Klemens VI. als Junge studiert hatte – zwischen 1349 und 1352 angefertigten Fresken und acht Tafelbilder verloren sind, finden wir Matteo Giovannetti in Avignon in dem großen, feierlichen Audienzsaal, der für die Audienzen des päpstlichen Tribunals bestimmt war. In diesem hatten die Fresken einem bestimmten belehrenden Ziel zu entsprechen, mit ausgedehnter Verwendung von Schriftrollen und geschriebenen Zitaten. Leider sind von der Ausschmückung des Saals, die ein auf fünf Zonen verteiltes großartiges Weltgericht darstellte, jetzt nur noch 20 Figuren von Propheten und Patriarchen des Alten Testaments erhalten, die die Zerstörungswut des 19. Jahrhunderts überlebten – höchst evokatorische Figuren, in auffallenden Kleidern vor dem kristallinen Glanz des Sternenfirmaments verschwindende Greise. In diesem Farbregister treten dagegen die gedämpften Töne hervor, die seltenen weichen Farben, die erlesenen Spektren, die sich daher von der ungewöhnlichen Revue alltäglichen Menschseins und der freien kompositorischen Anordnung der vorhergehenden Fresken unterscheiden.

Diese Entwicklungslinie Giovannettis bezeugt seine beharrliche, ungewöhnliche geistige Freiheit, dazu seinen unaufhörlichen stilistischen Erkundungsdrang, der jeweils chromatische Abstufungen, fast schlangenartig elegante Linien sowie ebenfalls eine porträtistische Ader und fast „volkstümliche" narrative Töne miteinander vermählt. Diese für Matteo typische Mischung findet sich noch 1356 in den Geschichten des Täufers in der Kapelle Innozenz' VI. in der Kartause von Villeneuve, wo man eine äußerste Entfaltung des Stils gegenüber einem fragileren und zugespitzteren Grafismus in den weiten Mänteln und der Immaterialität der Figuren gewahrt.

Mit dem Abschluss der 25-jährigen, außergewöhnlich fruchtbaren Tätigkeit Matteo Giovannettis in Avignon endet auch das einzigartige „internationale" Ereignis der Papststadt, Schauplatz dieser einzigartigen Verpflanzung der fortschrittlichsten Stilexperimente Italiens auf französischem Boden und zugleich Werkstatt für neue Experimente, die sich dann im europäischen Radius verbreiten sollten. Es wäre vielleicht exakter zu sagen, dass in Avignon keine international ausstrahlenden Merkmale mehr in Erscheinung traten, obschon das Ansehen der Stadt im Laufe der Jahre, in denen das Schisma andauerte, hoch blieb, und zwar insbesondere unter Klemens VII. (1378–1394).

Ein weiteres Kapitel dieser künstlerischen Zirkulation wird in den ersten Jahrzehnten des 15. Jahrhunderts aufgeschlagen. Ein neuer, bedeutender Mischstil entsteht – dieses Mal zwischen Norden und Süden –, und zwar aus den ersten flämischen Novitäten einerseits, die durch den flämischen Maler Robert Campin in Umlauf gebracht wurden, und eben der Provence andererseits. Eine entscheidende Rolle spielt dabei Stadt Aix-en-Provence. Wir beschränken uns hier darauf, daran zu erinnern, dass Avignon als Stätte für noch ein berühmtes Werk gewählt wurde, die *Krönung der Jungfrau,* eines der bedeutendsten dieser neuen Epoche, das glücklicherweise heute noch vor Ort vorhanden ist, im Musée de l'Hospice von Villeneuve-les-Avignon. Dieses Werk – von ihm wird in den nächsten Kapiteln noch ausführlicher die Rede sein –, zwischen 1453 und 1454 von Enguerrand Quarton als großes, imposantes Opus konzipiert, wurde immer als außergewöhnlicher Ausdruck der internationalen Begegnung der Mittelmeerkulturen verstanden. Eine gänzlich provenzalische Qualität in der Synthese der Formen und der Verwendung eines strahlenden Lichts in klaren Farben wurde als Erfahrung parallel zur Malerei der Italiener Domenico Veneziano und Piero della Francesca interpretiert, jedoch mit unmissverständlich nordischen Tönungen. Einige jüngere Forschungen führten zu neuen

Enguerrand Quarton, Krönung der Jungfrau Maria, Musée de l'Hospice, Villeneuve-les-Avignon.

Untersuchungen über Malerei und Buchmalerei im Gebiet der Alpenregionen, die eine beständige Bewegung der kulturellen Grenzen bezeugen, innerhalb derer die Provence ein bevorzugter Ort war. Auf diesen Austausch zwischen Nord und Süd wird in einem weiteren Kapitel eingegangen werden.

Das Mameluckenreich,
Zentrum der islamischen Renaissance

Giovanni Curatola

Eine der interessantesten und fruchtbarsten Perioden in der Geschichte der islamischen Kunst war gewiss die Mameluckenherrschaft über Syrien und Ägypten (1250–1517). Tatsächlich entsprach diese Epoche zeitlich und kulturell dem Übergang von der mittelalterlichen zur modernen Welt, der im Islam durch die Einnahme Konstantinopels durch die Türken (29. Mai 1453) repräsentiert wird; diese stellt eine notwendige Voraussetzung für das größte und vielgestaltigste der drei islamischen Reiche des 16. Jahrhunderts, das Osmanische Reich dar, das zeitgleich zu den Safaviden im Iran und den Moguln in Indien existierte. Die Geschichte der Mamelucken, die sich vollständig im Mittelmeerraum zutrug und die sich über die Architekturdenkmäler – vor allem in Kairo, das heute im Wesentlichen auch als mameluckische Stadt zu definieren ist – verfolgen lässt, bildet jedoch wegen der historischen und stilistischen Kontinuität ein bedeutsames Phänomen, eine Art Muster der moslemischen Entwicklung; sie eignet sich als Paradigma der Erkenntnis, auch wenn es – *cum grano salis* – auf andere Gegebenheiten angewandt wird.

Einige sehr kurze historische Bemerkungen vorab sollen vornehmlich dem Zweck dienen, die Besonderheiten der syrisch-ägyptischen Kunstpraxis zu illustrieren und an die Voraussetzungen zu erinnern, die die Grundlagen unserer Argumentation bilden. Der kleinste gemeinsame Nenner aller bisherigen Analysen durch die Wissenschaftler ist die Erkenntnis, dass eine Unterscheidung zwischen syrischer und ägyptischer Kunstproduktion unmöglich ist. Dieser Umstand, der nicht ausschließlich als Beschränkung verstanden werden sollte, resultiert aus der politischen Einheit, die für mehr als drei Jahrhunderte (in dieser Zeitspanne ist auch die Aijubidendynastie 1171 bis 1250 zu betrachten, für die ähnliche Anmerkungen gelten) die Region charakterisierte und für ein homogenes Empfinden und Handeln verantwortlich ist.

Die arabische Sprache – die von Gott zur Übermittlung des Korans benutzte Sprache – ist etwas Verbindendes und daher auch die religiöse Erfahrung (weiträumige, nicht isolierte christliche Enklaven eingeschlossen); die Mobilität innerhalb wie außerhalb des Territoriums (unter „außerhalb" ist vor allem die Möglichkeit der Begegnung zu verstehen, die durch die Koranvorschrift des *Hadsch* gegeben ist, der rituellen Reise nach Mekka) garantierte den Vergleich, auch kraft der leichten Kommunikation zu Lande und der bemerkenswerten sozialen Dynamik, welche die moslemische Gesellschaft stets beherrschte. Außerdem wurden im Unterschied zu anderen islamischen Kulturkreisen die Auswirkungen des Nomadentums in diesem Gebiet deutlich eingeschränkt, weswegen wir mit vollem Recht von einer sesshaften Zivilisation und Kultur mit ausgesprochener Urbanisierung sprechen können.

Die mameluckische islamische Kunst ist eine städtische Kunst, obgleich sie aus verschiedenen Begegnungen und Auseinandersetzungen (wir denken an die mongolischen Ilkhane, die zur Zeit des Antritts der Dynastie stärkste konkurrierende Macht, und später an die durch Tamerlan provozierte Erschütterung.) Impulse und ihr Lebenselixier bezieht. Das sind sehr wichtige Faktoren für das Verständnis der Kunst, die wir gerade beschreiben.

Ein weiteres entscheidendes Element innerhalb dieser Kunstpraxis ist eine substanzielle Diskontinuität gegenüber dem historischen Schaffen in der Vergangenheit. Schauen wir, warum: Zwischen 968 und 1169 herrschte am Ort die Dynastie der Fatimiden, ein schiitisches Herrschergeschlecht, und auch wenn die von ihnen geförderte Kunstproduktion qualitativ hochwertig war, so konnten die zu Grunde liegenden Vorstellungen doch nicht in das tiefere Empfinden der sunnitischen Bevölkerungsmehrheit eindringen.

Das trifft allerdings nicht überall zu; im Jemen beispielsweise bildeten die sunnitischen Sulaihiden für die Dynastie eine ausgesprochene Stütze, die durch eine laue Akzeptanz in Syrien und Ägypten aufgewogen wurde. Wenn die Fatimiden Sizilien tatsächlich unabhängig machten und gute Beziehungen zu den byzantinischen Kaisern unterhielten, hielten sie sich gegenüber den Kreuzrittern doch ziemlich bedeckt, die in den türkischen Emiren von Syrien viel stärkeren Widerstand fanden. Außerdem war die Macht des Kalifats in Bagdad während der ganzen Periode sehr geschwächt. Diese Sachlage war der Ausgangspunkt für die folgende Gegenbewegung. Es ist daher kein Zufall, dass angesichts eines bemerkenswerten Engagements auf architektonischem Gebiet nur vergleichsweise wenige Spuren etwa in Kairo vorhanden sind (mit der außergewöhnlichen Ausnahme einiger Moscheen, unter denen die al-Azhar [970] hervorsticht, und mit einem einzigen Mausoleum, und zwar demjenigen von Yahya as-Salih [1160]).

Es waren die Aijubiden, die eine Art sunnitischer Revanche in Gang setzten. Obwohl die Herrschaftszeit der Dynastie sehr kurz war (1171–1250), gingen von ihr maßgebliche Impulse für die weitere Entwicklung aus. Dank starker Persönlichkeiten wie al-Malik an-Nasir I. Saladdin setzte sie auch im politischen und militärischen Bereich nachhaltige Akzente. Dieser war am Hof der Zangiden von Nuraddin Muhammad Ibn 'Imad ad-Din ausgebildet worden. Beide waren im Krieg gegen die Kreuzritter, deren Gegner sie waren, zu Helden und berühmten Vorkämpfern des Islam geworden. Ihre Taten verschafften ihnen auch in Europa Popularität.

Eine fundamentale Einrichtung, die sich als Reaktion auf die schiitische Lehre, die ihr bevorzugtes Zentrum in der al-Azhar-Moschee in Kairo hatte, entwickelte, war die *Medrese*. Die Aijubiden folgten als Sunniten der schafiitischen Schule (nach dem Namen des Imam Abu 'Abd Allah Muhammad asch-Schafi'i, 767–820, dessen Mausoleum von 1211 sich auf dem Südfriedhof von Kairo in der Nähe von al-Fustat [heute Alt-Kairo] erhebt), einer der vier juristischen Institutionen des Islams. Der außergewöhnliche Impuls, welcher der Medrese (oder Koranschule) als *ex novo* errichtetes Gebäude gegeben wurde, entspricht der sunnitischen Regel, für die nur eine Freitagsmoschee im Bereich eines bestimmten urbanen Kontextes existieren durfte.

Nach dieser Vorgeschichte erhebt sich die Frage, wer nun die Mamelucken waren, die schließlich die Macht übernahmen. Der Begriff *mamluk* bedeutet wörtlich „Sklave" und bezeichnet die ethnische – türkische – Herkunft dieser Leute, die aus Zentralasien stammten und vorwiegend mit militärischen Aufgaben befasst waren.

Die Mamelucken brachten zwei große Dynastien hervor: Die Bahriten (1250–1390) und die Burdschiten (1382–1517). Die Bahriten verdanken ihre Bezeichnung dem Gardekorps des Aijubidensultans as-Salih Nadschm ad-Din (gestorben 1249), der sein eigenes Gebiet in der al-Bahriyya as-Salihiyya genannten Ortschaft hatte, das bedeutet „die Sklaven von as-Salih ‚einquartiert' am Fluss ‚Nil'", und davon ist der Name *bahri* abgeleitet, auf Arabisch „Meer", aber auch „großer Fluss", vorzugsweise der Nil. In Wirklichkeit handelte es sich um einen Militärputsch, der von der durch den Kreuzzug Ludwigs des Heiligen im Jahre 1249 ausgelösten Krise und durch die Mongoleninvasion Syriens zehn Jahre danach begünstigt wurde. Die Ereignisse nahmen mit der Thronbesteigung von Schadschar al-Dur (Ehefrau von as-Salih: ja, eine Frau!) und der Ernennung von al Muizz Izz ad-Din Aibak zum Heeresführer ihren Anfang. Die Regierung von Schadschar war extrem kurz (acht Tage), da der Kalif die Frau darauf verpflichtete, Aibak zu heiraten: Diese Ehe war kein rechter Erfolg, da Schadschar den Gemahl im Jahre 1257 umbrachte, ohne das Problem zu lösen; daher wurde sie wenige Tage darauf von den Konkubinen des Gemahls ermordet. In jedem Fall war, wie es häufig in der Geschichte auf allen Breitengraden geschieht, die harte Arbeit, die in einer vorangegangenen Epoche (Aijubiden) geleistet wurde, vollständig für die folgende Dynastie von Nutzen, diesmal für die Mamelucken.

In dieser langen Periode relativen Friedens zahlten sich die zuvor unternommenen Anstrengungen aus. Die Epoche war von einem beachtlichen Wohlstand gekennzeichnet, in der Verkehr und Handel (auch mit dem Okzident) an Stärke zunahmen. Dabei ist die außergewöhnliche Persönlichkeit einiger Herrscher nicht zu verschweigen, angefangen mit Baibars I. al-Bunduquri bis zu vielen anderen, die der Bevölkerung einen gehobenen Lebensstandard garantierten. Darüber hinaus verwirklichten sie viele Unternehmungen auf künstlerischem Gebiet, besonders in der Architektur. Die intensive Bautätigkeit ist gut durch das historische Zentrum Kairos bezeugt, in dem eine bedeutende Reihe an Gebäuden die Wandlungsfähigkeit illustriert, zu deren Vorkämpfer sich die Mameluckenherrscher machten, wobei sie durch eine künstlerische und handwerkliche Tradition ersten Ranges unterstützt und begünstigt wurden.

DIE ARCHITEKTUR: TRADITION UND NEUERUNG

Schon mit Schadschar ad-Dur beginnt die „Mode" der Errichtung eines Mausoleums, das mit einer zentralen religiösen Einrichtung verbunden ist (konkret einer Medrese, einer Moschee oder einem *khanqah*, Letzteres ein zusammengesetzter Begriff persischen Ursprungs, der ein moslemischen Mystikern vorbehaltenes Gebäude bezeichnet, eine Art Kloster als Sitz einer Brüderschaft von Derwischen). Das hebt natürlich das Prestige der betreffenden Persönlichkeit und bildet in bestimmter Weise eine Absicherung für den Fortbestand des Bauwerks (nicht selten Teil eines *waqf* oder einer wohltätigen Stiftung). Es genießt durch die Anbindung an ein Gebäude „Schutz", dessen Nutzung Vorrecht der gesamten Gemeinschaft ist. Die Mausoleen werden so die gesamte Mameluckenzeit über zu einem charakteristischen Element der Architektur und führen zu spürbaren Veränderungen der Grundrisse, da die Ausrichtung nach Mekka hin erfolgt – oder erfolgen sollte – und der Bau von außen zugänglich sein muss. Wenn das nicht möglich ist, bildet die Straße die Hauptbezugsachse; eine unmittelbar wahrnehmbare Folge ist der enorme Variantenreichtum der angewandten Lösungen auf der Ebene des genutzten Raumes (nicht immer konnten die urbanistischen Verpflichtungen umgangen werden, die durch die vorangegangenen Besitzverhältnisse zu Stande gekommen waren), mit Abwandlungen voller Fantasie – sie bilden für die Wissenschaftler, die stets auf der Suche nach Kriterien für katalogartige Systematisierungen sind, zugleich eine Krux und ein Vergnügen. Natürlich kann und will die mameluckische Kunstpraxis, obgleich originell und innovativ, nicht die vorangegangene Entwicklung verleugnen. Wenn wir beispielsweise die Moschee des Wesirs as-Salih Talai betrachten (eine der wenigen aus der Fatimidenzeit erhaltenen Moscheen, datiert auf 1160), gewahren wir, wie man an den seitlichen Außenmauern auf eine Weise vorgeht, in der zurückspringende Stockwerke (mit Fenstern unten und Blendfenstern mit Spitzbogen oben) mit auskragenden Lisenen/Pilastern alternieren, eine Aufteilung, die in dem nach Sultan an-Nasir Nasir ad-Din al-Hasan (1356–1361) benannten Bauwerk das markanteste und bedeutendste Beispiel findet.

Die Verwendung des Portals ist ebenfalls eine Reminiszenz an die Vergangenheit, wobei die Verwendung der *muqarnas* (Stalaktiten- oder Wabengewölbe) vorherrscht. Die Anwendungsformen reichen von vergleichsweise schlichten Lösungen, die man in der Medrese/dem Mausoleum von Umm as-Sultan Schaban (1368–1369) findet, über die Errichtung einer übertriebenen Masse an Portalen der Medrese/*khanqah* und des *maristan* (Hospital) von al-Muayyad Sif ad-Din Qa'it Bai (1416–1421 bzw. 1418–1420) oder bis hin zur fantasievollen Komplexität des Portals der sakralen Anlage eines der größten Mameluckensultane, nämlich von al-Aschraf Saif ad-Din Qa'it Bai (1472–1474).

Die Minarette machen eine Entwicklung durch, behalten jedoch ihr ursprüngliches Aussehen. K.A.C. Creswell, einer der größten Historiker der islamischen, besonders der ägyptischen Architektur definierte den Minarett-Typ als äußerlich einem *mabkhara* (oder „Räucherschale", ein irreführender Begriff, da keine islamischen Gegenstände von dieser Form bekannt sind!) ähnlich. Dabei spielte er auf die Abschlusshaube in Form einer kleinen Kuppel (einer Art Helm) an, gerippt und getragen von einem rechteckigen Schaft, auf dem seinerseits eine stabile Form mit oktogonaler Basis aufsitzt.

Auch die Kuppeln sind anfangs stark gerippt. In diesem Zusammenhang ist anzumerken, dass die Kuppeln zweier Monumente einen doppelten Helm aufweisen, offenkundig von fremden, insbesondere mongolischen Vorstellungen beeinflusst, wie sie die zeitgleichen und vorhergehenden Ilkhanidenmonumente im Iran zeigen. Es handelt sich um die Medrese von Sarghitimisch (1356) und das Mausoleum mit Doppelkuppel von Sultaniyya (auf dem Friedhof südlich der Zitadelle gelegen; um 1360).

Fremde Elemente sind im mameluckischen Kunstrepertoire keine Seltenheit. Sie sind die Folge der Auseinandersetzungen mit rivalisierenden Mächten, den Kreuzfahrern einerseits und den Mongolen andererseits. (Die Chronik des al-Maqrizi – tätig am Übergang von den Bahriten zu den Burdschiten 1364–1442 –, bildet die wichtigste und genaueste Quelle für diese Periode.) Vor allem die Mongolen wa-

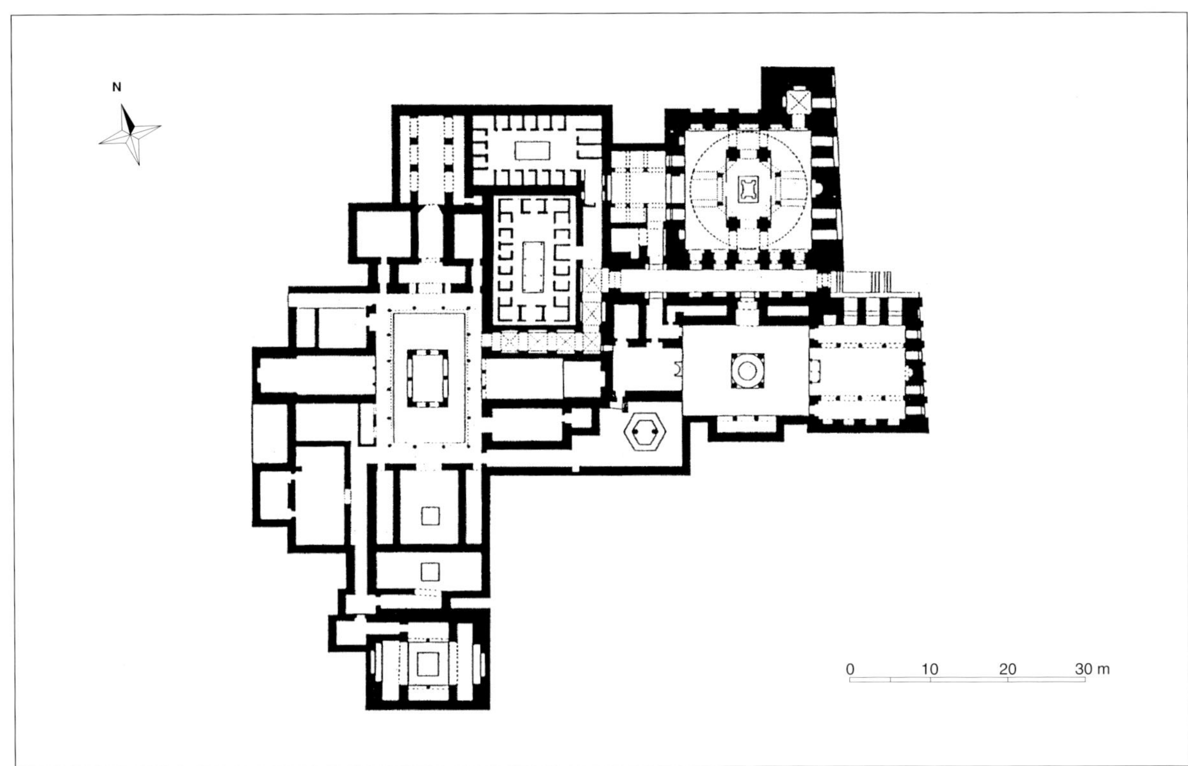

Plan des in Kairo von Sultan al-Mansur Qalawun errichteten Komplexes, 1284–1285; er besteht aus dem Mausoleum des Sultans, der Medrese mit dem Gebetssaal und dem Krankenhaus (maristan).

ren für enorme Verwüstungen in Syrien und damit für die Wanderung gewaltiger Menschenmassen (Handwerker eingeschlossen) in die gastlicheren und geschützteren Gegenden Ägyptens verantwortlich. Der Reflex davon ist in den Innendekorationen der Gebäude fühlbar, bei denen Stuck, noch als Reminiszenz an einen östlichen seldschukischen Einfluss vorhanden, nach und nach durch kleine Intarsien aus polychromem Marmor, die den Zusatz von Perlmutt nicht verschmähen, ersetzt wird.

Der interessanteste Fall ist ein Gebäudekomplex, der den Namen des Sultans al-Mansur Saif ad-Din Qalawun trägt (Mausoleum/Medrese und Hospital 1284–1285). Er wurde jüngst unter Leitung des Deutschen Archäologischen Instituts in Kairo restauriert. Von einer Straße, heute stark frequentiert und zentral gelegen, führt eine schöne originale Tür (mit zeitgleichem Löwentürklopfer und einem Fenster mit Eisengitter, das von Creswell als französische Kreuzfahrerarbeit betrachtet wird) in einen langen Korridor, der die Medrese (links) vom Mausoleum trennt, während die Anlagen des Hospitals am meisten unter dem Zahn der Zeit gelitten haben. Die Fassade von Qalawun präsentiert eine Reihe auskragender quaderförmiger Pilaster, die mit Einzelfenstern im unteren Stockwerk und zweibogigen Fenstern im oberen Register alternieren. Parallelen zur sizilianischen Architektur sind denkbar. Großartig ist jedenfalls das kräftige in *thuluth*-Schriftzeichen beschriebene Band, die vor Ort als *tiraz* bekannt sind, ein sehr passender, aus der Sprache der Textilkunst abgeleiteter Begriff. Die Medrese hatte einen Grundriss mit vier *Iwanen* (nicht direkt unter iranischem Einfluss entstanden; Creswell hat gezeigt, wie dieser

Typ sich mehr oder weniger selbstständig in Ägypten entwickelte), die trotz der auch jüngsten Restaurierungen noch erkennbar sind (sie dauerten bis 1999). Der *qibli*-Iwan (nach Mekka gerichtet und mit dem *mihrab* mit der Straßenachse zusammenfallend) dient als Gebetssaal; vom (einst angenehm mit Bäumen bestandenen) Hof aus führt der Zugang in ihn über drei übereinander gelagerte Bögen von zweifellos byzantinischer und insofern syrischer Herkunft, die drei Schiffen entsprechen. Der Anklang des Ambientes ans Syrische wird durch die Lunette in der Nische des Mihrab bestätigt; dieser ist mit typisch mameluckischem polychromem Marmor verziert und mit einem Motiv aus geblümten Vasen geschmückt, die als Mosaik aus Glaspaste ausgeführt sind. Doch zweifellos ist das Mausoleum das Interessanteste, auch weil es als Vorbild für die folgenden Bauwerke diente.

Die Kuppel des Mausoleums von Sultan al-Mansur Qalawun.

Am Korridor öffnen sich zwei Durchgänge, einer in der Mitte, der direkt in den Saal mit dem Kenotaph führt, und einer am Ende desselben, der zu einem kleinen Hof führt, ebenfalls mit byzantinischen Einflüssen, der Stuckarbeiten ganz individuellen Charakters und von hervorragender Machart aufweist. Das Innere des Mausoleums ist eine Pracht von Formen und Farben. Vier Pilaster und ebenso viele Säulen bilden ein zentrales Oktogon, das in gewisser Weise an die Kuppel des Felsendoms in Jerusalem erinnert, da es einen Umgang um den Kenotaph schafft. Bemerkenswert ist der hölzerne Schutzparavent des Oktogons, der vom Sohn al-Qalawuns, Nasir Muhammad, in Auftrag gegeben wurde. Dieser war Förderer eines Komplexes von großer künstlerischer Bedeutung, der an denjenigen seines Vaters angrenzte. Das Innere ist unten mit Paneelen aus polychromem Marmor (und Einlagen aus Perlmutt) von unübertroffener Qualität und Schönheit verziert, vielleicht, wie M. Meinecke vorschlug, eine byzantinische Arbeit (außerdem können die Beziehungen Qalawuns zum Byzantinischen Reich nur als hervorragend bezeichnet werden). Ein Detail, das durch seine technische und stilistische Verwandtschaft mit den besten Schöpfungen Konstantinopels offenbar wird. Zum ersten Mal erscheinen in Kairo und in Ägypten epigrafische Paneele mit stilisierten geometrischen kufischen Schriftzeichen, die den Namen Mohammeds preisen. Gleichermaßen bemerkenswert ist der imposante Mihrab, natürlich ebenfalls auf einer Achse mit der Straße, der durch eine Doppelreihe aus drei Säulen markiert und mit feinen polychromen Marmorarbeiten geschmückt ist. Das Ensemble vervollständigen Inschriften in Marmor und vergoldetem Holz, ebenfalls von erlesener Machart. Auch weltanschaulich hatte

diese wohltätige Stiftung eine bemerkenswerte Geschichte: In ihr feierten die wichtigsten juristischen
Schulen des Islam abwechselnd die vom Gesetz festgelegten Riten.

Die Reihe der Bauten, die in Kairo aufeinander folgen, ist sehr zahlreich, alle tragen jeweils zum
Gleichgewicht von Tradition und Neuerung bei. Wir haben schon auf die vom Sohn al-Qalawuns, dem
Sultan an-Nasir Muhammad (1295–1303) errichtete Medrese hingewiesen. Es dürfen aber auch andere
Bauwerke wie die Medrese/*khanqah* (Verwendung und Grundriss der beiden Einrichtungen vermischen sich oft bis zur Deckung) des Emirs Sandschar al-Dschawli (1303/04) nicht vergessen werden,
die einen überraschenden Grundriss mit zwei parallelen Mausoleen und dekorativen Details aufweist,
beispielsweise die Türen/Paravents aus Stein mit Arabeskenornamenten und von unzweifelhafter Originalität und großer künstlerischer Qualität.

Die *khanqah*/das Mausoleum von Sultan Baibars al-Dschaschankir (*dschaschankir* bedeutet auf
Persisch „Prüfer", es handelt sich um das von Baibars bekleidete Amt, bevor er den Thron von an-Nasir Muhammad usurpierte) ist das älteste Bauwerk dieser Art, das sich erhalten hat (1307–1310). Es
weist einen Grundriss mit vier Iwanen und einem angeschlossenen Mausoleum auf.

Die Moschee von Altinbugha al-Maridani (1340) verdankt ihren Namen einem anderen Würdenträger („Mundschenk") des Sultans an-Nasir Muhammad und wurde vom Chefarchitekten des Reiches,
Mu'allim as-Suyufi, konzipiert. Der Grundriss des Gebetssaals mit seinen Säulen erinnert uns daran, wie
beharrlich die dominanten Merkmale der islamischen Architektur waren; Säulen und Kapitelle aus Gra-
nit wurden wiederverwendet und sind daher vorislamisch, während das Minarett zum ersten Mal in
den drei Sektionen des Schaftes gänzlich oktogonal ist. Diese Sektionen sind durch Krönungen mit Muqarnas markiert, das Minarett endet in einer Zwiebelkuppel, die von jetzt ab charakteristisch ist und
den *mabkhara*-Typ ersetzt. Zwischen Hof und Gebetssaal ist ein zum Teil mit Inschriften versehener
hölzerner Wandschirm erhalten (eine *maschrabiyya*, ein wichtiges, auch in der zivilen Architektur
verwendetes Bauelement, sei es als Trennwand in den Harems, sei es als „Käfige" oder auskragende
Fenster außerhalb), der umfassend umgearbeitet wurde, obwohl die Position der ursprünglichen Lage
entspricht.

Aus den Jahren 1356 bis 1361 stammt eines der absoluten Meisterwerke der Architektur Kairos und des
Islams überhaupt: die Moschee des Sultans an-Nasir Nasir ad-Din al-Hasan. Die Konzeption des Monuments kann zu Recht schon allein aufgrund der Ortswahl als feierlich bezeichnet werden: zu Füßen der
Zitadelle an der Stelle eines zerstörten Palastes, nahe dem Hippodrom und dem städtischen Pferde-
markt. Ihre Imposanz ist heute durch den fast ebenso gewaltigen Körper der Rifa'i-Moschee
(1869–1912) fast verblasst, doch nichts kann die Großartigkeit des Bauwerks zerstören. Seltsam ist der
Umstand, dass Sultan Hasan kein bedeutender Herrscher war. Er gelangte im Jahre 1347 als Kind auf
den Thron, seine Herrschaft war drei Jahre unterbrochen (1351–1354) und endete 1361 tragisch mit seiner Ermordung; sein Leichnam wurde nie gefunden, und das größte Mausoleum Kairos blieb ungefähr ein Jahrhundert lang vakant!

Der Komplex war Medrese und Moschee, die erste Schule, die den Status einer Freitagsmoschee erlangte. Dort lebten die vier juristischen Schulen zusammen (Hanabila, Hanafiyya, Malikiyya, Sbafi'iyya),
und es war möglich, gleichzeitig rund 400 Studenten zu beherbergen. Das – isoliert stehende – Monument besitzt drei Fassaden: Die erste gehört zum Museum, liegt zur Stadt hin, ist von zwei Minaretten
flankiert; durch Restaurierungsmaßnahmen wurde sie einigermaßen umgebildet. Die Nordseite beherbergt das grandiose Portal, das eine typisch mamelukische Ordnung aus vollen und leeren Elementen
mit weiten Fenstern aufweist; das Portal erinnert von nahem, wie M. Rogers in seinem Artikel hervorhob, spürbar an die Gok-Medrese von Sivas (1271–1272) in Anatolien. Ebenso interessant ist es festzustellen, dass im Dekorationsrepertoire fernöstliche florale Motive auftreten (Lotos und Päonie), die
zwar in den angewandten Künsten üblich (siehe unten), in der Architektur jedoch fremd sind. Verantwortlich für derlei „Eindringen", das zudem in voller Harmonie gelöst wurde, ist das gesamte welt-
städtische Flair Kairos, wenn wir nur daran denken, dass die Basare dort voll waren von „exotischen"

Waren, vor allem von Porzellan und Seide. Maqrizi (1363–1442), unsere wichtigste und zuverlässigste historische Quelle, berichtet, dass bei der Errichtung des Komplexes von Sultan Hasan (der, nebenbei gesagt, die Absicht gehabt zu haben schien, von diesem so kostenträchtigen Bau abzulassen, wenn er nicht die „öffentliche Meinung" gescheut hätte, nachdem das Vorhaben einmal angekündigt war, und sich als Herrscher abgestempelt zu sehen, der „nicht auf der Höhe war …") „Handwerker aus der ganzen Welt" mitgewirkt hätten. Auch wenn die Beteiligung von Chinesen nicht anzunehmen ist, so leisteten anatolische Handwerker sicher einen beispielhaften Beitrag, und das gereichte gewiss nicht zum Schaden des mameluckischen Charakters der Moschee.

Die bei weitem interessanteste ist gewiss die Südseite. In dem an das Minarett angrenzenden Teil trifft man auf ein Wunder an Sauberkeit und Modernität, das in keinem anderen Bauwerk gleich welchen Breitengrades und gleich welcher Zeit etwas Entsprechendes hat. Große Lisenen trennen sechs Reihen von acht Registern mit Fenstern, unter denen sich größere und kleinere abwechseln, in einer homogenen Bewegung, die der elegantesten zeitgenössischen rationalen Architektur vergleichbar ist. Fast scheint es – sieht man vom chaotischen Verkehr und der (so typisch nahöstlichen) betäubenden akustischen Umweltverschmutzung ab –, als befände man sich vor der Fassade eines nordamerikanischen Palastes der fünfziger Jahre in der 5th Avenue von New York.

Nach dieser notwendigen Hommage an die Genialität der Fassadengestaltung ist auch das prachtvolle Innere zu betrachten, das nach der üblichen Einteilung in vier Iwane untergliedert ist, von denen der *qibli* (der vor dem Mausoleum liegt) spürbar weiter (aber nicht höher) als die anderen drei ist; er wurde als erster vollendet, damit dort das gemeinsame Gebet verrichtet werden konnte. Die den Ecken entsprechenden Räume werden von den Medresen eingenommen, jede mit einem kleinen Innenhof und alle ziemlich hell (der weiteste Hof ist der rechte zum *qibli*-Iwan gehörige und dem hanefitischen Ritus gewidmet, der von den Mameluckenherrschern bevorzugt wurde, während sich linker Hand der Teil für den vom Volk bevorzugten schafiitischen Ritus befindet). Der Teil hinter dem Zugangsportal (der sich bezogen auf die Masse des Gebäudes dreht und mit diesem einen weiten spitzen

Winkel bildet) ist für den gemeinschaftlichen Gebrauch bestimmt. In der Mitte des von hohen Mauern umgebenen Hofes, die jedoch keinerlei klaustrophobisches Gefühl hervorrufen, erhebt sich ein schöner Brunnen für die Waschungen (1362), während die (moderne) Fußbodenverkleidung in weißem Marmor gehalten und durch Porphyr und polychromen Marmor verschwenderisch angereichert ist (es handelt sich häufig um in Scheiben geschnittene Säulen).

Der große Iwan ist tatsächlich bemerkenswert; Maqrizi behauptet, er sei größer als jener berühmte sassanidische Iwan von Ktesiphon [32 km südöstl. v. Bagdad] (26 Meter weit und 29 Meter hoch!), doch es sind die Proportionen, die ihn einzigartig machen. Ein breiter, mit kufischen Buchstaben auf einem Hintergrund aus floralen Arabesken beschriebener Streifen ist das hauptsächliche Dekorationsmotiv, zweifellos ist er von der zeitgenössischen kalligrafischen Korankunst inspiriert. Der Mihrab zeigt Kreuzfahrereinflüsse, zweifellos syrische; ein schönes, eindrucksvolles Bild dieses Saales existiert im Werk des französischen Orientmalers Jean-Léon Gérôme (1824–1904). In der Mitte des Iwan befindet sich eine *dikka* (erhöhte Plattform, von der aus der Koran psalmodiert wurde und die auch vom Hof aus zu sehen war) aus Marmor, während die Beleuchtung durch Lampen aus emailliertem Glas (jetzt im Museum für islamische Kunst von Kairo; s. weiter vorn) garantiert war.

Schließlich ist noch auf die Türen hinzuweisen, die in das Mausoleum führen (dieses, hinter dem Mihrab gelegen, liegt an einer ungewöhnlichen Stelle und ist mit schönen Inschriften unter der Kuppel geschmückt, die ursprünglich aus Holz war – vom selben Typ wie beim Brunnen für die Waschungen – und später neu gebaut wurde), insbesondere auf die Tür rechts vom marmornen *minbar* (oder Kanzel); es handelt sich um ein Meisterwerk der Bronzegusskunst mit Silber- und Goldtauschierung, mit geometrischen und floralen Motiven (erneut mit chinesischen Einflüssen) sowie den Namen und Titeln des Sultans Hasan.

Die zweite große Dynastie der Mameluckenzeit waren die Burdschiten (1382–1517). Die Bezeichnung geht auf den Begriff „Turm" zurück, da dieser Clan – der hauptsächlich aus Tscherkessen bestand, die aus dem Kaukasus stammten, weswegen ihr Reich auch *Dawlat al-Dscharkas*, Tscherkessenstaat, genannt wurde – in den Türmen der Stadt einquartiert war. Die Emire – hohe Beamte mit Verwaltungsaufgaben – erwarben sich nach und nach immer mehr Macht, und ihre Kontrolle über den Hof wurde immer enger. Natürlich finden wir in vielen Dingen eine bemerkenswerte Kontinuität zur vorangegangenen Periode. Die Pläne für die Gebäude entwickelten sich, und die Idee eines multifunktionalen Komplexes (was er zum Teil schon bei Sultan Hasan war) nahm Gestalt an, eines Komplexes aus Moschee, Medrese, *khanqah*. Das – von D. Behrens Abouseif gut herausgearbeitete – Ergebnis bestand darin, dass jede Freitagsmoschee (es gibt davon mehr als eine) Medrese genannt wurde (auch wenn dort keine Vorlesungen abgehalten wurden) und dass in jedem Gebäude (gleich ob Moschee, Medrese oder *khanqah*) *Sufi*-Rituale stattfanden, auch wenn die Mystiker nicht mehr notwendigerweise dort lebten. Hinsichtlich der Mystiker ist dies der Augenblick, in dem eine besondere – private – Einrichtung Fuß fasste, die *zawiya* genannt wird. Es handelte sich um eine religiöse Stiftung oder Bruderschaft (*tariqa*), die von demjenigen geleitet wurde, den wir in modernen Begriffen als „Guru" oder *schaikh* bezeichnen würden; dieser lebte darin und wurde beim Tode häufig dort begraben, was dann der Ursprung eines Heiligtums war. Diese Persönlichkeiten wurden oft sehr verehrt und genossen die ausdrückliche Unterstützung des Hofes und mancher Sultane, sodass die Gebäude in verschiedener Weise vergrößert und verschönert wurden. Insgesamt bedeutet das, dass das Vorrecht zu bauen nicht mehr eine ausschließliche Prärogative des Herrschers und seiner Emire war.

Die Pracht der Kuppeln

Der Mangel an bebaubarem Raum hatte die Annäherung der sakralen an die profane Architektur zur Folge, mit der noch augenfälligeren Konsequenz, dass es keinen Hof gibt. Die interessantesten – und augenfälligsten – Änderungen betreffen die Kuppeln, nicht auf der Ebene der Bauweise, sondern der Dekoration. Der Bau ist aus Stein und ruht fast unausbleiblich auf einem hohen Tambour mit Fenstern (zweibogig oder dreibogig mit einem Okulus oben), darüber folgt ein Streifen mit Inschrift (praktisch immer in Kursive oder *thuluth*-Stil) und anschließend eine Kuppel in Zwiebelform.

In der Aijubidenzeit und auf einigen Bauten aus der Zeit der Bahriten sind die Kuppeln glatt (zum Beispiel im Komplex von al-Qalawun), eine erste Entwicklung erfolgte dann hin zu einem gerippten Dach. Die Kuppel der Medrese/des Mausoleums des Emirs Ildschai al-Yusufi (1373) und die Kuppel der Moschee des Emirs Aitimisch al-Badschasi (ein Jahrzehnt später) beginnen mit der Schaffung einer Bewegung durch den einfachen Kunstgriff der leicht spiralförmigen Rotation der Rippungen. Dieser Kniff kann einer entsprechenden auf Säulen angewandten Praxis entnommen sein (dazu kommt das klassische Beispiel aus Apameia in Syrien in den Sinn, allerdings zeitlich und kulturell zu weit entfernt), aber auch den Helmkalotten, die bisweilen die gleiche Spiralbewegung aufweisen, nicht mit Rippungen, sondern mit Rillen.

Die doppelten Kuppeln der Zwillingsmausoleen der *khanqah* von an-Nasir Nasir ad-Din Faradsch ibn Barquq (1400–1411), ein bedeutendes Gebäude, das im heutigen Viertel des Nordfriedhofs in der Umgebung des fatimidischen al-Qahira liegt, entwickeln sich über eine Rippung auf der Basis übereinander liegender Fischgrätstrukturen, deren Resultat parallele Zickzacklinien von der Basis bis zur Spitze sind. Auch die Übergangszonen in den Ecken (die übrigen vier Seiten sind trapezförmig mit Dreibogenfenstern und darüber drei Okuli) sind ziemlich charakteristisch, ausgeführt mit einer Reihe breiter und niedriger flacher Zylinder, die einem neuralgischen Element der Konstruktion einen Anblick höchster – fast barocker – Eleganz verleihen, was fast nie auf diese einfache Weise gelöst wurde.

Über das gesamte 15. Jahrhundert wohnt man der förmlichen Blüte der Kuppeln bei. Beispielsweise weisen die Kuppeln der Mausoleen, die der große Sultan al-Aschraf Saif ad-Din Barsbai (1422–1437) errichten ließ, eine Dekoration auf, die auf einem geometrischen Schema komplexer Sternformen basiert, die ihrerseits spinnengewebeartig ganz um die Kuppel verteilt sind. Die Schwierigkeit, die in der Anpassung einer regelmäßigen geometrischen Zeichnung an die Fläche einer Kuppel liegt (die Schemata sehen in manchen Fällen Sterne mit 7–12–8 Spitzen ab dem oberen Teil vor), sind so augenfällig, dass jedem auch nur minimal empfindsamen Betrachter die Fähigkeit der Architekten phänomenal erscheinen dürfte. Der höchsten Konzentration dieser Monumente begegnet man auf dem Nordfriedhof, der sich ab dem schon erwähnten Auftritt von Faradsch Ibn Barquq mit der *khanqah* in gewissem Sinn zur Zone einer neue Urbanisierung wandelte. Unter diesem Aspekt sind die Bauwerke des Sultans Barsbai bedeutsam und innovativ, wie beispielsweise der religiöse Grabkomplex, den er für sich selbst errichten ließ (1432). Der Grundriss birgt keine großen Überraschungen, und die Kuppel bietet ein Netz regelmäßiger Sterne, die mit sechsblättrigen Rosetten ausgefüllt sind, eine geradezu anmutige Lösung, die gewissermaßen im Kontrast zur massigen, ernsten Architektur des Äußeren mit weitflächigen glatten auskragenden Aufteilungen steht, die mit rechteckigen Fenstern unten und gebogenen oben alternieren. Sehr elegant ist der Mihrab, der durch zwei oktogonale Säulen markiert ist; das Innere der Nische ist in zwei Farben gehalten und mit einem Motiv aus Pfeilspitzen verziert, die sich in der Richtung abwechseln. Die Lunette weist ein ebenfalls in zwei Farben gehaltenes Zickzackmuster auf und ist im *ablaq* eingerahmt, ein Begriff, der Streifen aus verschiedenfarbigen Marmorblöcken bezeichnet, eine zu der Zeit sehr entwickelte Technik, deren Ursprünge mit Sicherheit auf die syrische Aijubidenkunst zurückgehen.

Die Endphase

Der Zielpunkt dieses Prozesses liegt in den Bauwerken, die mit dem letzten großen Mameluckenherrscher verbunden sind, mit al-Aschraf Saif ad-Din Qa'it Bai, Protagonist einer langen (1468–1496), glückreichen und friedlichen Herrschaft. Dem ist noch hinzuzufügen, dass der Herrscher ein offenkundiges Vergnügen darin fand, wohltätige Einrichtungen zu gründen; daher ist diese Endphase der Mameluckenherrschaft durch offene Expansion gekennzeichnet, und mit ihr gelangt eine bedeutende Architekturschule zu vollständiger Reife. Die Gebäude, die Qa'it Bai errichten ließ, sind nicht monumental in den Proportionen, wie eine Moschee von Sultan Hasan, um ein Beispiel anzuführen, sondern scheinen vor allem auf das Gleichgewicht der Proportionen sowie die Raffinesse der Verzierungen und Details zu zielen.

Auf die Jahre 1472 bis 1474 wird der Grabkomplex des Sultans datiert, der ebenfalls auf dem Nordfriedhof liegt. Hier wird die Harmonie, welche die Regel der Zeit diktiert, voll bestätigt und erlebt einen goldenen Moment. Tatsächlich handelt es sich um eine Art kostbaren Schrein. Die beiden Elemente, die auf den ersten Blick hervortreten, sind die Kuppel des Mausoleums und das Minarett. Auf traditionelle Weise angelegt, ist die Kuppel ein Meisterwerk ihres Genres; ihre Vertikalität ist betont, und jeder Abschnitt ist mit Aufmerksamkeit ausgeführt: Das dreibogige Fenster mit den traditionellen drei Okuli darüber ist durch eine Doppelrippe eingerahmt, die in den seitlichen Ecken zwei Kreislinien aufweist, die über Gelenke mit der linearen Vorrichtung verbunden sind. Die Gewände oder äußeren Eckverbindungen sind ein wenig geneigt – in Anbetracht der vertikalen Ausrichtung – und nehmen das Vorbild von Faradsch Ibn Barquq auf, obwohl sie mit einem Chevron verziert sind. Das geometrische Gitter, das sich über den kleinen Rundbogenfenstern und dem üblichen Streifen mit Inschrift befindet, setzt sich aus einem halben Stern mit zehn Spitzen, aus einem – voll sichtbaren – Stern mit neun Spitzen und einer Krönung zusammen, die sich um den höchsten Punkt dreht, mit 16 Ecken oder Spitzen. Das Neue besteht in der Tatsache, dass dieses geometrische „Netz" wie auf eine Vorrichtung (oder ein darunter befindliches Gitter) mit floralen Arabesken aufgesetzt erscheint; auch diese bilden einen Stern mit neun Punkten in der Mitte ihrer geometrischen „Schwester". Diese Beschreibung mag kompliziert erscheinen (und auf der Ebene der Zeichnung und der Umsetzung war sie es zweifellos!), doch das Ergebnis ist alles andere als schwer, obwohl es äußerst reich erscheint.

Die Kuppel der Moschee des Emirs Dschanin al-Bahlawan (1478–1510) beispielsweise nimmt später ein florales Schema wieder auf (dessen Herkunft in diesem speziellen Fall in der Textilkunst zu liegen scheint), mit abwechselnden rhomboidalen Rauten, die mit Arabesken ausgefüllt sind. Auch das

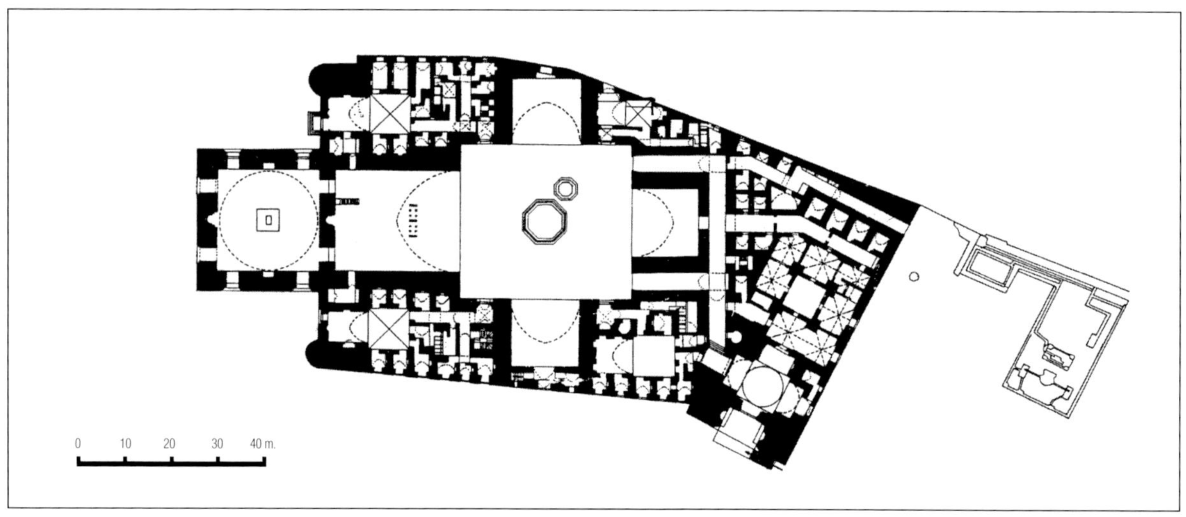

Minarett des Komplexes von Qa'it Bai ist bemerkenswert. Die Basis ist ein kurzes Parallelepiped (mit einer Tür, die zu den Dächern der Moschee führt) mit einer dreieckigen Eckverjüngung, die die Vorrichtung unmittelbar in ein Oktogon mit Fensterchen auf vier Seiten und Blendfensterchen auf den restlichen überführt; diese sind durch Oberbogen markiert und durch Doppelsäulchen bis zur Einrichtung eines ersten kleinen Balkons getrennt, der durch die klassische Struktur vorkragender Muqarnas gestützt wird. Der Schaft ist zylindrisch und weist eine geometrische, gerippte Dekoration auf, bis er einen weiteren kleinen Balkon erreicht, ebenfalls von Muqarnas gestützt, auf dem acht kleine Säulen stehen, welche die abschließende zwiebelförmige kleine Kuppel tragen.

Das Innere der Moschee verrät die durch das Äußere geweckten Erwartungen nicht; das sehr hohe, schlanke Portal ist, wie schon mitgeteilt, ziemlich original, und die Vorrichtung ist auf zwei Iwanen und zwei zurücktretende rechteckige Räume angelegt, ein Grundriss, der gewiss vom *qa'a* abgeleitet ist: ein großer Raum, geeignet für Empfänge, typisch für die zivile Architektur. Der Fußboden ist aus Marmor mit polychromen Verzierungen (heute sind sie leider durch eine Mokettauflage verdeckt), und die Holzdecken – umfassend restauriert, jedoch nicht erneuert – bieten ein schönes Repertoire floraler Formen. Insbesondere die hölzerne oktogonale obere Laterne (auch von außen sichtbar), die vollständig

Plan der Medrese von Sultan Hasan, 1356–1363; der größte Iwan (links) und derjenige der Moschee; dahinter das Mausoleum.

mit Fenstern versehen ist, um so großzügig Licht hereinzulassen und den Eindruck eines abgelösten und am Himmel aufgehängten Daches zu vermitteln, bildet ein Kompendium mameluckischer, wenn nicht schlechthin islamischer Dekoration. Die Zeichnung ist oktogonal (wie es seit dem Felsendom zu Jerusalem vorzugsweise der Fall ist), und das Gesamte wird von einer „Krone" aus hölzernen Muqarnas gestützt. In der Mitte befindet sich ebenfalls ein Stern, natürlich ein regelmäßiges Achteck, mit einem Kreis (in *thuluth* mit Koranversen beschrieben), um ihn herum weitere acht Sterne mit acht regelmäßigen Spitzen (die untereinander durch ein geometrisches Flechtmuster verbunden sind); diese Sterne haben in der Mitte einen mit floralen Arabesken ausgefüllten, jeweils abwechselnd gestalteten Kreis. Der Hintergrund besteht in allen Fällen aus Arabesken. So sind alle drei Möglichkeiten, die dem islamischen Dekorationskünstler zur Verfügung standen (Epigrafie, Geometrie, Arabeske) in wunderbarer Weise zu einem einzigen Motiv verschmolzen. Sie bilden das innere Pendant zur Kuppel des Mausoleums.

Wenigstens auf ein weiteres von Qa'it Bai in Auftrag gegebenes Monument ist hinzuweisen, den *sabil-quttab* (die Kombination zweier unterschiedlicher karitativer Einrichtungen); der *sabil* ist ein öffentlicher Brunnen, von denen in Kairo sehr viele errichtet wurden, und gewöhnlich verfügt jeder

Komplex über einen davon. Der *quttab* ist eine kleine Koranschule für Kinder, oft Waisen, der im Jahre 1479 zu Füßen der Zitadelle errichtet wurde. Die jüngst erfolgte Restaurierung schenkte Kairo ein Bauwerk von großer Pracht zurück, in dem die Spiele des *ablaq* am Dreipassportal, die farbigen Marmorinkrustationen, die Namen und Titel des Sultans preisenden Aufschriften perfekt wahrnehmbar und von großer Faszination sind.

Wir haben noch nicht von der zivilen Architektur gesprochen: Nur wenig davon ist erhalten. Es handelt sich um einige Paläste, einige Bogengänge und Bauten von geringerer Bedeutung. Die Stadtviertel und Wohnpaläste der Mamelucken in der Zitadelle, die den städtischen Raum beherrscht, wurden vom Vizekönig Ägyptens Mohammed Ali Pascha Mitte des 19. Jahrhunderts zerstört, um für eine nach ihm benannte Moschee in osmanischem Stil Platz zu machen (die Wissenschaftler im Gefolge Napoleons beschreiben diese Gebäude, obwohl baufällig, als die eindrucksvollsten Architekturwerke Kairos; archäologische Sondierungen zeigen, dass die Esplanade und die Baustrukturen mit wenigstens zehn Metern Schutt und Steinen verfüllt sind). Diese Moschee ist die kitschigste von ganz Kairo, vielleicht die hässlichste, zweifellos die von Touristen am meisten besuchte und geliebte, die in der Fülle vergoldeten Schmucks und Marmors jene Dimension von Luxus und ersehntem Exotismus finden, die vergiftete Frucht, die der Okzident an den Orient verschenkte.

DIE TEXTILKUNST

In einer so langen Periode der Herrschaft und Befriedung wie unter den Mamelucken (1250–1517) ist es nur natürlich, eine große Menge an Gegenständen zu finden, die von den bedeutenden syrischen und ägyptischen Werkstätten hergestellt wurden. Es ist daher nicht ohne Interesse, dass angesichts der guten diplomatischen und kommerziellen Beziehungen, die von den Mamelucken mit der Welt des Okzidents unterhalten wurden, viele mameluckische Werke in den europäischen Sammlungen vorhanden sind. (Die Mamelucken werden bei uns übrigens häufig als „Sarazenen" bezeichnet – was sich ety-

Die Südfassade der Medrese von Sultan Hasan ist durch eine moderne Architekturdekoration charakterisiert.

Die imposante Kuppel des Mausoleums im Komplex von Sultan Qa'it Bai, 1472–1474, auf dem Nordfriedhof von Kairo.

mologisch vom arabischen *scharqi* ableitet, das heißt „Orientale" –, ein Begriff, der in seiner Vagheit im Grunde ganz treffend ist.)

Sehr bedeutende Objekte, doch angesichts ihrer Vergänglichkeit nicht leicht zu dokumentieren, waren die Textilien. Es handelte sich nicht nur um kostbare Seiden- und Brokatstoffe, die die Schatzkammern der Kathedralen bereicherten und für kirchliche Zwecke verwendet wurden (Kaseln, Pluviale usw.), sondern auch um weniger erlesene Produkte, die unseres Wissens massenhaft gehandelt wurden. Übrigens basiert der Ruf der vorzüglichen Qualität von ägyptischer Baumwolle und Leinen auf der bemerkenswerten Produktivität (die beiden durch den Nil ermöglichten Ernten im Jahr), und die wenig kostspielige – aber schnelle und ergiebige – Technik, die Produkte mit beweglichen Holzblöcken zu bedrucken, erlaubte sichere Resultate bei relativ geringen Investitionen. Das neben dem stets aktiven *Tiraz*: eine Manufaktur des Sultans, unter der direkten Kontrolle des Hofes mit einem vorgesetzten Emir, der für das Funktionieren zu sorgen hat; das Wort *Tiraz* bezeichnet auch einen Stofftyp (mit Aufschrift) und ein Gewand, bei dem der Streifen mit Aufschrift von der Höhe der Schulter auf den Arm fällt. Die Inschrift bildet also eine der hauptsächlichen Dekorationsformen dieser Textilien, oft zu Anfang und am Ende der Stücke in Streifen eingegrenzt (sogar mit sich wiederholenden geometrischen und/oder floralen Motiven), mit allgemeinen wiederholten Begriffen und Glückwunschformeln: „Ruhm und Erhabenheit", oder auch moralisierenden Sätzen: „Geduld wird durch Erfolg gesegnet und jede Tat wird belohnt". Die wichtigste Sammlung gefundener Stücke befindet sich im Islamischen Museum zu Kairo.

DIE METALLKUNST – WERKE „WIE VON GOLD"

Bedeutend und renommiert waren auch die Werkstätten, die in der Herstellung von Metallartikeln tätig waren. Der Florentiner Simone Sigoli unternimmt im Jahre 1384 eine Reise zum Katharinenkloster auf den Berg Sinai, und als er Damaskus und dessen Läden besucht, kann er seine Begeisterung nicht verbergen; hören wir, was er sagt: „Noch immer wird dort eine große Menge an Schalen und Wasser-

Der große Gebetssaal des Komplexes von Sultan Qa'it Bai auf der dem Mihrab gegenüberliegenden Seite.

Die Anlage zur Wasserversorgung für Wanderer und Bewohner (sabil) und (im dritten Stock) eine Elementarschule und Koranschule (kuttab), ein unabhängiges von Sultan Qa'it Bai 1479 errichtetes Gebäude.

krügen aus Messing hergestellt, und sie erscheinen tatsächlich wie von Gold, und dann versehen sie die genannten Schalen und Wasserkrüge mit Figuren und Blättern und anderen feinen Arbeiten aus Silber, die wunderschön anzusehen sind." Auch die zeitgleiche Chronik von Giorgio Gucci – damals in Geschäften auf dem Kleidungssektor unterwegs – ist ebenfalls positiv; er erzählt von „Seidentuchen, Baumwollstoffen, Leinengewebe, Gold- und Silber-, Kupfer- und Messingarbeiten […] und allen Arten von Glas". Und sieht man die prachtvolle Schale im Bargello-Museum zu Florenz (syrische Handarbeit, zu datieren auf das Ende des 13. oder den Beginn des 14. Jahrhunderts), versteht man gut, was unsere Reisenden im Sinn hatten, die doch aus Ländern kamen, die für die Kunst nicht unempfänglich waren. Es ist nicht so sehr die Kostbarkeit des Materials (die Grundlage ist fast immer Messing oder Bronze), sondern die Fähigkeit der Bearbeitung mit Silber- und Goldinkrustationen. Die Schale mit sich verjüngender Wandung ist vollständig sowohl auf dieser (ein breites Register mit runden Medaillons mit Enten – Symbol der Ergebenheit –, im Wechsel mit beschriebenen Streifen) als auch auf dem Boden mit 19 ebenfalls runden Medaillons verziert. In der Mitte befindet sich die Sonne, verbunden mit sechs Medaillons mit den Planeten, die ihrerseits mit den zwölf Tierkreiszeichen verknüpft sind. Es handelt sich um ein ausgefeiltes Werk (stilistisch dem berühmten „Taufbecken Ludwigs des Heiligen" im Louvre nahe stehend, einem vom Meister Muhammad Ibn az-Zain signiertes Stück), in dem der aijubidische Einfluss noch vorhanden ist, wie es auch das Innere mit einer Serie von Fischen zeigt (ebenfalls in Silbertauschierung), die strahlenförmig um eine Rosette angeordnet sind. Die Schilderung der Planeten und der astrologischen Zeichen ist fast miniaturhaft, und die Thematik ist dem islamischen Metallkunstrepertoire in keiner Weise fremd, hinter dem fürstliche Auftraggeber stehen.

Ein kugelförmiger Räucherständer mit zwei Schalen aus Messing mit Silbertauschierung (jetzt im Britischen Museum) trägt eine Inschrift mit dem Namen eines Mameluckenemirs (Badr ad-Din Baisari), der im Jahre 1298 eingekerkert starb. Es handelt sich um eine damaszenische Arbeit (1264–1279), die zwei Kreise mit einem königlichen, doch nicht heraldischen Wappen mit einem zweiköpfigen Adler aufweist. Zwei in der Form entsprechende, durchbrochene Räucherständer befanden sich in den Medici-Sammlungen von Florenz und sind heute der Stolz des dortigen Bargello-Museums. Sie sind dort in einer Vitrine zusammen mit anderen Metallobjekten aus den großherzöglichen Sammlungen ausgestellt und schon in Archiven des 16. Jahrhunderts dokumentiert.

Ebenfalls in Italien, im Museo Civico Medievale von Bologna, befindet sich eine Kanne aus getriebenem Messing mit Silberinkrustationen, die auf die Zeit der Herrschaft Qalawuns (1279–1290) zurückgeht und daher zur selben Gruppe von Objekten gehört, die oben erwähnt wurde. Auch in diesem Fall handelt es sich um ein opulentes Objekt, das durch eine in horizontale Streifen eingeteilte Dekoration charakterisiert ist, auf denen sich Medaillons und figürliche Darstellungen mit epigrafischen Streifen von lobpreisendem Inhalt befinden, aber auch mit dem Namen des Auftraggebers, dem Emir „Seine Exzellenz Turuntai at-Tabakhi", Chef der *wazir* („Minister") Qalawuns; hingerichtet durch den Sohn und Nachfolger des Sultans. Auf den vier runden Medaillons sind Reiter dargestellt, die mit ihren Fähigkeiten prunken: Polospiel, Falkenjagd, Bogenschießen und Tötung eines wilden Tieres, eine Art vollständiger Reiterwettbewerb *ante litteram* (nur die Militäraristokratie konnte ein Pferd reiten).

Während sich die Mameluckenherrschaft nach und nach mit ihrer ideologischen Last durchsetzt, die in gewisser Weise die Restauration einer Art „Orthodoxie" verfolgt, wandeln sich die vorherrschenden künstlerischen Aspekte, wie man an einem seltenen Eimerchen aus gegossenem Messing sehen kann, der in Treviso (Museo Diocesano) aufbewahrt wird und auf dem ein Teil der ursprünglichen Inkrustation aus den beiden Edelmetallen erhalten ist. Auf den vier Medaillons gibt es keine Darstellungen von Menschen mehr. Sie wechseln mit kräftigen Streifen (oben und unten mit Rändern aus kleinen sechsblättrigen Rosetten und laufenden Arabesken versehen) und mit Inschriften im *thuluth*-Stil ab (in diesem grafischen Typ besitzen die Grundstriche eine betonte Senkrechte und das Verhältnis ist mit

Messingschüssel mit Gold- und Silberinkrustation, auf der ganzen Außenfläche und einem Teil der Innenfläche reich verziert; zweite Hälfte des 13. – Anfang des 14. Jahrhunderts. Provenienz Syrien, aufbewahrt im Museo Nazionale del Bargello, Florenz.

Graviertes Messingbecken mit Inkrustation aus schwarzer Paste; der Dekor ist in horizontalen Streifen angelegt, der mittlere Streifen hat epigrafischen Charakter. Zweite Hälfte des 15. Jahrhunderts, Galleria Regionale della Sicilia, Palermo.

1:3 definiert, das heißt die Höhe des Buchstabens, im Allgemeinen auf Grundlinie, entspricht dreimal ihrer horizontalen Ausdehnung). Hingegen finden sich zwei Päonien (der durch die Mongolen ab Beginn des 13. Jahrhunderts verbreitete chinesische Einfluss ist für die Erneuerung des Repertoires verantwortlich) und zwei Adler mit ausgebreiteten Flügeln, die dabei überrascht wurden, wie sie ebenso viele Enten attackieren.

Eine weitere große Kanne (52,6 cm hoch) im Bargello-Museum aus getriebenem Messing mit Silberinkrustation – wahrscheinlich in Ägypten für den Rasuliden-Sultan des Jemen (al-Malik al-Afdal Dirgham ad-Din al-Abbas, 1363–1377) hergestellt – exemplifiziert hervorragend das Sentiment des neuen Stils. Ebenfalls in mehrere Streifen mit Dominanz der inschriftlichen eingeteilt (festzuhalten ist die Verwendung der kufischen Zeichen mit verflochtenen Grundlinien und eines sehr kräftigen und breiten *thuluth*-Stils auf der Schulter der Kanne), wird das Bedürfnis nach Abstraktion nur leicht von Medaillons mit Päonienblüten und Arabesken nivelliert, absolut auf der Linie sunnitischer Observanz, die naturalistischen Anregungen fernsteht. Mehr oder weniger gleich verhält es sich mit einer kleinen Kanne im Britischen Museum (Ende des 14. Jahrhunderts), die mit dem Florentiner Stück über nicht wenige Vergleichsmerkmale verfügt. Die Wissenschaftlerin R. Ward klassifizierte sie auf Grund der winzigen Blütenranken als durch fernöstliche textile Motive beeinflusst. In Kairo (früher Sammlung Harari) wird eine Lampe aus Metall aufbewahrt, auf der die Inschrift praktisch das einzige verwendete Schmuckelement ist.

Messingkanne mit Gießer und mit Silberinkrustation; Streifen mit epigrafischem Dekor wechseln mit figürlichem Dekor ab. Museo Civico, Bologna.

Neben solchen Werken, die für hochstehende Auftraggeber geschaffen wurden, existieren viele weitere Objekte – typisch für die letzte Phase der Mameluckenherrschaft –, die in Kupfer – manchmal verzinnt – ausgeführt sind. Sie sind qualitätvoll gemacht, obgleich sie für einen ganz anderen Markt gedacht waren. Ein Messingbecken in Palermo (Galleria Regionale della Sicilia) mit Gravurbearbeitung und nicht mehr mit Metall inkrustiert, sondern mit einer schwarzen Paste (eine bitumenartige Substanz, die die natürliche Leuchtkraft des Metalls hervorspringen lässt), dokumentiert die auf die Zeiten von Qai't Bai in der zweiten Hälfte des 15. Jahrhunderts folgende Mode. Horizontale Streifen mit Arabeskengeflecht und endlosen Bändern stehen über und unter einem mittleren breiteren Band mit Inschriften in *thuluth* und mit geometrisch ausgefüllten Feldern sowie einem mehrteiligen heraldischen Wappen (vgl. weiter unten) – Taschentuch, zwei Schalen, Federetui, zwei Schießpulverhörner (?) –, das sich auch auf weiteren, nicht datierten Gegenständen findet, die jedoch mameluckischen Beamten von höherem Stand zuzuschreiben sind. Die Hauptinschrift lautet nach der Übersetzung von S. Carboni folgendermaßen: „Eines [der Gegenstände] hergestellt für [Seine] Exzellenz, des Sultans höchst edlen, vortrefflichen, erhabenen, herrschaftlichen [Beamten],/großen Fürsten, Helfer, Bewahrer, Besitzer, den wohl Bedienten, vornehmen, herrschaftlichen, großherzigen [...]".

Die Brigantine (oder Paradejacke) in rotem Samt mit (vielleicht vergoldeten) Messingbeschlägen und innen mit zwei Lagen aus mit Halbwolle besticktem Leinen trägt auf den Ärmeln (*tiraz*) und dem erhöhten Kragen den Namen des Sultans al-Malik az-Zahir abu Said Dschaqmaq (1438–1453); es handelt sich um das einzige aus der Mameluckenzeit erhaltene Stück, das durch die gesicherte Datierung noch kostbarer ist.

Ebenso interessant ist die Stahlaxt (der Stahl aus Damaskus hatte spezielle Qualitäten und war daher besonders geschätzt) mit Goldtauschierung und Inschrift mit dem Namen von Qa'it Bai. Zwei weitere mameluckische Äxte – heute im Historischen Museum von Dresden und Bestand von 1606 – „wurden vom Herzog von Florenz über Heinrich van Hagen geschickt". Das beweist, dass die Stadt in der Toskana und ihre Herren hervorragende Beziehungen zum Vorderen Orient unterhalten haben müssen. Ist es gewagt zu vermuten, dass ein Lorenzo de' Medici, als er seine Maskenbälle und Feste im Zeichen des „wer fröhlich sein will, sei …" feierte, sich auf der Piazza auf einem Streitross von Araberblut präsentierte, gekleidet in die funkelnde Galabrigantine und bewaffnet mit seiner blitzenden Axt?

Ein weiteres Material, aus dem während eines gut Teils der Mameluckenzeit großartige Werke hergestellt wurden, war das Glas. Die angewandte Technik sah vor, das Glas erst zu blasen und dann zu emaillieren. Es gilt jetzt als gesicherte Tatsache, dass die venezianischen, besser: muranesischen Glaskünstler am Ende des 13. Jahrhunderts dieselben Techniken lernten, auch wenn die Überlegenheit der Mamelucken – wenigstens solange die Herstellung andauerte, das heißt etwa bis zum 15. Jahrhundert – unbestreitbar ist. Auch die Glaskunst machte dieselben Geschmacksveränderungen durch, die gegen Ende des 14. Jahrhunderts in die Metallkunst Einzug hielten und die wir zuvor kommentiert haben: Die dem Aijubidengeschmack nahe stehenden Werke mit Darstellungen von Menschen werden durch Arabeskenmotive, große Inschriften in *thuluth* oder in Kursivschrift, heraldische Wappen ersetzt. Die Technik, ziemlich komplex vor allem in der Phase der in einer Muffel durchgeführten Emaillierung (das Email schmilzt bei je nach Farbe verschiedenen Temperaturen, und eine zu hohe Temperatur birgt die Gefahr, das Werk außer Form zu bringen, indem es wieder schmilzt), wurde von den Handwerkern perfekt beherrscht (wir kennen nur einen Glaskünstler: 'Ali Ibn Muhammad ar-Rammaki, einen Syrer); sie schufen Objekte von sehr verschiedener Form, Moscheelampen, Flaschen, Gläser, Vasen, Schalen und anderes. Der in den Museumssammlungen am meisten vertretene Typ ist (vor allem in Kairo) die Lampe – es wäre korrekter, sie wegen des Fehlens eines Ölbehälters als Laternen zu bezeichnen –, die für eine Moschee oder ein anderes Gebäude zu sakralem Zweck hergestellt wurde. Es handelt sich ohne Zweifel um eine handwerkliche Produktion, jedoch in Serie ausgeführt (hunderte und aberhunderte Stücke), wenigstens was die Form betrifft (ausgeschmiegter Fuß als Reminiszenz an eine doppelte Verwendung: aufgestellt oder mittels Ringen aufgehängt; kugeliger Körper, Hals mit weiter Ausschmiegung). Der Dekor dagegen wurde in einem zweiten Arbeitsgang aufgebracht und konnte trotz offensichtlicher stilistischer Ähnlichkeit je nach Auftrag variieren. Sehr häufig – auch wenn es sich nicht um eine Vorschrift handelt – besteht die Inschrift auf zu religiösem Zweck bestimmten Stücken aus dem *ayat an-nur* genannten Koranvers (vom Licht; XXIV, 35) oder wie im Falle der Lampe im Bargello-Museum zu Florenz aus einem anderen Koranzitat (II, 255). Das genannte Stück wurde für die *khanqah* von Tughaitimur (1343–47) geschaffen, einen Emir Qalawuns und Sekretär (sein Büro war das des *dawadar*) bei drei Sultanen, bevor er in Ungnade fiel und während eines Exils in Syrien ermordet wurde. Die enkomiastische Inschrift gibt uns die Titel und die Erklärung des dreigeteilten heraldischen Emblems (eine rote Schale auf weißem Grund in der Mitte, ein Federetui im oberen Feld und ein monochromes Band unten); die Wappen waren nicht ererbt, sondern entsprachen der im Augenblick ausgeübten Funktion.

SPUREN DER GESCHICHTE: WAPPEN

Bei den Wappen handelt es sich um ein wichtiges Merkmal der Mameluckenkunst, das in zahlreichen Abhandlungen von L.A. Mayer eingehend untersucht wurde. Tatsächlich war sowohl in der Architektur als auch in den angewandten Künsten (beispielsweise in der Keramik, dazu weiter unten) eines der privilegierten „Zeichen" gerade dieses, häufig durch Inschriften erläutert. Viele Verwaltungsbüros hatten ihr Emblem: der Mundschenk (*saqi*) einen Pokal, der Sekretär (*dawadar*) ein Federetui, der *dschaschankir* („Püfer") einen runden Tisch, dazu der Garderobier ein Taschentuch (also eine Raute), der Stabträger oder Militärchef einen Krummsäbel, der für die Stallungen verantwortliche Reitmarschall zwei Stöcke des Polospiels, der Waffenmeister zwei Schießpulverhörner. Es ist bedeutsam festzuhalten, dass sich diese Mode auch in der venezianischen Malerei repräsentiert findet, wie es in einer Studie von J. Raby dokumentiert ist (*Venice, Durer and the Oriental Mode*); das dargestellte Wappen ist nicht immer dasselbe: Mansueti stellt in den „Szenen aus dem Leben des heiligen Markus" das Wappen der Epoche von Qa'it Bai dar (Venedig, Accademia), eine Variante davon in „Der heilige Markus tauft Anianus" (Mailand, Brera) und in „Der heilige Markus heilt Anianus" (Venedig, Accademia; in diesem Fall hinter dem Thron des Sultans, der durch den ganz besonderen Typ einer Kopfbedeckung erkennbar ist); Bellini in der „Predigt des hl. Markus in Alexandria" (Mailand, Brera; vereinfachte Version und kaum sichtbar, aber dennoch vorhanden). Der auffälligste Fall ist vielleicht das Gemälde eines Anonymus (manchmal Vittore Belliniano zugeschrieben), das im Louvre aufbewahrt wird und den Titel „Empfang der Gesandten" trägt; die Szene, die mit bemerkenswerter Präzision nach Damaskus verlegt ist, wo man die Große Moschee der Omaijaden erkennt, enthält manche Inkongruenzen (der Sultan auf dem *Diwan*, draußen [!] und mit zwei auf demselben Stuhl sitzenden Beamten!), doch das Wappen wird dort sehr genau gut achtmal wiederholt.

Ebenfalls mit den heraldischen Wappen (ein sehr schönes Mameluckenwappen in Wolle wird im Metropolitan Museum von New York aufbewahrt) verbunden ist ein anderes merkwürdiges Ereignis, auf das es lohnt, einige Worte zu verwenden. Es handelt sich um das Kartenspiel, das schon in der zweiten Hälfte des 14. Jahrhunderts in Italien eingeführt wurde: „Anno 1379 wurde das Kartenspiel nach Viterbo gebracht, das aus Sarazenien kam und bei ihnen Naib genannt wurde" (Giovanni di Iuzzo di Covelluzzo). Allerdings scheint dies nicht die erste Erwähnung zu sein, denn in einer *Provvigione Fiorentina* vom 23. März 1376 wird gleichfalls von *naibi* gesprochen. Die Indizien für eine orientalische Herkunft sind also zweifellos stark; beispielsweise haben die heutigen am meisten [in Italien] verbreiteten Spielkarten aus Piacenza die Farbe der Schwerter, bei der das As ein Kreuzsäbel ist, eine ausschließlich islamische Waffe, und der Becher [als Farbe auf neapolitanischen Spielkarten; Anm. d. Übers.] ist demjenigen auf mameluckischen Wappen sehr ähnlich. Die [Karten-]Farbe der Schellen ist einfach eine Darstellung des *dirham*, der in Ägypten verwendeten Goldmünze. Vollständig verfälscht sind die Stöcke, die in der orientalischen Kultur keinen Bezug haben, aber sicher die Schläger des Polospiels vertreten (die Engländer importierten das Spiel viel später aus Afghanistan oder Indien). Wie populär diese Wappen waren, wird durch die Fragmente eines – offensichtlich mameluckischen – Teppichs bewiesen, der in Florenz aufbewahrt wird und einen Teil der Schenkung von U. Bardini bildet (ein Eckstück desselben Teppichs befindet sich aktuell im Textilmuseum von Washington). Dieser Teppich zeigt ein klassisches Muster in mehreren Farben (Rot, Elfenbein, Gelb, Rosa, Grünlich, Hellblau, Kastanienbraun) aus dichten geometrischen Motiven.

TEPPICHKUNST

Die Teppiche bilden ein weiteres wichtiges Kapitel dieser Periode. Es sind davon zahlreiche Exemplare bekannt (auch solche mit exzentrischen Formen; runde Teppiche sind technisch enorm aufwendig); sie haben verschiedene Formate wie beispielsweise jenes extrem große Stück (etwa 10 × 4 m), von dem jemand schrieb, er habe das Glück gehabt, es vor nunmehr 20 Jahren bei der Erzbruderschaft von San Rocco zu Venedig zu „entdecken", und dass die Dokumente beweisen, dass er im Jahre 1541 wegen des Besuchs von „Gesandten oder anderer Herren bei der *Visitation*" erworben wurde; andere sind von viel bescheidenerer Größe. Technisch bilden sie eine Gruppe für sich; ganz aus Wolle – einzige Ausnahme ein vorzügliches Exemplar aus Seide, das in Wien aufbewahrt wird –, sind sie mit asymmetrischem Knoten geknotet und zeigen normalerweise eine Palette von nur drei Farben, Rot, Hellgrün und Blassblau). Sie unterscheiden sich durch einen sehr dichten Dekor, der von einem oktogonalen Medaillon in der Mitte beherrscht (der so genannte Simonetti-Teppich im Metropolitan Museum von New York weist fünf Medaillons auf, allerdings bei einer Länge von 896 cm) und gewiss nach einem Karton hergestellt wurde (einer Zeichnung im Verhältnis eins zu eins). Eine der größten Schwierigkeit bei der Herstellung bestand in der verschiedenen Dickte der Knoten in der Horizontalen und Vertikalen, weswegen es, um regelmäßige Figuren zu erhalten, nicht ausreichte, dieselbe Zahl von Knoten auszuführen (nehmen wir vier auf jeder Seite, um ein kleines Quadrat herzustellen), sondern es waren Korrektive einzufügen; die Verbindung zwischen dem, der das Muster zeichnete, und dem Handwerker musste also sehr eng sein.

Diese Teppiche hatten auch in Europa einen immensen Erfolg, wohin sie über Venedig importiert wurden, das bei diesem Handel eine Art Monopol (in jüdischen Händen) innehatte. Der mächtige Kardinal Wolsey, Lordkanzler Heinrichs VIII., unternahm intensive diplomatische Verhandlungen mit dem Stadtstaat, der „Serenissima", mit dem Ziel, etwa 60 Teppiche vom vorgenannten Typ zu bekommen, die er schließlich erhielt (die vom Verfasser mehrfach erwähnte Geschichte zog sich über zwei Jahre hin, von Juni 1518 bis Oktober 1520).

Die – auch sehr großen – Teppiche bilden das natürliche Pendant zur sakralen Architektur. Leicht lässt sich vorstellen, dass der oktogonale Leuchter der schon erwähnten Moschee von Qa'it Bai als Kontrapunkt auf dem Boden einen dieser großartigen Teppiche hatte. Zum Schluss verweisen wir auf den Umstand, dass die berühmtesten osmanischen Teppiche auch von hier stammen. Auf ein wiederholtes geometrisches Muster folgte im 16. Jahrhundert (nicht zufällig nach der Plünderung von Täbriz in Persien im Jahre 1514 und dem Fall von Kairo 1517) eine zentralisierte Zeichnung mit zentralem Medaillon und Vierteln davon in den Ecken. Mit einem Edikt Murads III. (1565) wurden ägyptische Handwerker gezwungen, in die Türkei überzusiedeln (wahrscheinlich nach Bursa) und schon gefärbte Wolle mitzubringen. Das zeigt, dass die Produktion im Mameluckenstil in Kairo recht lange weiterging, und das, obwohl die natürlich parteiischen ägyptischen Geschichtsquellen bei der Beschreibung der Zerstörungen übertrieben, die das Land unter dem osmanischen Joch erlitt.

Paneel mit glasierten Terrakottakacheln, blau, schwarz und grün bemalt. Provenienz Syrien oder Ägypten, aus mameluckischer Zeit; heute im Victoria & Albert Museum, London.

DIE KERAMIK

Während der fast drei Jahrhunderte währenden Mameluckenherrschaft fehlte natürlich nicht die Herstellung von Tongegenständen, doch scheint die Produktion, obwohl quantitativ relevant, nicht so erlesen gewesen zu sein wie beispielsweise die Metallkunst oder Glaskunst. In vielen Fällen ist es schwer, zwischen ägyptischer und syrischer Fabrikation zu unterscheiden (beide Regionen rühmten sich einer sehr beachtlichen Tradition), wenigstens nach den Fragmenten zu urteilen, die bei den archäologischen Ausgrabungen in Syrien (vor allem in Hamas und Damaskus) und in Ägypten (besonders Fustat, aber auch Alexandria) geborgen wurden. Die charakteristischste und am leichtesten zu erkennende Klasse (ausschließlich mameluckisch), ist eine Keramik mit rotem Terrakottakörper, mit weißer Engobe und Ritzungen, der anschließend mit einer schweren, häufig monochromen gelben, braunen oder grünen Glasur überzogen worden ist. Die Form, ein Becher auf hohem ausgeschmiegtem Fuß, erinnert an die, die auf Wappen dargestellt ist, und ist der byzantinischen Keramik sehr ähnlich, insbesondere der zypriotischen Produktion. Der Dekor imitiert Metallobjekte – und wurde wahrscheinlich für Emire von niederem Rang hergestellt, während die höheren Offiziellen Zugang zur Toreutik hatten – und weist daher epigrafische Motive in der kräftigen Kursive der Zeit sowie die gewohnten heraldischen Wappen auf. Es handelt sich nicht um Qualitätskeramik, trotz des sehr glänzenden Aussehens der Glasur; verglichen mit anderen Künsten (wie beispielsweise der Kalligrafie) fällt sie deutlich ab.

Eine Erklärung könnte in der sehr hohen Zahl importierten chinesischen Porzellans (vor allem aus der Ming-Dynastie, 1368–1644) liegen, wie man aus Funden bei den archäologischen Ausgrabungen ableiten kann: Diese könnte bei der Entwicklung einer lokalen Qualitätsfabrikation als Bremse gewirkt haben, da die Porzellantechnik nicht zu imitieren und in Farbe, Transluzenz, Feinheit und Festigkeit unerreichbar war. Das betraf nicht nur das Porzellan, sondern auch die Seladon-Keramik, die in tausenden von Stücken produziert und gierig gesammelt wurde (man betrachte die Sammlung der osmanischen Sultane im Topkapi-Serail in Istanbul), eine Ware, die mit einer olivfarbenen grau-grü-

Detail eines Mameluckenteppichs mit Emblem eines Emirs des Sultans al-Aschraf Qa'it Bai. In 17 Stücken gefunden, heute in der Galleria di Palazzo Mozzi Bardini, Florenz.

nen Glasur versehen ist. Eine Bestätigung liegt in den Nachahmungen der blau-weißen Stücke (im Fall eines in Hamas ausgegrabenen Tellers ist es angebrachter, von einer Kopie anstatt einer Imitation zu sprechen) und dem massenhaften Erscheinen der Ornamentik im chinesischen Stil (Bänder, Päonien- und Lotosblüten) auf den sechseckigen Kacheln vor. Diese Mode der Wandverkleidung mit Kacheln vereint die Türkei und den Iran, Syrien und Ägypten und scheint einen festen Bezugspunkt in der Stadt Täbriz zu haben (die *nisba*, das heißt „Provenienz", at-Tawrizi).

Wir erinnern darüber hinaus an blau-weiße Albarelli mit der Florentiner Lilie (heute im Musée des Arts Décoratifs zu Paris), bei denen es sich um eines der drei „Damaszener Albarelli" handeln könnte, die nach einem Inventar von 1463 (publiziert von M. Spallanzi) Piero il Vecchio („der Alte") de' Medici gehörten. Eine sehr plausible Sache, auch stilistisch, da das Wappen mit der Lilie auf eine Dekoration „appliziert" zu sein scheint, die als ganz selbstständig anzusehen ist. Im 13. und 14. Jahrhundert gibt es Formen wie Becher (auf hohem ringförmigem, ausgeschmiegtem Fuß), Krüge, Albarelli, Tassen mit Griff mit weißem Körper und ebenfalls weißer Engobe, unter Glasur verziert in den Farben Grün, Schwarz, Türkis und Blau, mit arabesken Strahlenmotiven (sechs, acht oder mehr Strahlen). Deutlich herrschen Blau und Schwarz auf weißem Grund vor. Die blauen und weißen sind durch Signaturen, oder wahrscheinlicher Marken, von Künstlern oder Werkstätten charakterisiert. Der schaffensfreudigste scheint ein gewisser Ghaibi gewesen zu sein (mit der gewöhnlichen *nisba at-Tawrizi*, d. h. Provenienz aus Täbriz), doch es ist auch an asch-Schami (aus Damaskus), al-Misri (aus Kairo), al-Hurmuzi (aus Hormuz) zu erinnern, alles nicht notwendigerweise wörtlich zu nehmende Bezeichnungen, da sie auch auf einen Stil, eine Werkstatt, eine Mode weisen konnten. Kleine blau-weiße Krüge, mit großen Tieren (zum Beispiel Pferden) geschmückt, die in fragmentarischem Zustand in Fustat gefunden wurden, weisen auf einen ilkhanidischen Einfluss oder einen solchen der Mongolen der Goldenen Horde. Auch Lüster fehlen nicht – die besondere Erfindung der islamischen Keramiker –, die ausschließlich in Syrien produziert (doch es finden sich auch Fragmente aus spanischen Importen und italienische Fayencen, Letztere ohne Metallglanz) und zweifellos auf Bestellung des Hofes hergestellt wurden. Eine große Anzahl dieser Objekte wurde auf Sizilien erworben, beispielsweise eine sehr schöne Vase mit Inschriften und der Darstellung von Vögeln im Flug aus Trapani (jetzt im Victoria and Albert Museum in London).

Die Herstellung von Keramik gehört ihrer Natur nach zu den Tätigkeiten, die nie eine Unterbrechung erfahren, da sie einem der substanziellen Bedürfnisse des Menschen entspricht (wie Speise, Kleidung, Religion). Daher wurde Keramik sicher auch während des gesamten 15. Jahrhunderts hergestellt, doch zweifellos versetzte die Plünderung von Damaskus durch die Timuriden (1401) der Keramikkunst einen harten Schlag, genauso wie der Glaskunst. Die Offizinen und Werkstätten, die über einen hervorragenden künstlerischen Standard und Produktionskapazitäten verfügten, wurden vernichtet. Die überlebenden Arbeiter mussten ihre Tätigkeit wieder bei Null beginnen, ohne sich nunmehr auf anerkanntes Material von hoher Qualität stützen zu können, das sich durch einen verfeinerten Geschmack an die Spitze setzen konnte. Allein ein Umfeld mit einer tiefen Kenntnis und Bildung in der eigenen Tradition konnte diesen garantieren.

Die Buchkunst der Mameluckenzeit

Das letzte große Kapitel, das in diesem Panorama der Mameluckenkunst anzuschauen ist, dreht sich um die Buchproduktion. Die Mameluckensultane (den Vorletzten unter ihnen ausgenommen, al-Aschraf Qansuh al-Ghawri) zeigten sich an der Unterstützung von Werken der Miniaturkunst nicht interessiert, daher bleibt dieser Aspekt der Kunst, der anderswo (Irak, Iran, Zentralasien) gerade zur selben Zeit eine, zurückhaltend gesprochen, interessante Blüte erlebte, sowohl in Syrien als auch in Ägypten ausgesprochen im Schatten. Es wurden Texte von wissenschaftlichem Charakter geschaffen, ziemlich unselbstständige Werke, die Bekanntes wiederholten, wie zwei berühmte Texte, die *Automata* von al-Dschaziri und die *Maqamat* („Versammlungen") von al-Hariri. Auch der *Khalila wa Dimna* (ein ursprünglich indischer Text mit Tierfabeln und aufbauendem moralischem Inhalt, eine Art Phädrus oder Äsop) in der arabischen Version eines Ibn al-Muqaffa hatte einen ansehnlichen Erfolg, aber nichts mehr.

Ein typisch mameluckisches Genre, das praktiziert wurde, war das der *Furusuyyia* („Reitkunst"), Texte, die gut zur Sozialstruktur des Reiches passten, in dem die Ursprünge der Dynastie immer präsent waren und kriegerischer Ruhm hoch in Ehren gehalten wurde. Doch wenn man eine gewisse Indifferenz gegenüber der Miniaturkunst registriert, lässt sich das Gleiche nicht in Bezug auf die Vervielfältigung des Korans sagen, ein rechtes Ruhmesblatt der mameluckischen Kunst zusammen mit der Architektur. Das lässt sich erklären. Die Dynastie, wie gesagt, bestand vor allem aus Soldaten, fremd, oft kaum konvertiert, kurz, es waren Parvenus, Neureiche, die durch das erhabenste und im Jenseits für den Menschen am meisten belohnte Werk, nämlich die Abschrift des Korans, also durch das heilige Buch eine Art religiöse Legitimation erhielten. Die Bestellungen durch die *waqf* wurden registriert und bis zum 19. Jahrhundert innerhalb der religiösen Institutionen aufbewahrt, als sie in der Nationalbibliothek von Kairo zusammenflossen, das heute die imposanteste Sammlung der Art enthält. Weitere wichtige Werke, die nach der Eroberung von den Osmanen dorthin gebracht wurden, befinden sich in der Kutuphanesi (Bibliothek) des Topkapi in Istanbul; allerdings findet man dort keine Werke, die aus Moscheen oder anderen religiösen Bauwerken geholt worden wären, da diese von den neuen Herrschern völlig respektiert wurden. Bemerkenswerte Sammlungen gibt es auch in der Chester Beatty Library zu Dublin (die von D. James gründlich untersucht wurde) und in der British Library zu London. In Italien erreicht die Biblioteca Nazionale Marciana zu Venedig ein gutes Niveau.

Einen Koran zu kopieren war buchstäblich ein Unternehmen, das mehrerlei Kompetenzen beanspruchte, da es sich um ein Gemeinschaftswerk des Kalligrafen, Buchgestalters (der sich den Frontispizen, den Überschriften der Suren, dem Ende der Verse widmete, natürlich immer in engstem Kontakt mit dem Kopisten) und schließlich des Buchbinders handelte. Der Standardumfang der Korankopien bestand aus 30 (!) Bänden, ihre Dimensionen waren außerordentlich, bis zu einem Meter Höhe. Der berühmteste und umstrittenste Koran in 30 Bänden wurde vielleicht im Jahre 1313 für al-Malik an-Nasir Muhammad angefertigt (Kairo, Nationalbibliothek). Allerdings kann man auch nicht ausschließen, dass er stattdessen für den mongolischen Herrscher Persiens Uldschaitu (1304–1307) geschaffen wurde, der zum Islam übertrat und unter anderem Patronatsherr eines der prächtigsten Mausoleen im Iran in Sultaniyya war. Mindestens drei wichtige Umstände weisen in Richtung auf eine ilkhanidische Arbeit: der Name des Kopisten, Abdallah Allah Ibn Muhammad Ibn Hamadani (das heißt aus Hamadan, dem berühmten Ekbatana), der ehrende Titel „Nasir ad-Dunya wa'd-Din Ghiyath ad-Dunya wa'd-Din", der nie von den Mamelukensultanen verwendet wurde, und schließlich ein Lobpreis auf die zwölf schiitischen Imame (anscheinend näherte sich Uldschaitu anfangs dem Schiitentum, und das Mausoleum von Sulaimaniyya wurde konzipiert, um die sterblichen Hüllen der Imame aufzunehmen). Es erscheint vorstellbar, dass dieses echte Denkmal islamischer kalligrafischer Kunst als Geschenk Abu Saids (des Nachfolgers von Uldschaitu), der im Jahre 1323 einen Friedensvertrag mit den Mamelucken schloss, nach Ägypten kam.

In jedem Fall war sein Einfluss auf die weitere Produktion enorm. Die größte Konzentration der Fähigkeiten wurde auf die Frontispize verwandt: Im Allgemeinen weisen sie einen strahlenförmig von der Mitte ausgehenden Dekor aus Sternen mit 12 oder 16 Spitzen auf, die von Polygonen umschlossen sind. Die Flächen sind mit arabesken und floralen Motiven ausgefüllt (hier erscheinen zum ersten Mal die chinesischen Motive der Lotosblume und Päonie) und in intensivem Blau, Rot, Weiß und Schwarz bemalt, der Fond ist in feinstem Gold gehalten. Es handelt sich um komplexe Zeichnungen, die nach Meinung der Wissenschaftlerin E. Atil astrologische Mikrokosmen darstellen, die dazu bestimmt sind, die höhere Harmonie der Schöpfung zu reflektieren.

Auch die Kopisten gaben ihr Bestes. Der kufische Stil wurde ziemlich reduziert und ebenso wie der *thuluth* für die Überschriften verwendet; der Text dagegen wurde in *muhaqqaq* gefasst („penibel genau geschrieben") oder in dem reduzierteren *rihani* (wörtlich „Basilikum") mit feinsten, anmutigen Buchstaben. Nur wenige Kopisten – gemessen an der Zahl der fertiggestellten Exemplare – signierten mit ihrem Namen und noch weniger die Buchgestalter. Die Einbände ihrerseits sind von großer Qualität: Gewöhnlich aus Fell oder Leder, das graviert und anschließend vergoldet wurde, nehmen sie die auf den Frontispizen verwendeten Motiv wieder auf, das strahlenförmige Muster mit einem Stern als Ursprung oder einer flachen geometrischen Figur (Sechseck und Achteck), oder sie folgen einfach einem Schema aus sich wiederholenden geometrischen Motiven, die mit passenden Metallpunzen aus-

geführt werden. Ein Typus, der einen ansehnlichen Erfolg zeitigte, war die Filigranarbeit. Die Zeichnung wurde in das Leder geschnitten, anschließend graviert und vergoldet, um dann auf eine Grundfläche gelegt zu werden, die häufig aus monochromer Seide bestand.

Am Schluss dieser Reise durch die mameluckische Kunst, vor allem die von Kairo, lässt sich feststellen, dass es sich um eine bedeutende Epoche der islamischen Kunstpraxis handelte, eine jener Perioden, in denen es politische und ökonomische Umstände erlaubten, einen Stil zu schaffen und voll durchzusetzen, der leicht zu erkennen ist, nicht nur in der Architektur, sondern auch in den dekorativen Künsten. Die künstlerische und handwerkliche Tradition der Fatimiden, die unter den Aijubiden zum Teil eingeschlummert, aber wahrscheinlich nie verschwunden war, lieferte das unabdingbare Substrat, auf dem die fremden Beiträge aufsetzen konnten (die chinesischen durch Persien und die europäischen durch die Kreuzfahrer). Sie sind allesamt in jedem Fall in einem Kontext erkennbar, der in keiner Weise bar von Originalität ist.

Die Kunst im Osten der byzantinischen Welt

Tania Velmans

Länder wie Syrien, Palästina und Ägypten gehörten vor ihrer Eroberung durch die Araber im 7. Jahrhundert direkt zum Byzantinischen Reich. Georgien, Armenien, Nubien und Äthopien zählten zwar nicht zum Reichsverband, standen aber unter dem fortwährenden Einfluss der byzantinischen Kultur. Kappadokien hingegen, das ebenfalls in diese östliche Peripherie einzuordnen ist, war wiederum ein Teil dieses Reichs. In den Regionen, die von den Arabern besetzt und islamisiert worden waren, blieb ein bestimmter Teil der Christen ihrer früheren Religion treu und ihre Kirchen und Religionsgemeinschaften wurden von den arabischen Besetzern toleriert. Dies erklärt, warum dort weiterhin christliche Gotteshäuser gebaut und mit Bildern geschmückt wurden, deren Stilmerkmale aus der byzantinischen Ikonografie hervorgegangen sind.

Die Kunst in dieser östlichen Randzone unterscheidet sich dennoch deutlich vom künstlerischen Geschehen auf dem Balkan und in Russland; beide Regionen bilden unter diesem Aspekt einen homogenen Block. Die Unterschiede zeigen sich vor allem in den Bildprogrammen und -kompositionen der Künstler im Orient, um unterschiedliche Themen darzustellen. Diese Distanz zu der in Konstantinopel gepflegten Tradition zeigt sich so oder ähnlich im gesamten Orient[1], sodass wir zu Recht schon wieder von Wesensgleichheit sprechen können. Das trifft für die uns hier interessierende Epoche umso mehr zu, als der Stil der Fresken, die in jeder Region anzutreffen sind, einen gemeinsamen Nenner aufweist: Die so genannte palaiologische Renaissance ist mit Ausnahme einiger Kirchen in Georgien aus dem 14. Jahrhundert, die z. T. von griechischen Malern[2] geschmückt wurden, an sämtlichen Gotteshäusern in den östlichen Randgebieten von Byzanz fast spurlos vorübergezogen.

Die Plastik

Die orthodoxe Kirche betrachtete Statuen oder andere Skulpturen stets als eine für die Darstellung der göttlichen Welt zu profane und zu konkrete Ausdrucksform. Außerdem, so sagte man ihnen nach, verführten sie zum Götzendienst. Deshalb verschwanden die in der Antike hoch entwickelten Skulpturen in dem vom byzantinischen Reich bis zum Mittelalter reichenden Zeitraum gewissermaßen von der künstlerischen Bildfläche. Während der Palaiologenherrschaft tauchten Skulpturen zwar hie und da wieder auf, aber so selten, dass wir ihre Zahl vernachlässigen können. Ganz anders dagegen in bestimmten Ländern an der Ostgrenze des Byzantinischen Reichs wie in Armenien oder Georgien, wo zum Beispiel vom 7. bis zum 14. Jahrhundert Reliefs die Fassaden vieler Kirchen schmückten – besonders eindrucksvoll im 10./11. Jahrhundert, als Schmuckreliefs die gesamten Außenmauern von Kirchen wie etwa an der Kirche vom Heiligen Kreuz in Aght'amar (Armenien, 10. Jahrhundert)[3] zierten.

Dies trifft für die Zeit, mit der wir uns hier beschäftigen, zwar nicht mehr zu, aber die Plastik behielt doch ihren Platz im Kirchenbau. Sie „überlebte" in den Flachreliefs um Kircheneingänge und Kirchenfenster, zum Beispiel in den Gotteshäusern von Hohannawank (13. Jahrhundert)[4] und Geghard (1215)[5]. Auch in den Innenräumen von Sakralbauten stoßen wir auf sie wie in den Gewölbezwickeln der Kirche von Areni.[6] Zahlreiche, mit großen Kreuzblumen geschmückte Grabstelen, so genannte *Chatschkhars*, stehen auf hohen Sockeln für sich oder sind in die Kirchenwände eingefügt. Vom 13. Jahrhundert an tauchen auf Gesimsen im Kirchenraum auch Flachreliefs von Jesu Tod am Kreuz auf. Das erste uns bekannte Beispiel ist die Grabstele des Priesters Johannes aus dem Kloster Haghbat (1273)[7]. Manchmal wird die Kreuzigungsszene auch durch eine Deesis oder andere Episoden aus dem Neuen Testament ersetzt wie auf der Stele des Momik (1308) in der Kirche von Areni.

Darstellungen des zwischen Johannes dem Täufer und der Jungfrau Maria thronenden Christus (Deesis) kommen auch in den Bogenfeldern über Kircheneingängen und -fenstern vor wie in der Muttergottes-Kirche von Amaghu (1339)[8] oder Reliefs der Jungfrau mit dem Kind, wie an der Johannes dem Täufer gewidmeten Kirche, ebenfalls in Amaghu, aus dem 14. Jahrhundert. Dort sitzt die Gottesgebärerin auf einem Thron, den ein fransenbesetzter orientalischer Teppich bedeckt und der auf islamischen Einfluss schließen lässt[9]. Die Reliefdarstellungen heben sich von einem, ebenfalls mit bildhauerischen Mitteln gestalteten Hintergrund ab und sind stets von langen Schmuckbändern umgeben. Giebelfelder ohne Figuren stehen selten allein, sondern sind in eine Skulpturengruppe über Einrahmungen, Nischen und kleinen Säulen eingebunden, auf denen sich wie bei der Muttergottes-Kirche in Amaghu[10] und auch von Kirchen in Georgien[11] ein großes Kreuz erhebt.

Stilistisch gesehen, fließen in armenischen Skulpturen byzantinische, hellenistische, persische, arabisch-muslimische und lokale Einflüsse zusammen; ähnliches gilt auch für viele georgische Kirchen. In Georgien indes besteht die Ausschmückung der Kircheninnenräume aus Fresken und auf ihren Fassaden prangen seit dem 12. Jahrhundert Schmuckelemente und Kreuzdarstellungen. Die Kirchen von Betania (12./13. Jahrhundert) und Zarzama[12] (14. Jahrhundert) oder auch die Decken der einstigen Kunstakademie von Gelati[13] aus dem 12./13. Jahrhundert bieten dafür schöne Beispiele. Die koptische Kunst in Ägypten, die in ihrer Blütezeit viele Skulpturen hervorgebracht hatte, verzichtete im Mittelalter jedoch darauf.

Die Bildprogramme der Kirchen in der östlichen Hemisphäre des Byzantinischen Reichs zeigen in ihren Apsiden wie früher üblich entweder Theophanien (Gottesvisionen der Propheten im Alten Testament), vor allem von Ezechiel und Jeremias, oder eine Deesis (Fürbitte der heiligen Jungfrau und Johannes des Täufers um Gnade für das Menschengeschlecht bei dem zwischen ihnen thronenden Christus); seltener die im Byzantinischen Reich üblichen Bilder der Jungfrau mit dem Kind. Die beiden erstgenannten Themen unterscheiden sich von der in Konstantinopel üblichen Version nicht allein durch den Ort ihrer Darstellung,[14] sondern auch durch ihre Bildschemata. Für gewöhnlich zeigen sie Sonne und Mond oder deren Personifikationen, entweder getrennt oder zusammen mit verschiedenen Engelshierarchien wie Cherubim und Serafim, Feuerrädern oder Tetramorphien oder den vier Gestalten aus der Apokalypse (Löwe, Stier, Mensch, Adler) wie beispielsweise in der Deesis der Kapelle der Vier Gestalten im Sankt-Antonius-Kloster (1232/1233) in Ägypten[15], in der Sabas-Kirche in Safara in Georgien (14. Jahrhundert)[16] und in der Kirche von Anazarba (13. Jahrhundert)[17] in Armenien. Die Präsenz dieser himmlischen Mächte, dazu passende Inschriften und die in einigen Fällen umrahmenden Bilder verlegen diese Visionen an den Zeitpunkt der zweiten Parusie, der Wiederkunft Christi beim Jüngsten Gericht.

Eine besondere Vorliebe für Gottesvisionen ist in Ägypten zu beobachten, beispielsweise in der Apsis der Nordkirche der Märtyrer-Abtei aus dem 13. Jahrhundert und in der Sankt-Mercurius-Kirche in Alt-Kairo[18], in Äthiopien, besonders in der Sankt-Michaelskirche von Dabra Salam (13. Jahrhundert), in Gannata Mariam und Korkor Mariam (beide Kirchen aus dem 13. Jahrhundert) im Komplex der 11 Felsenkirchen bei Lalibela[19] und auch in kappadokischen Kirchen, wo Gottesvisionen künstlerisch besonders hoch entwickelt sind.[20] In Georgien hingegen kam man von diesem Thema um die Wende

Die Muttergottes, Engel und ein Cherub, Detail des Freskos mit der Deesis in der Kirche des heiligen Georgs zu Ubisi (Georgien).

vom 11. auf das 12. Jahrhundert ab und ersetzte es durch die Deesis. Sie tritt uns in verschiedenen Bildschemata und seit dem 12. Jahrhundert insofern auch in reich ausgestalteter Form wie in der Kirche zum heiligen Georg in Ubisi (14. Jahrhundert)[21] entgegen, als sich die himmlischen Wächter (zwei Engelsgruppen hinter Maria und Johannes dem Täufer) mit den anderen himmlischen Heerscharen vereinigen.

Natürlich kommt es auch in Kappadokien wie in Georgien vor, dass statt einer Theophanie das Bild der Jungfrau mit dem Kind die Kuppel einer Apsis beherrscht. Dann allerdings unterscheiden sich die Bildfriese darunter von den byzantinischen Formen und stellen mit dem Bild in der Konche der Apsis keine gleichsam unauflösliche Einheit mehr dar. So in der Marienkirche von Timotesubani (um 1215) in Georgien, wo unterhalb der Gottesgebärerin mit dem Kind die Aussendung der Apostel zu sehen ist,[22] ein Bild, das siegesgewiss die künftige Ausdehnung des Christentums ankündigt und mit der Darstellung der jungfräulichen Maria als „Werkzeug" der Menschwerdung Christi keine Verbindung besitzt.

Diese Betrachtungen erfordern nunmehr das nähere Eingehen auf die Register unterhalb der Konchen christlicher Kirchen im Vorderen Orient. Zuvor aber sollten wir uns noch kurz des konstantinopelischen Bildprogramms für Darstellungen in der Apsis entsinnen, dessen Einzelheiten das Kapitel über die byzantinische Frührenaissance detailliert erläutert (vgl. S. 10 ff.). In der Epoche, der wir uns

hier zuwenden, sind unterhalb der Maria mit dem Kind die Kommunion der Apostel und darunter die heiligen Bischöfe zu sehen, die, in Dreivierteldrehung gezeigt, liturgische Schriftrollen in den Händen halten, was bedeutet, dass sie die Messe lesen. Sie streben von den beiden Endpunkten der Apsis zur Mitte, wo das Christuskind in einer Patene liegend oder als Opferlamm – beides eine Anspielung auf die Eucharistie – gezeigt wird.

Im christlichen Orient wurde gerade das zweite der beiden Bildmotive nicht aufgenommen, wenn es auch in der von 1282 bis 1304 errichteten Kirche Bezirana kilisesi[23] in Kappadokien ausnahmsweise zu sehen ist. Das Motiv der Kommunion der Apostel kommt selten, und dann auch nur in Kappadokien, Georgien und Armenien vor. An seiner Stelle erscheint zumeist eine Apostelreihe, die – *en face* gesehen – in semantischer Verbindung zur Deesis in der Konche steht, weil sich die Apostel den Fürbitten Marias und Johannes des Täufers anschließen. Dabei richten sie ihre Blicke auf das Bild der Erscheinung Gottes in der Person des verklärten Christus in der Kuppel. Das unterste Register der Apsis ist allermeistens den heiligen Bischöfen vorbehalten, die in syrischen[24], ägyptischen[25] und kappadokischen[26] Kirchen dort zumeist steif und *en face* dargestellt sind, wohingegen sie in Georgien[27] seit dem 12./13. Jahrhundert in zwei um die Mittelachse der Apsis angeordneten Reihen stehen. Stets aber halten sie liturgische Schriftrollen in ihren Händen, das heißt sie lesen die Messe. An Stelle des Opferlamms findet sich in der Kuppel häufig entweder ein Fenster, ein Bild der in Orantenhaltung betenden Maria oder die Jungfrau mit dem Kind (Georgien, Kappadokien; koptischer Teil Ägyptens), ein Kreuz (Kappadokien, Georgien), eine Christ-Emmanuel-Darstellung wie in Kappadokien und in der Kirche des heiligen Sabas in Trapezunt oder auch ein Mandylion (Grabtuch Jesu) wie in Georgien.[28] Diese Bilder erinnern sämtlich an die Menschwerdung Christi und ergänzen das Fresko des siegreichen Christus in der Konche der Apsis.

Einige unter ihnen sind wie das Mandylion mit einer gleich mehrfachen Symbolik befrachtet. Die morgenländische Legende zu dieser Reliquie unterscheidet sich zwar von der abendländischen Version, aber trotzdem handelt es sich in beiden Fällen um die Gesichtszüge Jesu, deren Abdruck wunderbarerweise auf einem Tuch erscheint, das auf seinem Gesicht lag. Neben den Anspielungen auf die Menschwerdung Christi und seinen Opfertod legt das Grabtuch im christlichen Osten auch Gedanken an Erlösung und Sündenerlass nahe. Diese Vorstellung wird von einer Messe zur Feier der Reliquie in Odessa gestützt, in deren Verlauf sich die Hoffnungen der Gläubigen an dieses Grabtuch wie an einen Fürsprecher wenden.[29] Anders ausgedrückt: Das Mandylion wird inhaltlich besonders klar mit der Deesis vereint. Sein Antlitz taucht allerdings nur dann auf, wenn ihr Fresko die Kuppel der Apsis bedeckt. Somit ist deren Bildprogramm perfekt in sich geschlossen.

Erscheint die Deesis einmal nicht in der Apsis, so taucht sie in der Kuppel der Hauptkirche auf, wie die beiden georgischen Kirchen zum heiligen Nikolaus in Kinvinci (stark beschädigt) und die Marienkirche in Timotesubani zeigen. In der Kuppelmitte dieser Marienkirche leuchtet ein griechisches Kreuz in roter Gloriole als Zeichen der Wiederkunft Christi auf Erden (zweite Parusie).[30]

In Kappadokien wurden Darstellungen der Himmelfahrt Christi Deesis-Abbildungen vorgezogen. Die Himmelfahrt ist eine andere und auf die Apostelgeschichte (Apg. 1,11) zurückgehende Form der Erinnerung, als zwei Engel den Umstehenden prophezeiten, dass der in den Himmel aufsteigende Christus am Ende der Zeiten wieder auf die Erde zurückkommen werde. Trotzdem wurden, je nachdem ob es die engen und unregelmäßigen Räume in diesen Felsenkapellen zuließen, Pantokrator- und Engelsbilder, ebenfalls in konstantinopelischer Manier gezeichnet. – In Ägypten thront Christus als Weltenherrscher in einem runden Glorienschein und ist von Engeln umgeben wie in der Kuppel des Klosters des Sankt-Antons-Klosters[31], aber die himmlischen Legionen setzen sich abwechselnd aus Engeln in Form von Karyatiden oder aus Tetramorphen, das heißt aus Wesen mit vier menschen- bzw. tierähnlichen Köpfen (Mensch oder Engel, Löwe, Stier, Adler) zusammen, deren je vier Flügel mit Augen bedeckt sind. Letztere stammen aus Gottesvisionen alttestamentarischer Propheten[32] und stimmen mit den Vorstellungen der Bildprogramme im christlichen Orient überein. Den Raum unterhalb der Kuppel bedecken im Übrigen Engelsdarstellungen und darunter sind die 24 Ältesten aus der Offenbarung (Offb. 4, 4) zu sehen.[33] Dieses Arrangement ist in den Bildprogrammen orthodoxer Kirchen auf dem Balkan oder in Russland, die dem Vorbild Konstantinopel folgen, gänzlich unbekannt.

Im 14. Jahrhundert kommen griechische Künstler nach Georgien. Ihr Einfluss ist in gewissen Bildprogrammen wie in der Apsis der Kirche zu Mariä Entschlafung in Lichne oder in zahlreichen griechischen Inschriften spürbar; die Fresken in der Kuppel folgen indes nicht dem Regelwerk von Konstantinopel. Die um 1380 errichtete Kirche von Kalendžicha malte ein Meister aus der Hauptstadt zusammen mit georgischen Malern aus. In der Apsis sieht man zwischen den heiligen Bischöfen im untersten Register sehr schön das Opferlamm und das in einer Patene liegende und von zwei Engeln beschützte Christuskind, die Blumenfächer in ihren Händen halten. Aber dieses Mal weichen die beiden oberen Bildreihen der Apsis von den hauptstädtischen Vorlagen ab, weil hinter der als Orantin zwischen den Aposteln Petrus und Paulus und mit je einem Erzengel zu ihrer Seite knienden Maria eine Engelsprozession folgt. Die Gottesmutter zwischen den beiden Apostelfürsten ist kein typisch byzantinisches Bildthema und passt eigentlich eher in die Bildprogramme von Apsiden lateinischer Kirchen. Auch die Engelsprozession an dieser Stelle ist ungewöhnlich. Dafür aber entspricht die Ausschmückung der von dem griechischen Meister gestalteten Kuppel den zeitgenössischen byzantinischen Vorstellungen: Christus als Pantokrator sitzt umgeben von Erzengeln, Flammenrädern, Serafim und Cherubim sowie Propheten auf der Hetimasie, dem der Wiederkunft Christi vorbehaltenen Thron.[34]

Ikonografisch sind für die Bildprogramme des christlichen Orients andere Unterschiede typisch. So nimmt die Deesis im Jüngsten Gericht sehr viel mehr Raum ein als in byzantinischen Bildschemata – in armenischen Miniaturen aus dem 14./15. Jahrhundert manchmal die Hälfte der Bildfläche.[35]

Auch genießen die heiligen Ritter an der östlichen Peripherie von Byzanz besonderes Ansehen. Allein in den syrischen Klöstern zum heiligen Antonius aus dem 13. Jahrhundert zählen wir elf und im Moses-der-Äthiopier-Kloster (12. Jahrhundert) sieben dieser Ritterfiguren; auch in Äthiopien kommen sie sehr oft vor.[36] Unter den Fassadenskulpturen und den Fresken georgischer Kirchen stehen sie an herausragender Stelle. Zwei von ihnen, nämlich der heilige Georg und der heilige Theodor, nehmen in den Kirchen von Swanetien, einem abgelegenen Hochtal im Großen Kaukasus, fast die gesamte Mauer ein. Beide Ritter sind zumeist kämpfend dargestellt, wobei der heilige Georg aber nicht den Drachen wie in byzantinischen Fresken, sondern Kaiser Diokletian, den Christenverfolger, durchbohrt. Die Tötung des Drachens als des Symbols des Bösen überlässt er dem heiligen Theodor.

Im Gegensatz zur Bildgestaltung in Konstantinopel betonen die Bildzyklen über die Viten der heiligen Krieger deren Heldentaten und nicht deren Martyrium. Deshalb werden diese Kämpfer Christi gegen das Böse in der Welt im Augenblick ihres Siegs und nicht ihres Leidens gezeigt, obwohl die Vorstellung herrschte, der Tod als Märtyrer erhalte seinen Glorienschein durch den Ruhm.

DIE BUCHMALEREI

Im christlichen Orient ist eine große Zahl von Miniaturen erhalten geblieben. Diese Kunstgattung erlebte ihre außergewöhnliche Blütezeit in Armenien. Im Matenadaran, einer Sammlung von Handschriften in Jerewan, sind Hunderte von Evangelienbüchern und anderen heiligen Schriften aufbewahrt. Im 13. und 14. Jahrhundert bildeten sich mehrere und deutlich voneinander getrennte Gruppen heraus. Unter ihnen besonders interessant sind die Schriften einer Schule, die im Königreich von Kilikien entstand, in dem hauptsächlich Armenier lebten.[37] Der begabteste Buchillustrator dieser Schule war Toros Roslin, der sich in einer plastischen und gekonnt raffinierten Bildsprache ausdrückte, die

Der heilige Georg, rechts Szenen seines Martyriums, links auf drei Ebenen der Palast Nebukadnezars; Fresko vom khurus (Presbyterium) der Kirche des heiligen Antonius im gleichnamigen ägyptischen Kloster.

einerseits zwar dem damals in Konstantinopel gepflegten Stil nahe kam. Auf der anderen Seite unterschied er sich von ihm dadurch, dass er in biblischen Szenen ungewöhnliche Pflanzen- und Tiermotive einführte, die in manchen Fällen so lebendig aus dem Rahmen springen, als wollten sie ihm entfliehen. Die Gesichter seiner Personen tragen ungemein lebendige Züge und seine Bildkompositionen erinnern an die Technik großflächiger Bildwerke.

Die Bedeutung der Miniaturmalerei ging in Georgien wie übrigens auch im Byzantinischen Reich im 14. Jahrhundert zurück, während man in Syrien und Ägypten den Einfluss der islamischen Kunst spürte. Die syrische Miniaturmalerei[38] hingegen beweist einen ausgefeilten Sinn für dramatisch aufgeladene Inhalte, der schon in der Vergangenheit für sie typisch war, und einen manchmal schematischen, aber sehr expressiven Stil. Auf den Eingangsseiten koptischer Evangelien[39] findet sich häufig ein großes, fast die gesamte Seite bedeckendes Kreuz, das mit Rautenornamenten, Schlangenflechtwerk- und anderen Motiven geschmückt ist. Diese Evangelienbücher liegen in den Kirchen auf einem erhöhten Platz, um dadurch den Eindruck ihrer hohen Bedeutung zu unterstreichen. Wir finden diese Kreuze zwar in der gesamten östlichen Hemisphäre des Byzantinischen Reichs, am häufigsten und besonders abwechslungsreich gestaltet aber in Ägypten und Syrien.

Die Bildschemata der äthiopischen Miniaturen[40] orientieren sich häufig an der frühchristlichen Kunst. Dabei zeigt sich ihr symbolischer Charakter sehr deutlich und lässt den im Byzantinischen Reich in der gleichen Epoche so hoch entwickelten erzählerischen Tendenzen keinerlei Raum. Der Stil dieser Miniaturen beeindruckt, weil Bezüge zu hellenistischen Vorbildern fehlen und die sehr einfachen Formen Geschmack an der Abstraktion verraten. Islamische, indische, sudanesische und koptische Einflüsse kommen deutlich zum Ausdruck.

Der Vollständigkeit halber sei erwähnt, dass bewegte Bilder im christlichen Orient um diese Zeit offenbar wenig verbreitet waren. Eine Ausnahme bildet Georgien, wo Ikonen aus zisiliertem Metall schon immer und dazu noch in hoher Qualität vorkamen, ohne dass dadurch die Herstellung von anderen, bemalten Ikonen vernachlässigt wurde.

Toros Roslin, Taufe Jesu, Miniatur, 1268, Matenedaran, Eriwan.

142

Die Kunst der Nasriden und Meriniden
Die westislamische Kunst am Beginn der Renaissance

José Miguel Puerta Vilchez

Als im Europa der Kathedralen die großartigen Formen der Gotik das Gesicht der Städte veränderten und sich die wirtschaftlichen Verhältnisse neu ordneten, beginnt im islamischen Westen die Wiedergeburt der Architektur und der Künste. Sie ist eng verbunden mit den Reichen der Nasriden in Granada und der Meriniden in Fes (Marokko), in denen sie sich zwischen dem 13. und 15. Jahrhundert vollzog. Ihre späte Blüte stellt in den Augen der Geschichtsschreibung den Schwanengesang der mittelalterlichen islamischen Kunst dar, oder genauer gesagt der klassischen islamischen Kunst, womit sie von größter Bedeutung für die Geschichte der Kunst im gesamten Mittelmeerraum ist.

In dieser Zeit werden die Vorstellungen und Techniken einer reichen Tradition neu erschaffen, die in der Kunst des alten mittleren Orients, in der griechisch-römischen, byzantinischen und asiatischen Kunst tief verwurzelt ist. Später sollten diese Traditionen in den aufeinander folgenden islamischen Staaten von al-Andalus differenziert und neu ausgearbeitet werden, bis sie das wunderbare Universum der nasridischen Kunst formten. Das Denkmal dieser Kunst ist die Alhambra, die zum idealen – und oft idealisierten – Bild einer Ästhetik und einer ganzen Kultur auf ihrem Höhepunkt werden sollte.

Ursprünge der nasridischen Kunst

Die nasridische Kunst – mit Bezug auf die Familie des Banú Nasr, die den letzten islamischen Staat in al-Andalus bis zum Fall von Granada im Jahre 1492 regierte – bildet sich im Laufe des 13. Jahrhunderts heraus und entwickelt eine eigenständige Architektur mit Bauwerken wie dem (abgerissenen) Palacio de los Abencerrajes (Palast der Abencerragen) innerhalb der Alhambra, der Casa de los Girones und vor allem dem Cuarto Real de Santo Domingo. Letzterer ist ein interessanter Palastturm, der sich über dem Wehrgang der westlichen Mauer des alten Töpferviertels von Granada erhebt und der mit der Tradition der ländlichen Paläste der Almohadenzeit in Verbindung steht. Diese Landsitze erstreckten sich von Sabika und Nayd südlich der Alhambra von Granada bis zum Fluss Genil und werden von arabischen Quellen dem almohadischen Herrscher Abu Malik Abd al-Wahid zugeschrieben. Im Cuarto Real de Santo Domingo finden sich bereits die wesentlichen Formen der nasridischen Palastarchitektur, die ihre Wurzeln tief in der Geschichte der islamischen Kunst und den vorislamischen Kulturen des mittleren Orients haben.

Der nasridische Palast stellt eine Kombination aus Turm und Palast, Säulengang und Garten dar und umfasst einen Springbrunnen oder ein Wasserbecken. Er liegt auf der zentralen Achse der *Qubba* oder des königlichen Saals auf dreigeteiltem Grundriss, der in verschiedenen nasridischen Baudenkmälern durch die Epochen hindurch unterschiedliche Varianten hervorbrachte. Es werden stark gebuste Bögen mit Engrelé-Zäckchen verwendet, Muqarnas[a]-Kuppeln treten in großer Zahl auf, *Atau-riques*[b]-Ornamente und Bandwerk finden sich sowohl auf Azulejos-Kacheln und verglasten Oberflächen als auch in der Stuckdekoration oder auf Decken. Eine besondere Entwicklung erfahren zudem die Inschriften, mit einem immer reicheren und komplexeren kalligrafischen Programm.

Doch die weitreichendste Entscheidung für die politische, architektonische und künstlerische Zukunft des nasridischen Granada traf der Gründer der Nasridendynastie, Mohammed Jussuf ben Nasr Ibn al-Ahmar (Regierungszeit 1232–1273) zu Beginn seiner Herrschaft selbst. Er verlegte den königlichen Palast vom Albaicín auf den Sabika-Hügel, wo er mit dem Bau der *Alcazaba*[c] an einer Stelle begann, die einen besseren Ausblick über die Stadt und das Tal ermöglichte. Außerdem ließ er die *Acequia Real* (Königlichen Bewässerungsgräben) errichten, um die neue Anlage mit Wasser zu versorgen. Dieser erste nasridische Sultan Mohammed I. nahm den Beinamen *al-Galib billah* („Siegreich für Gott") an und führte das Motto der Dynastie ein: *Wa-la galiba illa Allah*, was „Nur Gott ist Sieger" bedeutet. Dieses Motto erschien von da an sowohl auf amtlichen Dokumenten als auch auf Gebäuden und Kunstwerken im Besitz der Königsfamilie. Mit den Bauten Mohammeds I. begann auf der Sabika die Aneignung eines neuen symbolischen Raums, der sich im Laufe der Zeit in eine bunt zusammengewürfelte Palaststadt verwandeln sollte, das Verwaltungszentrum des nasridischen Granada und zugleich das Herzstück seiner ideologischen und ästhetischen Utopie.

Die Palaststadt der Alhambra

Aussehen und militärische Funktion. Die Alcazaba

Die Festungsbauten der Alhambra, deren Name die „Rote" bedeutet und bereits seit dem 9. Jahrhundert eine kleine, auf der Sabika gelegene Burgkonstruktion bezeichnet, zeigen die Weiterentwicklung der almohadischen Wehrbauten zu einem eigenständigen nasridischen Stil, der durch höhere und schlankere Türme gekennzeichnet ist. Möglich wird dies durch die nach oben hin abnehmende Mauerstärke sowie ein ausgeklügeltes System verschiedener Gewölbetypen, die eleganter erscheinen als bei den Vorgängern aus almohadischer Zeit. Der Zweck dieser baulichen Weiterentwicklung scheint ein zweifacher zu sein: Einmal wird die militärische Macht nach außen sichtbar, zum anderen das Innere des Turms besser als Wohnraum nutzbar gemacht. Dies ist der Fall bei der Torre de la Vela (Kerzenturm, Höhe: 26,80 Meter), der Torre Quebrada („gebrochener Turm") und besonders der Torre del Homenaje (Bergfried oder Hauptturm, 26 Meter), dessen letztes Stockwerk einen Wohnraum bildet, der um einen kleinen offenen Innenhof angeordnet ist und nach Gómez-Moreno möglicherweise als Residenz des ersten nasridischen Sultans diente.

Die Alcazaba ist der eigentliche Wehrbereich der Alhambra und verfügt über Bäder, eine Zisterne und Stallungen im Erdgeschoss. Sie ist von einer großen Barbakane und einer doppelten Befestigungsmauer umgeben, die sie massiv erscheinen lässt und ihre Verteidigungsfunktion unterstreicht. In ihrer Gesamtheit ist die militärische Anlage der Alhambra wohl unter den Nachfolgern Ibn al-Ahmars beträchtlich verändert worden; zeitgleich mit der Errichtung neuer Verteidigungsmauern und Paläste auf der Sabika wurde auch die Alcazaba umgeformt. Bedeutende Bauten kamen hinzu, die den ursprünglichen Grundriss beträchtlich erweiterten, so etwa die Torre de las Armas, die mit ihrem Tor zum Albaicín hin ausgerichtet ist.

Die Verteidigungsanlagen der gesamten Alhambra wurden nach und nach vervollständigt. In unterschiedlichen Phasen entstanden die Tortürme Torre de la Justicia (Turm der Gerechtigkeit), Torre de los Siete Suelos (Turm der sieben Böden) und Torre de los Picos sowie die Puerta del Arrabal; hinzu kommen die Palasttürme, unter denen die Türme Abu l-Hayyay, Comares, Las Damas, La Cautiva und Las Infantas herausragen. Sie alle sind durch Verteidigungsmauern, Wehrgänge, Barbakane und kleinere Türme wie Torres del Cadí (Türme des Kadi) geschützt, die die bedeutende militärische Funktion des königlichen Hofpalasts der Alhambra gewährleisten.

[a] Span. *(al)mocárabe*, von arab. *Muqarbas* „Schnitzerei". Das Wort bezeichnet die gestufte Verzierung einer Kuppel in der Art einer Wabenstruktur. (Anm. d. Übers.)

[b] Dekormotiv in Stuck oder Keramik aus stilisierten vegetabilen Motiven. (Anm. d. Übers.)

[c] Das arabische *Alcazaba* bezeichnet ähnlich wie das Wort *Alcázar* in vielen spanischen Städten die Burg oder Festung aus maurischer Zeit. (Anm. d. Übers.)

Generalife, Partalpalast und Mexuar

Mohammed II. (1273–1302), ein kultureller Neuerer des nasridischen Sultanats und Nachfolger Ibn al-Ahmars, ließ nach dessen Tod die Arbeiten an der Alcazaba zu Ende führen und die königliche *Almunia,* die Gartenanlage des Generalife außerhalb der Mauern der Alhambra errichten. In späterer Zeit sollte sie einige Veränderungen erfahren, besonders in der Regierungszeit Ismails I. und Jussufs III. sowie später unter den Katholischen Königen. Der Generalife stand in der Tradition der kleinen ländlichen Paläste der Almohaden und war ein Palast mit einer königlichen *Qubba* und einem geschlossenen Garten, durch den der Bewässerungsgraben der *Acequia Real* führte, nach dem bekannten Typ des beschaulichen Gartens persischen Ursprungs. Die Ornamentik ist vielfältiger und reicher als bei den älteren almohadischen Anlagen. Mohammed führte auch das Amt des Wesirs im Nasridenreich ein, mit dem Ziel, die Verwaltung des Staates effektiver zu gestalten.

Ebenso schuf er den Diwan al-Insha, etwa „Redaktionsbüro", das die Beziehungen zwischen den Hofdichtern und dem Hof regelte. Zu den Aufgaben dieser Dichter zählte unter anderem die Komposition der *Casidas Sultaniyyas,* im Wesentlichen dem Monarchen gewidmete Lobgesänge, die bei öffentlichen Feiern wie religiösen Festtagen oder Hochzeiten vorgetragen wurden oder auch anlässlich einer Geburt, der Beschneidung eines Prinzen, einer Reise, einer Heerschau, der Rückkehr eines siegreichen Heers oder einer Trauerzeremonie. Diese Lobgedichte erscheinen auch als Inschriften auf den Gräbern der Sultane und auf den Palastwänden und Kunstgegenständen des Hofs. Unter der Regentschaft des Staatsmanns und Literaten Ibn al-Akim von Ronda (1261–1309) beginnt die große Reihe der Hofdichter, die in Granada das 14. Jahrhundert bestimmen und deren *Casidas* in den verschiedenen Palästen der Alhambra eingraviert sind: Ibn al-Yayyab (1274–1349), sein Schüler Ibn al-Jatib (1313–1374) sowie dessen Schüler und späterer Gegner Ibn Zamrak (1333–1393); des Weiteren sind Sultan Jussuf III. (1376–1417) und sein Hofdichter Ibn Furkun (ab 1379/80) in diesem Zusammenhang zu erwähnen.

Obwohl die Angehörigen des „Redaktionsbüros“ eine Poesie hervorbrachten, die ganz auf den offiziellen Gebrauch zugeschnitten war, ist ihr Werk dennoch dadurch von großer Bedeutung, dass es ein Abbild des höfischen Lebens und seiner Ideale liefert. Es entsteht ein eigenes dichterisches Genre, das die Überhöhung der Gebäude, die Etablierung der Symbole des Sultanats an den Gebäuden selbst und auf den Luxusgegenständen des Hofs zum Ziel hat. Mit ihren Versen verleihen die Dichter den Bauwerken und Kunstgegenständen der Nasriden eine literarische Dimension, die in der islamischen Kunst in Bezug auf ihren verschwenderischen Reichtum, die Detailliertheit und die Bedeutung unvergleichlich ist.

Nach der Ermordung Mohammeds II. gab sein Nachfolger, Mohammed III. (Reg. 1302–1309), endgültig den Anstoß für die Umwandlung der Alhambra in eine Palastanlage, indem er den Partalpalast, die Torre de las Damas (Damenturm) und die Große Moschee mit den benachbarten Bädern errichten ließ. Von Ibn al-Jatib und anderen Quellen ist bekannt, dass diese Moschee besonders schön war und dass sie um das Jahr 1305 mit drei bescheiden bemessenen Schiffen aus Ziegeln errichtet wurde[d]. Aus ihr stammt die kostbare Bronzelampe mit durchbrochener *Ataurique*-Dekoration, dem Motto der Nasriden und einer Gedenkinschrift aus dem Jahre 1305, die im Museo Nacional Arqueológico aufbewahrt wird. Mohammed II. ließ für sich auch einen kleinen Palast auf dem Nayd errichten, der in zahlreichen Gedichten des Ibn al-Yayyab und des Ibn Zamrak beschrieben wird und demnach über *Qubba*, Wasserbecken und einen Löwenbrunnen verfügte. Nasr (Reg. 1309–1314) fügte den Bauten seiner Vorgänger die Torre de Abu l-Hayyay hinzu, während Ismail I. (Reg. 1314–1325) zwischen dem Machuca-Tor und dem Mexuar ein Bauwerk errichten ließ, das als Königspalast oder Verwaltungsgebäude gedeutet werden kann; des Weiteren entstanden unter seiner Herrschaft die Bäder des späteren Comares-Palasts. Zur Feier seines Siegs über die Infanten Don Pedro und Don Juan im Jahre 1319 nahm er bedeutende Veränderungen am Generalife vor und ließ in der Ebene, nahe der Einsiedelei von San Sebastián, die königliche *Almunia* des Alcázar Genil errichten. Dieses Bauwerk ist der einzige *Ribat*[e] des maurischen Granada, der bis heute erhalten geblieben ist.

Als Jussuf I. und Mohammed V. ihre großen architektonischen Unternehmungen begannen, hatte die Umwandlung der Alhambra in eine Palaststadt bereits begonnen. Ihre Anlage folgte fest gefügten Konzepten und umfasste eine militärische Befestigung von beträchtlichen Ausmaßen, eine *Medina* oder Handwerkerstadt für die Bedürfnisse des Hofs, fein gestaltete *Calahorras*[f] und kleine Paläste mit zentralen Patios oder Innenhöfen, deren Säulengänge ein Wasserbecken umschlossen, sowie Ausgucke mit feinen, zweigliedrigen Bogenfenstern zur Stadt hin. Am Eingang der Palasträume befanden sich Wandnischen, die Platz für Wasserkrüge boten, mit einem Gedicht, an den Wänden das Epigraf mit dem Motto der Nasriden, Inschriften mit religiösen Widmungen, auch solche mit Bezug auf die Königsfamilie, oder kurze, erbauliche Gedichte. Unter Ismail I. lässt Ibn al-Yayyab im Generalife *Casidas* zu Ehren der Paläste und des Sultans anbringen, deren Inhalte auch bei den späteren nasridischen Bauwerken wiederkehren: die Idealisierung der Schönheit der Architektur durch die Metapher der Hochzeit, der Vergleich des Wandschmucks mit Gewebe oder einem Garten und die Präsentation einer ganzen Herrscherikonografie, in der er als siegreich dargestellt wird, als großer Baumeister, freigebig, inspiriert und von Gott beschützt, von erlesener Abstammung, erleuchtet und tugendhaft.

Der Comares-Palast

Unter der Herrschaft Jussufs I. (Reg. 1333–1354), die mit seiner Ermordung endet, beginnt für die Alhambra und die nasridische Architektur überhaupt die Zeit des größten Glanzes. Sie ist nicht nur durch die große Anzahl der Bauwerke charakterisiert, sondern vor allem durch ihre weithin bekannte Monumentalität, durch den formalen Klassizismus der verwendeten Elemente von Dekoration und Konstruktion und durch ihre tiefe symbolische Bedeutung. Jussuf I. lässt die Türme des Kadi und der Cautiva errichten, wobei Letzterer durch den Wandschmuck und die Aufschriften mit Gedichten von Ibn al-Yayyab besonders interessant ist. In den Gedichten setzt er die poetische Beschreibung der Architektur fort, charakterisiert die *Calahorra* als eine Kombination aus Festungsbau und Palast und liefert eine interessante Beschreibung der Dekoration, wobei er sich der Terminologie der arabischen Rhetorik bedient und die Kunst des Worts mit der sichtbaren Kunst islamischer Tradition aus-

[d] Torres Balbás, 1945
[e] Arab. *ribat*, klosterähnlicher Festungsbau. (Anm. d. Übers.)
[f] Öffentliche Gebäude, die in Notzeiten der Armenspeisung dienten. (Anm. d. Übers.)

Detail der Fassade des Comares-Palastes, nach 1369 in der Alhambra errichtet.

Folgende Doppelseite:

Myrtenhof und Comares-Turm, Alhambra. Der Turm wurde 1333–1364 errichtet und der Hof nach 1369.

drücklich gleichstellt. Jussuf I. verdanken wir auch die monumentalen Türme De las Armas und De la Justicia (1348), den Umbau der Königlichen Bäder und den Anbau des Gebetsraums des Partalpalasts.

Doch seine eindrucksvollste Hinterlassenschaft ist zweifellos die Torre de Comares, der mit 45 Metern höchste Turm der Alhambra und mit dem prachtvollen Thronsaal, den er in seinem Innern beherbergt und der an den Seiten 11,30 Meter und in der Höhe 18,20 Meter misst.

Dieser große Förderer des Wissens und Gründer der Yusufiyya-Medrese[g] im Jahre 1349, der auch selbst Gedichte schrieb, ließ sich als Ausdruck seiner Frömmigkeit einen Thronsaal errichten, der durch die Beschreibung der sieben Himmel in der Sure der Göttlichen Herrschaft (Koran, 67) inspiriert war. Die Sure ist vollständig in die hölzerne *Arrocabe*[h] der Salondecke, einem der Höhepunkte in der Geschichte islamischer Zimmermannskunst, eingraviert. Das Zusammenspiel der Formen des Salons wird durch das im zentralen Alkoven eingravierte Gedicht vervollständigt, dessen Autor unbekannt ist und das eine genaue und groß angelegte Symbolik rund um den Monarchen entwirft: Der Herrscher erscheint als leuchtende Sonne, sein Thron steht in der Mitte der Gestirne an den Wänden des Thronsaals, die gleichsam auf die hoch aufragende Himmelskuppel (*al-qubba al-ulja*) verweisen, an deren höchstem Punkt sich der Himmlische Thron befindet. Von ihm geht das Licht aus, das die sieben Himmel durchdringt und den Sultan erleuchtet. Dieser thront wie ein neuer *Cosroes*[i] in seinem Iwan[j] über der Stadt. Er steht unter dem Schutz, der Inspiration und Leitung Gottes, ausgehend von jenem Firmament und würdig dargestellt durch eine Einlegearbeit, die im Reichtum und in der Originalität ihrer geometrischen Linien ihresgleichen sucht, ebenso in der Polychromie, die auf escha-

Der Löwenhof, nach 1363, Alhambra, Granada.

[g] Koranschule. (Anm. d. Übers.)
[h] Von arab. „aufgesetzt". Eine Holzverkleidung als Überleitung zwischen Wand und Holzdecke. (Anm. d. Übers.)
[i] Ein armenischer König. (Anm. d. Übers.)
[j] Iwan (pers.): zu einem Hof hin überwölbte Halle. (Anm. d. Übers.)

Deckengemälde des Saals der Könige in der Alhambra. Die Malerei wurde um 1380 auf einer Lederunterlage geschaffen.

tologische und sufistische Quellen verweist, und durch ihre gewaltigen Abmessungen: Die großen Sterne an der Decke haben einen Durchmesser von 2,5 Metern. Eine solche Kuppel mit der Darstellung der sieben Himmel, oder auch sieben Stufen zur höheren Welt nach anderer Lesart, geht in vielen Kulturen besonders des alten Orients einher mit den Riten der Inthronisation eines Königs oder der Einsetzung eines Priesters. Sie bringen den Herrscher in idealer Weise in eine Vermittlerposition zwischen den drei kosmischen Ebenen, zwischen Himmel, Erde und Unterwelt. So entsteht ein imaginärer Übergang in die obere Sphäre, ausgehend von der weltlichen und zeitlichen Ebene, der der quadratische Grundriss des Saals entspricht, bis hin zur göttlichen und zeitlosen Ebene der oberen Sphäre, dargestellt durch die Laterne, die die Decke bekrönt und gleichsam die geometrischen Muster und die Vielfarbigkeit der gesamten Kuppel zusammenfasst.

Diese mystischen Reminiszenzen zeigen nach Mircea Eliade die Sehnsucht danach, „in einem reinen und heiligen Kosmos zu leben, so wie es von Anbeginn war, als er aus den Händen des Schöpfers hervorging". So drückt es die oben erwähnte, im Salón de Comares eingravierte Sure aus. Sie sucht die Aufmerksamkeit des Betrachters auf das Universum und damit im konkreten Zusammenhang auch auf die wunderbare, vielfarbig gestaltete Artesonado-Holzdecke zu lenken, als ein erhabenes und vollkommenes Werk: „Er ist es, der die sieben übereinander liegenden Himmel geschaffen hat. Du siehst keinen Widerspruch in der Schöpfung des Barmherzigen. Sieh noch einmal hin! Findest Du irgendeinen Makel? Dann sieh noch zweimal hin. Dein Blick wird müde und erschöpft zu Dir zurückkehren" (Koran, 67). Das Bandwerk an der Decke des Comares-Saals versucht, diese kosmische Ordnung streng nachzubilden, doch die Symmetrie der Sterne, aus denen sie sich zusammenfügt, endet bei den vier Diagonalen der Artesonado-Decke. Hier bilden die *Zafates* unabhängige Figuren, vielleicht als Nachbildung des islamischen Paradiesbaums Tuba, dessen Wurzeln bis zu den letzten Enden des Universums reichen und der das Licht und die Güte Gottes in die gesamte Schöpfung trägt.

Der Patio de Arrayanes (Myrtenhof, auch bekannt als Patio de la Alberca oder de Comares; er misst 36,6 auf 23,5 Meter) wurde unter Mohammed V. errichtet, der mit ihm und der so genannten Sala de la Barca („Schiffs-Saal") das Werk seines Vaters Jussuf I. abschloss. Es handelt sich um einen feierlichen Raum von zarter Schönheit, der in vollständiger Harmonie in den Comares-Turm und den dazugehörigen Saal eingebunden ist. Seine feinen Säulen und das durchbrochene Bogenwerk stellen einen kaum merklichen Übergang zwischen der Wasseroberfläche des Teichs und der hoch aufragenden Masse des Comares-Turms her, wodurch einerseits der Palastbereich optisch erheblich ausgedehnt und andererseits ein wundervoller Eindruck der Schwerelosigkeit und architektonischen Leichtigkeit erzielt wird.

Der Hof repräsentiert einen von drei Gartentypen, die sich auf der Alhambra einschließlich des Löwenhofs und des Generalife finden. Sein ursprünglicher Charakter der Einkehr und Beschaulichkeit wird dadurch beeinträchtigt, dass er sich auf der Achse des Thronsaals befindet, womit er in ein Ensemble mit ausgesprochen repräsentativem Charakter eingebunden erscheint. Mohammed V. ließ den Hof zudem mit bedeutenden Zeichen des Siegs versehen, indem er im nördlichen Säulengang die *Casida* Ibn Zamraks, die an den Triumph in der Schlacht von Algeciras im Jahre 1369 erinnert, eingravieren ließ. Mit diesem letzten großen Sieg der Mauren auf der Iberischen Halbinsel erlangten die Nasriden für kurze Zeit noch einmal die Kontrolle über die Straße von Gibraltar und stellten so die Verbindung zum Staat der Meriniden (Marokko) her.

Neben die Struktur des mediterranen, römischen Hauses mit seinem Innenhof treten hier die fernen iranischen Vorbilder des Gartens mit zentralem Teich, wie auch dichterische und historische arabische Quellen, die die ästhetische und symbolische Funktion der Wasseroberflächen und ihrer Spiegelwirkung hervorheben. In der arabischen Poesie werden diese Teiche gewöhnlich mit dem kristallenen Boden verglichen, den Salomo für die Königin von Saba errichten ließ. Auf diese interessante, im Koran enthaltene Szene nehmen auch die Verse Ibn Zamraks Bezug, die in der linken Wandnische am Eingang des Mirador de Lindaraja eingraviert sind und die besonders mit dem Bild spielen, dass sich die Sterne im Wasser spiegeln und der Teich selbst den Lichtschein an die umgebenden Mauern wirft. So wird die Illusion von Bewegung erzeugt und sogar die Unterwerfung der Gestirne unter das architektonische Werk und unter den Herrscher versinnbildlicht. Das Wasserbecken ist zudem der Ort, an dem sich die Architektur selbst betrachten kann; sie kann das Wasser gleichsam benutzen wie eine selbstverliebte Braut einen Spiegel, nach dem ausdrucksstarken Bild des Ibn al-Jatib, das er für den Palast von Aynadamar in Verse brachte: „Ich bin die Braut, die ein Gewand aus Myrte trägt, der Pavillon ist meine Krone und der Teich mein Spiegel." In diesem Spiegel erscheint die strahlende Gestalt des Herrschers, im Zentrum des Universums, das sein Palast darstellt.

Der Glückliche Garten oder Löwenpalast

Mohammed V. (Reg. 1354–1359 und 1362–1391), der bedeutendste Bauherr der Alhambra, vollendete nicht nur den Palast seines Vaters, sondern ließ, nachdem er im Jahre 1362 erneut auf den Thron gelangt war, den gesamten Verwaltungsbereich des Mexuar neu errichten. In ihm erbaute er eine königliche *Qubba*, errichtete die Fassaden des Comares-Palasts und der Puerta del Vino (Weintor) und ließ schließlich eines der originellsten und außergewöhnlichsten Denkmäler der islamischen Baukunst erschaffen: den Palast *al-Riyad al-Said* oder Glücklichen Garten, allgemein bekannt als Palacio de los Leones (Löwenpalast). Dieses wahre Paradies der Ästhetik wird aus drei Bereichen gebildet: dem rechteckigen Patio (28,5 auf 15,7 Meter) mit dem Löwenbrunnen, der das Zentrum des Palasts markiert, und dem Säulengang mit zwei seitlichen Pavillons; der Sala de Dos Hermanas (Saal der zwei Schwestern) und der Sala de los Abencerrajes (Saal der Abencerragen) sowie der Sala de los Reyes (Saal der Könige) und der Sala de los Mocárabes (Muqarnas-Saal), von denen Letzterer im Jahre 1590 bei der Explosion eines Pulvermagazins zerstört wurde. All das wird durch die Unterteilung in kleinere Alkoven abgerundet, einem zweiten Stockwerk mit zwei Aussichtserkern und dem Haremshof auf der Südseite.

Die klösterliche Konzeption des Löwenhofs mit seinen insgesamt 124 prächtigen Säulen lässt ein herrliches Spiel der Räume entstehen, durch das der Hof auch weiträumiger erscheint, als er in Wirklichkeit ist. Die Anlage der Säulen ist rhythmisch und harmonisch und verleiht der gesamten Architektur die Wirkung von Leichtigkeit und Schwerelosigkeit. Alle Säulen sind gleich hoch, aus weißem Marmor gefertigt und stützen hohe Architrave. Sobald der Besucher den Hof betritt, durch einen schrägen Zugang wie im klassischen islamischen Garten üblich, eröffnen sich ihm unzählige Perspektiven: Der Betrachter kann um den offenen Innenbereich des Hofs schreiten und von einem beliebigen Punkt aus den Blick zur Mitte richten oder umgekehrt den Brunnen im Zentrum aufsuchen oder die Pavillons betreten: Es bieten sich hervorragende und stets unterschiedliche Perspektiven aus den seitlichen Alkoven oder mit dem Öffnen und Schließen der Türen zu einigen Gemächern.

Die Architektur scheint sich vom jeweiligen Blickpunkt aus zu vervielfältigen und in sich selbst zu reflektieren wie in einem System von Spiegeln. Der Grund dafür liegt in der Anlage der Säulen, die nach fünf übereinander liegenden Symmetrieachsen ausgerichtet sind und so die Wahrnehmung verwirren, den architektonischen Reichtum hervorheben und die Illusion von Bewegung erzeugen. In diesem minutiös entworfenen Plan fallen die seitlichen Pavillons mit ihrem quadratischen Grundriss auf, die allein durch die Säulenreihe mit dem Gesamtgebäude verbunden sind und in einer Weise in den Hof hineinragen, die für die islamische Architektur ungewöhnlich ist; ein möglicher Vorgänger findet sich nur in einer kleinen Festung aus dem 12. Jahrhundert in Murcia. Die beiden Pavillons verhalten sich streng symmetrisch zueinander, dasselbe gilt für die Säulen und Bögen und ihre Ornamente. Die Nord- und Südseiten der Pavillons finden ihre Entsprechung in den gegenüberliegenden Säulen der beiden Längsseiten des Hofs. Geht man auf die Pavillons zu, so verändert sich der Rhythmus der Säulen, die sich in der Verkürzung zu zweien, dreien und vieren zusammenfinden. Ihre schlanken Schäfte tragen die Elemente, von denen das Muqarnas-Gewölbe ausgeht. Die Bögen werden von durchbrochenen Sebka-Ornamenten bekrönt, die der Architektur das Aussehen einer Stickerei verleihen. Darüber erscheinen schwerere Bauteile, womit die gewohnte architektonische Ordnung in scheinbarer Schwerelosigkeit umgekehrt wird.

Während das Wasser im Myrtenhof oder im Partalpalast als Spiegelfläche ein statisches Element bildet, erscheint das Wasser im Löwenhof in immerwährender Bewegung und vereint so alle Räume des Gebäudes in allen vier Himmelsrichtungen. Das Wasser gelangt aus ebenerdigen Springbrunnen in den beiden Pavillons und unter den Kuppeln des Zwei-Schwestern- und Abencerragen-Saals auf der einen Seite der Längsachse und unter den Kuppeln des Saals der Könige und des Muqarnas-Saals auf der gegenüberliegenden Seite an die Oberfläche. Es fließt in den rechtwinklig verlaufenden

Folgende Doppelseite:

Der Garten des Partal im Generalife von Granada, gesehen vom Nordportikus, 1273–1302.

155

Kanälen, die sich in der Mitte im Löwenbrunnen treffen. Sodann ergießt es sich in das Brunnenbecken und verschwindet dort erneut, um von dort aus von den Löwen in alle Richtungen gespien zu werden. Wie in einer Oase oder dem Paradies des Korans befinden sich die Springbrunnen im Schatten, während das Wasser sich auf die lichtdurchflutete Mitte des Patios zu bewegt, wo sich die Symbole der königlichen Tapferkeit und des Großmutes befinden.

Dem Wasser kommt hier als ständigem Protagonisten der Architektur klar eine Bedeutung zu, die auf das Ganze verweist: Es setzt alle Räume des Garten-Paradieses miteinander in Verbindung, nicht nur im Grundriss, sondern auch in der Höhe. Es kommt aus dem Untergrund, von einem unsichtbaren Ort hervor nach oben, es garantiert ständige Erneuerung, Überfluss und Reinheit. Es belebt den Garten, stillt den Durst und kehrt immer wieder zu seinem anfänglichen und unveränderbaren Zustand zurück. Das Löwenbrunnen-Gedicht spricht ihm die Festigkeit eines Steins zu. Künstlerisch gesehen wird das Wasser als ein der Natur entnommenes Symbol einem Prozess starker Rationalisierung und Kontrolle unterworfen. Auf diese Weise wird es in einen symmetrischen Plan integriert, in ein Gebäude, das sich allem Zufälligen, aller Unordnung und Vergänglichkeit der Außenwelt widersetzt.

Die Benennung als „Glücklicher Garten" und die Häufigkeit, mit der in den Versen, die dem Palast gewidmet sind, von dem Konzept des Gartens (*rawda, riyad*) die Rede ist, sind nicht zufällig. Gemeinsam mit der Lage des Löwenpalasts, der fast unmittelbar an den *Rawda*-Palast anschließt und damit an die Grablege der nasridischen Herrscher, erhält dieser eine besondere eschatologische Bedeutung. Er erscheint als die Verbindung des diesseitigen Gartens mit dem jenseitigen, als ewige Ruhestätte des Monarchen im Angesicht seines Werks, in klarer Anspielung auf die *Rawda* par excellence, das Grab des Propheten. Diese Deutung legt auch der bekannte prophetische Hadith[k] nahe, in dem es heißt: „Das Grab ist einer der Gärten (*rawda min riyad*) des Paradieses (*al-yanna*)". Und die Grabinschrift Mohammeds V., die Ibn Zamrak, der für das poetische Programm des Palasts verantwortlich war, verfasst hat, lautet: „Im Schatten des Paradieses mögest Du ewig bleiben und Deine Nachkommenschaft möge unsterblich sein/der Barmherzige führe das Wasser vom Graben seines Propheten (*aw nab-hi*) bis hin zu Dir, ebenso wie er Deinem Vorgänger den besten Brunnen gewährte."

Der Säulenwald des Glücklichen Gartens kann außerdem als die steingewordene Vorstellung einer Oase verstanden werden, in Verbindung mit einer direkten Anspielung auf den Tempel Salomos und auf die fantastischen Architekturen, die in der klassischen arabischen Literatur beschrieben werden und in denen Säulen zahlreich sind. Die herrlichen Muqarnas-Kuppeln des Abencerragen- und des Zwei-Schwestern-Saals, die in Entwurf und technischer Ausführung die höchste Meisterschaft ihrer Art erreichen, schließen die beiden Räume ab, die gleichsam als geschlossene Patios angelegt sind. In der Mitte befindet sich auf der Achse jeder *Qubba* ein Springbrunnen, Quelle des Göttlichen und des Lebens zugleich, durch die der Palast die ihm zugedachte himmlische Dimension erhält.

Die Idealisierung der prächtigen, hoch aufgerichteten, beweglichen und ewigen Architektur, wie sie das Gedicht über den „Saal der zwei Schwestern" von Ibn Zamrak vornimmt, wird durch die Beschreibung des Mirador de Lindaraja als Standort des Königsthrons vollendet. Von hier sendet der Monarch die Strahlen seines Glanzes aus, von hier sieht er gleichsam mit seinen eigenen Augen auf seine Stadt. In dieselbe Richtung geht das Gedicht über den Löwenbrunnen, von demselben Autor und in der gleichen *Casida* wie das Gedicht über den Zwei-Schwestern-Saal enthalten, das dem Sultan die Schaffung dieser schönen Gebäude durch göttliche Inspiration zuschreibt und zugleich durch das Symbol des Löwen seine Stärke, Großzügigkeit und seine hohe Abstammung hervorhebt. Jussuf III., der Enkel Mohammeds V. und Sammler der Gedichte Ibn Zamraks, bezeichnet das Gedicht über den berühmten Brunnen als eine „Allegorie des Mutes (*ba's*) und der Großzügigkeit (*yud*)" des Herrschers. Der Löwenpalast ist von diesem Blickwinkel aus nichts anderes als eine Proklamation des islamischen Herrschers als ein neuer Salomo, der ihn zur Verteidigung des Islam errichten ließ. Der Panegyriker vergisst in seinen Versen nicht, seinen Herrscher als den edelsten und weisesten aller Könige auf der Welt zu preisen.

Vielleicht auf derselben Bedeutungsebene sind die herrlichen Malereien auf der Decke des mittleren Alkovens des Saals der Könige im al-Riya-al-Said-Palast zu verstehen, deren Ikonografie noch nicht vollständig entschlüsselt werden konnte. Sie ist jedoch innerhalb der islamischen Kunstgeschichte nicht ungewöhnlich und findet etwa Parallelen im Gemälde der sechs Könige der Welt in den Bä-

k Von arab. „Gespräch". Islamische Überlieferung, die auf den Propheten selbst zurückgeführt wird. (Anm. d. Übers.)

dern von Quayr Amra in Jordanien aus dem 8. Jahrhundert. Die Wandmalerei ist in der Alhambra auch durch die herrlichen Gemälde des Partalpalasts vom Beginn des 15. Jahrhunderts vertreten; ihre höfische Thematik mit Jagdszenen, Zelten mit männlichen und weiblichen Gestalten, Musik- und Unterhaltungs- wie auch Kriegsszenen lässt die ganze Bandbreite traditioneller figürlicher Elemente in der islamischen Kunst erkennen. Neben der typischen Gruppe von Wasserspeiern in Löwenform, die häufig in nasridischen Gebäuden vorkommen, und den Darstellungen von Tieren und Menschen, wie sie auf Luxusgegenständen üblich sind – zu nennen wäre der große Jarrón de las Gacelas („Gazellenkrug") der Alhambra und die vielen Keramiken oder Marmorskulpturen jener Zeit –, widerlegen auch die Wandmalereien durch ihre künstlerische Praxis ein weiteres Mal das verbreitete Vorurteil von einem angeblichen kanonischen Verbot figürlicher Darstellungen im Islam.

WEITERE SCHÖPFUNGEN DER NASRIDEN

Unter den großen Bauwerken, die unter Mohammed V. entstanden, sind die königlichen *Almunias* nicht zu vergessen, die außerhalb der Mauern der Alhambra errichtet wurden, so der Generalife, der Alcázar Genil oder Dar al-Arusa, der als Palast der Alixaren diente und der vor langer Zeit schon durch ein Erdbeben zerstört worden ist. Von diesem Palast sind außer einigen erhaltenen archäologischen Resten die literarischen Beschreibungen und das interessante epigrafische und dichterische Programm erhalten geblieben, das Ibn Zamrak für ihn entworfen hat und in dem er den Palast als luxuriösen Ort der Muße schildert, als eine neue Krone auf dem Sabika-Hügel.

In der unmittelbaren Umgebung der Alhambra erhoben sich später weitere Gebäude wie die Torre de las Infantas (Turm der Infantinnen) in der Zeit Mohammeds VII. (Reg. 1392–1408) oder auch der Palast Jussufs III. (Reg. 1408–1417), der ein bedeutendes, gegenüber des Partal gelegenes Bauwerk dargestellt haben muss und von dem nur der Grundriss erhalten geblieben ist; der Graf von

Tendilla ließ ihn abreißen, als Felipe V. ihn im Jahre 1718 als Burgvogt der Alhambra absetzte. Im 15. Jahrhundert wird auf dem gegenüberliegenden Albaicín der Daralhorra-Palast errichtet, der ebenso wie die Casa de los Girones und die Casa de Zafra dem Vorbild des arabischen Wohnhauses folgt mit zentralen Patios, doppeltem Säulengang sowie Stuck und anderen von den Nasriden übernommenen architektonischen und dekorativen Merkmalen. Außerhalb Granadas ist aus der Zeit Mohammeds V. die Casa de los Gigantes in Ronda erhalten geblieben.

Die Bautätigkeit im nasridischen Granada war nicht auf die Errichtung von Palastgebäuden und Residenzen beschränkt. Stadtmauer und Tore wurden erneuert und erweitert. Daneben entstanden auch andere öffentliche Bauten wie die bereits erwähnte Yusufiyya-Koranschule, die möglicherweise mit den Medresen der Meriniden wetteifern sollte und von der nur noch ein Teil des Betsaals und Marmorfragmente mit Gedenkinschriften erhalten sind. Ein weiteres Beispiel ist der Maristan, das einzige Hospital von al-Andalus, über das es einige Daten gibt und das im Jahre 1367 von Mohammed V. gegründet worden ist. Er knüpfte damit an einen Vorgängerbau an, den er um ein zweites Stockwerk und einen zentralen Innenhof mit einem großen Becken und Wasser speienden Löwen erweitern ließ. Nach den erhaltenen archäologischen Überresten zu urteilen hatte der Maristan von Granada den für viele öffentliche islamische Gebäude typischen Grundriss, der auch bei dem *funduq* (Funduk)[1] des Corral del Carbón zu sehen ist. Die Suche nach den Vorbildern führt nach Madinat al-Zahra und zu Medresen, Ribats und den Karawansereien des Ostens (Aleppo, Susa) sowie zu anderen *bimaristanat* in Kairo.

Die Architektur und Kunst des nasridischen Granada fanden auf der anderen Seite des Mittelmeers einen großen Widerhall. Wir wissen durch Ibn Said al-Magribi und Ibn Jald-n, dass im 13. und 14. Jahrhundert Künstler aus Granada nach Tunis entsandt wurden, wie sie ebenso auch im Dienst der Meriniden standen: Infolge der Bedrohung durch die christlichen Reiche der Halbinsel intensivierten die Herrscher Granadas ihre kulturellen, künstlerischen und diplomatischen Beziehungen mit der Dynastie der Meriniden (1244–1465). Zu denen, die nach Nordafrika reisten, zählte auch Ismail Ibn al-Ahmar (1324/7–1404/8), der Neffe des Sultans Ismail I. von Granada, der als junger Mann in die Dienste der merinidischen Verwaltung trat und ihr produktivster Chronist wurde. Die Banú Marín waren ein zenetischer Berberstamm aus der Sahara, der die Almohaden nach ihrer Niederlage in der Schlacht von Navas de Tolosa im Jahre 1212 allmählich aus dem westlichen Maghreb verdrängte. Unter ihrem vierten Anführer und de facto ersten Sultan, Yahya Abu Bakr Ibn Abd al-Haqq (1244–1258), gelang der Einzug der Meriniden zuerst in Meknes (1244) und dann in Fes (1248), das sie zu ihrer Hauptstadt machten. Derselbe Herrscher dehnte seine Herrschaft bis an die Küste aus und brachte Salé und Rabat unter seine Gewalt. Im Jahre 1269 eroberten die Meriniden Marrakesch von den Almohaden, deren Untergang damit endgültig besiegelt war.

Die Meriniden versuchten ihren Einfluss auch auf der Iberischen Halbinsel geltend zu machen und unternahmen zu diesem Zweck mehrere Feldzüge, mehrfach gemeinsam mit den Almohaden wie in der Schlacht von Alarcos gegen Alfonso VIII. von Kastilien. Bei der Schlacht am Saladofluss 1339, der letzten großen Niederlage der Mauren in al-Andalus, kamen sie den Nasriden zu Hilfe. Unter den Sultanen Abu l-Hassan Ali (1331–1351) und seinem Sohn Abu Inan Faris (1351–1358), die beide lebhafte Beziehungen mit den Nasriden unterhielten, gelangten die Meriniden zum Höhepunkt ihrer politischen Macht wie auch ihres architektonischen und künstlerischen Glanzes. Der Niedergang begann jedoch unmittelbar darauf, als sie den Wattasiden (1358–1374) und auch den Nasriden selbst (1374–1393) tributpflichtig wurden. Der Tod des letzten Sultans Abd al-Haqq (1421–1465), der bei einem Aufstand der Bevölkerung von Fes im Jahre 1465 ums Leben kam, bedeutete das Erlöschen der Dynastie.

In der Kunst entwickelten die Meriniden einen eigenen Stil auf der Grundlage ihrer almoravidischen und almohadischen Vorgänger, jedoch mit einer besonderen Vorliebe für Neuerungen, die sie beständig aus dem nasridischen Granada erreichten. Dieses hatte längst zu einem eigenständigen Stil gefunden und übte großen Einfluss auf den Mudéjarstil der spanisch-christlichen Reiche sowie auf ver-

[1] *funduq*, eine städtische Anlage, dient u. a. als Herberge. (Anm. d. Übers.)

schiedene Regionen des Maghreb aus. Unter diesen Voraussetzungen begannen die Meriniden, Fes und die übrigen großen Städte mit einer schlichten, wenngleich reich und vielfältig dekorierten Architektur zu überziehen. Besonders verfolgten sie eine ehrgeizige Politik hinsichtlich der Einrichtung von Medresen, dem Bau von *Zawiyas* und Grabdenkmälern und der Erneuerung und Gründung einiger Moscheen.

DIE MEDRESEN

Der große tunesische Historiker Ibn Jaldun (1332–1407) schrieb in der Einleitung zu seiner Universalgeschichte (*al-Muqaddima*), dass sich ein Stadtbewohner von einem Nomaden nur „durch den Glanz, den er in den Künsten (*sana'i*) und in der Bildung (*ta'lim*) erreicht", unterscheide. Er stellte die Behauptung auf, ein Staat habe dann den Höhepunkt überschritten und befinde sich im Niedergang, wenn er von überflüssigen Künsten schädlichen Gebrauch mache und sich der Verweichlichung des Luxus hingebe. Diese Theorie scheint er an den nasridischen und merinidischen Höfen entwickelt zu haben, an denen er wirkte. Er begründete dort die historische Soziologie und machte sich einen Namen als der bedeutendste arabische Historiker seiner Zeit.

Die Meriniden hatten mit ihrer Bautätigkeit möglicherweise eher den Erhalt ihrer Macht als die Förderung der Wissenschaften als solche im Sinn. Tatsache ist, dass sie ihre Anstrengungen auf die Errichtung von Medresen oder religiösen, staatlich gelenkten Universitäten konzentrierten. Diese Institution entstand bekanntlich im islamischen Orient und gelangte erst in relativ später Zeit in den Maghreb. Es waren dies Zentren, an denen in erster Linie die islamische Rechtssprechung (*fiqh*) gelehrt wurde; die übrigen religiösen Wissenschaften, und erst recht Literatur und Philosophie, kamen im Unterricht kaum vor, es sei denn als Hilfsmittel oder nachrangiges Anschauungsmaterial. Diese Medresen wurden durch Zuwendungen (*waqf*) durch den Stifter, in diesem Falle des Staats, finanziert und besaßen Räume zur Unterbringung der Studenten. Nach der Errichtung einer Moschee durch den Hafsidensultan Abu Zakariyya von Tunis im Jahre 1249 erreichten diese Einrichtungen ihre Blütezeit im Maghreb unter der Herrschaft der Meriniden, die allein im 14. Jahrhundert mehr als 40 Medresen gründeten. D. Cabanelas führt das Phänomen auf die Tatsache zurück, dass die Meriniden nicht wie die Almoraviden oder die Almohaden durch eine religiöse Bewegung an die Macht gelangt seien und daher durch die Gründung von Medresen versuchten, ihre neue Dynastie zu legitimieren. Die Medresen, die weniger Mittel erforderten als Moscheen, dienten zudem der Bildung eines Netzwerks von Gelehrten, die die der Obrigkeit genehme Lehre verbreiteten und schiitische und sufistische Bewegungen und somit religiöse Unruhen unterdrückten.

Die älteste noch erhaltene Medrese von Fes heißt el Seffarine. Sie wurde 1271 durch den Merinidensultan Abu Yusuf in der Nähe des Wadi Fes zu einem Zeitpunkt gegründet, als sich die kulturelle und künstlerische Blüte des neuen, nasridischen Fes abzuzeichnen begann. Ihre Gründungsinschrift spricht von der Notwendigkeit, den islamischen Glauben neu zu beleben, und erinnert damit an die berühmte Nizamiyya-Medrese des Nizam al Mulk aus dem 11. Jahrhundert in Bagdad. Hinzu kommt der offensichtliche Wunsch, Fes als die Hauptstadt des neuen Reichs zu einem großen spirituellen und ideellen Zentrum zu erheben. Aus dem dichten Netz von Moscheen, die im Weiteren in Fes gebaut wurden, sind die Fes el-Yayid („das neue Fes")-Medrese, errichtet unter Abu Said im Jahre 1320, und die Madrasa al-Sahriy („Am Teich"), die Sultan Abu l-Hassan (1331–1351) zum Gedächtnis seines Vaters erbaute.

An diesem frühen merinidischen Bauwerk von bescheidenen Dimensionen ist der starke Einfluss der nasridischen Baukunst zu erkennen: Das Gebäude ist um einen kleinen Innenhof mit einem rechteckigen Teich, dem die Medrese ihren Namen verdankt, angelegt; der nasridische Einfluss zeigt sich besonders in den farbenfrohen Kacheln auf Fußböden und Sockeln und an den Stuckelementen, die Aufschriften in andalusischer Kalligrafie tragen. Von ihnen nehmen die dekorativen Paneele der Wände ihren Ausgang. Die glatten Oberflächen der Mauerseiten, die von großen Intarsienpaneelen bekrönt werden, sind eine Besonderheit der merinidischen Baukunst. Die Intarsien senken sich herab und berühren die feinen Rundbögen, um sich an anderer Stelle wieder nach oben zu richten und eine geräumige *Arrocabe* zu bilden, die um den gesamten Hof läuft. In diese hölzerne Bekrönung des Innenhofs, die auf den den Wänden vorgelegten Pfeilern auf rechtwinkliger Basis ruht, sind geometrische Dekorationen eingelassen. Hier findet sich ein *Ataurique*-Ornament, das eindeutig von der Alhambra übernommen wurde, neben neuen maghrebinischen Kalligrafien.

Doch das gelungenste Beispiel merinidischer Baukunst ist zweifellos die berühmte Madrasat al-Attarin („Medrese der Parfümmacher"), die unter Sultan Abu Said Uzman (1310–1331) zwischen 1323 und 1325 neben dem Markt der Gewürzhändler errichtet wurde. Der um die Ecke gelegene Eingang war dazu gedacht, das Leben der Studenten, deren Wohnräume im oberen Stockwerk lagen, von dem lauten Treiben des Viertels abzuschirmen. Der Innenhof, in dessen Mitte ein Marmorbrunnen steht, ist äußerst reich gestaltet und von filigraner Schönheit. Er wird von Galerien mit Vielpassbögen umgeben, die von schlanken Marmorsäulen mit Halsringen und quadratischen Deckplatten mit vorgeblendeten kleinen Säulen und Muqarnas im reinsten nasridischen Stil getragen werden.

Die kürzeren Seiten werden von einem weiten Rundbogen mit hölzernen *Angrelados* abgeschlossen. Dieser Rundbogen geht von den Vielpassbögen aus, die von einem Dekorfries eingerahmt werden und zu den Wohnräumen überleiten. Sie stehen in der Verlängerung der Stuckpaneele, die auf zwei kleinen Säulen ruhen. Wie auch bei der Medrese „Am Teich" umfasst der große zentrale Bogen eine dreifache Celosia aus geometrisch gearbeitetem Stuck; die Holzschnitzereien erreichen eine beeindruckende technische Präzision; dasselbe gilt für die fein gearbeiteten Kragsteine, auf denen das den Lichtschacht des Hofs schützende Wetterdach ruht. In den Ecken finden sich schöne Sebka-Ornamente auf falschen Muqarnas-Spitzbögen, die wiederum auf das geschätzte Vorbild und Ideal der Nasridenpaläste verweisen. Im oberen Teil der Mauersockel sind sehr feine, schwarze Kalligrafien mit *Ataurique*-Hintergrund in Keramik eingelassen. Die oberen epigrafischen Stuckpaneele tragen zumeist maghrebinische Kursivschrift, obwohl sich zuweilen auch elegante kufische Schriftzüge finden, die aus der Hand von Kalligrafen aus Granada zu stammen scheinen. Gemeinsam mit der besonderen Unterteilung der Wandflächen in dekorative Rechtecke und Quadrate unterschiedlicher Größe, der Verteilung der Intarsien und den unteren drei Vierteln aus Stuck tragen die Inschriften dazu bei, eine Atmosphäre nach eindeutig nasridischem Geschmack zu schaffen. Zugleich zeugen die Originalität und ästhetische Pracht von der Reife und Eigenständigkeit, die die merinidische Baukunst erreicht hat.

An diesem Gebäude ist auch die ungewöhnliche, doch genau geplante Lage der Achse der *Qibla* im Betsaal hervorzuheben, die schräg zur Achse des Innenhofs verläuft. Der Betsaal ist eher klein, fast quadratisch und verfügt über einen Mihrab mit sorgfältig gearbeiteter Ornamentik und *Azulejo*-Kacheln.

Die Bu Inaniyya-Medrese in Fes (1350–1355), die von Sultan Abu Inan Faris, dem Sohn Abu l-Hassans gegründet wurde, ist mit ihren 1680 Quadratmetern Grundfläche die größte Medrese der Stadt, gefolgt von der Attarin-Medrese mit 680 Quadratmetern. Über ihre Funktion als Schule hinaus dient sie auch als Hauptmoschee. Die Anwohner des Viertels beten auch jetzt noch dort, wie es auch bei anderen Medresen üblich ist. Ihr Gründer Abu Inan, der engste Beziehungen zum Hof Mohammeds V. in Granada genoss, ist nicht zuletzt durch die Lobverse in Erinnerung geblieben, die der Granadiner Historiker und Dichter Ibn Ŷuzavy al-Kalb (1321–1357) ihm gewidmet hat, ähnlich denen, die er auf Jussuf I. verfasste. Er schrieb auch die *Rihla* des Ibn Batuta auf Abu Inan um. Ebenso berichtet der Granadiner Gelehrte Ibn al-Havy al-Nu ayri (1313–1383) über die Reisen, die Abu Inan zu seinem Werk *Fayd al-ubab* unternahm. Er erwähnt auch, dass er seine Medrese und Freitagsmoschee mit einer Kanzel für die *Chutba* versah und ein Minarett bauen ließ, zu jener Zeit das höchste in der Stadt, mit einer Wasseruhr, die die Gebetsstunden anzeigte. Heute sind die 13 bronzenen Glocken, die Abu Inan stiftete, noch teilweise erhalten.

Die doppelte Funktion des Gebäudes spiegelt sich in der Komplexität seines Grundrisses. Die Medrese besitzt zwei Eingänge mit reicher Bronzeverzierung. Durch den einen gelangt man über einen langen Gang, der auf einer flachen Brücke über den für rituelle Waschungen genutzten Kanal des Fes-Flusses führt, in den weiträumigen, rechteckigen Innenhof, in dessen Mitte sich ein kleines Wasserbecken befindet. Durch den anderen, den Haupteingang, gelangt man direkt auf der Längsachse des Gebäudes ins Innere. Der Hof hat eine Seitenlänge von etwa 18 Metern und verfügt über Marmorfußböden. An drei Seiten umgibt ihn ein Kreuzgang über zwei Stockwerke, der durch eine Reihe robuster Pfeiler gebildet wird. Dessen Außenseiten sind in ihrer interessanten Aufteilung und reichen Gestaltung typisch für die Architektur der Meriniden: Auf halber Höhe werden die Pfeiler durch geschnitzte Holzbalken verbunden. Diese Holzbalken tragen auch das Obergeschoss mit den Zellen der Studenten, deren kleine Fenster sich mit Rundbögen, die von falschen Muqarnas-Spitzbögen und Stuckdekor eingerahmt werden, von allen Seiten zum Hof hin öffnen. Das obere Drittel wird auch hier von einer breiten hölzernen *Arrocabe* mit Vordach bekrönt, die sich bis über die beiden Haupteingänge erstreckt, sodass einmal mehr das Holz die Hauptrolle in der merinidischen Ästhetik spielt.

In der Mitte der westlichen und der östlichen Hofseite ragen die beiden geräumigen Lesesäle (5 auf 5 Meter) heraus, die gleich zwei gegenüberliegenden Iwanen über zwei Stockwerke angelegt sind und von großen, mit Rippen versehenen Kuppeln aus Holz überspannt werden. Diese Säle, die im islamischen Westen selten zu finden sind und die denen ähneln, die einige Jahre später in der al-

*Gazellenvase,
14. Jahrhundert,
Museum der Alhambra,
Granada.*

Hassan-Moschee in Kairo gebaut werden sollten, sind über einen Gang mit den Galerien verbunden, die zu den Räumen der Studenten führen und ermöglichen so einen direkten Zugang. Die Außenseite des Betsaals mit seinen 17,25 auf 13 Metern, den Abu Said errichten ließ, öffnet sich zum Hof durch fünf Bögen, von denen der mittlere der höchste ist, und greift so die Zweiteilung der Moschee auf. Die zwei Schiffe des Betsaals verlaufen quer zum Innenhof und werden von fünf Bögen abgeteilt, die auf schweren Säulen aus Onyx mit hölzernen Kapitellen ruhen. Beide Schiffe sind parallel zur Mauer der *Qibla* ausgerichtet, an der das verschwenderische Dekor des Mihrab auffällt. Im Vergleich mit der Feinheit und exzellenten Ausführung der Stuck- und Holzdekoration der al-Attarin-Medrese erscheint der Dekor hier jedoch deutlich reduziert und steht für eine Phase der Stagnation, die bereits den bevorstehenden Niedergang der merinidischen Baukunst ankündigt.

Um das eigentümliche künstlerisch-soziologische Phänomen der merinidischen Medresen abzuschließen, seien noch weitere Beispiele für die vielen Gründungen des Abu l-Hassan Ali (1331–1351) genannt, des größten Förderers dieser Institutionen. Seine freundschaftlichen Beziehungen zu den Nasriden waren derart eng, dass sie ihm auf der Alhambra gefertigte Stoffe mit aufgestickten Versen des Ibn al-Yayyab zukommen ließen. Zu seinen Gründungen zählen die Medresen al-Saba iyyin in Fes (1321–1323) und die in Salé (1341), die wiederum durch ihre prächtige Ausschmückung von eindeutig nasridischer Inspiration auffällt. Es sei daran erinnert, dass Salé bedeutenden Würdenträgern aus Granada wie Ibn al-Jatib als Residenz diente. Schließlich ist noch die Misbahiyya-Medrese in Fes zu nennen, die der Monarch im Jahre 1346 zusammen mit der al-Qarawiyyin-Moschee errichten ließ, die Yadida-Medrese in Ceuta aus dem Jahre 1347 und die in Tremecén, ebenfalls unter Abu l-Hassan erbaut während der ersten Besetzung der Stadt von 1338 bis 1349.

ZAWIYAS UND GRABDENKMÄLER

Ebenso wie im Nasridenreich von Granada breitete sich auch im Maghreb der Mystizismus aus und führte zur Errichtung einer großen Zahl von *Ribats* (befestigten Klöstern), von Stätten der Verehrung einzelner Heiliger und, besonders in merinidischer Zeit, von sufistischen *Zawiyas*, die Kristallisationspunkte für die Frömmigkeit und soziale Unzufriedenheit des Volkes waren. Sie dienten auch der Anlage privater Vermögen in Form einer Stiftung. Angesichts der Ausbreitung dieser Zentren blieb den nasridischen und merinidischen Herrschern keine Wahl als der Versuch, das Vertrauen dieser großen Teile der Bevölkerung zu gewinnen und sich ihre Symbole und ihre asketischen Rituale wohl oder übel anzueignen. Vor diesem Hintergrund ließ Sultan Abu Inan die *Zawiya* al-Nussak („Zuflucht des Asketen oder Einsiedlers") in Salé errichten. Sie wurde über einer römischen Siedlung unweit von Rabat errichtet, der Stadt, in der sich ein alter und berühmter almohadischer *Ribat* befindet.

Ausgehend von dieser *Zawiya* entwickelte sich die bekannte Chella-Nekropole (1310–1339), in der die merinidischen Herrscher bis zu dem 1351 verstorbenen Abu l-Hassan beigesetzt wurden. Der Grabkomplex war befestigt und besaß einen monumentalen Eingang mit einem Spitzbogen, der von zwei Türmen auf rechteckigem Grundriss und mit einzigartigen quadratischen Bastionen als Abschluss flankiert wurde. Neben den zahlreichen Grabkammern der Nekropole finden sich zwei kleine Moscheen mit reich dekorierten Minaretten, ferner ein Springbrunnen, Bäder und Unterkünfte für die Pilger. Das Konzept der *Rawda*, das in der Palaststadt der Alhambra Anwendung fand, wird hier bei weitem übertroffen; obwohl die merinidische Nekropole und Pilgerstätte bald nicht mehr in Gebrauch war.

Wenn unter den Meriniden in großem Maße Medresen anstelle von Moscheen gegründet wurden, so erbauten sie doch auch einige Moscheen von besonderem Interesse; auch an Umbauten ist das Gepräge ihre Architektur klar zu erkennen. Zu Ersteren gehört die Freitagsmoschee des Abu Yusuf (1258–1286) in Fes. Dieser Sultan beschloss im März des Jahres 1276, sich im Tal des Fes-Flusses niederzulassen und errichtete einen Palast, der „Dar al-Majzan" genannt wurde. Er ließ eine starke Wehrmauer bauen, die bis heute erhalten ist, und befahl den Bau der Großen Moschee des Neuen Fes, deren heutiger Zustand auf einen Umbau im Jahre 1398 zurückgeht. Die neue Moschee auf rechteckigem Grundriss (54 auf fast 34 m) besitzt einen beinahe quadratischen Betsaal und gegenüber einen länglichen Hof, der an drei Seiten von einfachen Galerien umgeben ist. In der Mitte der frontal zum Innenhof hin geöffneten Galerie befinden sich zwei Eingänge, links der Frauen- und rechts der Haupteingang. Es gibt auch Zugänge an anderen Seiten des Hofs und durch den Betsaal selbst. In der nordwestlichen Ecke erhebt sich ein einfaches, schlankes Minarett. Der Betsaal gliedert sich in sieben Schiffe mit sechs Jochen, jedes durch einen Hufeisenbogen getrennt.

Vor der *Qibla* öffnet sich ein Querschiff und greift die typische T-Form der almoravidischen und almohadischen Moscheen auf, die die Meriniden im 13. Jahrhundert beibehielten, um sich dann quadratischen Raumlösungen zuzuwenden. In diesem Zusammenhang sei an die al-Mansur-Moschee in Tremecén erinnert, die vollendet wurde, während der Merinide Abu l-Hassan Ali über die Stadt herrschte. Der Stuckdekor des Mihrab der Großen Moschee des Neuen Fes verdient Aufmerksamkeit; der vorgelagerte quadratische Raum ist von einer großen Kuppel mit Rippen bedeckt, deren üppige Ornamentik den Mihrab besonders zur Geltung kommen lässt. Hier finden sich Anklänge an den großartigen Mihrab des al-Hakam II. in der Omayyadenmoschee von Córdoba. Der strikt geometrische Dekor der Almohaden ist in diesen Innenräumen mit feinen *Atauriquen* und weitschweifigen Inschriften angereichert, die nach Art der nasridischen Gestaltung die gesamten Mauerseiten bedecken. Am Beginn des Hauptschiffs betont eine weitere Kuppel die Längsachse des Gebäudes und führt den Besucher auf die *Qibla* und den Mihrab zu.

Als ein Beispiel für den Umbau bestehender Moscheen unter den Nasriden ist die alte al-Qarawiyyin-Moschee in Fes hervorzuheben. Diese berühmte, im 9. Jahrhundert gegründete Moschee erfuhr in almoravidischer Zeit eine bedeutende Erweiterung und wurde zum wichtigsten spirituellen und geistigen Zentrum des ganzen Landes, da ihr die bedeutendste Universität des Maghreb angeschlossen war. Die Betsäle dieser Moschee waren geradezu lebendige Organismen, Orte der Bildung und der Zuflucht für die Gläubigen. Um die Moschee entstand zudem der große *Zoco* (Markt der Stadt), der bis in die heutige Zeit Bestand hat und der mit der Moschee durch 14 Eingänge verbunden ist. In der al-Qarawiyyin-Moschee wirkte der berühmte Asket und Denker Xadili Ibn Abbad (1332–1389) aus Ronda bei Málaga als Imam und Prediger; die andalusische Stadt hatte sich unter merinidischer Herrschaft befunden, bevor sie in den Besitz der Nasriden überging. Dies beweist einmal mehr den hohen Stellenwert der politischen, künstlerischen und geistigen Beziehungen zwischen den beiden islamischen Reichen beiderseits des Mittelmeers.

Schließlich sollte die Stadt im Jahre 1485 von Ferdinand dem Katholischen erobert werden. Die Bautätigkeit der Meriniden in der Moschee von al-Qarawiyyin ist auffallend, besonders in Bezug auf die Pavillons, die auf der Längsachse in den Innenhof ragen und damit dem Vorbild des Löwenhofs in der Alhambra folgen. Sowohl das Spiel der Säulen dieser Pavillons, die wesentlich nüchterner gehalten sind als diejenigen des berühmten Nasridenpalasts, als auch der Stuckdekor und die Dachbedeckung folgen ohne Zweifel dem Plan des Glücklichen Gartens in der Alhambra. Die Ausführung ist jedoch weit nüchterner und konventioneller und verzichtet auf das Spiel mit den Möglichkeiten der Bewegung sowie auf die architektonische Nachbildung oder bauliche Umsetzung der Vorstellung vom Paradies, wie sie in der königlichen Residenz Mohammeds V. in Granada zu sehen sind.

Der Hof der Moschee al-Qarawiyyin zu Fes; zu spüren ist der Einfluss des Löwenhofs der Alhambra zu Granada.

Der Islam in der italienischen Kunst

Giovanni Curatola

> Nicht sind der Türken Tücher, der Tartaren
> so reich gewirkt noch ihre Farben krasser.
>
> Dante, *Inferno* XVII, 16–17

Sehr viel wurde schon über die Beziehungen zwischen der mittelalterlichen Welt des Islams und Europas geschrieben, mit besonderer Aufmerksamkeit auf Italien und jene Gemeinwesen und Signorien wie Florenz, Genua und Venedig, die zum islamischen Orient über mehrere Hundert Jahre recht privilegierte Beziehungen unterhielten. Eine eindrucksvolle Synthese zu den Einflüssen wird in einer luziden, gut begründeten Abhandlung von M.V. Fontana vorgenommen, auf die hier hinsichtlich einer historischen Einordnung des Problems verwiesen wird. Beispiele für Abneigung – oder besser: Geringschätzung – fehlen nicht: Dante, wie man weiß, versetzt Mohammed in die Hölle (XXVIII. Gesang), auch wenn der *Liber de Scala* (der alte Text, der vom *Mi'radsch* oder der Himmelfahrt des Propheten erzählt) zu den erstrangigen Quellen der *Commedia* gehört, und Petrarca hegte gewiss ebenfalls keine Sympathien gegenüber den Muslimen.

Damit ist die Frage in keiner Weise erschöpft, vor allem wenn es zu prüfen gilt, wie der Orient auch im täglichen Leben gegenwärtig ist. Man denke an das Essen: Die Florentiner nannten mit offensichtlicher volkstümlicher Abwandlung das am Grill gegarte Schweinefleisch *arista*, seit die Griechen auf dem Konzil von Florenz (1439) Gefallen daran fanden und es mit *ariston, ariston* [vorzüglich; Anm. d. Übers.] kommentierten. Die Genueser verdanken ihr Pesto den Einflüssen vom Meer und vielleicht ihrem Anlegeplatz Tana [am Ufer des Don gelegen, bedeutsam für den Handel mit den Tartaren; Anm. d. Übers.], während in Venedig die Verwendung des Granatapfels und von Gewürzen äußerst populär war … Doch hier interessieren vor allem die künstlerischen Seiten. Dass es islamische Einflüsse gab, ist ein unanfechtbares Faktum; das wahre Problem liegt darin, ob es sich um Formen von Exotismus handelte oder ob es eine bewusste, begründete Entscheidung war. Doch wollen wir die Schlussfolgerungen nicht vorwegnehmen.

Ein Element sicheren orientalischen Ursprungs ist der Teppich. Bisher wurde die Existenz einer italienischen (beispielsweise ferraresischen) Manufaktur noch nicht bewiesen, obgleich Hinweise darauf nicht fehlen. Die großen italienischen Häfen waren sehr aktiv; ein seit längerem bekanntes Dokument von 1468, das sich auf eine Schiffsladung bezieht, berichtet, wie eine Florentiner Galeere, die aus dem Osmanischen Reich kam, in Livorno unter anderem 40 Ballen Teppiche mit einer Gesamtzahl von 1000 Stück löschte. Die Kapitäne waren bei der Einfahrt mit einer Art Steuer belastet; sie hatten der Signoria einen Teppich im Wert von wenigstens 15 *fiorini* (der Marktpreis schwankte um fünf bis zwanzig, um bis an die 40 bis 60 bei den Stücken im Besitz der Medici heranzureichen …) zu überlassen. Also ein bedeutender Import auch nach Florenz – weit geringer jedoch als nach Venedig, in die Serenissima, die ab dem 16. Jahrhundert eine Art Monopol – in jüdischer Hand – ausüben wird, sodass die Mächtigen der Zeit wie Kardinal Wolsey gezwungen waren, sich an die Lagunenstadt zu wenden. Es sind die anatolischen und kaukasischen Teppiche mit tierischem und geometrischem

Detail des Teppichs zu Füßen der Madonna von der vorhergehenden Tafel.

In der Pala Montefeltro brachte Piero della Francesca zu Füßen der Madonna einen prachtvollen achteckigen Teppich mit geometrischem Muster auf rotem Grund unter. Pinacoteca di Brera, Mailand.

Dekor, die ab dem späten 13. und dem frühen 14. Jahrhundert in der Malerei ihre Rolle spielten (beispielsweise im Werk von Giotto in Assisi, Cimabue, Duccio di Buoninsegna, Taddeo Gaddi und anderen), auch wenn es nicht immer möglich ist festzustellen, ob es wirklich geknüpfte Teppiche sind oder nicht vielmehr Matten oder schwere Stoffe.

Interessant ist eine Miniatur in der *Manfredi-Bibel* (Biblioteca Apostolica Vaticana, Ms. Lat. 36, fol. 522v, zu datieren vor 1266), auf der ein Stoff erscheint, der als Teppich betrachtet werden kann (auch wenn er in unpassender Weise drei Fransen aufweist), wahrscheinlich ebenfalls anatolisch oder kaukasisch, obwohl die kleine Zeichnung uns auch nach Westen, das heißt nach Spanien führen könnte. Das Thema Teppiche findet breite Verwendung bei Künstlern wie Sano di Pietro, Niccolò di Buonaccorso, Giovanni di Paolo, Sassetta, Beato Angelico. Ambrogio Lorenzetti malt im 14. Jahrhundert eine großartige *Maestà* (Siena, Pinacoteca Nazionale), wobei er zu Füßen der Madonna einen geometrischen Teppich über den Stufen des Throns platziert, vor dem sich eine Vase mit Blumen befindet. Das ist ein außerordentlicher Einfall oder, um es mit Cesare Brandi zu sagen, eine „höchst raffinierte Konstruktion mit konzentrischen Wellen, die sich immer weiter um die Madonna herumschließen". Es handelt sich um die gleiche Wahl, die im folgenden 15. Jahrhundert Domenico Ghirlandaio treffen wird (*Madonna auf dem Thron*, Florenz, Uffizien), wobei er dem orientalischen Manufakt (das er in seiner ganzen Pracht „porträtiert") eine solche Bedeutung verleiht, dass er es zum eigentlichen Hauptdarsteller des Gemäldes macht und nicht mehr einfach zum Nebendarsteller und reinen Detail

wie bei einigen Werken des 14. Jahrhunderts. Die Beispiele von Künstlern, die sich dafür entschieden, einen Teppich an derselben Stelle zu platzieren, sind so zahlreich, dass es sich nicht empfiehlt, davon eine Aufzählung vorzunehmen – mit der Ausnahme eines berühmten Gemäldes von Piero della Francesca (ca. 1470, Mailand, Brera; *Madonna mit dem Kind, Engel, Heilige und Federico Herzog von Montefeltro*), auf dem ein oktogonaler Teppich auf rotem Grund erscheint.

Es handelt sich ausschließlich um geometrische Teppiche, die im Allgemeinen als türkische Handarbeit angesehen werden; die zeitgleichen persischen Miniaturen beweisen zudem, dass auch auf diesem Gebiet Stücke mit geometrischem Muster gewebt wurden; der Stilwechsel in Persien – mit Mustern mit zentralem Medaillon und Vierteln von Medaillons in den Ecken – erfolgt im 16. Jahrhundert und erst zu Beginn des folgenden Jahrhunderts erscheinen persische Teppiche in der europäischen Malerei, besonders in der holländischen und flämischen. In diesem Zusammenhang ist wenigstens auf weitere zwei Werke hinzuweisen: *Die heilige Katharina bittet Papst Gregor XI., von Avignon nach Rom zurückzukehren* (Lugano, Sammlung Thyssen-Bornemisza) von Giovanni di Paolo, zu datieren um die Mitte des 15. Jahrhunderts; der Papst sitzt hier auf dem Thron, einen Teppich mit Tieren in Achtecken zu den Füßen.

Das zweite Werk von Paris Bordon in der Accademia di Venezia entstand etwa ein Jahrhundert später: *Die Übergabe des Rings an den Dogen*, es weist zwei Teppiche auf, darunter einen so genannten Uschak mit Stern unter dem Stuhl des Dogen. Es existieren sehr viele Darstellungen, auf denen eine wichtige Gestalt wie ein Kardinal zu finden ist, zum Beispiel ein anonymes Porträt des Prälaten Marcello Cervini degli Spannocchi in der Galleria Borghese zu Rom, zu datieren in das 16. Jahrhundert; oder der Kardinal Bandinello Sauli in einem Porträt von Sebastiano del Piombo, Washington D.C., National Gallery; beide mit einem Tisch, auf dem sich ein rotgrundiger Teppich mit gelben Arabesken abhebt, bekannt als Typus „Lotto", oder ein reicher Kaufmann wie auf einem Gemälde von Sofonisba Aguissola (Mitte des 16. Jh.; Grafen von Exeter, Burghley House) oder eine nicht identifizierte männliche Person auf einem Werk, ebenfalls Mitte des 16. Jahrhunderts, von Beccaruzzi in den Uffizien. Zum Schluss ist im Zusammenhang dieser Thematik das Gruppen-„Foto" der *Somerset House Conference* von 1604 in der National Portrait Gallery von London zu vermerken, bei dem ein hervorragendes Exemplar eines so genannten „Holbein"-Teppichs mit kleinem Muster auf den Tisch gelegt ist. Also eine reiche Präsenz von Teppichen – alles exotisch, alles zufällig? Wir werden an diesen Punkt zurückkehren.

Ziemlich eng mit dem Teppichproblem verbunden, existiert ein weiteres, das Problem der Stoffe. Die islamischen Textilien waren im Westen ausgesprochen begehrt und wurden häufig zur Einhüllung von Heiligenreliquien verwendet. Auch in diesem Fall gäbe es nur die Verlegenheit, das richtige Beispiel auszuwählen. Ein vielleicht wenig bekanntes Stück ist das „Drappo di San Ciriaco" [Tuch des heiligen Kyriakus], das in Ancona im Grab des Schutzheiligen der Stadt gefunden wurde. Es besteht aus einem Stück Seide von mehr als zwei Metern Länge in hervorragendem Erhaltungszustand, darauf einander gegenüberstehende Greifen in Kreisen. Der Pionierarbeit von Klesse über die Stoffe in der italienischen Kunst des 14. Jahrhunderts folgten leider keine ebenso soliden Studien, mit Ausnahme eines präzisen Beitrags von A. Bagnera. Der Bereich muss noch weiter erforscht werden. Nach einer sehr festen Tradition war der Umlauf orientalischer Textilien in Italien enorm. Interessanterweise lässt sich feststellen, wie beispielsweise im Süden schwere Brokatstoffe als Vorhänge dienten, um die Apsiszone abzutrennen. Palermo rühmte sich einer auf qualitativer und quantitativer Ebene bedeutenden Produktion, die durch die berühmten *Tiraz* erreicht wurde, die unter die direkte Kontrolle des Hofes gestellte Teppichkonfektion. Doch im 14. und 15. Jahrhundert – der Zeit, die uns konkreter interessiert – tritt vor allem das Zentrum Lucca als wichtigster Pol der italienischen Produktion hervor, über Sizilien die Erbin der Tradition des Nahen Ostens.

Auf ikonografischer Ebene ist anzumerken, mit welcher Insistenz auf den Seidenstoffen von Lucca Vögel dargestellt werden. Zwei schöne Seidenfragmente befinden sich im Bargello-Museum von Florenz: ein Brokat-Lampas mit goldenen Tieren und floralen Motiven in Weiß auf blauem Grund (Sammlung Carrand 2298, 14. Jh.) sowie ein Fragment mit ogivalem Schema mit drei Typen von Medaillons, umsäumt von Leoparden und Vögeln (Lampas mit beigem Seidengrund und Silbereinschuss; Sammlung Franchetti 630). Sie erinnern an die berühmtesten (oft bestickten) Palermitaner Stoffe wie das Fragment des Begräbnisgewandes Heinrichs VI. (Ende des 12. Jahrhunderts) oder die überaus fei-

Brokat-Lampas mit Tieren und floralen Motiven, 14. Jahrhundert, Museo Nazionale del Bargello, Florenz, Sammlung Carrand 2298.

Lampas mit Medaillons, umsäumt mit Geparden und Vögeln, Museo Nazionale del Bargello, Florenz, Sammlung Franchetti 630.

ne Stickerei auf Karmesin-Samtseide (eine rein orientalische und dann islamische Technik) – ein Meisterwerk – des Papageien-(oder Falken-?)Mantels, der in der Kirche Santa Corona in Vicenza aufbewahrt wird (zweites Viertel des 13. Jahrhunderts). Ebenfalls im Süden gefertigt sind die Gewänder (Pluviale, Dalmatika und zwei Kaseln), die Papst Bonifaz VIII. Anagni schenkte (1295–1303), ebenfalls mit Tierdekor (Adler, Greifen, Papageien/Falken). Aus Lucca hingegen könnte das gelbe Seidentuch mit Tierpaaren stammen (Greifen, Vierfüßer, Papageien/Falken), das ins 13. Jahrhundert zu datieren ist und in Assisi aufbewahrt wird. Die Bahre des heiligen Franziskus soll bei der Überführung des Leichnams im Jahre 1226 oder bei dem Transport vier Jahre danach mit diesem Tuch bedeckt gewesen sein. In jedem Fall hält ein Inventar von 1338 fest: „Unus magnus pannus zallus, cum griffonibus et aliis bestiis et avibus de aureo […] misit Imperator Graecorum" [ein großes gelbes Tuch mit Greifen und anderen Vögeln aus Gold … schickte der Kaiser der Griechen]. In den fraglichen Jahren (1228–1230) kommt tatsächlich Jean de Brienne durch Umbrien, der regierende Kaiser, und seine Tochter heiratet im Jahre 1225 Friedrich II. von Sizilien (von dem die alternative Zuweisung zu Manufakturen der Insel stammt). Der Falke, den wir in diesem Zusammenhang einige Male zitierten, ist ein wichtiger Vogel in der islamischen Welt, doch nicht allein. Wir wollen hier an die von Friedrich II. verfasste Abhandlung *De Arte Venandi cum Avibus* erinnern, die in Rom aufbewahrt wird (Biblioteca Apostolica Vaticana, Ms. Lat. 1071), eine Miniaturhandschrift, die in die zweite Hälfte des 13. Jahrhunderts zu datieren ist. Die Identifizierung des auf den Stoffen dargestellten Vogels mit dem Papageien hat gewiss einen islamischen Hintergrund (die Angewohnheit des Papageien, süße Speisen vorzuziehen, ließ aus ihm selbst ein Symbol für Süßigkeit bzw. Liebreiz werden; auch in der Literatur, beispielsweise werden ihm im „'Attar" und dem *Mantiq at-Tair* [„Sprache der Vögel"], einer mystischen Abhandlung, und ebenfalls im *Tutinama* [„Buch des Papageien"], der zeitgenössischen Übersetzung eines alten Sanskrittextes durch den Mogul Akbar, paradiesische Merkmale zugeschrieben), während der Vogel mit seiner unangenehmen „Stim-

me" im christlichen Raum in onomatopoetischer Weise an das griechische *chaîre*, das heißt „ave!",
erinnerte, den Gruß, den man an die Madonna richtete.

Einer der interessantesten Aspekte jedoch der Beziehungen und folgenden Einflüsse zwischen Vor-
derem Orient und Okzident liegt in der Verwendung, die man in Europa ab dem Mittelalter von der
arabischen Schrift machte. In der Bibliografie zu diesem Beitrag werden einige der wichtigsten Beiträge zu diesem Thema zitiert, die ihre Breite und keineswegs sekundäre Tragweite skizzieren. Hier müssen wir in jeder Weise eine klare, bedeutsame Unterscheidung zwischen pseudo-arabischen Inschriften und Texten, die gelesen werden können, machen, wenngleich mit einiger Mühe und einer
gewissen Unschärfe. Streng genommen gibt es eine weitere Unterscheidung beim ersten erwähnten
Fall: als solche klar identifizierbare pseudo-arabische Inschriften und durch ein solches Repertoire
inspirierte Motive oder auch Pseudo-Buchstaben nach einem von Fontana einleuchtend eingeführten
Begriff. Diese letzten Beispiele schließen wir hier aus, bei denen es sehr häufig nur zwei oder drei
wiederholte Buchstaben gibt – wahrscheinlich vom arabischen Begriff *baraka* („Segnung") inspiriert
oder einer Stilisierung des häufig wiederkehrenden Wortes *Allah* entnommen; dabei sei hinsichtlich
eines – auch visuellen – Repertoires auf die mit Sorgfalt von Erdmann schon vor 50 Jahren durchgeführte Arbeit verwiesen. Ein erweitertes Repertoire für Italien, vor allem den Süden, findet sich in
den Studien von M.V. Fontana.

Hier interessieren uns jedoch vor allem jene Künstler und Vorkommen, die *intentional*, nach unserer Ansicht ohne jeden begründeten Zweifel, in ihre Werke Pseudobuchstaben oder echte Schriftzeichen eingefügt haben. Wir beschränken uns dabei auf zwei symbolhafte Fälle in der einen wie in
der anderen Kategorie: Giotto und Gentile da Fabriano, gewiss keine unbedeutenden Künstler. Giotto, wir bemerkten es schon, verwendet gern orientalische Elemente in seinem Werk und greift dabei
gewiss auf das textile Repertoire zurück, das in Italien überreich zirkulierte. Die Intentionalität ist jedoch klar und schlagend in den Aureolen der Madonna und des heiligen Johannes (und am Rand) des
Kreuzes in Santa Maria Novella in Florenz, ebenso bei der *Madonna* von San Giorgio alla Costa und
der *Madonna* in der Kirche Ognissanti, ebenfalls zu Florenz.

Es ist schwer, die Art des verwendeten *ductus* genau festzustellen, auch ist zu vermuten, dass es
sich eher um eine Kursive als um eine kufische Schrift handelt (bei dieser handelt es sich um den monumentalen epigrafischen Schriftstil, der vorzugsweise in der Architektur und in alten Korantexten verwendet wird, doch nicht selten auch auf Stoffen), und das nicht nur kraft der Buchstabenform, sondern vor allem kraft dessen, was als Einbeziehung der von dem floralen Repertoire entnommenen
Hintergrundelemente in die Pseudo-Inschrift erscheint, das die Inschriften häufig begleitet. Wir
denken an ein andalusisches Fragment, das im Bargello-Museum zu Florenz aufbewahrt wird (Inv.
Franchetti 141) – eine Replik, auch wenn sie in einigen epigrafischen Zügen nicht übereinstimmt,
des berühmten Pluviale aus dem Museo Diocesano Catedralício von Burgos –, die, obschon sie ein
wenig später als die Schaffenszeit Giottos zu datieren ist (mit diesem Stoff sind wir am Ende des
14. Jahrhunderts), unsere Argumentation gut exemplifiziert. Das kursive Inschriftenband findet sich
auch auf einem älteren Stoff (der sich auf etwa 1275 datieren lässt) aus spanischer Almohadenproduk-
tion (Dalmatika und Kasel von San Valerio). Auf diesem Stück, das in Barcelona aufbewahrt wird (Museu Textil i d'Indumentaria), trägt das Hauptfeld Verzierungen von geometrischem Typus, eine aus-
gefeiltere Variante der Kreuze und oktagonalen Sterne, perfekt auf einer Linie mit den geometrischen
Stoffen, wie sie in der Arena-Kapelle in Padua erschienen, die jedoch schon als Hintergrund bei den
Kruzifixen aus Holz von Cimabue dienten. Die Aureolen sind kreisförmig und ein anderes Element –
die kleinen runden Punkte, die die äußere Borte bilden – erinnert uns an eine Reihe von Geweben
(zunächst sassanidische, doch dann in der byzantinischen Welt weithin adaptiert und verwendet),
die beispielsweise mit der äußerst ausgedehnten Produktion von Steinschalen verwandt sind, die die
venezianischen *calli* [Straßen] und Paläste zieren und deren orientalische Ursprünge mit größerer
Nachhaltigkeit untersucht werden sollten.

Anders ist der Fall von Gentile. S. Auld erinnert in einer sorgfältigen, dokumentierten Untersuchung, die die Frage der Inschriften des Malers aus den Marken in den Mittelpunkt stellt, daran, dass
diese Praxis in seinem Werk als üblich angesehen werden kann – sie umfasst etwa zehn Fälle –, und
beobachtet, dass die Aufschrift ursprünglich zur Madonna gehört. Wenn auch nicht alle Forscher einer

Meinung sind, ist einer der entscheidenden Züge der Aufschriften (zum Beispiel in der *Anbetung der Könige* in den Uffizien, zu datieren um 1420), dass diese mehr oder weniger korrekt gelesen werden könnten. Der in diesem Sinn schlagendste Fall ist der einer berühmten Zeichnung von Pisanello (Paris, Louvre, Sammlung Vallardi) mit einer Skizze des Palaiologen und einer sorgfältigen Aufschrift mit dem Namen des Mamelucken al-Malik al-Mu'aijad Scheikh, der im Jahre 1421 starb. Der Umstand selbst, dass die Epigrafiker über die Interpretation debattieren, die sie den von Gentile gezeichneten Buchstaben geben sollen (das Arabische schreibt bekanntlich keine Vokale und lässt andere Zeichen aus …), ist für uns mehr Element des Trostes als der Irritation. Eine ziemlich glaubwürdige Version liest dort den Beginn der *schahada* (des „Glaubensbekenntnisses"), die zusammen mit der *basmala* („Im Namen Gottes, des Gütigen, des Barmherzigen") zu den überall und ebenfalls im Islam meist verwendeten Formeln gehört. Kurz, Gentile verwendete exakte arabische epigrafische Elemente. Woher nahm er sie? Ein kleines Element – eine mehrblättrige Rosette – in wenigstens fünf Fällen unterbricht die Kalligrafie, die auch in diesem Fall, zumindest unserer Ansicht nach, dem *naskhi* oder der Kursive näher ist als der kufischen Schrift. Die Rosette erscheint ziemlich oft in der islamischen Metallkunst, besonders in der Mameluckenzeit (1250–1517), vor allem in der Phase, in der Darstellungen tierischer oder menschlicher Gestalten zu Gunsten floraler Motive und kraftvoller Inschriften aufgegeben werden. Auld nennt in ihrer schon genannten Abhandlung die politischen und historischen Bedingungen (insbesondere den Vertrag, den Florenz im Jahre 1422 mit Ägypten schloss, sowie denjenigen ein Jahr zuvor mit Tunesien), die den Hintergrund zu dieser Geschichte bilden; dabei geht sie auch auf die Auftraggeber ein. Es ergibt sich daraus ein recht kohärentes und homogenes Bild, in dem islamische Schöpfungen – Stoffe, Metallarbeiten, Keramikwaren – gewissen florentinischen Kreisen des 15. Jahrhunderts keinesfalls fremd gewesen sein dürfen.

Bleibt „nur" die Antwort – oder der Versuch dazu – auf die einfache Frage, die uns von Beginn an beschäftigte: Warum? An erster Stelle ist zu sagen, dass die Überlegung gewiss nicht mit den Instrumenten, den Kenntnissen, der Sehweise von heute anzugehen ist; so banal es auch ist, daran ist zu erinnern. Der Ausgangspunkt sind der freie Wille und die Kenntnisse der Künstler. Daran können wenig Zweifel bestehen: Giotto und Gentile – und all die anderen, von denen diese nur unsere willkürliche Avantgarde sind – wollten arabische Schriftzeichen verwenden und wollten es in Verbindung mit der Madonna. Waren sie sich dessen bewusst, was auf den Inschriften enthalten war, die sie nachbildeten (vorausgesetzt, es handelt sich um die *schahada* oder die *basmala*, sind es recht gewichtige Aussagen), oder nicht? Es lässt sich darauf nicht in gleicher Deutlichkeit antworten, auch wenn es tendenziell unwahrscheinlich scheint, dass – angesichts des Niveaus der Kenntnisse über die islamische Welt im 14. und 15. Jahrhundert in Italien auch in gebildeten Kreisen – die Implikationen voll verstanden wurden.

Gewiss handelte sich nicht um eine bewusste Kenntnis der alles andere als zweitrangigen Rolle, die Maria (und Jesus) im Koran spielen (statistisch 175 Verse), sondern um den Anspruch eines höheren Kriteriums, der auf eine höhere Logik antwortet und die kontingente Bedeutung transzendiert, um eine andere universale zu bezeigen. Die Darstellung der Madonna ist eine Darstellung der Sakralität schlechthin. Das Evangelium des Johannes beginnt so: „Im Anfang war das Wort, und das Wort war bei Gott, und das Wort war Gott"; gibt es eine angemessenere Art, diesen Begriff auszudrücken, als die Schrift? Ganz offensichtlich dienen die Schriftzeichen, griechische, arabische, hebräische, lateinische oder Pseudo-Schriftzeichen innerhalb der Aureolen nicht dazu, die Dargestellten zu bezeichnen, sondern deren Heiligkeit zu betonen, eine Transzendentialität, die nicht notwendigerweise etwas mit dem verwendeten Alphabet zu tun hat; gerade die – bewusste, um es zu wiederholen – Verwendung des Arabischen hat vielleicht genau die Aufgabe, die universale Rolle der Madonna zu verstärken, die in jedem Fall eine triumphierende Rolle ist.

Entsprechend (in der Position) finden wir die zu Füßen Mariens platzierten Teppiche. Der Teppich bezeichnet einen rituellen Raum. Es handelt sich um den Ort, in dem und auf dem der zentralasiatische Schamane sein Opfer beziehungsweise seinen Ritus ausübt; er signalisiert und markiert eine Trennung zwischen profanem und heiligem Raum – eine universelle Verwendung, die sich noch heute in Zeremonien findet, bei denen ein Teppich (oder einfacher ein Läufer) den Weg bezeichnet, der von Autoritäten abgeschritten wird. Hier hat man also die Bedeutung der Platzierung dieses Symbols zu Füßen der Madonna; es ist recht unbedeutend, ob dieser aus orientalischer Fertigung stammt,

paradoxerweise ist es in der Sehweise des universalen Konzepts sogar besser. Die folgenden Schritte wurden schon bezeichnet: Der Papst und der Doge, religiöse Macht und politische Macht, nehmen auf den beiden Gemälden von Giovanni di Paolo und Paris Bordon dieselbe Position wie die Madonna auf dem Thron ein (mit dem entsprechenden Teppich zu Füßen), ein deutlicher Hinweis auf die göttliche Legitimation der Macht; diese Praxis wurde später – in weltlichem Sinne, würden wir in heutiger Sprache sagen – bei den Porträts mit Teppichen aufgenommen, die nicht nur ein modernes Statussymbol, sondern auch in diesem Fall ein Memento der Macht, kirchlich oder allein ökonomisch, darstellen, die direkt der göttlichen Gnade zuzuschreiben ist.

Vielleicht gehen wir zu weit mit der Behauptung, dass auch die Pseudoinschriften, nicht nur diejenigen auf den Aureolen, sondern auch die zahllosen, die wir – in einer überaus breiten Vielfalt, die wir an dieser Stelle nicht beschreiben können – auf den Gewändern finden, fast immer bei der Madonna, demselben universalen Prinzip entsprechen. *Apostelgeschichte* (II, 4, 6): „Alle wurden erfüllt vom Heiligen Geist und begannen, in fremden Sprachen zu reden, wie der Heilige Geist ihnen aufgab zu sprechen […]“; „[…] es versammelte sich eine große Menge, und sie wussten nicht, was sie denken sollten. Jeder hörte sie tatsächlich in der eigenen Sprache reden, weswegen sie voll Staunens waren […]“. Das figurative Esperanto, das wir auf den Rändern der Kleider finden, wird mit einem ziemlich einfachen Mittel geschaffen: Die Inschriften sind nicht auf Griechisch, Hebräisch, Arabisch oder Lateinisch gehalten, viel einfacher handelt es sich um *gewollt kryptische* Buchstaben, die dazu angetan sind, die vorsprachliche, ursprüngliche Universalität der christlichen Botschaft zu kennzeichnen, die die Grenzen einer einzigen Sprache und Kultur überschreitet. Sie ist nicht „die“ Erklärung, sondern „eine“ Erklärung.

Der künstlerische Austausch im Mittelmeerraum im 15. Jahrhundert

Liana Castelfranchi

Wem es gelingt, die verstreuten Zweige dieser mit Fabulösem durchwirkten Geschichte, die sich von den vierziger bis zu den sechziger Jahren im Mittelmeerraum abspielte, wieder zusammenzusetzen, der wird eine der verlockendsten Aufgaben lösen, die dem Historiker des Quattrocento noch bleiben.“[1] So schrieb Roberto Longhi 1927 fast prophetisch, als er die Ähnlichkeiten kommentierte, welche die Madonna der Barmherzigkeit von Quarton und das Polyptychon von Borgo San Sepolcro von Piero della Francesca verbinden. Zum ersten Mal wurde der Mittelmeerraum als Bühne einer „mit Fabulösem durchwirkten Geschichte“ bezeichnet. Diesen Worten folgten tatsächlich 50 Jahre und mehr an Studien, die sich der Rekonstruktion dieser künstlerischen Ereignisse zuwandten, die reich an Austausch, Kontakten, stilistischen Verflechtungen zwischen Norden und Süden war. Im Rahmen dieser Ereignisse fungierten die großen Mittelmeerhäfen fast immer als Orte des Durchgangs, des Sammelns und des Austauschs höchst geschätzter Waren, der Werke der Kunst. Die einzelnen Elemente dieser abenteuerlichen Geschichte sind heute zum großen Teil geklärt, auch wenn es noch ungelöste Fragen gibt. Die imposante, außergewöhnliche Madrider Ausstellung „Die Renaissance im Mittelmeer“ vom Frühjahr 2001[2] ließ vor unseren Augen fast alle Werke Revue passieren, die im Laufe von mehr als einem halben Jahrhundert dazu beitrugen, diese großartige Geschichte des Mittelmeerraums von Station zu Station zu umreißen.

Man muss sogleich anmerken, dass ein lebhafter Austausch innerhalb des Mittelmeerraums schon zu Beginn des 15. Jahrhunderts im Gange war, obwohl für etwa 30 Jahre noch jene regelrechte *koiné*, die unter der Bezeichnung internationale Gotik bekannt ist, dominierte. Und in der Tat erfasste die Ausstellung in Madrid, die das gesamte Jahrhundert des Quattrocento abzudecken trachtete, auch diese Entwicklungsphase der internationalen Gotik, die eben die ersten drei Jahrzehnte des 15. Jahrhunderts einnimmt.

Wir dagegen wollen die Entwicklungen des sich ab dem vierten Jahrzehnt anschließenden „mittelmeerischen“ Kapitels erfassen, als die außergewöhnlichen Neuerungen der flämischen Malerei – inauguriert durch die Begründer der flämischen Malerei, Robert Campin, Jan van Eyck und Rogier van der Weyden – plötzlich an den Routen des Mittelmeers zu zirkulieren anfangen. Wir werden uns nicht an den spezifischen, wohlbekannten Neuerungen dieser Malerei aufhalten, bei denen man von einem neuen kulturellen „Modell“ sprechen kann, das sich vor allem auf eine erstaunliche analytische Sicht der Realität gründet, auf eine verlängerte Sicht des Realen, die bis zum optischen Illusionismus der Realität von Juwelen, Stoffen, Pflanzen und fernen, abgelegenen, auf wunderbare Weise nahe gewordenen Landschaften vorgedrungen ist. Die sofortige Bewunderung, welche diesen seltsamen flämischen „Wundern“ entgegengebracht wurde, bezeugt der Humanist Bartolomeo Fazio, der am Hof

Alfonsos von Aragón in Neapel zugegen war, seinerseits einer der frühesten enthusiastischen Sammler flämischer Werke. Doch die neue Malweise führte auch tief greifende Neuerungen in die Technik ein wie die so genannte Ölmalerei und auch neue „Typen" oder „Genres" der Malerei wie die Tafelmalerei im kleinen oder mittleren Format.

Diese flämischen Neuerungen erscheinen also früh in den Gebieten südlich von Flandern und rufen ein neues Kapitel des Kunstsammlertums auf, welches das prunkvolle, fast von Besessenheit geprägte der internationalen Gotik ersetzte. In dieser Sammelleidenschaft scheint die Schicht der Kaufleute und Bürger voranzugehen und sogar mit den Aristokraten zu wetteifern, das zeigen die frühzeitige Zustimmung sowie die Bedeutung der Aufträge. Jener Arnolfini, der im Jahre 1434 bei van Eyck das eigene Porträt und das seiner Frau Giovanna Cenami beim Akt der Eheschließung (London, National Gallery) bestellte oder auch der Genueser Michele Giustiniani, der auf dem kleinen Triptychon van Eycks in Dresden aus dem Jahre 1435 als Schenkender auftritt, kommen den uns bekannten Aufträgen des Hofs um einige Jahre zuvor. Emblematisch in diesem Sinne erscheint die Geschichte des bedeutsamen Triptychons von van Eyck, das vom Kaufmann Lomellini aus Genua in Auftrag gegeben und darauf im Jahre 1444 durch Vermittlung Fazios Alfonso von Aragón überlassen wurde.

Aus diesem Sammlertum entsteht auch die Geschichte, die uns hier interessiert, die des künstlerischen Austauschs im Mittelmeerraum im 15. Jahrhundert, die als Protagonisten ebenfalls Mitglieder der Kaufmannsschicht sieht, sei es als kommerzielle Vermittler, sei es als Transportunternehmer, über deren Netz von Handelsbeziehungen die Kunstwerke gehandelt wurden. Dieser Transport erfolgte hauptsächlich, wenngleich nicht ausschließlich, auf dem Seeweg über die Hauptanlegeplätze von Flandern bis Spanien und Sizilien, nach Neapel, Genua, in die Provence. Jedoch sind es hauptsächlich die Aufträge aus Aristokratenkreisen, die flämische Künstler aus dem Norden an den Hof ziehen oder die eigene Künstler nach Norden schicken (man denke zum Beispiel an die frühe Reise von Dalmau nach Flandern oder an die ebenfalls frühe Anwesenheit des Flamen Alimbrot in Spanien). Dieses Kommen und Gehen ist es, das zusammen mit dem Sammlertum dem vielleicht interessantesten Phänomen dieser „mittelmeerischen" Geschichte Leben verleiht, dem Phänomen der Einführung der flämischen Neuerungen in die Geschichte der Malerei der verschiedenen Gebiete. Sie gibt diesen – interessanten und bisweilen höchst raffinierten – Phänomenen einer Mischkultur, eines Mischstils, Leben, wie etwa im Falle des Antonello da Messina.

Von dieser Zirkulation im Mittelmeerraum, einer Geschichte des Austauschs von Kultur, Werken und Künstlern, wollen wir hier ein kurzes Panorama vermitteln. Der Anfang dessen, was Longhi „mit Fabulösem durchwirkte Geschichte" nannte, wird nach Lage der Dinge zwangsläufig in Neapel während der Königsherrschaft des Spaniers Alfonso von Aragón liegen.

Was aus Neapel einen frühen Brückenkopf intensiven, vielfältigen Kulturaustauschs zwischen Nord und Süd macht, ist vor allem die außergewöhnliche doppelte Präsenz nacheinander von König René von Anjou, der 1438 – drei Jahre nach dem Tode von Königin Johanna II. – die neapolitanische Krone beanspruchte, und von König Alfonso von Aragón (1442–1458). Man kann sagen, dass jeder dieser beiden großen Protagonisten einen frühen Aspekt der „Mittelmeerrouten" darstellt, und diese Tatsache allein könnte genügen, Neapel eine absolut einzigartige historische Rolle und kulturelles Gewicht zu verleihen. Man vergegenwärtige sich auch die bedeutende Rolle, die König René in dieser Geschichte einnahm und die eine noch bedeutendere Fortsetzung in der Provence hatte; außerdem war die Hinwendung zu den Flamen in Spanien schon einige Jahre vor der Königsherrschaft Alfonsos von Aragón in Neapel erfolgt.

Die plötzliche kulturelle Beschleunigung unter König René in den kurzen Jahren seiner Herrschaft in Neapel hängt gewiss mit seiner Persönlichkeit als Künstler, Literat und Maler zusammen; doch schon in Neapel und darauf während seines gesamten Lebens finden wir an der Seite von König René einen Miniaturisten und Maler von der Größe Barthélemy d'Eycks. Die Bedeutung dieser kulturellen Beschleunigung erkennt man in der bekannten Passage des Briefes, den der neapolitanische Historiker Pietro Summonte an Marcantonio Michiel über die Ereignisse der Malerei in Neapel sandte,[3] be-

sonders an der Stelle, wo er darüber spricht, dass der neapolitanische Maler Colantonio sich nach Flandern begeben wolle, um die flämische Kunst zu erlernen; König René jedoch, den er, der „jenen Stil" in Burgund gelernt hatte, selbst unterwiesen hatte, brachte ihn davon ab. Tatsächlich wissen wir, dass der unglückliche König vor den Jahren in Neapel drei Jahre, von 1435 bis 1437, in Burgund in Gefangenschaft verbracht und dort die ersten Zeichen einer Vorläufermalkultur van Eycks oder Campins kennen gelernt hatte, die in der Gegend dort zirkulierte.

Doch bevor noch der Name Colantonios in Neapel umlief und er sogar für einen kurzen Augenblick zum Protagonisten einer ersten Verwicklung internationaler Ereignisse wurde, finden wir, um 1440, in Neapel eine erste Episode dieses mittelmeerischen Kulturaustauschs in einem Schlüsselwerk, dem *Kodex Santa Marta,* das heißt dem Kodex jener vornehmen, im Jahre 1400 von der Witwe Karls II., Margarete von Anjou, als Dank für das Ende der Pest und die Wiedergewinnung der Herrschaft gegründeten Brüderschaft. Der Kodex enthielt Blätter, die Wappen von Fürsten und Adligen, die zu der Brüderschaft gehörten, darstellten, und auf einigen dieser Blätter gewahrt man deutlich Züge eines höchst qualitätsvollen Mischstils mit französisch-burgundischen Elementen, den jüngere Forschungen überzeugend mit dem Namen Barthélemy d'Eycks in Verbindung gebracht haben, des Miniaturisten König Renés.

Dieser Miniaturmaler, der schon in seinem Namen die flämische Herkunft offenbart (nicht auszuschließen ist eine Verwandtschaft mit dem großen Jan van Eyck), bevorzugter und beständiger Künstler des Gefolges von König René, wird nunmehr als Urheber auch von acht oder neun Blättern der berühmten *Cockerell-Chronik* anerkannt, die große Persönlichkeiten der Antike darstellt und jetzt auf verschiedene Museen verteilt ist.[4] Diese Blätter auf Pergamentpapier, ausgeführt in feinster Feder-, Sepia- und Aquarelltechnik, scheinen in der goldenen Feinheit des leuchtenden Pinselstrichs eine wahrscheinliche flämische Erziehung ihres Autors zu verraten, wie im Übrigen auch die fünf Blätter der Stundenbücher Renés von Anjou in der British Library (Egerton).

In denselben Jahren gibt es in Neapel eine zweite kulturelle Tendenz, die valencianische: Das Triptychon in der Kirche Santa Maria Nuova mit dem heiligen Franziskus in der Mitte und der heiligen Lucia sowie Katharina von Alexandria auf den Seiten offenbart genau solche valencianische Züge, die im Übrigen schon auf einigen Blättern des *Kodex Santa Marta* vorhanden sind.[5] Wir können also sagen, dass in Neapel innerhalb weniger Jahre zu Beginn des fünften Jahrzehnts die beiden Tendenzen der neuen kulturellen Zirkulation – die französisch-flämische oder burgundische und die spanisch-flämische oder valencianische – vorhanden sind.

Diese beiden kulturellen Strömungen – wenngleich in verschiedenem Maße – sind im Malstil Colantonios vorhanden, eines eigentlich nicht sehr bedeutenden Malers, der aber gerade wegen dieser Eigenart Beachtung verdient. Man wundert sich also nicht, dass sich um die Gestalt Colantonios, der in seinen Werken in recht getreuer und oft intelligenter Weise diese kulturelle Mischung interpretiert, viele Studien gehäuft haben, die ihn stets als Zeugen eines ganz besonderen kulturellen Klimas anführten. Sein monumentales franziskanisches Werk für die Kirche San Lorenzo Maggiore umfasst auf einer Seite die *Übergabe der Franziskanerregel* (Neapel, Museo di Capodimonte) und auf der anderen den *Heiligen Hieronymus beim Studieren* (Neapel, Museo di Capodimonte), dazu eine Serie der neun *Glückseligen Franziskaner* zwischen den kleinen Pfeilern. Ausgeführt zwischen 1445 und 1447, nimmt dieses Tafelbild den Wert eines historischen Werkes an, da es in sich die „angiovinischen" Prämissen und diejenigen des jungen aragonesischen Königs vereint, wobei es bis an einen intelligenten Eklektizismus streift. Da tatsächlich das Tafelbild von der einen auf die andere Seite läuft, hat man das Gefühl eines fortwährend wandelbaren Stils; während zum Beispiel in den reichen Faltengewändern der franziskanischen Heiligen bei der *Übergabe der Franziskanerregel* Echos des frühen van Eyck zu vernehmen sind, gemahnen die schweren röhrenartigen Falten der *Glückseligen Franziskaner* eher an den burgundischen Stil. Außerdem: Die Klause des kräftigen heiligen Hieronymus und vor allem das Stillleben, das die Regale einnimmt, erinnern in anziehender Weise an das Triptychon der *Verkündigung* von Aix, deren Urheber nunmehr in Barthélemy d'Eyck feststeht, gemalt zwischen 1443 und 1445. Und wenn man immer wieder mit dem Blick das Werk Colantonios durchgeht, wird man auch auf den *Azulejos*-Fliesen des Fußbodens auf der Szene der Übergabe der Regel innehalten, ganz im Stil von Jacomart Baço, während der vergoldete Fond ebenfalls einen valencianischen Gusto aufweisen.

In derselben Szene der Übergabe der Regel zeigen auch die Franziskanernonnen Colantonios eine stark valencianische Art. Beweis dafür ist ihre Ähnlichkeit mit einem anderen recht geheimnisvollen Tafelbildchen, das die *Verkündigung der Jungfrau* (jetzt in den Musei Civici von Como) darstellt, die von alter spanischer Provenienz ist. Diese *Verkündigung* wurde verschiedenen Künstlern bis hin zum jungen Antonello zugewiesen; als Grund dienten die hohe Qualität der Malweise, die Feinheit der Weißtöne, der zarte, scharfe Kontur der Schleierfalten und die rosafarbene Haut, die das Kloster kennt. Valencianisch ist jedoch die ziselierte Art der zweigartig gebildeten Aureole, valencianisch (Jacomart Baço?) ist wahrscheinlich ihr Schöpfer.[6]

Die starke valencianische Präsenz im Neapel jener Jahre in Gestalt der Person Jacomart Baços von 1442 bis 1448 wirft auch ein neues Licht auf die faszinierende, mysteriöse *Lesende Jungfrau* aus der Sammlung Forti in Venedig. Ihre Zuweisung an den jungen Antonello, mit großer Sicherheit von Longhi vertreten, verdient wahrscheinlich in diesem Licht überprüft zu werden. Einige von Mauro Natale[7] beobachtete stilistische Schwächen an den Engeln und an den Händen veranlassen dazu, auch die von Berenson vorgebrachte und wieder von Natale aufgegriffene Hypothese in Betracht zu ziehen, nach der es sich um eine Kopie Antonellos handeln könnte, da der intensive flämische Akzent des Werkes in einigen Punkten (man denke beispielsweise an das sehr flämische Thema der lesenden Jungfrau Maria) im spanischen Duktus der Jungfrau selbst ausgeglichen werde.

Wenn man jedoch für einen Augenblick den großen Antonello beiseite lässt, muss man sich noch jenem historischen Scheitelpunkt zuwenden, den die Abreise König Renés von Anjou aus Neapel und die Ankunft Alfonsos in Neapel bilden. An diesem Scheitelpunkt steht auch eine kleine, kostbare *Kreuzigung,* früher in der Sammlung Henschel in New York, jetzt in der Sammlung Thyssen-Bornemisza in Madrid, die Longhi als Colantonio zuweisbar erschien, und zwar in den Jahren, in denen Antonello in der Werkstatt Colantonios wirkte. Charles Sterling indes verwies sie – mit mehr Plausibilität – auf einen valencianischen Maler, ohne jedoch auszuschließen, dass ihre Ausführung vielleicht in Neapel erfolgte. Und wirklich sprechen die dramatische Kraft, die sie erfüllt – jene Sonne wie eine blasse goldene Münze! –, die verschiedenen Typen der affektierten Gesichter, die Landschaft mit weit entfernten felsigen Gebirgsvorsprüngen, die gefühlsstarke Kraft der Gesten wie bei Magdalena, die das Blut des Kreuzes berührt, oder den ausgebreiteten Armen der einen schreienden Frau, weit mehr für Spanien als für Neapel.[8]

Diese interessante valencianische *Kreuzigung* lädt uns auch dazu ein, die Bedeutsamkeit und Frühzeitigkeit des Vorhandenseins spezifischer Züge van Eycks in der iberischen Malerei jener Jahre zu würdigen. Es wurde zum Beispiel bemerkt, wie viele stilistische Züge der *Kreuzigung* möglicherweise einem flämischen Maler nahe kommen, der schon 1439 nach Spanien übersiedelte, Alimbrot; wahrscheinlich war er einer der Mitarbeiter van Eycks bei dem *Turin-Mailänder Stundenbuch.*[9] Es wird genügen hervorzuheben, dass Spanien *ab antiquo* die größte Zahl von Kopien von Originalen van Eycks besitzt, die vielleicht mit den beiden Spanienreisen van Eycks im Jahre 1426 in der Mission Philipps des Guten zusammenhängen.[10]

Diese frühen Verbindungen Spaniens mit der Malerei van Eycks werden durch die Entsendung des Malers Dalmau nach Flandern im Jahre 1431 bestätigt, der dort bis 1436 bleiben wird. Dessen Hauptwerk, die *Virgen de los Consellers* (Madonna mit Kind und Ratsherren; Barcelona, Museu Nacional d'Art de Catalunya, MNAC), verrät die direkte Kenntnis des van Eyck'schen Polyptychons *Das mystische Lamm.* Auch der erwähnte Aufenthalt des Brügger Malers Luis Alimbrot in Valencia 1439 ist eine weitere Bestätigung dieser frühen, privilegierten Verbindungen Spaniens zur van Eyck'schen Malerei. Zu Alimbrot gehört wahrscheinlich ein bedeutendes Triptychon für das Kloster der Inkarnation in Valencia mit großartiger, instinktiver dramatischer Regie; in der Mitte befinden sich die Kreuzigung und Aufstieg zum Kalvarienberg und an den Seiten die Grablegung und die Beschneidung (Madrid, Prado).

Reichtum und Dichte der Beziehungen zwischen valencianischer und neapolitanischer Malerei müssen sich unweigerlich auch auf das faszinierende und immer noch offene Problem der ersten malerischen Aktivität von Antonello da Messina auswirken, der, wie man weiß, nach Summonte in der Werkstatt Colantonios ausgebildet wurde, wahrscheinlich in der Mitte der – für die Kunst kulturell entscheidenden – vierziger Jahre. Die kulturelle Melange jener Jahre müsste helfen, einige Akzente seiner wahrscheinlich älteren Werke zu klären, auch wenn die Chronologie der in dieses erste Jahrzehnt künstlerischer Aktivität einzuordnenden Werke immer schwer zu entschlüsseln bleibt, gleichzeitig auch das Gewicht der verschiedenen Malkulturen, die sie beleben.

Als Werke aus seiner ältesten Schaffensphase sind die beiden kleinen Tafelbilder im Museum von Reggio di Calabria mit dem *Reuigen Hieronymus* und den *Drei Engeln* zu betrachten, die *Kreuzigung* im Museum von Bukarest und – wahrscheinlich – die *Lesende Jungfrau* aus der Sammlung Forti in Venedig. Alle Werke, insbesondere die ersten, sind von kleinen Ausmaßen, die an eher bescheidene Aufträge denken lassen und einen einzigen stilistischen Schlüssel zu meiden scheinen, beispielsweise in markanter Richtung auf Colantonio. Sie weisen auch auf andere Quellen hin und vor allem auf eine Persönlichkeit, die in genialer Weise gegenüber den vielfältigen Anregungen einer Mischkultur aufgeschlossen ist, die über das Mittelmeer Eingang fand, das in diesen Jahren kulturell zum Norden und Süden Italiens hin offener war.

In diesem Sinn erhalten wir eine Bestätigung durch ein weniger bekanntes Werk von Antonello aus jenen Jahren, ein recht bedeutendes Werk, das glücklicherweise in der Ausstellung von Madrid gezeigt werden konnte. Es handelt sich um ein kleines Tafelbild *Ecce Homo,* jetzt in einer Privatsammlung in New York (19,5 × 14,3 cm), jedoch aus einer spanischen Privatsammlung stammend.[11] Das Vorhandensein des Geländers, auf dem in *trompe l'œil* die Buchstaben INRI eingraviert sind – die

Buchstaben des Schildes, das später am Kreuz befestigt wird –, das Sichzusammenziehen des finsteren Hintergrunds um den ein wenig gedrehten Leib Christi, der die folgenden *Ecce-Homo*-Werke (Genf, Spinola-Galerie; Piacenza, Museum; New York, Metropolitan Museum) antizipiert, die analytische Feinheit der Landschaft – all das sind Züge Antonellos.

In der *Madonna* der Sammlung Forti und, vielleicht aus denselben Jahren, der *Madonna* in Baltimore erscheint eine intelligente Abwandlung von van Eyck'schen Tönen (ebenfalls bei der *Lesenden Jungfrau* und bei der *Jungfrau von den Engeln gekrönt*), vermischt mit anderen ikonografischen Anstößen und weiteren Tönen, die wohl eher iberisch zu nennen wären, besonders was die Madonna Forti betrifft, die man als der *Verkündigung* von Como und derjenigen Baços in der Pfarrkirche von Pego nahe stehend ansehen kann.

In noch überlegterer Weise vermischen sich bei der *Kreuzigung* Antonellos im Museum von Bukarest verschiedene Anregungen. Diejenigen van Eycks sind in der fernen Landschaft zu erkennen, die sich wie durch ein Wunder in den Hafen von Messina verwandelt, und in den drei Gekreuzigten. Diese sind anatomisch derart geschickt dargestellt, dass man direkt an eine spätere Wiederholung des Werks denken könnte. Sehr verschieden von den Körpern der Gekreuzigten ist tatsächlich das fragile, feine Kaliber der vier Figuren, die auf dem ariden Szenarium des Kalvarienbergs in unterschiedlicher Positur aufgestellt sind; sie zeigen eine Leichtigkeit in der Anlage, die mit den schweren Mänteln kontrastiert, die sie einhüllen.

Schon seit einiger Zeit wird diese *Kreuzigung* Antonellos neben die kleine *Kreuzigung* von Hans Witz gestellt (Berlin, Staatliche Museen), ebenfalls aus den Jahren um 1445 bis 1450.[12] Fast gleich ist das Format und ähnlich die Ikonografie als *devotio moderna,* ebenfalls auf einer verblüffenden realen Landschaft die Stadt und der See von Annecy. Mit diesem Werk blicken wir auf die alpine Grenzlinie zwischen Chambery und Genf, wo man ein direktes Zeugnis der Geschwindigkeit der Zirkulation und der – praktisch gleichzeitigen – Aneignung der flämischen Vorbilder sowohl im Mittelmeergebiet als auch am Fuß der Alpen erkennen kann.

DIE PERIODE DER PROVENZALISCHEN MALEREI

Nach diesem kurzen Exkurs kehren wir auf unsere Mittelmeerrouten zurück und müssen uns sogleich nach den Jahren in Neapel in die Provence begeben, die in den fünfziger Jahren das auserwählte Land für die Begegnungen zwischen Nord und Süd sein wird, zwischen einem neuen Reichtum realistischer Details und der plastischen Kraft der durch das mediterrane Licht hervorgerufenen Form. Schöpfer und Protagonist dieser glücklichen Periode in der Provence ist Barthélemy d'Eyck, den wir sogleich nach den Neapolitaner Jahren im Gefolge König Renés in der Provence und im Anjou finden. Die Geschichte Barthélemy d'Eycks und generell die der provenzalischen Malerei, die jüngere Studien rekonstruiert haben, ist einzigartig, paradigmatisch für die überaus enge Verflechtung der „Mittelmeerrouten", die überdies durch weitere nordische Stimuli angereichert wurden. Die Provence könnte zudem der Ort gewesen sein, wo Antonello seine nördlichen Erkundungen vornahm; diese wohlbegründete These wurde kürzlich von Sricchia vorgebracht.[13] Die Provence könnte mithin das Ziel dieser berühmten, mysteriösen Reise Antonellos gewesen sein, von der wir wissen, dass er mit Familie und so viel Hausrat zurückkehrte, dass seitens des Vaters am 15. Januar 1460 die Anmietung einer Brigg in Reggio di Calabria nötig wird.

Der interessante Fall der *Madonna Salting* (National Gallery, London) von Antonello, so anders als sowohl die Madonna Forti als auch diejenige in der Walters Art Gallery von Baltimore, zeigt tatsächlich eine Qualität außergewöhnlich ruhigen, intensiven Lichts, das „wie eine Elfenbeinkugel" (Longhi) ein eindringlich sizilianisches Gesicht formt, eingeschlossen von den beiden gestrafften Haarbändern auf dem Schädel. Dieses Licht intensiviert noch die taktile Klarheit der Brokatstoffe und der Juwelen in der Krone, die ihr gerade zwei Engel in typischer Ikonografie von d'Eyck auf das Haupt zu setzen im Begriff sind.

Doch um zu Barthélemy d'Eyck zurückzukehren: Das wichtige Dokument von 1444, das seine Anwesenheit neben Enguerrand Quarton in Aix-en-Provence bezeugt, zwei Jahre nach der Niederlage König Renés in Neapel, war grundlegend dafür, diesen großen Maler und Miniaturisten aus der

Antonello, Kreuzigung, Sammlung Thyssen-Bornemisza, Madrid.

Antonello, Ecce Homo, Museo Civico, Piacenza.
Antonello, Jungfrau mit Jesuskind, The National Gallery, London.

Anonymität des provisorischen Namens „Meister des Königs René" heraustreten zu lassen und sein reiches *curriculum* zu rekonstruieren. So wurde Barthélemy d'Eyck auch als „Meister der Verkündigung von Aix" enthüllt, das heißt als Schöpfer des großen Triptychons mit der *Verkündigung* von Aix-en-Provence, eines regelrechten Meilensteins der provenzalischen Malerei des 15. Jahrhunderts. Geschaffen wurde es zwischen 1443 und 1444 für den Tuchfabrikanten Pierre Corpici, heute verteilt auf Aix-en-Provence (die zentrale *Verkündigung*), das Museum Boymans-van Beuningen von Rotterdam (*Jesaias*), die Musées Royales von Brüssel (*Jeremias*) und das Rijksmuseum von Amsterdam (Fragment des *Stilllebens*). Dieses Werk bildet einen grundlegenden bildlichen Text, dessen Komplexität eine längere Erklärung erfordern würde; man muss nur an die kluge Interpretation der Madonna als *Mater Ecclesiae* denken, die im Kirchenschiff niederkniet; dieses ist in der Verkürzung einer gotischen Kirche in einer Interpretation gesehen, die sogleich an die berühmte *Madonna in der Kirche* von van Eyck (Berlin) erinnert. Auch die Standbilder der Propheten Jesaias und Jeremias, lebendig und farbenstark in den Nischen, erinnern an die Auftraggeber des van Eyck'schen Polyptychons von Gent.

Überall, auch in der außergewöhnlichen, farbigen Vitalität der Stillleben, haben wir es mit einer klugen Interpretation im „südlichen Sinne" der entstehenden flämischen Schule zu tun. Diese war in der Provence, wie bekannt, schon sehr früh auch durch die Anwesenheit Robert Campins vertreten, der 1429 wegen einer Pilgerreise, die ihm die Kirchenbehörden auferlegt hatten, zum Heiligtum von Saint-Gilles-du-Gard gekommen war.

Zu Beginn der vierziger Jahre des 15. Jahrhunderts finden wir neben Barthélemy d'Eyck zum ersten Mal einen weiteren großen Künstler, Enguerrand Quarton, der mit Barthélemy an der Ausschmückung eines kostbaren Kodex, den *Morgan-Stundenbüchern* in New York (M. 358), beschäftigt war.[14] Zwischen Quarton und Barthélemy d'Eyck gibt es zahlreiche Verbindungen. Beide stammen aus dem Norden, sind jedoch im Süden verankert; beide sind Maler und Miniaturisten und wechseln von den Minimalmaßen der Miniaturseite zur Tafelmalerei von großen Ausmaßen; beide schließlich scheinen in ihre Malerei Kenntnisse des anderen künstlerischen Pols jener Jahre, der florentinischen Malerei, eingeschlossen zu haben. In diesem Zusammenhang erwähnten wir eingangs schon die frühe Intuition Longhis, der auf die feinen Verbindungen zwischen der *Madonna der Barmherzigkeit* von Chantilly von Enguerrand Quarton aus dem Jahre 1452 (Chantilly, Museum) und der *Madonna* von Piero della Francesca im Museum von Borgo San Sepolcro hinwies, die erst nach 1460 vollendet, jedoch 20 Jahre zuvor begonnen wurde. Gemeinsam ist das Thema der andächtigen Gläubigen im

ieremias · ppťa

SANT · IOHAN
SANT · MATHIVS
SANT
SANT
SANT
LVC
SANT

Mantel der Barmherzigkeit auf goldenem Hintergrund von hoher Leuchtkraft. Zu Seiten der Madonna verteilen sich die Auftraggeber Quartons, jedoch in feierlicher hierarchischer Abfolge mit den beiden heiligen Johannes. Auf dem Tafelbild Quartons, des Malers aus dem Norden, gewahrt man eine intensivere, fast schneidende Qualität des Lichts gegenüber der erlesenen „Freundschaft der Farben" bei Piero della Francesca.

Einen Glanz von Farben verbreitet auch die monumentale *Krönung der Madonna* Quartons in Villeneuve-les-Avignon, die 1453 vom Kanonikus Jean de Montagnac bei Quarton in Auftrag gegeben wurde. Die großartige Anlage des Werks erinnert an die Portale romanischer und gotischer Kathedralen und bietet uns eine großartige Schau eines von Engel- und Heiligenscharen bevölkerten Himmels und zugleich eine faszinierende Ansicht eines Zipfels der Provence, der hinter der Stadt Rom erscheint. Die Faszination des Werks steht in dem Kontrast zwischen der erhabenen Meditation über den Tod des Kartäuserbruders, des knienden Schenkenden, und der lebendigen Intensität der Gestalten der Heiligen, zwischen dem erhabenen Licht der Farben und der Strenge der Formen, vereint in einer großartigen Verschmelzung von Verstand und Gefühl.

Das Hauptwerk Enguerrand Quartons in der Miniaturkunst bilden die aus seiner Hand stammenden Blätter des *Messbuchs von Jean des Martins,* des Ratgebers König Renés von Anjou in der Provence (Paris, Bibliothèque Nationale), das prächtigste und wunderbarste aller provenzalischen Manuskripte mit Miniaturen, die man kennt, verfasst um 1465.[15] Man schaue beispielsweise nur die visionäre Kraft und zur selben Zeit die konzise kompositorische Rationalität des Blattes 291v, wo der auf einem massiven hölzernen Thron sitzende Ewige Gott in einen Rhombus eingerahmt ist, der freie dreieckige Räume für die vier Symbole der Evangelisten lässt, unter anderem eine Ikonografie von faszinierendem Archaismus, dieselbe wie bei karolingischen und ottonischen Missalen. Die Luzidität der kühn gesetzten Farben und die hohe Reinheit der Form machen aus diesen Seiten das bedeutendste Zeugnis der provenzalischen Buchmalerei, die direkt mit den kurz zuvor entstandenen Blättern von Fouquet in Chantilly zu vergleichen sind.

Mit diesem Werk beschließen wir den ersten großen Abschnitt der mediterranen Kunstzirkulation von den vierziger bis in die sechziger Jahre, in dessen Verlauf zu erkennen ist, wie der künstlerische Schwerpunkt sich nach Norden, von Neapel in die Provence, verlagerte. Für ihn ist außerdem die Hypothese bedeutsam, dass Antonello da Messina sich in die Provence begeben habe, wo sich jene stilistische Reifung vollzogen haben soll, die man an den Werken aus den sechziger und siebziger Jahren erkennen kann. Das schon erwähnte Dokument von 1460, das ihn mit Familie und Hausrat in die Heimat zurückgekehrt erwähnt, also nach einer langen Abwesenheit, eröffnet tatsächlich ein neues stilistisches Kapitel in der Heimat, das die Jahre vor seinem Aufenthalt in Venedig (1475–1476) umfasst, eine Periode voller Meisterwerke mit stärker intensiviertem „flämischem" Akzent, vor allem die Gruppe der Kleinporträts auf dunklem Grund – vom so genannten Porträt von Cefalù bis zum so genannten „Selbstporträt von London" und die Gruppe der Bilder mit Christus an der Säule (Piacenza, Genua, New York).

Genua und Ligurien (1440–1460)

Wegen seiner strategischen Position im Mittelmeer, wegen der Bedeutung seines Handelshafens nimmt Genua einen natürlich hervorragenden Platz in der Geschichte der Kunstzirkulation im Mittelmeer ein, vor allem der sehr frühen. Wie wir schon erwähnten, war jener Michele Giustiniani Genueser, der im Jahre 1435 das zauberhafte Triptychon mit der Madonna auf dem Thron in der Mitte (jetzt in der Dresdener Pinakothek) in Auftrag gegeben haben soll, eines der wichtigsten Werke van Eycks. Genueser war auch jener Lomellini, der van Eyck den Auftrag zu einem weiteren bedeutenden (jetzt verlorenen) Triptychon mit der (zentralen) Verkündigung erteilte, das dann durch Vermittlung Fazios König Alfonso in Neapel überlassen wurde. Auch Fazio war Genueser, er beschreibt das Werk im Laufe einer der „Bücherabende bei Hof" als wichtigen Text zum Verständnis dessen, was das „Auge des Quattrocento" im Vergleich mit der flämischen Malerei war.

Jenseits dieser besonderen Bedeutung Genuas im Rahmen der Existenz flämischer Werke in Italien warfen jüngere Forschungen neues Licht auf die ebenfalls frühen Reflexe der flämischen Malerei auf in Genua und Ligurien tätige Künstler. Das bedeutendste und seit langem bekannte Werk ist die große *Kreuzigung* des Conte Donato de' Bardi aus Padua in der Pinacoteca Civica von Savona. Dieses Werk entstand, in seinen erhabenen kulturell gemischten Ausdrucksformen zunächst fast unverständlich erscheinend, im Jahre 1450, dem Todesjahr Donato de' Bardis, und ist signiert.

Gemalt auf Leinwand anstelle einer Tafel, ein ungewöhnliches „Medium" für die italienische Malerei, lässt das Werk in sich einen nordischen Akzent mitschwingen, insbesondere den van Eycks, vor allem in der vergoldeten Aufschrift, die es ganz umgibt, und wegen der Aufschriften, die die Aureolen der Personen umgeben. Nordisch erscheint auch der gefühlsmäßige Stempel mit einer höchst schmerzhaften Note, der an die Religiosität Rogier van der Weydens erinnert; nordisch schließlich der Blick, der auf die Landschaft in der Ferne ausgreift, obschon in einer ganz italienischen Synthese zurückgeholt in den strengen Kreis der Berge.

Eine so fortgeschrittene nordische Malkultur, so außergewöhnlich integriert in die italienische Kultur derselben Jahre, erscheint hinsichtlich einer weiteren frühen Präsenz nordischer Kultur in Genua völlig autonom, nämlich des Freskos mit einer Verkündigung, gemalt, signiert und datiert 1451 von „Justus de Allemania", dem Maler Joos Ammann von Ravensburg, der 1445 den Dom von Konstanz mit Fresken ausgeschmückt hatte und also aus jenem Kulturbereich am Oberrhein stammte, der zu den Regionen gehörte, die bereitwillig die flämischen Neuheiten kennen lernen und interpretieren wollten. Der Ton dieses Freskos führt uns eher zu Robert Campin zurück, wegen der aufsteigenden Perspektive des Zimmers und der dieses füllenden Einrichtung, wegen des Architekturschmucks selbst, wo wir jedoch in den weißen und schwarzen Quadern eines Bogens auch eine Hommage an die lokale Tradition erkennen.

Es wurde gesagt, dass die *Kreuzigung* Donato de' Bardis in Savona Gefahr gelaufen wäre, ein zu diesem Zeitpunkt unerklärlich und vollständig isoliertes Phänomen zu bleiben, besäße man nicht die von Federico Zeri durchgeführte intelligente Rekonstruktion des gesamten *curriculum* des Künstlers;[16] ein überraschendes *curriculum,* wenn man überlegt, dass Donato über etwa 25 Jahre seiner Tätigkeit in enger zeitlicher Parallele zu den Ereignissen der späten internationalen Gotik wirkte, die überall in den lombardischen Gebieten präsent sind. Das älteste bekannte Werk Donatos, die *Vier Heiligen* in der Accademia Ligustica von Genua, erscheint noch reich an gotischer Eleganz und Erlesenheit sowohl in der grafischen Eleganz als auch in der Ikonografie der Heiligen; doch schon im Triptychon im Metropolitan Museum in New York mit der Madonna und dem Kind, dem heiligen Philipp sowie der heiligen Agnes in der Mitte, dem Werk, das die Rekonstruktion Zeris in Gang gebracht hatte, erscheinen stilistische Neuerungen, die einen Bruch mit der Tradition bedeuten. Tatsächlich windet sich das ganze Triptychon in subtiler Intelligenz zwischen Tradition und Neuerung, zwischen eleganten linearen Draperien der Gewänder und einer Rückgewinnung der Form durch die Modulation des Lichts; auch der gefühlsmäßige Ton ist neu, ein Ton liebenswürdiger Menschlichkeit, augenfällig in der Beziehung zwischen Madonna und Kind, das in der Hand den leblosen Körper eines Rotkehlchens hält, das frühe Symbol seiner zukünftigen Passion.

Auch in der kleinen, raffinierten *Darbietung im Tempel* aus privater Sammlung bewegt sich Donato auf diesem doppelten Gleis einer traditionellen Ikonografie – man muss sich dafür nur die tief greifende Nähe dieser Darbietung im Tempel zu der zeitlich nicht fernen von Michelino da Besozzo im Metropolitan Museum ansehen. Neu dagegen und klug ist die Modulation des Lichts und mit ihm die Rückgewinnung der Form und der Räumlichkeit innerhalb des Bildstocks von ligurischer Anmutung. Den letzten Akt dieses überraschenden Weges Donato de' Bardis stellen neben der *Kreuzigung* von Savona die vier Paneele mit Heiligen dar, die jetzt auf verschiedene Sammlungen verteilt sind (der heilige Ambrosius und der heilige Stephanus in der Sammlung Cicogna Mozzoni zu Mailand; der heilige Johannes der Täufer in der Pinakothek von Brera; der heilige Hieronymus im Brooklyn Museum, New York). Auf ihnen zeigen eine neue elegante gefühlsmäßige Strenge und die Anlage der Figuren die Annäherung Donatos an eine nunmehr Foppa nahe stehende Poetik, ja geradezu im Vorgriff auf ihn. Dieses ganze *curriculum* Donato de' Bardis bleibt jedoch stets ein außergewöhnliches Zeugnis des engmaschigen mediterranen Dialogs, der seine reicheren Früchte in den folgenden Jahrzehnten erbringen sollte – im weit gezogenen Küstenbogen, der von Ligurien bis in die Provence reichte.

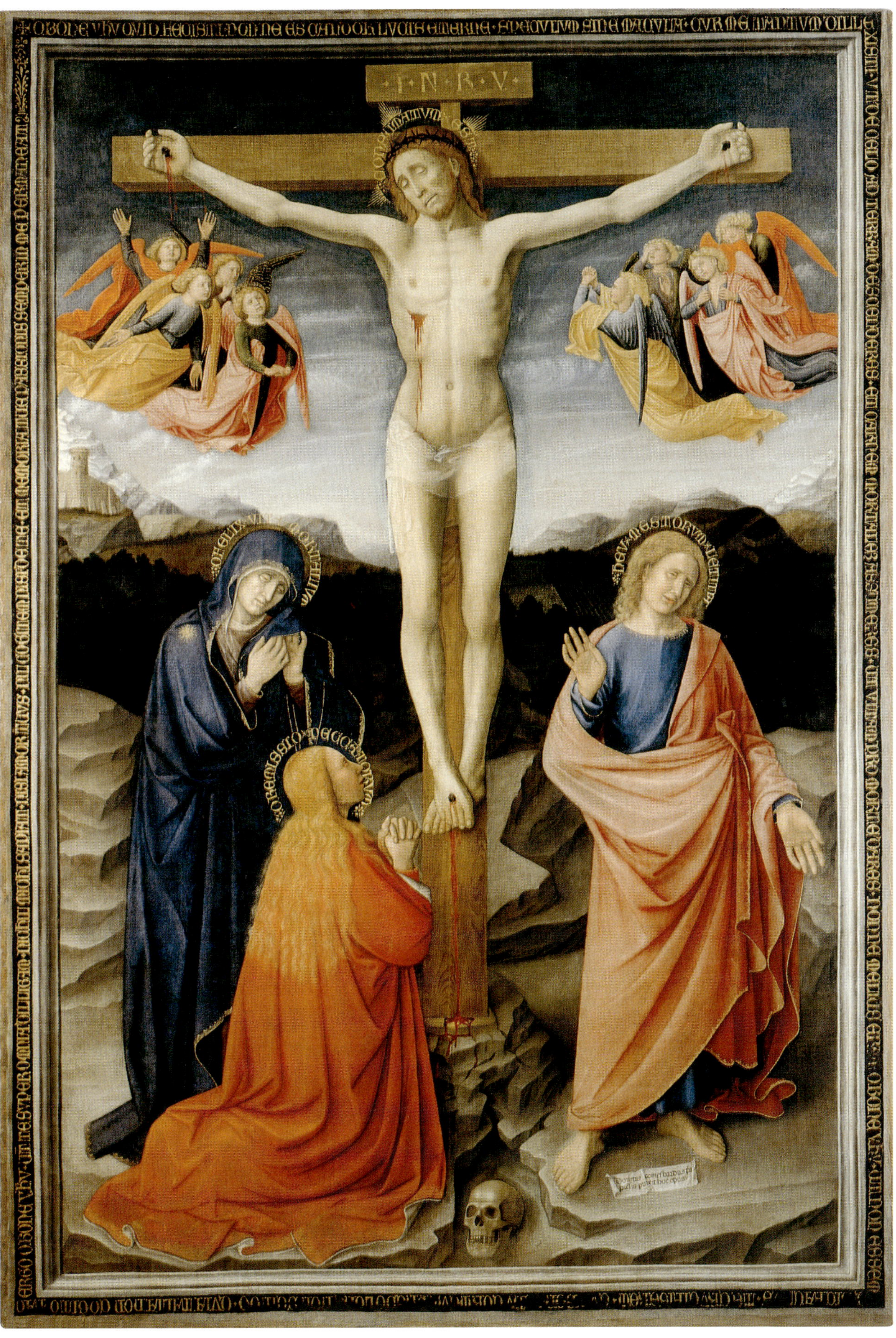

So wie wir in den Jahrzehnten von 1440 bis 1460 insgesamt die erste Auswirkung der großen flämischen Neuerungen auf die Malerei der großen Städte, die am Mittelmeer liegen, erkennen, markieren in den folgenden Jahrzehnten bis an das Ende des Jahrhunderts weitere, zugleich autonome und unterschiedliche Entwicklungen eine zweite Welle der Kunstzirkulation im Mittelmeerraum. Wenn in der ersten Phase der engere Dialog zwischen Nord und Süd, zwischen flämischer und mediterraner Kultur stattfand, scheint sich jetzt in der fortgeschrittenen zweiten Hälfte des 15. Jahrhunderts das Interesse mehr zu den Ereignissen der italienischen Renaissance hin zu richten, die häufig als Katalysator dienen. Es ist jedoch nicht zu leugnen, dass die flämische Lektion weiterhin auf eine neue Malergeneration ihre Faszination ausübt; man muss für Italien nur an die große Wirkung erinnern, die das monumentale Triptychon mit der *Geburt Jesu* von van der Goes ausübte (gewiss einer der interessantesten flämischen Künstler der zweiten und dritten Generation); es wurde auf dem Seeweg von Brügge nach Florenz geschickt, über Sizilien nach Pisa und am 4. Mai 1483 feierlich nach Florenz transportiert.

Um zu beginnen – ohne uns von Ligurien und der Lombardei zu entfernen, deren Geschicke in jenen Jahrzehnten eng miteinander verflochten sind –, trifft man sogleich auf ein großartiges, mitreißendes Meisterwerk, das Polyptychon der *Madonna und dem Kind mit Engeln* aus der Sammlung Cagnola (Gazzada, Varese). Es handelt sich um ein gewiss in der Lombardei, vermutlich um 1465 gemaltes Polyptychon und stammt wahrscheinlich aus der Hand eines lombardischen Malers, dessen genaue Identität trotz zahlreicher Forschungen noch geheimnisvoll bleibt.[17] Vor nunmehr 40 Jahren legte Ferdinando Bologna die Hypothese vor, dass der Schöpfer des Polyptychons jener Zanetto Bugatto gewesen sei, der nach den Dokumenten von der Herzogin Bona von Savoyen nach Flandern geschickt wurde, um sich in der Werkstatt Rogier van der Weydens ausbilden zu lassen. Die deutliche, unleugbar flämische, insbesondere für Rogier typische Art der Madonna im Zentrum macht die Hypothese recht wahrscheinlich, die jedoch aus Mangel an weiteren sicheren Vergleichswerken aus seiner Hand trotzdem eine Hypothese bleiben muss. Andere Wissenschaftler hoben vielmehr den stark mediterranen Charakter des Werks hervor, vor allem den starken Kontrast der kühn hingesetzten Farben, die durch die intensive Luminosität noch klarer gemacht werden; dieser Zug erinnert mehr an die ligurische Malerei und ihre nizzardisch-provenzalischen Reflexe. Sicher bleibt indes, dass das Polyptychon mit der Madonna Cagnola in der Mitte – ursprünglich ein Pentaptychon in zwei Reihen – ein Auftrag von großer Bedeutung gewesen sein muss, bestimmt für eine bedeutende Kirche oder Adelskapelle. Ihre lombardische Bestimmung scheint immerhin durch einige Heilige auf einem weiteren Polyptychon, das noch immer in der Kirche Santa Maria in Denicisio zu Sormano (Brianza) vorhanden ist, Zustimmung zu erfahren, die augenfällig direkt die Heiligen auf dem Polyptychon mit der Madonna Cagnola in der Mitte wiederholen.

Die ligurischen Kontakte des Meisters der Madonna Cagnola dagegen scheinen im Stil eines anderen Malers evident, der in den letzten Jahrzehnten des Quattrocento an der ligurischen Küste wirkte, Niccolò Corso, ein Maler aus der zweiten Reihe, doch interessant wegen seiner intensiv „mediterranen" gemischten Malkultur, die ihn auszeichnet. Noch ausgeprägtere ligurische und lombardische Merkmale finden sich am Ende des Jahrhunderts bei einem weiteren Maler lombardischer Herkunft, der jedoch in Ligurien tätig war, Carlo Braccesco. Sein erstes bekanntes Werk stammt von 1478, das monumentale Polyptychon – ein regelrechtes Retabel (ein gemaltes oder/und skulptiertes Altarbild) – aus der Wallfahrtskirche von Montegrazie bei Savona; es zeigt einen üppigen Reichtum an Bildfeldern und ikonografischen Details, doch nicht ohne Schwerfälligkeiten, Archaismen und Widersprüchen. Sein Meisterwerk – und eines der bedeutendsten Meisterwerke im absoluten Vergleich auf der Bühne Norditaliens am Ende des Jahrhunderts – ist das Triptychon mit der Verkündigung in der Mitte und dem heiligen Benedikt und dem heiligen Albert auf den Seiten (Paris, Louvre). Die Verkündigungsszene findet in einer schneeweißen Renaissance-Loggia mit erlesenen dekorativen Details statt, im Hintergrund eine saftige lombardische Ebene.

Die Interpretation der Szene ist in genialer Weise intim: Die Madonna weicht erschrocken zurück, umgreift mit ihrem Arm die elegante kleine Säule, während der Engel sich zur Landung auf einer Art fliegenden Scheibe anschickt, wobei er mit den Füßen fast den Schwung des Fluges abbremst.

Carlo Braccesco, Triptychon mit der Verkündigung, Musée du Louvre, Paris.

Auch die Heiligen auf den Seiten, aufrecht vor einem luxuriös damastenen Hintergrund in blass-pur-purner Farbe stehend, werden einer subtilen psychologischen wie malerischen Untersuchung unter-zogen. Wir werden Braccesco in der Zeit der Jahrhundertwende mehrere Male wieder an der tyrrhe-nischen Levanteküste bezeugt finden; in der Kirche Sant'Andrea in Levanto sind von ihm zwei Paneele erhalten, außergewöhnlicherweise mit den beiden Paaren der heiligen Cosmas und Damianus sowie Augustinus und Benedikt auf Leinen bemalt.

An der Ponenteküste dagegen erscheinen ligurische Maler wie Mazone oder wie der schaffens-freudige Ludovico Brea aus Nizza als intensiver ligurisch und sogar dem Westen stärker zugeneigt, der nizzardischen Malerei der Zeit, sind also nicht fern von der Provence.

Gerade in der Provence zeigt in den Jahren des Jahrhundertwechsels das starke Erbe der Gene-ration Quartons und Barthélemy d'Eycks noch Früchte. Wie schon die großen Maler der vorhergehen-den Generation kommt auch Josse Lieferinxe aus dem Norden, aus Cambrai, lässt sich zuerst in Mar-seille nieder, dann, von 1493 bis 1505, in Aix-en-Provence. Das verstümmelte Retabel mit Geschichten der Madonna, jetzt auf verschiedene Museen verteilt, weitere vier Tafelbilder mit Geschichten des hei-ligen Sebastian zeugen von bedeutenden Aufträgen, während die dokumentierte Zusammenarbeit mit dem Piemonteser Enrico Simondi kurze, aber lebhafte Beziehungen zwischen den Gebieten der Al-penregion bestätigt.[18] Mit Lieferinxe kehren das Suchen nach intensiv leuchtenden Effekten, der chromatische Glanz, die Sicherheit in der Wahl angenäherter Farben, die Luzidität der daraus herrüh-renden Form zurück, während die überlegte Art der Architektureinrahmungen im Innern eine Fortent-wicklung in Richtung auf den italienischen Architekturgeschmack verrät.

Dieses Beziehungsgeflecht unter angrenzenden Gebieten präsentiert sich lebendig in der Wander-tätigkeit von Antoine de Lohny, auf dessen komplexe Persönlichkeit jüngst die Untersuchungen von François Avril und Giovanni Romano Licht geworfen haben.[19] Seine Ausbildung gehört noch zu der ersten Generation flämischer Künstler zwischen 1445 und 1450 und fand wahrscheinlich in Burgund statt, wo er in einer ersten Phase als Miniaturmaler engagiert war; anschließend ist er als in Barcelo-na tätig bezeugt, in Toulouse und schließlich für etwa 20 Jahre, von 1465 bis etwa 1480, im Dienst des

Herzogs von Savoyen. Dieser letzte Abschnitt seiner Aktivität in Savoyen interessiert uns am meisten. Das Fresko mit der Klage über den toten Christus in der Kathedrale von Saint-Jean-de-Maurienne (1462), das große Fragment eines Tafelbilds mit der *Dreieinigkeit* im Museum von Turin von außergewöhnlicher pathetischer Subtilität, die Blätter der *Stundenbücher von Saluzzo* geben uns ein Bild von der Wandelbarkeit seiner Persönlichkeit und der Komplexität der Mischung seiner Malkultur, die auf die Piemonteser Maler wie Spanzotti und Gandolfino da Roreto nicht ohne befruchtende Wirkung bleiben wird.

Auf dem weniger erforschten Feld der Plastik verfügen wir mit Francesco Laurana über ein paralleles Zeugnis, was Reisen und lange internationale Tätigkeit betrifft. Dieser dalmatinische Bildhauer befand sich ab 1453 in Neapel, also in den Jahren, die wir als entscheidend für die lokale Malkultur gesehen haben, und er wirkt an dem wichtigsten, hoch offiziellen Werk der Zeit mit, dem Triumphbogen Alfonsos von Aragón. Von da an erlauben es uns die Dokumente, seine Tätigkeit bei den unterschiedlichen Ortsveränderungen im Bereich des Mittelmeers zuerst zwischen Neapel und Sizilien bis 1474 zu verfolgen, dann von Avignon nach Marseille zwischen 1484 und 1502, seinem Todesjahr. Lauranas bekannteste und faszinierendste Werke (vieles bleibt uns vielleicht noch zu rekonstruieren) sind seine weiblichen Porträtbüsten, zum Gedenken postum entstanden. Wir begnügen uns damit, an die *Büste der Beatriz von Aragón* aus der Frick Collection zu New York zu erinnern, an die *Weibliche Büste* im Louvre von unsicherer Bestimmung und an die *Büste des Battista Sforza* im Bargello-Museum in Florenz. Ihr postumer Gedenkcharakter ist gewärtig zu halten, um die Interpretation zu verstehen, die Laurana von ihnen gibt – eine Interpretation von einer Indifferenz an den Grenzen der Abstraktion. Die Büsten zeugen jedenfalls von einem so absoluten Bedürfnis formaler Strenge und polierter, höchst lichtempfindlicher Oberflächen, dass sie es im Wesentlichen noch unklar lassen, welches die möglichen stilistischen Quellen Lauranas waren; nicht auszuschließen ist dabei eine mögliche Begegnung mit Antonello. Der Fall Lauranas bleibt im Wesentlichen isoliert; die Wandlungen seines Stils in den am Ende des Jahrhunderts in der Provence geschaffenen Werken verdienten es noch, hier vertieft zu werden. Hingegen scheint sich Antonello Gagini (1478–1536), der aus dem Tessin stammte, mehr auf einer lokalen Bühne zu bewegen, obwohl er seine Schaffensorte beständig von Neapel nach Sizilien und bis hin nach Malta verlagerte.

Im letzten Viertel des Jahrhunderts ist erneut Spanien der aktivste Gesprächspartner in diesem dichten mediterranen Dialog, und zwar in allen verschiedenen Formen, von der dauerhaften Präsenz bedeutender Künstler des Nordens in Spanien bis hin zu Reisen spanischer Künstler in den Norden und nach Italien sowie bis zur Präsenz italienischer Künstler in spanischen Zentren bei öffentlichen Werken von großer Bedeutung und in Zusammenarbeit mit spanischen Künstlern.

Der erste der ausländischen Künstler in Spanien ist Juan de Borgoña, der ab 1494 in Toledo tätig war; er machte sich auch im Namen zum Spanier, der gleichwohl von seiner Herkunft zeugt. Seine formale Luzidität, seine hohe Luminosität, das Suchen nach weitläufigen, ausgewogenen Kompositionen verbinden ihn einerseits mit dem Provenzalen Josse Lieferinxe, als dessen Nachfolger er fast erscheint, andererseits verrät er neue, direkte Verbindungen zur italienischen, florentinischen und lombardischen Malkultur, aus der er auch bei seinen Reisen nach Italien schöpfte, insbesondere mit der luziden bramantesken Räumlichkeit. Als er nach Kastilien zurückkehrte, schuf er vielleicht sein bedeutendstes Meisterwerk, die Fresken im Kapitelsaal der Kathedrale von Toledo (1509–1511).

Auch Juan de Flandes bewahrt im hispanisierten Namen seine flämische Herkunft. Im Jahre 1594 tritt er in die Dienste der Königin Isabel der Katholischen, die bei ihm ein monumentales Retabel mit 47 Paneelen in Auftrag gibt, von denen gut 28 erhalten sind. Der flämische Ursprung von Juan de Flandes, ein eleganter, klarer Linearismus, vereint sich mit einer ebenfalls eleganten pathetischen Ader, die ihn mit van der Goes verbindet. Seine Raffinesse ist in den kleinformatigen Werken zu genießen, die häufig klaren fernen Landschaften zugewandt sind; in den Frauenporträts, ebenfalls von kleinem Format, von denen das bekannteste das eines *Mädchens* in der Sammlung Thyssen-Bornemisza in Madrid ist, verleiht das kristalline Licht den Gesichtern eine faszinierende Intensität.

In denselben Jahren wirkte in Spanien ein weiterer Maler aus dem Norden, Michel Sittow, der, aus Estland stammend, sich wahrscheinlich in Brügge in der Werkstatt Memlings ausbilden ließ. Nicht fern von den Porträts von Juan de Flandes sind seine intensiven Porträts, die ihm die Bewunderung Dürers

198

einbrachten. Was bei Sittow am meisten beeindruckt, ist, dass er im Dienst verschiedener europäischer Höfe beständig weite Ortswechsel von Spanien nach England, von Brabant nach Kopenhagen und wieder nach Madrid vornahm.

Die italianisierende Periode der spanischen Malerei

Die gesamte Geschichte der spanischen Malerei in den Jahren des Wechsels vom Quattrocento zum Cinquecento enthüllt beständige, man könnte sagen bevorzugte Beziehungen zur italienischen Kultur, besonders Mittelitaliens.[20] Die Ausschmückung des Appartements der Borgia im Vatikan, veranlasst von Alexander VI., als er gerade zum Papst gewählt worden war, und der Leitung Pinturicchios unterstellt, bildet einen malerischen Text, der dazu bestimmt ist, in seinem grellen, bunten antikisierenden Duktus zum stilistischen Vorbild zu werden. Bezeichnenderweise wurde ein Werk Pinturicchios als Vorbild für Stil und Ergebenheit an das Kollegiatkapitel der Stadt Játiva gesandt.

In dieser intensiv italianisierenden Periode der spanischen Malerei werden auf einer Seite spanische Maler mit italienischen Aufträgen beschäftigt, andererseits italienische Maler nach Spanien gerufen und manchmal bei Gemeinschaftswerken mit Spaniern beschäftigt. Das trifft für den einzigarti-

gen Fall jenes „Johannes ispanus" zu, der im Jahre 1505 eine *Grablegung* (Privatsammlung) von feierlichem, vornehmem Sentiment signiert. Von diesem Werk ging Federico Zeri aus, als er den stilistischen Weg des Malers in Italien rekonstruierte,[21] die von toskanischen Kontakten zu padanischen Quellen zwischen Cremona und Ferrara reichten, zwischen Bramantinischem und Boccaccinischem.

Unter den ersten und aktivsten spanischen Malern in Italien findet sich Pedro Berruguete, der schon im Jahre 1476 an der malerischen Ausgestaltung des Studierzimmers und der Bibliothek des Herzogs von Montefeltro zu Urbino teilhatte. Die verständige Art in seiner Hinwendung zum italienischen Vorbild ist gut an seinen *Allegorien der Künste* zu erkennen, die aus seiner Hand stammen; zwei von ihnen werden in Hampton Court aufbewahrt, zwei, früher in Berlin, sind jetzt verloren. Der Erfindungsreichtum in der Anlage der Perspektiven, die Kühnheit der Verkürzungen, die glückliche Verschmelzung von italienischer „Form" und Stücken mit herrlichsten Stillleben erweisen ihn als einen Maler von Klasse.

Diese Reise Berruguetes nach Italien hatte eine enge Zusammenarbeit zwischen Italienern und Spaniern zur Voraussetzung, so typisch, dass sie sich dazu eignet, als Paradigma dieser Wechselgeschichte der mediterranen Kunstzirkulation zu dienen. Im Jahre 1472 entschied Kardinal Rodrigo Borgia, Sondergesandter Sixtus' IV., nach Valencia, seiner Heimat und Diözese, drei italienische Maler folgen zu lassen, Paolo da San Leocadio aus Reggio, den Neapolitaner Francesco Pagano und den Sizilianer Riccardo Quartararo („Riquart"), die sofort damit beschäftigt wurden, die Apsis der Kathedrale von Valencia mit Fresken auszugestalten. Einer der entscheidenden Momente dieser prunkvollen Ankunft in Valencia war die Begegnung des Kardinals Borgia mit dem mächtigen Don Pedro Gonzalez de Mendoza, der in den folgenden Jahren als Erzbischof von Toledo bei Berruguete zahlreiche Werke in Auftrag gab. Von dieser glücklichen Begegnung zweier Kulturen, der spanischen und italienischen, in den siebziger Jahren existiert ein sehr bedeutsames Zeugnis, das lange als Werk eines anonymen byzantinischen Künstlers galt, das Tafelbild der *Madonna des Ritters von Montesa,* das jüngere Forschungen als gemeinsame Arbeit von Paolo da San Leocadio und Francesco Pagano ansehen.

Juan de Flandes,
Mädchen, Sammlung
Thyssen-Bornemisza,
Madrid.

TQVICVQ· HAC· REGVLÃ· SECVTI· FVERIT· PAX· SVP
SIGNA· THAV· SVP· FRONTES· VIRORVG·EMECIV

Neapel – Treffpunkt der flämischen Schule im Mittelmeerraum

Rosanna De Gennaro

Das bedeutendste Zeugnis der Malkultur der dreißiger Jahre des 15. Jahrhunderts in Neapel ist die große Kapelle von Sergianni Caracciolo in San Giovanni a Carbonara, deren Bau im Jahre 1427 fertig gestellt und zur Ausschmückung mit Fresken dem Lombarden Leonardo da Besozzo, dem Sohn des großen Michelino, und Perinetto da Benevento anvertraut wurde. Diese mussten sich der Aufgabe wegen der unerwarteten Finanzprobleme des Auftraggebers in voneinander getrennten Zeitabschnitten widmen.[1] Es handelt sich um eine Dekoration, die vollen Anteil an den spätgotischen Malweisen hat, wie es insbesondere das Fresko auf der Gegenfassade mit der außergewöhnlichen Krönung Mariä zeigt, die von Scharen musizierender Engel von zarter Anmut und Leichtigkeit umgeben ist; ihre kulturelle Aktualität erscheint durch die politischen Ereignisse im Anschluss an den Tod Johannas II. unmittelbar aufgehoben. Es ist schwer, einen deutlicheren Sprung innerhalb eines figurativen Horizonts zu treffen als den, der durch den Übergang von diesem Ensemble zur berühmten *Cona* Colantonios in der Kirche San Lorenzo (heute im Museo di Capodimonte, Neapel) geboten wird, mit dem *Heiligen Hieronymus im Studierzimmer, der für den Löwen sorgt,* ein Werk, welches das folgende Jahrzehnt zusammen mit dem *Heiligen Franziskus, der die Regel an die Minderen Brüder und Klarissen übergibt,* bestimmte, das ursprünglich darüber stand.

Die Wurzel dieser Neuerung wurde passenderweise nach Hinweisen des neapolitanischen Humanisten Pietro Summonte mit der Niederlassung Renés von Anjou in Neapel in Verbindung gebracht, der siegreich aus der Auseinandersetzung mit Alfonso von Aragón um die Thronnachfolge Johannes II. hervorgegangen war.[2] Als besondere Herrschergestalt, als Liebhaber der Malerei und kavalleresken Literatur machte ihn eine auch außerhalb Neapels von Giovanni Santi, dem Vater Raffaels, in seiner *Cronica rimata* (vor 1494) gesammelte Überlieferung zum Maler. Der Grund dafür war vielleicht die vom Angioiner gehegte persönliche Aufmerksamkeit gegenüber den Miniaturisten, die er zur Illustration der von ihm verfassten oder für ihn kopierten Bücher hatte herbeiholen lassen. Bei seiner Ankunft in Neapel, aus der Provence kommend, hatte René die schwere Erfahrung seines erzwungenen Aufenthalts zuerst in Brüssel (1431) und dann in Dijon (1435–1436) als Geisel seines Cousins Philipp von Burgund hinter sich. Bei dieser Gelegenheit nahm er aber auch Neuerungen aus der malerischen mikrografischen Welt Robert Campins und Jan van Eycks sowie aus den kraftvollen Schöpfungen Claus Sluters im Bereich der Plastik auf. Nach Pietro Summonte – der aus der Distanz von etwa einem Jahrhundert in dem Brief (1524) an den Venezianer Marco Antonio Michiel mit fast schon legendenhaftem Ton an den kurzen Aufenthalt Renés in Neapel erinnert, der nach nur vier Jahren von Alfonso von Aragón entthront worden war – soll der Neapolitaner Colantonio, angezogen durch die Nachrichten über die überraschenden Resultate der neuen Malweisen in Flandern, beabsichtigt haben, sich dort hinzubegeben. Er wurde jedoch von René davon abgehalten, um „ihm selbst Praxis und Technik solcherart Farbmalens zu zeigen"[3].

Colantonio, Der heilige Franziskus übergibt die Regeln an die Minderen Brüder und die Klarissen, Museo Nazionale di Capodimonte, Neapel.

Nachdem heute der Mythos des „guten Malerkönigs" in seine richtigen Grenzen verwiesen worden ist, belegt das Zeugnis Summontes also den Beginn einer innovativen Situation, die in Neapel gerade nach und nach ihre Voraussetzungen und ihre Entwicklung zu klären im Begriff war, und zwar auf dem Wege einer Untersuchung, die schon zu Beginn des vorausgegangenen Jahrhunderts angelaufen war – in dem Augenblick also, als die Studien der bedeutenden *Verkündigung* von Aix-en-Provence die Aufmerksamkeit auf sich zogen, mit den beiden mit ihr zusammen seinerzeit zu einem Triptychon verbundenen Paneelen – d. h. dem *Jeremias* in Brüssel (Musée des Beaux-Arts) und dem *Jesaias* in Rotterdam (Museum Boymans-van Beuningen), an dem der Bogen fehlt, der, wie bei dem Gegenstück, ein Regal voll von Büchern darstellt –, ursprüngliche Frucht einer flämischen Kultur mit starkem plastischem Akzent, der den Quellen nach zwischen 1443 und 1445 für Pierre Corpici geschaffen wurde, einen Tuchhändler, der enge Beziehungen zu René unterhielt.[4] Sofort wurden die unbestreitbaren Verbindungen zum nicht weniger kraftvollen neapolitanischen *Heiligen Hieronymus*, damals noch anonym, augenfällig, sodass ein einziger Urheber vermutet wurde.[5] Doch nachdem einmal die Urheberschaft Colantonios an dem neapolitanischen Werk durch die Entdeckung des vollständigen Briefes von Summonte bezeugt und vor etwa 20 Jahren die Dokumente gefunden worden waren, die es erlauben, das provenzalische Triptychon auf Barthélemy d'Eyck zurückzuführen und seine Identifizierung mit dem als „Meister König Renés" bekannten großen Miniaturisten zu erhärten, nahm die Sache klarer umrissene Konturen an.[6]

Während seiner Gefangenschaft in Nordeuropa hatte René von Anjou Gelegenheit, Barthélemy kennen zu lernen, der aus Maaseick in den Niederlanden stammte und, wie sein Name nahe legt, vielleicht ein Verwandter Jan van Eycks war. Er war auch ein Stiefsohn des *peintre-brodeur* Pierre Dubilant, der, wie dokumentiert, zur engeren *entourage* des Königs gehörte.[7] Infolgedessen lässt sich vermuten – auch auf der Basis anderer Anhaltspunkte, von denen noch die Rede sein wird –, dass auch Barthélemy dem angiovinischen Hof nach Süden folgte und dabei die Voraussetzungen für jene Beziehung schuf, die bald nach der Rückkehr des unterlegenen Königs in die Provence das Triptychon von Aix-en-Provence und den *Heiligen Hieronymus* von Colantonio, fast in denselben Jahren gemalt, mit gemeinsamen flämisch-burgundischen Merkmalen verbindet. Bestimmte Analogien zwischen beiden Werken existieren ganz offensichtlich im Vergleich der in Unordnung auf dem einen Regalbrett über den Propheten von Rotterdam und Amsterdam aufgestellten Büchern und denen auf den Borden im Studierzimmer des *Heiligen Hieronymus* in Neapel, einige offen, andere durch fein miteinander verknüpfte Tücher geschützt, dazu Schachteln, Schreibgerät und illusionistisch halb geöffnete Zettel, die die alte Hypothese eines einzigen Malers für beide Werke rechtfertigen können.

Dass Barthélemy aus dem Schatten hervortrat, verschaffte den Thesen zu dieser Malkultur eine historische Grundlage, die Flandern über Burgund und die Provence mit Neapel verband und zu Beginn vielleicht auch mit Palermo, und zwar mit dem ebenso bekannten wie bedeutungsvollen Fresko des „Triumphs des Todes" aus dem Palazzo Sclafani (Palermo, Galleria Nazionale), begonnen um 1441 und jüngst als Werk eines nur als Miniaturist bekannten französischen Malers vermutet, der wahrscheinlich im Gefolge König Renés in den Süden Italiens kam und dort auch nach der Abreise des Angioviners blieb.[8] Eine Spur des Aufenthalts Barthélemy d'Eycks in Italien – früher vor allem für die spätesten Miniaturen bekannt, die das berühmte von René verfasste *Livre du Cœur d'Amour épris* in der Nationalbibliothek zu Wien illustrieren und insofern einem „Meister des Königs René" zugewiesen wurden – wurde in den erhaltenen neun Pergamentblättern einer *Weltchronik,* früher in der Sammlung Cockerell in Kiew, heute unter Museen und Privatsammlungen aufgeteilt, ausgemacht, die in Feder und Aquarell eine Reihe berühmter Männer und Frauen der Geschichte darstellen. Sie stammen genau, jedoch mit sehr persönlichen Ergebnissen und einigen Anzeichen französischer Phonetik in der Schreibung der Beischriften der jeweiligen Personen, von der schon gut bekannten, vollständigen *Chronik* der Sammlung Crespi, die von Leonardo da Besozzo signiert wurde. Sie ist ihrerseits die Kopie eines berühmten Freskenzyklus, der 1432 von Masolino in einem großen Saal des römischen Palasts des Kardinals Orsini in Montegiordano geschaffen wurde. Der Palast wurde 1480 zerstört, ist jedoch durch die aufgefundenen Beschreibungen in einigen zeitgenössischen Quellen bekannt.[9] Zuerst auf Fouquet hin gedeutet, wurden die neun Blätter darauf als Werk Barthélemy d'Eycks erkannt, und der Bezug zu Neapel, der sich daraus durch die Verbindung zu Leonardo da Besozzo ergibt, bekräftigt die Überlegungen, zu denen schon die *Verkündigung* von Aix-en-Provence Gelegenheit gegeben hatte.[10]

Antonello, Kreuzigung,
Muzeul National de Arta
al României, Bukarest.

Mit seiner Niederlassung in Neapel nach dem Sieg über René verstärkte Alfonso von Aragón (1442–1458) die proflämischen Impulse, die sein Vorgänger angestoßen hatte.[11] Jan van Eyck hatte sich zwischen 1427 und 1429 mehrere Male auf die Iberische Halbinsel begeben, um Isabel de Urgel zu porträtieren, Nichte Alfonsos und als Braut Philipp von Burgund versprochen, und wenig später war Luís Dalmau, damals Maler an Alfonsos Hof, für lange Zeit nach Brügge geschickt worden, um sich ausbilden zu lassen. Direkte lebendige Erinnerungsstücke daran sind die *Anbetung des mystischen Lamms* sowie noch eines seiner späteren Werke, das Retabel der *Virgen de los Consellers* (der Madonna mit Kind und Ratsherren). Von Brügge zieht 1439 der Flame Luis Alimbrot nach Valencia, der Schöpfer des Triptychons mit der *Kreuzigung,* das sich früher in Valencia befand und jetzt im Prado zu Madrid zu sehen ist. Es handelt sich um bedeutende Zeugnisse von Entscheidungen, die sich wahrscheinlich auch im Erwerb von Gemälden konkretisierten, obwohl es dafür erst später sichere Belege gibt, als nach dem Ende der langen, bewegten Auseinandersetzung mit den Angiovinern der aragonesische König versuchte, sich aus Neapel Gemälde des kurz zuvor verstorbenen van Eyck zu verschaffen.

In dieser Atmosphäre bildet sich Jaime Baço (oder Jacomart), den Alfonso aus Valencia holte, noch bevor er triumphalen Einzug in Neapel hielt, um ihm sofort danach die Aufgabe anzuvertrauen, den Dank für den Sieg über René mit einem auch in den Ausmaßen großartigen Werk zu feiern. Es wurde, wie es die dokumentarischen Quellen festhalten, 1444 von der Werkstatt des Malers durch wohl „zehn Lastträger" in die Kirche Santa Maria della Pace transportiert.[12] Da dieses Werk ebenso wie alle anderen aus der Zeit seines Pendelns zwischen Valencia und Neapel verloren ist, bleibt die Person Jacomarts noch problematisch.[13] Doch sind im Raum Valencia einige in enger Beziehung zu Dalmau stehende Gemälde wie das ihm zugeschriebene Paneel mit den Heiligen Jakobus und Ägidius im Museo de Bellas Artes von Valencia erhalten, dessen stilistische Merkmale Übereinstimmungen im Umfeld Colantonios finden, angefangen bei seiner *Cona* (Altarbild) von San Lorenzo, das sich weiterhin als Knotenpunkt der kulturellen Verflechtung, die sich in den Jahren um die Mitte des 15. Jahrhunderts in Neapel etablierte, bemerkbar macht.

In der Tat zeigt über den *Heiligen Hieronymus* Colantonios hinaus der schon genannte *Heilige Franziskus, der die Regel aushändigt,* neben den Merkmalen der direkten franko-burgundischen Erfahrungen, von denen die Rede war, die ersten Früchte der „Aufpfropfung" der valencianischen Version der flämischen Malerei in Neapel. Der punzierte Goldgrund, die Kacheln in *azulejos*-Art mit der glatten Stützfläche in Schachbrettmuster, auf dem man die Herrscherinsignien von Aragón und Sizilien erkennt, und die gleichmütigen Gesichter der Klarissen zeigen andere Bezugspunkte als die von der darunter stehenden Tafel nahe gelegten. Die stilisierte Gestalt des heiligen Franziskus erscheint dem *Heiligen Benito*, der im Museum der Kathedrale von Valencia aufbewahrt und Jacomart zugeschrieben wird, viel näher als den *Propheten* von Aix-en-Provence. Und noch ein weiterer Schritt scheint sich in den agileren Figuren der zehn *Glückseligen Franziskaner* abzuzeichnen, die zwischen den seitlichen Pfeilern dargestellt sind, die noch Mitte des 17. Jahrhunderts die beiden Tafeln zu einer einzigen *Cona* vereinigten, wie der Neapolitaner Camillo Tutini erinnert.[14] Sie zeigen eine entsprechend den Nischen, die sie beherbergen, mehr italienisch geordnete Haltung und erscheinen als Voraussetzungen der dann gereiften Untersuchungen von Colantonios großem Schüler: Antonello da Messina, geboren um 1430 und von Summonte als Lehrling des neapolitanischen Malers erwähnt, sodass er sich in diesen Jahren wahrscheinlich schon in dessen Werkstatt befand.[15] Andere sehen ihn in Verbindung mit der Ankunft des Franzosen Jean Fouquet, des Malers Karls VII., und einem seiner möglichen, aber nicht dokumentierten Aufenthalte auch in Neapel, während jener Reise wenigstens bis Rom, wo Filarete ihn erwähnt, wie er mit dem verlorenen *Porträt Eugenios IV. und zweier seiner Diener* (vor 1447) beschäftigt ist; diese Erfahrung fällt in die Jahre Fra Angelicos und des jungen Piero della Francesca und spiegelt sich in den folgenden Werken, Gemälden und Miniaturen deutlich wider. Diese sind durch eine rationale Interpretation der Bedeutungen des Raums, die durch eine neuartige Kraft des Lichts betont werden, charakterisiert.[16]

Hinsichtlich der Bedeutung von Antonellos Lehrzeit in Neapel, die seine folgende Entwicklung prägte, bleibt nur das Zeugnis weniger Werke, die für seine jugendliche Schaffensperiode vorgeschlagen wurden. Unter ihnen befinden sich die *Madonna* oder das *Porträt einer Nonne* (heute in Como, Musei Civici), die andere für spanisch halten, doch ihre Gesichtszüge sind denen der Klarissen

Meister von Pere Roig de Corella, Triptychon mit der heiligen Katharina von Alexandria, dem heiligen Franz von Assisi und der heiligen Lucia, Kirche Santa Maria la Nova, Neapel.

Colantonios ähnlich, welche die Regel vom heiligen Franziskus entgegennehmen, obwohl sie mit einer größeren Entschlossenheit auch innerhalb der kompositorischen Anlage gelöst sind.[17] Die Feinheit des Schleiers, der auf der Stirn unter dem weiten weißen Nonnenleinen herabfällt, die Details des Gesichts, erforscht von einem präziseren Licht, und vor allem die lebhaften, leuchtenden Augen führten dazu, sie zusammen mit der mehr im Stil Rogiers van der Weyden gehaltenen *Lesenden Madonna* in der Sammlung Forzi degli Adimari zu Venedig als Ausgangspunkt nicht nur für die *Von Engeln gekrönten Madonnen* des Messinesen zu betrachten, sondern auch für seine berühmtesten „Porträts", deren Bekanntheit von Sizilien bis nach Norditalien reichen wird.

Soweit die spärlichen Zeugnisse Schlussfolgerungen zulassen, kommt es in Neapel zu einer Art Osmose zwischen der Beharrlichkeit franko-flämischer Kultur und iberisch-valencianischen Einflüssen, die infolge des Interesses an einer maßvolleren Gestaltung des Raums eingedrungen sind.

In diesem Sinn sprechen die Blätter des *Kodex von Santa Marta* zu uns, wo in der Art eines Albums 23 Wappen versammelt wurden, die zu Königen, Königinnen, Adligen und Würdenträgern gehören, die ihrerseits in die gleichnamige von Margarete von Anjou Durazzo begründete Brüderschaft eingeschrieben waren. Geschaffen wurden sie ab den ersten Jahrzehnten des Quattrocento bis zum Ende des folgenden Jahrhunderts. Während die ersten Blätter, darunter dasjenige mit den Insignien Renés von Anjou, zu Recht Leonardo da Besozzo zugewiesen wurden, fanden die mit den Insignien von Arnau Sans, eines Kastiliers aus Castel Nuovo, und von Pere Roig de Corella, Erzdiakon der Kirche von Játiva, nachdem sie ebenfalls Fouquet zugeschrieben worden waren, eine beständigere Katalogisierung als Werke eines „franko-neapolitanischen" beziehungsweise „valencianischen Meisters". Der Name Fouquets wurde hypothetischerweise noch für das Blatt reklamiert, das die Aufschrift Alfonsos des Großmütigen trägt.[18] Frucht desselben Umstands ist das Triptychon in der neapolitanischen Kirche Santa Maria Nuova, Rest einer größeren *Cona,* die die großen Gestalten der Heiligen Katharina von Alexandria, Franziskus und Lucia darstellt, imposanter gemacht durch die glockenförmigen Kleider, die durch kanülenartige Falten gekennzeichnet und bei den heiligen Frauen unten auf „flämische Art" durch eine Pelzbordüre abgeschlossen sind. Dieses Werk erscheint Bernardo de Dominici (1742) als ein von Pietro del Donzello geschaffenes Werk, den er für einen Neapolitaner statt für einen Florentiner hielt, doch in jedem Fall für einen Schüler Colantonios.[19]

Die gotische Decke im Saal der Barone im Castel Nuovo zu Neapel.

Solidere Zeugnisse dagegen sind von den regen Aktivitäten erhalten, die sich um das Castel Nuovo konzentrierten, das in diesen Jahren den Beginn von Verhandlungen einerseits mit Künstlern mit Ausrichtung auf den Stil der Renaissance und auf die Schule Donatellos hin erlebte, bei denen es um die Realisierung des Triumphbogens für Alfonso ging. Dessen Inspiration war klar humanistisch, vollendet wurde er erst nach dem Tode des Königs.[20] Parallel dazu gab es Gespräche mit Künstlern aus burgundisch-Sluter'scher Schule, die zur Neugestaltung der Repräsentationsräume des Kastells herbeigeholt wurden. Von 1447 bis 1456 führte dort der große mallorquinische Architekt und Bildhauer Guillem Sagrera, aus burgundischer Schule, die Aufsicht. Er schuf, unter anderem, den kühnen Großen Saal, Saal der Barone genannt, und von 1450 bis 1457 arbeitete am neapolitanischen Hof der katalanische Bildhauer Père Joan, von dem die große, dem *Erzengel Michael* gewidmete Statue erhalten ist, die sich ursprünglich ganz oben auf dem Triumphbogen befand.

Die Umstrukturierung des Königspalastes, Angelpunkt einer programmatischen städtebaulichen Erneuerung, die auch infolge der Zerstörungen aus dem Krieg Alfonsos gegen René erforderlich war, führte, wie es die Quellen ausweisen, zu einer Bewegung und einem Strom von Ankäufen, wofür der Auftrag über mehr als 80000 Kacheln, die in der Werkstatt von Johan Murcì di Manises bemalt wurden, ein deutlicher Beleg ist (vielleicht hatte Colantonio sie im Auge, als er die Kacheln des Fußbodens bei seinem *Heiligen Franziskus* malte). Diese Kacheln gelangten zwischen 1446 und 1447 nach Neapel, vor allem um das Castel Nuovo damit auszustatten, doch auch die Festung von Gaeta.[21] Auch die Gestaltung der königlichen Bibliothek, die dort untergebracht werden musste, stellte einen bedeutenden Moment des von Alfonso an den Tag gelegten Eifers dar. Einbezogen wurden Kopisten und Miniaturisten sowohl aus Spanien wie Alfonso von Córdoba, „miniator de la libraria del Signor Rey" (Miniaturist der Bibliothek des Herrn Königs), dessen Tätigkeit zwischen 1455 und 1456 dokumentiert ist, als auch aus Neapel wie Cola Rapicano.[22] Das *Stundenbuch* des „Großmütigen" (Neapel, Biblioteca Nazionale), in dem die Handschriften verschiedener Künstler einander ablösen, stellt ein bedeutendes Zeugnis dieser Begegnung dar, jedoch mit stilistischen Merkmalen von reiner flämischer Herkunft, die bisweilen direkt auf die gesuchten Meisterwerke jenseits der Alpen verweisen, die der König in seinen „privaten Appartements" hatte. Dazu gehörte beispielsweise das Blatt mit dem heiligen Georg und dem Drachen, das vielleicht auf das Gemälde Jan van Eycks zurückging, das Alfonso um 1445 über den valencianischen Kaufmann Johan Gregori erhielt und von Colantonio selbst kopiert wurde.[23]

Spiegel dieses Kontextes und der ihn bestimmenden Kultur ist das *De viris illustribus,* das vor 1456 vom Genueser Humanisten Bartolomeo Fazio verfasst wurde,[24] der schon ab 1444 in den Diensten Alfonsos stand. Die Quellen erwähnen ihn „nach seiner Gewohnheit am Fenster sitzend", in einem auf das Meer weisenden Saal, der dem „Stundenbuch" vorbehalten war, in Gesellschaft seiner Freunde damit beschäftigt, „über schwierigste Dinge zu diskutieren".[25]

Der an einen neugierigen, eingeweihten Gesprächspartner gerichtete Text ist in diesem Zusammenhang interessant, vor allem wegen der Einfügung kurzer, jedoch dichter Profile von vier Malern – Gentile da Fabriano, Jan van Eyck, Pisanello und Rogier van der Weyden – und dreier Bildhauer – Lorenzo und Vittorio Ghiberti sowie Donatello –, den zu dem Zeitpunkt offenkundig berühmtesten Künstlern. Der Text ist jedoch auch wegen der Horazzitate interessant, mittels derer Fazio, Schüler des Genuesers Guarini, sich in den Beziehungen zwischen Poesie und Malerei ergeht, wobei er insbesondere die Fähigkeit des Malers hervorhebt, „die Eigenschaften der Dinge darzustellen, wie sie in der Wirklichkeit existieren". Es handelt sich um eine Behauptung, die den Schlüssel zur Lektüre der Biografien van Eycks und Rogiers liefert, der ersten – bei all ihrer Kürze – außergewöhnlichen „Viten" der beiden großen Flamen und der besonderen Qualität ihrer Werke, die scharfsinnig in der überraschenden Wiedergabe von Materie und Licht ausgemacht werden, in der Präzision der Porträtgestaltung und in der Darstellung der Intensität der Emotionen. Das ist der Ausgangspunkt für ihre kritische Geschichte, verstärkt durch zugehörige, heute verlorene Beschreibungen von Werken, die Fazio nicht nur in Neapel sah, sondern auch in Urbino und Ferrara. Die beiden „Medaillons" sind das lebendigste Zeugnis des eingewurzelten Interesses des aragonesischen Königs und daher des Anklangs der flämischen Malerei in Neapel, den sie im Kreis der Humanisten am Hofe genoss. Von dort strahlte sie dann auf die direkter, auch durch familiäre Beziehungen verbundenen Höfe aus.

Eine bedeutende Stellung nimmt dabei das van Eyck'sche Triptychon ein, das Alfonso von Battista Lomellino erhalten hatte. Dieser war darauf mit seiner Frau als Auftraggeber dargestellt, „dem nur noch die Stimme zu fehlen scheint"; auf dem Paneel in der Mitte erschien der Engel der Verkündigung, „überaus schön mit seinen Haaren echter als echt", und an den Seiten stand ein heiliger Johannes der Täufer einem heiligen Hieronymus gegenüber in einer „wunderbaren Bibliothek, die mit solcher Kunst gemacht ist, dass, wenn man sich nur kurze Zeit von ihr entfernt, es scheint, man gehe auf den Fond zu und alle Bücher öffneten sich so, dass ihre Seiten dem erscheinen, der sich nähert".

Nicht weniger bedeutend sind die Überlegungen, die der Genueser Humanist den „berühmten Gobelins" Rogiers widmet, die ebenfalls verloren sind. Sie waren zur Ausschmückung der Wände des Großen Saals des Castel Nuovo bestimmt und enthielten die Geschichten der Passion Christi, auf denen man „leicht alle Gefühle und Leidenschaften erkennen" konnte, „die perfekt mit der Unterschiedlichkeit der gezeigten Handlungen übereinstimmten".[26]

In diesem Kontext verstärkt sich auch Colantonios Aufmerksamkeit für die Besonderheit der flämischen Malerei, die ein Zeichen in der lokalen historischen Erinnerung zurücklässt, „durch die große Geschicklichkeit in der Nachahmung …, die ganz durch die Dinge in Flandern inspiriert ist". Seine *Grablegung* in der Kirche San Domenico zu Neapel hängt in ihrer Anlage sicherlich von einem Vorbild Rogiers ab, abgewandelt wahrscheinlich nach den Gobelins im Castel Nuovo, während ein direktes Zitat aus Petrus Christus in der klagenden Frau unten rechts erkannt wurde, ein weiteres Zeugnis dafür, dass Werke flämischer Künstler gewiss weit häufiger ihren Weg nach Neapel fanden, als die Quellen sie als gesicherte Stücke ausweisen.[27]

Auch auf der Altartafel mit dem *Heiligen Vincenzo Ferrer* von Colantonio aus der Kirche San Pietro Martire mit der kräftigen Gestalt des heiligen Dominikaners auf dem mittleren Paneel, das seitlich und unten von Bildfeldern mit Episoden aus seinem Leben umgeben ist, sticht das lebhafte Repertoire van Eyck, Rogier und Petrus entlehnter flämischer Details in den belebten erzählenden Szenen hervor. Das um 1460 oder, wegen der Präsenz der Königin Isabella Chiaromonte – Gattin von Ferrante I. (Ferdinand) – auf dem etwas später zu datierende Gemälde auf der Altarstaffel, stellt für Colantonio die letzte Etappe seiner künstlerischen Laufbahn dar.[28]

In Messina bildete sich gleichzeitig sein Schüler Antonello weiter; ausgehend von seinen Erfahrungen in Neapel. Er brachte seine Ausbildung durch komplexe Variationen in seinem künstlerischen Schaffen auf einen Stand, der eine überlegtere Problemstellung bei der Anlage des Raumes beinhaltete. Besonders die Mittel der flämischen Malweise wurden als Antwort auf die Nachfrage einer erlesenen, anspruchsvollen Kundschaft verfeinert.

Eine ziemlich frühe Synthese seines selbstständigen Vorgehens ist die kleine *Kreuzigung* (jetzt im Museum von Bukarest; Abb. 11) mit dem Ambiente von Messina im Hintergrund, das leicht durch die natürliche Krümmung des Hafens und die „Ansicht" der Meerenge erkennbar ist – eine realistische Umgebung, unabhängig vom religiösen Thema, wie sie in Savoyen Hans Witz zwischen 1445 und 1450 auf dem kleinen Tafelbild angelegt hatte, das sich heute in Berlin befindet.[29] Die minutiöse Deskriptivität der ersten Ebene mit Verweisen auf van Eyck'sche Vorbilder im abschüssigen, mit Knochen und schwammartigen Steinen übersäten Terrain überlässt den Platz jenseits des Kreuzes und der Trauernden einer in die Tiefe reichenden Landschaft, die sich in der Ferne verliert, mit einem neuen Gefühl für das Raummaß nach Art des Piero della Francesca; dieses nähert sich unter vielen Aspekten der Interpretation der Malkultur des Nordens an, die seinerseits Enguerrand Quarton in den fünfziger Jahren in der Provence bot, wodurch er tatsächlich Antonello mit seiner Neapolitaner Ausbildung in den europäischen Kulturkreislauf einführte.[30] Die Verbindungen zur flämischen Wurzel und das fortschreitende Interesse an der Perspektive öffnen ihm später bekanntlich die Pforten nach Venedig, während in Neapel der *Heilige Vincenzo Ferrer* im Schatten Ferrantes und seiner vielfältigen politischen Verbindungen seinen Platz der neuen Anlage des *Heiligen Antonius von Padua* in Santa Maria degli Angeli alle Croci des „Meisters des San Giovanni da Capestrano" überlässt. Und nach sehr kurzer Zeit erscheint zur Bestätigung der jedesmal weiterentwickelten Rolle Neapels als kulturellen Kreuzwegs auf dem größeren Altar der Benediktinerkirche der Heiligen Severino und Sossio das strahlende, problemreiche Polyptychon des großen „Meisters von San Severino apostolo del Norico" (Meisters des hl. Severinus, Apostels von Noricum).[31]

*Colantonio, Detail eines der Tafelbilder von
der Predella des Polyptychon des
heiligen Vincenzo Ferrer. Das Werk stammt aus der Kirche San Pietro Martire zu Neapel und wird in der
Galleria Nazionale di Capodimonte (Neapel) aufbewahrt.*

Der Widerhall der flämischen Malerei in Valencia und in Katalonien

Joan Molina Figueras

Die *Virgen de los Consellers* (die Madonna mit Kind und Ratsherren, Haupttafel des „Ratsherrenaltars") des Valencianers Lluís Dalmau (Barcelona, MNAC) wurde im Jahre 1443 von den Ratsherren von Barcelona zur Ausschmückung der Kapelle des Stadthauses (Casa de la Ciudad) in Auftrag gegeben. Sie stellt eines der frühesten Zeugnisse für die Ausbreitung des flämischen Stils über die Grenzen Flanderns hinaus dar. Nur zwei Jahre nach dem Tod Jan van Eycks und hunderte Kilometer vom Wirkungskreis des genialen flämischen Meisters entfernt, entwickelte Dalmau eine visuelle Metapher unter dem Zeichen von Politik und Religion, dank eines vielfältigen Repertoires an Formeln, die in der van Eyck'schen Kunst präsent sind, von den singenden Engeln und Musikern auf der Tafel des *mystischen Lammes* bis zum Kompositionsschema der *Madonna des Kanonikus van der Paele*.[1] Dieser Umstand zeigt, dass die Methoden der Komposition, die die ersten Mitarbeiter und Schüler der Werkstatt Jan van Eycks von den dreißiger Jahren des 15. Jahrhunderts ab anwandten und die sich auf Kopie und Nachschöpfung der bekanntesten Bilder eines Meisters – je nach Vorbild mal mehr, mal weniger nah am Original – gründeten, recht bald in der mediterranen Welt bekannt geworden sind, in weiter Entfernung von Flandern und von Brügge, von den Epizentren der *Ars Nova*[2]. Die technischen Beschränkungen des Valenciander Malers sind dabei offensichtlich, wohingegen er zwei der Qualitäten erkennen lässt, die auch den Wert der flämischen Bilder ausmachen: die glaubhafte Perspektive der Räume und die Nachbildung der stofflichen Eigenschaften von Figuren und Gegenständen. Und weit jenseits seiner technischen Qualitäten ist es die Fähigkeit der Malerei Dalmaus, ein feierliches Bild der Macht in eine Bildsprache umzusetzen, die zur damaligen Zeit bei einem Großteil des Barceloneser Publikums einen beträchtlichen Schock auslösen musste.

Von einer allgemeineren Perspektive aus gesehen, besitzt die *Virgen de los Consellers* den zusätzlichen Wert, dass sie den Schlüssel zum Verständnis des Prozesses liefert, der die Aufnahme von flämischen Einflüssen und konkret die Übernahme der van Eyck'schen Bildformeln in Valencia und Katalonien in der Mitte des 15. Jahrhunderts erklärt. Sie lässt in erster Linie an die Transzendenz denken, die in der Beweglichkeit und Offenheit der Künstler gegenüber jedweder Verbreitung und Annahme künstlerischer Vorbilder liegt.[3] Die beachtliche Kenntnis des Werks Jan van Eycks, die Dalmau zur Schau trägt, die explizite Anwendung seiner ikonografischen Schemata und Lösungen sind sehr wahrscheinlich das Ergebnis seines Aufenthalts in dem Atelier, das der große flämische Meister in Brügge unterhielt.[4] Tatsächlich ist bekannt, dass Dalmau von 1431 bis etwa 1436 in Flandern gelebt hat, womit er mehr als genug Zeit hatte, um mit Hubert und Jan van Eyck in Kontakt zu treten und einige ihrer repräsentativen Werke zu studieren.[5]

Er war in dieser Hinsicht kein Einzelfall. Auch andere herausragende Meister, die im Königreich Aragón lebten und wirkten, unternahmen Reisen in die Zentren der flämischen Kunst und Kultur, und auch in entgegengesetzter Richtung kamen bekannte Maler aus dem Norden nach Valencia oder Katalonien und erfuhren hier wichtige Impulse für ihre künstlerische Entwicklung. Ein in das Jahr 1442 datiertes Dokument belegt, dass ein weiterer bedeutender Valencianer Maler, Jaume Baçó, bekannt unter dem Namen Jacomart, auf Wunsch König Alfonsos des Großmütigen[6] nach Neapel gereist ist. Über seinen Aufenthalt und seine Tätigkeit in der Stadt der Parthenope, der sich mit Unterbrechungen bis 1448 hinzog, ist wenig bekannt. Es ist jedoch davon auszugehen, dass er Gelegenheit hatte, mit einem der bedeutenden künstlerischen Zentren in Kontakt zu treten, die durch die überragende Persönlichkeit des Colantonio beherrscht wurden und empfänglicher für die Bildformeln des aus dem Norden kommenden neuen Realismus in der Malerei waren. Bei Bartolomé Bermejo aus Córdoba, dem wohl bedeutendsten in Valencia, Aragón und Katalonien wirkenden Meister im letzten Drittel des 15. Jahrhunderts, sind sich die Forscher einig, dass viele Vorzüge seiner Malerei, angefangen mit der außergewöhnlichen Beherrschung der Öltechnik bis hin zu seinen virtuosen Porträts, das Ergebnis eines langen und prägenden Aufenthalts in den Ateliers flämischer Meister in der Mitte des 15. Jahrhunderts sind.[7] Was die ausländischen Maler anbelangt, die die Bildformeln aus dem Norden in die Länder der katalanisch-aragonesischen Krone brachten und ihre Verbreitung beschleunigten, so kann das Zeugnis des Louis Allyncbrood als beispielhaft gelten. Dieser aus Brügge stammende Maler kam um das Jahr 1439[8] nach Valencia, wobei ihm ein beachtlicher Ruf vorauseilte. Der Grund dafür mag in der angesehenen Stellung zu sehen sein, den er von 1432 bis 1437 in der Malergilde einnahm, oder andererseits in seiner Kennerschaft des Werkes seines berühmten Mitbürgers und Kollegen Jan van Eyck.[9] Ohne jeden Zweifel steht seine Anwesenheit für die Entstehung direkter Verbindungen zwischen Valencia und Brügge, das sicherlich eines der großen künstlerischen Zentren Flanderns war. Schließlich ist, trotz seines zeitlich etwas späteren Wirkens, Antoine de Lonhy zu nennen, ein Meister aus der Bourgogne, dessen Aufenthalt in Barcelona für den Zeitraum von 1460 bis 1462 belegt ist.[10] Trotz der eher kurzen Dauer seines Aufenthalts verdanken wir ihm die Schaffung eines der schönsten, flämisch inspirierten Werke, die jemals in der katalanischen Hauptstadt realisiert wurden: die Kartons der Rosette von Santa María del Mar.[11]

Einer der gängigsten Wege der Verbreitung flämischer Malerei war der Handel mit Kunstwerken entlang der Handelsstraßen, die die Städte des Nordens mit den mediterranen Zentren verbanden. Wandteppiche, bemalte Stoffe, illustrierte Handschriften, kleine Triptychen und Gemälde auf Holztafeln aus flämischer Produktion gelangten regelmäßig per Schiff in die Häfen Barcelonas und besonders Valencias, um als Luxusgegenstände in den Besitz distinguierter Käufer überzugehen.[12] Ein gutes Beispiel dafür ist der Ankauf eines *Heiligen Georg* von der Hand Jan van Eycks durch den Vogt von Valencia, Pere Garró, über einen Kaufmann namens Joan Gregori und im Auftrag Alfonsos des Großmütigen.[13] Ein weiteres Beispiel findet sich im Jahre 1494, also ein halbes Jahrhundert später, als der Magistrat von Valencia von einem Händler namens Joan Anell ein großes Triptychon des *Jüngsten Gerichts* erwirbt, eine Arbeit des Brüsseler Malers Vrancke van der Stockt, die dazu bestimmt war, die Kapelle des Rathauses zu schmücken.[14] Frei von der übersteigerten Wertschätzung, die man in der heutigen Zeit einigen wenigen, zum Fetisch erhobenen Gemälden entgegenbringt, fanden die Käufer von Kunstwerken des 15. Jahrhunderts gleichwohl Gefallen daran, Kopien von Werken der großen flämischen Meister zu besitzen. Es waren die Mitarbeiter der Werkstatt des Jan van Eyck, die sich im großen Maßstab diesem Genre zuwandten. Ihm ist auch eine kleine Tafel mit der *Stigmatisierung des heiligen Franziskus* zuzurechnen, die sich laut einem Dokument aus dem Jahre 1448 im Besitz des Valencianer Malers Joan Reixac befand.[15] Obwohl der Text als Maler des Ölgemäldes „Johanes" angibt, belegt der bescheidene Kaufpreis von 15 valencianischen Pfund, dass es sich um eine – leider verloren gegangene – Kopie handelt. Das Original hatte Jan van Eyck meisterhaft auf zwei dem Heiligen von Assisi gewidmeten Tafeln gemalt, die heute in Turin und Philadelphia erhalten sind.[16] Ohne Zweifel diente die van Eyck'sche Kopie, die sich im Besitz von Reixac befand, einigen Malern der Levante in der zweiten Hälfte des 15. Jahrhunderts als Vorbild. Besonders gilt dies für den Meister von Porciúncula, der ein bemerkenswertes Gemälde zu demselben Thema geschaffen hat (Castellón, Kapuzinerinnenkloster). Dieses Werk, das einige der ikonografischen und kompositorischen Varianten, wie sie in den Originalen Jan van Eycks zu sehen sind, aufgreift und getreu wiedergibt, entstand um das Jahr 1450.[17]

Förderer und Kunden der Maler stellten neben den Reisen der Künstler und dem Import von Kunstwerken durch die Kaufleute den dritten Faktor dar, der den Prozess der Rezeption des aus Flandern kommenden Naturalismus im katalanisch-aragonesischen Königreich in Gang brachte. Ebenso wie auch in anderen westeuropäischen Ländern schien die neue ästhetische Auffassung, die von Flandern ausging, anfangs nur ein kleines, erlesenes Publikum zu interessieren, das sich jedoch kurze Zeit darauf als Speerspitze einer sehr viel breiteren Bewegung erwies. Lluís Dalmau hatte auf seinem Lebensweg zahlreiche Berührungspunkte mit angesehenen Persönlichkeiten, die zu dieser heterogenen Gruppe gehörten. Unter ihnen waren Angehörige des Adels und der städtischen Oberschicht, und an der Spitze stand der König selbst. Der Meister wirkte spätestens seit 1428 als Hofmaler Alfonsos des Großmütigen, eines Mannes, der als einer der hochrangigsten Bewunderer der flämischen Meister im gesamten südlichen Europa gelten kann. Es sei daran erinnert, dass es der aragonesische König selbst war, der die Reise seines Malers nach Italien finanzierte, wohl damit er sich mit der Technik vertraut machen könne, Teppichkartons zu zeichnen. Nachdem Dalmau sich im Jahre 1443 in Neapel niedergelassen hatte, erwarb er mehrere Werke Jan van Eycks und Rogier van der Weydens für seinen prächtigen Wohnsitz im Castel Nuovo.[18] Dalmau, der Schöpfer der *Virgen de los Consellers*, kann selbst als Beispiel für die große Anziehungskraft dienen, die die flämischen Gemälde auf die Mitglieder der Barceloneser Oligarchie ausübten. Ihr gehörten auch die fünf Ratsherren an, die das Bild in Auftrag gaben. Wenn auch in weniger spektakulärer Weise als ihr König, so hatten doch auch die Barceloneser Patrizier, im Wesentlichen also angesehene Bürger und reiche Kaufleute, Gefallen daran, ihre Wohnsitze mit Luxusgegenständen aller Art auszuschmücken, die in den Werkstätten der Niederlande gefertigt worden waren.[19] Dass die Wahl auf den Valencianer Dalmau fiel und ihm die Ausführung des großen Altarbilds für die Kapelle des Stadthauses übertragen wurde, zeigt, welch großen Eindruck die Bildsprache der ersten flämischen Maler schon 1443 auf die Mitglieder dieser privilegierten städtischen Oberschicht gemacht hatte. Sie alle demonstrierten ebenso wie der König und andere frühe Liebhaber ihre Neigung zu einem exklusiven und elitären ästhetischen Vorbild, das von allem bisher Dagewesenen abwich, einem detailversessenen Naturalismus, wirklichkeitsgetreu, aber zugleich eben auch in hohem Maße symbolgeladen. Der neue Stil vermochte die Bedürfnisse derer zu befriedigen, die dank ihres Reichtums und hohen kulturellen Niveaus in der Malerei Ausdruck und Bestätigung ihres Status suchten, zugleich aber auch ein Vehikel für eine religiöse Erfahrung im Zeichen der Innerlichkeit.

Es ist allgemein anerkannt, dass Valencia, die Stadt, in der Dalmau seine künstlerische Ausbildung erhielt, in den dreißiger Jahren des 15. Jahrhunderts auf dem Gebiet des Königreichs ein regelrechtes Einfallstor für die aus dem Norden kommende neue Bildsprache gewesen ist. Es besteht eine entfernte Möglichkeit, dass Jan van Eyck die Hauptstadt der Levante im Jahr 1427 als Mitglied einer burgundischen Gesandtschaft besucht hat;[20] genügend Hinweise – Reisen von Künstlern, Kunsthandel und das Mäzenatentum Alfonsos des Großmütigen – lassen mit Sicherheit davon ausgehen, dass das Werk des genialen flämischen Meisters in gewissen Kreisen der städtischen Gesellschaft bereits zu einem frühen Zeitpunkt Bekanntheit und Bewunderung genoss. Ein Beweis hierfür ist das kleine Triptychon *Los Dolores de la Virgen* (Die Schmerzen der Jungfrau; um 1440–1450, Madrid, Museo del Prado), das Louis Allyncbrood zugeschrieben wird. Es handelt sich um eine Andachtstafel, die als visueller Führer durch die religiöse Meditation angelegt ist und offensichtlich Berührungspunkte mit Werken aus der ersten Schaffensphase des Jan van Eyck besitzt, so etwa das viel diskutierte *Turin-Mailänder Stundenbuch* und besonders das Diptychon der Kreuzigung und des Jüngsten Gerichts (New York, Metropolitan Museum).[21] Die Dynamik der Handelsstadt Valencia und die Mobilität der hier lebenden Maler machten die Stadt zu einem der Zentren der künstlerischen *koiné*, die im zweiten Drittel des 15. Jahrhunderts den gesamten südeuropäischen Mittelmeerraum beherrschte.[22] Für manche Kunsthistoriker stellt dieser Umstand einen entscheidenden Faktor dar, wenn es darum geht, die genaue Herkunft einiger herausragender anonymer Tafeln zu bestimmen, die den deutlichen Einfluss des flämischen Vorbilds an der Mittelmeerküste erkennen lassen. Erst kürzlich ist im Falle des so genannten *Descendimiento Muntadas* (Barcelona, MNAC) so argumentiert worden, und in

Vrancke Van der Stockt, mittleres Tafelbild des Triptychons mit dem Jüngsten Gericht, Städtisches Museum, Valencia.

Meister von Porciúncula, Die Stigmatisierung des heiligen Franziskus, um 1450, Kapuzinerkloster, Castellón.

noch ausdrücklicherer Form bei einer ebenso bekannten wie problematischen Darstellung der Kreuzigung, die um 1450 entstanden ist (Madrid, Museo Thyssen). Für die Urheberschaft des letzteren Werks, das bis vor kurzem Colantonio zugeschrieben wurde, ist jetzt ein Valencianer Maler aus dem Umkreis des Louis Allyncbrood vorgeschlagen worden; ein solcher Meister wäre in der Lage gewesen, die van Eyck'schen Bildformeln dem mediterranen Geschmack anzupassen.[23] Selbstverständlich handelt es sich um ein sehr ungewöhnliches Werk, in dem sich die Stereotypen, die Jan van Eyck in der *Kreuzigung* von New York anwandte, mit einer besonderen Abbildung der Landschaft verbinden, die einen stark expressionistischen Akzent trägt.

In Anbetracht des bisher Gesagten ist davon auszugehen, dass Valencia einen großen Einfluss auf andere künstlerische Zentren des Königreichs hatte, so auf die katalanischen Gebiete. Man hat immer schon angenommen, dass Dalmau mit seiner Übersiedlung nach Barcelona im Jahre 1438 dort zum Vorkämpfer der Ausbreitung der flämischen Kunst in Katalonien wurde, zum ersten Vertreter einer kraftvollen und einflussreichen künstlerischen Strömung. Andere Meister, die wie er von den valencianischen Verhältnissen geprägt worden waren und im Zeichen des flämischen Naturalismus standen, sind seinen Schritten gefolgt. In einigen Fällen handelte es sich dabei um Personen aus der „zweiten Reihe"; so etwa Miquel Nadal, einen Maler, der ein Abkommen mit den Nachfolgern der Werkstatt des Bernat Martorell schloss und 1453 und 1454 an der Ausführung des Altarbilds der heiligen Cosmas und Damian (Barcelona, Kathedrale) mitwirkte. In anderen Fällen jedoch handelt es sich um herausragende Künstlerpersönlichkeiten wie Bartolomé Bermejo. Nach seinem zweiten Aufenthalt in Valencia von 1481 bis 1486 beschloss er, sich in Barcelona niederzulassen. Es darf auch nicht vergessen werden, dass in der gesamten zweiten Hälfte des 15. Jahrhunderts Werke aus Valencianer Ateliers nach Katalonien gelangten. Zu ihnen zählen das Altarbild der heiligen Ursula von Joan Reixac (Barcelona, MNAC), das für das Kloster von Poblet bestimmt war (1468)[24], oder auch das Triptychon der Heimsuchung Mariä des Meisters von Segorbe, zwischen 1466 und 1475 von dem Chorherrn Nadal Garcés für eine der Kapellen der Kathedrale von Barcelona in Auftrag gegeben.[25] Schließlich wird die starke Ausstrahlungskraft der valencianischen Kunst nach Katalonien hinein durch die plastischen Bezüge illustriert, die einige der berühmtesten katalanischen Meister übernommen haben, so Jaume Huguet in den ihm zugeschriebenen Gemälden des Altarbilds von Vallmoll.

Welche Qualitäten standen nun bei der Übernahme des flämischen Vorbilds durch Valencianer und katalanische Künstler im Vordergrund? Auf welche Weise nahm die Mehrheit der Maler eine so einzigartige ästhetische Vorgabe an, und vor allem, wie nahmen ihre Kunden sie an? Obwohl es schwierig ist, eine umfassende Antwort zu geben, die allen Einzelfällen gerecht wird, liegt doch ziemlich deutlich auf der Hand, dass sich in den Gebieten des Königreichs kein Maler findet, der die Bezeichnung „hispano-flämisch" verdient hätte.[26] Mit Ausnahme von Bartolomé Bermejo, auf den später näher einzugehen sein wird, war keiner der Maler bestrebt, der Technik der großen Meister aus dem Norden und dem Geist, der ihren Werken innewohnte, nachzueifern. Zum guten Teil war dieser Umstand auf das Gewicht der Traditionen zurückzuführen, die in den Ateliers eingehalten wurden, aber auch auf den Geschmack einer Kundschaft, die noch sehr in ihren tief verwurzelten ästhetischen Konventionen gefangen war, wie etwa der Vorliebe für einen vergoldeten Hintergrund und Staffagen. So äußerte sich die Hinwendung zur flämischen Strömung vor allem in der Praxis eines gewissen figürlichen Nominalismus und in der exakten Nachahmung von Elementen ihrer materiellen Kultur. Wenig Bedeutung maß man hingegen der Nachbildung realistischer Räume bei, die über die herkömmlichen, je nach Atelier unterschiedlich gemusterten Fußböden hinausgegangen wäre; oder der Umsetzung dreidimensionaler Effekte, die schließlich mit der Vorherrschaft der grafischen Rhythmen und dem vergoldeten Hintergrund brechen sollte. Ein paradigmatisches Beispiel für diese konservative Interpretation des flämischen Vorbilds ist eine Tafel mit einer Darstellung der *Verkündigung* (um 1440–1450), die dem Meister von Bonastre zugeschrieben wird (Valencia, Museo de Bellas Artes). Hier stehen die Annäherung an die materiellen Eigenschaften von Kleidungsstücken und Gegenständen, die subtile Charakterisierung der Personen und die Erreichung eines Raumgefühls mittels virtuoser Anwendung der Öltechnik im Kontrast zu der Darstellung der Szene in einem abstrakten und zeitlosen Kontext.[27] Ähnliches ist auch bei anderen bedeutenden Tafeln zu erkennen. Bei dem 1445 bis 1448 entstandenen *Heiligen Benedikt* (Valencia, Museo de la Catedral) überrascht die kraftvolle Individualisierung, die nicht frei von psychologischen Schattierungen ist und die der Maler in das Antlitz des

Jacomart (Jaume Baçó), Verkündigung, Museu de Belles Arts, Valencia.

Heiligen hineinlegen konnte – gegenüber der Sorglosigkeit, die er hinsichtlich der Schaffung eines wirklichkeitsgetreuen Raums an den Tag legt.

Jedweder Versuch, die künstlerische Persönlichkeit der wichtigsten künstlerischen Akteure der Levante in den Jahren von 1440 und 1460 zu rekonstruieren, sieht sich mit einem schwer wiegenden Problem konfrontiert: der geringen Anzahl an dokumentierten Werken unter den erhaltenen Gemälden. Die derzeitige Situation hat ironische Züge. Einerseits verfügen wir über eine große Zahl anonymer Tafeln, von denen einige den Wechsel des künstlerischen Vorbilds in geradezu idealtypischer Weise verdeutlichen, andererseits besitzen wir umfassende Kenntnisse über Leben und Schaffen von bedeutenden Malern, von denen wiederum nur sehr wenige, heute noch erhaltene Werke dokumentiert sind. Diese klare Trennung zwischen Werken und Malern hat seit einiger Zeit zu bemerkenswerten kunstgeschichtlichen Debatten geführt, sobald ein anonymes Werk einem bekannten Meister zugeschrieben werden sollte. Hier ist an den Fall des Meisters von Bonastre (um 1440–1460) zu erinnern, eine Künstlerpersönlichkeit, dem die Gestaltung einer Reihe bedeutender Valencianer Tafeln zugeschrieben wird, so der Darstellung der *Transfiguración* (Verklärung) in der Kathedrale von Valencia oder der bereits erwähnten *Anunciación* (Verkündigung) des Museo de Bellas Artes. Die Tatsache, dass es sich um einen ausgezeichneten Maler handelt, der feine Kompositionen zu schaffen und seinen Figuren eine betonte Wirkung körperlicher Präsenz zu verleihen vermag, hat gewisse Experten dazu verleitet, ihn mit einigen der besten Malern jener Zeit zu identifizieren. Dabei illustriert der Umstand, dass für die einen Lluís Dalmau, für andere hingegen Jacomart der ideale Kandidat ist, wie sehr solche Vorschläge auf einer vollkommen spekulativen Grundlage ruhen. Ohne die Erschließung neuer Fakten und Dokumente muss jede Hypothese über die Zuschreibung eines Werks zu Haarspaltereien und unfruchtbaren Diskussionen führen.[28]

Noch größere Schwierigkeiten bereitet in diesem Zusammenhang die Person des Jacomart (um 1411–1461) selbst. Seit Beginn des 20. Jahrhunderts haben Kunsthistoriker in diesem Maler einen Vorkämpfer der Einführung des flämischen Naturalismus in Valencia gesehen,[29] und das, obwohl das einzige dokumentierte und erhaltene Werk, die Darstellung des San Lorenzo und des San Pedro de Verona in Catí (1460–1461), ein Gemälde von mittelmäßiger und uneinheitlicher Qualität ist.[30] Unter den Argumenten, die angeführt werden, um eine so hohe Wertschätzung zu rechtfertigen, findet sich auch die Tatsache, dass Jacomart für die Dauer mehrerer Jahre das privilegierte Amt eines *familiar i pintor de la cambra del rey*[a] unter Alfonso dem Großmütigen innehatte, einem der anspruchsvollsten, feinfühligsten und bestunterrichteten Kunstförderer seiner Zeit. Die Dokumente zeigen mit relativer Klarheit, dass Jacomart sowohl in Hofkreisen als auch in den übrigen gesellschaftlichen Schichten außerordentlichen beruflichen Erfolg hatte. So nimmt er zwischen 1440 und 1461, seinem Todesjahr, in der ganzen Region um Valencia zahlreiche Aufträge für Gemälde entgegen.[31] Aus diesen Gründen waren sich die Experten bis vor wenigen Jahren weitestgehend darin einig, ihm einen umfangreichen und exklusiven Katalog anonymer Werke zuzuschreiben, der ihn zur strahlenden Hauptfigur der Kunstszene Valencias in der Mitte des 15. Jahrhunderts machte. Die Aufnahme solcher Werke wie der Darstellung der *Heiligen Anna* (Játiva, Colegiata), des *Heiligen Abendmahls* (Segorbe, Museo de la Catedral), des Triptychons der *Jungfrau mit dem Kinde* (Frankfurt, Städelsches Kunstinstitut), eines *Heiligen Benedikt* (Valencia, Kathedrale) oder eines Bildes des *Heiligen Michael* (Reggio nell'Emilia, Civica Galleria Parmeggiani) gründet sich auf eine jeweils ähnliche Übernahme des figürlichen Naturalismus flämischer Provenienz, vor allem aber auf den Willen, Jacomart die Urheberschaft einer ebenso herausragenden wie vielfältigen Reihe von Werken zuzuschreiben, die seinem Ruf und Prestige entsprechen sollten.

In den letzten Jahren sind jedoch neue Dokumente aufgetaucht, die einige der besten Gemälde aus dem traditionell Jacomart zugeschriebenen Katalog mit anderen zeitgenössischen Malern in Verbindung bringen. So im Falle der oben genannten, den Heiligen Michael (1444) und Benedikt (um 1444–1448) gewidmeten Tafeln, die bei Joan Reixac in Auftrag gegeben wurden[32], und des Triptychons der heiligen Anna (um 1452), das laut einem Dokument von einem gewissen Pere (Vater) Reixac stammt.[33] Natürlich machen es solche Entdeckungen unmöglich, die kategorischen Aussagen derjenigen aufrechtzuerhalten, die in diesen Werken das authentische Paradigma des Jacomart'schen Stils ausgemacht haben wollten. Vielmehr wird natürlich eine Neubewertung der traditionellen Sicht dieses Valencianer Malers unumgänglich. Eine mögliche Erklärung, wahrscheinlich die plausibelste, besteht in der Vorstellung, dass Jacomart einen guten Teil seines Wirkens in Zusammenarbeit mit an-

Joan Reixac, Der heilige Michael wiegt die Seelen, Civica Galleria Anna e Luigi Parmeggiani, Reggio nell'Emilia.

Ave Maria gratia plena

deren Malern entfaltete, besonders mit Joan Reixac, der als sein wichtigster Schüler und Nachfolger gilt. Eine solche Zusammenarbeit stünde im Einklang mit einer Tradition des Zusammenschlusses und der Bildung von Körperschaften, die in Valencia seit langem praktiziert wurde.[34] Von diesem Blickwinkel aus hätte Jacomart demnach die Mehrheit der genannten Werke entworfen und begonnen, sie wären jedoch aus unterschiedlichen Gründen von seinen Mitarbeitern und Partnern zu Ende geführt worden.[35] In Anbetracht des enormen beruflichen Ansehens Jacomarts ist nur schwer vorstellbar, dass er nicht bei einigen der wichtigsten Werke, die flämischen Einfluss zeigen, selbst Hand angelegt haben soll, wie etwa beim *Heiligen Abendmahl* von Segorbe oder dem Triptychon von Frankfurt, oder dass er als reiner Maler-Unternehmer aufgetreten sein soll, der die vielen Aufträge, die er bekam, von Mitarbeitern ausführen ließ.[36] Dennoch steht fest, dass wir nach wie vor nicht über sichere visuelle Kriterien verfügen, über erhaltene und dokumentierte Werke, die uns die Rekonstruktion seiner künstlerischen Persönlichkeit erlaubten. Jegliche Zuschreibung ist daher in hohem Maße ein Wagnis. Ein guter Beweis dafür ist die kürzlich geäußerte Vermutung über seine Urheberschaft einer kleinen Tafel der *Verkündigung Mariä* (Como, Musei Civici, Pinacoteca), die traditionell dem Katalog des jungen Antonello da Messina zugeordnet worden ist.[37] Die harten Züge dieses Gemäldes, die zum Teil auf einen trockenen und direkten Pinselstrich zurückzuführen sind, finden ihre unmittelbarste Entsprechung in Werken wie dem *Heiligen Benedikt* und dem Triptychon der *Heiligen Anna,* also genau jenen Werken, die durch die jüngsten Dokumentenfunde aus dem Katalog Jacomarts herausfallen. Die Frage bleibt also bestehen: Wie hat Jacomart nun eigentlich gemalt?

Trotz der Vorbehalte einiger Experten haben die neuen Dokumentenfunde doch unübersehbar dazu geführt, dass die Person des Joan Reixac (um 1411–1484) einen bedeutenderen Platz innerhalb der Valencianer Kunstgeschichte einnimmt. Noch bis vor kurzem wurde dieser Maler eher gering geschätzt. Die Tatsache, dass er es auf sich genommen hatte, einige von Jacomart unvollendet gelassene Gemälde zu Ende zu führen, von der Darstellung des *Heiligen Michael* von Burjassot (1444) bis möglicherweise den Gemälden von Catí, hatte als Konsequenz, dass er für jedwede Anomalie oder Unregelmäßigkeit bei den traditionell Jacomart zugeschriebenen Werken verantwortlich gemacht wurde. Andererseits war sehr wohl bekannt, dass das bedeutende Atelier, das er leitete, eine ungeheure Anzahl von Gemälden ausführte. Zu ihnen zählen auch die Darstellung der *Epiphanie* des Rubielos de Mora (um 1465) oder der *Heiligen Ursula* (1468), beide im MNAC in Barcelona zu sehen. Deren Ausdruckslosigkeit und Standardisierung in der Darstellung der Figuren wurde lediglich durch die Anwendung intensiver Farbspektren bei Kleidung und Hintergrund aufzufangen versucht. Somit erlaubt die unlängst erfolgte Klärung der Urheberschaft des *Heiligen Benedikt* in der Kathedrale von Valencia und des *Heiligen Michael* in der Reggio nell'Emilia die Festellung, dass Reixac in den vierziger Jahren des 15. Jahrhunderts in der Lage war, eine vereinfachte Umsetzung van Eyck'scher Vorbilder mit aufwändiger Technik zu erreichen, bevor infolge der Massenfertigung eine gewisse stilistische Degeneration eintrat. In gewisser Hinsicht ist das nicht überraschend: Wie bereits gesagt, war er zumindest in jenen Jahren im Besitz der erwähnten Kopie eines Werks Jan van Eycks und unterhielt zudem enge persönliche und berufliche Beziehungen zu Andreu García, einem Kaufmann und Kunsthändler, der sich neben anderen Tätigkeiten dem Handel mit modellhaften Gemälden (*papers e mostras de pintura*) widmete.[38] Dennoch halte ich die jüngsten Bestrebungen einiger Experten, Joan Reixac zum Hauptvertreter der flämisch inspirierten Valencianer Schule zu erheben, für nicht gerechtfertigt.[39] Welches ist das eigentliche künstlerische Profil Jacomarts? Ist es möglich, das Wirken Dalmaus in Valencia zu rekonstruieren? Nach meiner Auffassung bestehen noch zu viele ungeklärte Punkte, um ohne wirkliche Beweise eine solche Hypothese wagen zu können.

Katalonien

Gemessen an den Geschehnissen in Valencia war der Einfluss des flämischen Naturalismus in Katalonien weit geringer. Einen Hinweis darauf liefert Lluís Dalmau selbst, indem er kurz nach Fertigstellung der revolutionären *Virgen de los Consellers* die konservative und traditionelle Darstellung des *San Baudelio* auf einem Gemälde für San Boi de Llobregat (1448) ablieferte. Jaume Huguet (um 1412–1492) hingegen wurde zum Schöpfer einer besonderen Synthese, in der die Aufnahme von Ele-

Bartolomé Bermejo, Die Jungfrau von Monserrat, mittleres Tafelbild des Triptychons der Kathedrale von Acqui Terme; die beiden Seitenteile mit Darstellung des heiligen Franziskus und des heiligen Sebastian sind ein Werk von Rodrigo de Osona.

menten, die aus zweiter Hand der plastischen Sprache der flämischen und italienischen Malerei entnommen waren, parallel mit einer Wiederbelebung traditioneller Schemata der internationalen Gotik verlief. Bei den ersten, ihm zugeschriebenen Werken, etwa bei dem Gemälde von Vallmoll und der Darstellung der Epiphanie (Vic, Museo Episcopal), griff er sowohl auf das van Eyck'sche Vorbild zurück als auch auf Formeln, die charakteristisch für die Malerei der Toskana sind.[40] So findet sich neben einem charakteristischen figürlichen Naturalismus auch der Sinn für die wirklichkeitsgetreue Nachbildung von Interieurs und ausgedehnten Landschaften. Unabhängig von seinem hypothetischen Aufenthalt in Valencia ist gewiss, dass er nach seiner Niederlassung in Barcelona um 1448 beruflichen Erfolg erlangte. Bald wurde er zum bevorzugten Maler der Zünfte, Laienbruderschaften und Gemeinden. Zum Andenken an die jeweiligen Schutzheiligen führte er eine wachsende Anzahl monumentaler Bilder aus, unter denen die Darstellungen des *San Antonio Abad* (1455–1460), des *Heiligen Vinzent* (um 1450–1460; Barcelona, MNAC), des *Heiligen Michael* (um 1455–1460; Barcelona, MNAC) und besonders diejenige des *San Abdón und San Senén* (1459–1461; Terrassa, Santa Maria) herausragen. Trotz einer gewissen Aufmerksamkeit für Probleme des Raums konzentrierte sich Huguet bei dem letztgenannten Gemälde auf die lebendigen und bunten Figuren der Namen gebenden Heiligen wie auch die Protagonisten der Nebenszenen. Seine Figuren gehorchen Konzepten, die auf halbem Wege zwischen der internationalen Gotik und dem flämischen Naturalismus stehen.[41] Er erhielt auch Aufträge seitens des Hochadels, so im Falle des üppigen Altarbilds für den Condestable Pedro de Portugal (1464–1465; Barcelona, Capilla de Santa Agueda) und des nicht weniger schönen Triptychons des *Heiligen Georg* (um 1455–1460) – in der Mitte das Bild des heiligen Ritters, ein Wunder an Eleganz und poetischer Melancholie (Barcelona, MNAC). Gerade der Erfolg bei den Körperschaften der Stadt Barcelona hat dazu geführt, dass die Konturen des Malers verschwimmen, da er sich nun gezwungen sah, regelmäßig auf die Mitarbeiter seines großen Ateliers zurückzugreifen, um eine Nachfrage zu befriedigen, die seine persönlichen Möglichkeiten überstieg. Sichtbarste Folge war ein Qualitätsverlust, der sich in der Wiederholung von Typologien und Kompositionen und in der Aufgabe der Raumgestaltung zu Gunsten des vergoldeten Hintergrunds äußerte. Von 1470 bis zu seinem Tod im Jahre 1492 gilt diese Feststellung mehr und mehr für seine gesamte Tätigkeit. Der Verlust an Qualität ist auch in weiten Teilen an den Darstellungen des *Heiligen Augustinus* (1463 bis um 1486; Barcelona, MNAC), des *Schutzengels* und des *Heiligen Bernardino* (1462–1475; Barcelona, Kathedrale) abzulesen. Die Annahme zahlreicher Aufträge und ihre Ausführung durch seine nächsten Mitarbeiter führt zu der Schlussfolgerung, dass Huguet eher die Haltung eines Unternehmers als die eines aktiven Malers annahm.

BARTOLOMÉ BERMEJO

Bevor wir diese Überlegungen abschließen, ist es notwendig, noch einmal auf Bartolomé Bermejo (gest. 1498) zurückzukommen. Zweifellos ist er von allen im Königreich Aragón wirkenden Malern derjenige, der am meisten von den Flamen gelernt hat. Obwohl er aus Córdoba stammt, weisen die ersten Belege seiner Tätigkeit in die stets aktive Kunstszene Valencias, zu einem Zeitpunkt nach dem Tode Jacomarts und Allyncbroods. Ein Dokument aus dem Jahre 1468 belegt seine Mitarbeit an dem Altarbild des *Heiligen Michael,* das Antoni Joan, Herr von Tous, in Auftrag gegeben hatte. Bereits in der eleganten Darstellung des Erzengels auf der mittleren Tafel (London, National Gallery) überrascht uns Bermejo mit der vollkommenen Wirkung der edlen Materialien und dem faszinierenden Spiel der Reflexe auf seiner Rüstung, in denen nichts weniger als das Abbild einer Stadt erscheint. Die Beherrschung der Öltechnik und des flämischen Naturalismus ist so offensichtlich, dass sie wohl nur durch die direkte Bekanntschaft des Malers mit den flämischen Meistern und ihren Werken zu erklären ist. Nach einem langen Aufenthalt in Aragón (um 1471–1481), währenddessen er unter anderem die Altarbilder des *Santo Domingo von Silos* und der *Santo Engracia* schuf, kehrte Bermejo nach Valencia zurück. In die Zeit dieses zweiten Aufenthalts in der Levante fällt die Entstehung eines seiner besten Werke, der mittleren Tafel des Triptychons der *Jungfrau von Montserrat* (um 1481–1486), deren Auftraggeber der italienische Kaufmann Francesco della Chiesa war (Acqui Terme, Kathedrale).[42] Über die beschriebenen Qualitäten hinaus beweist der Künstler hier noch eine weitere Fähigkeit, indem er eine prächtige Landschaft in der Dämmerung entwirft, deren zartes Licht die gesamte Komposition durchdringt und mit einer Note des Unwirklichen und Fantastischen umgibt, ähnlich der Aura, die Jan van Eyck einigen seiner berühmtesten Gemälde verliehen hatte.

Somit steht fest, dass die Malerei Bermejos sich in einem Prozess der technischen und stilistischen Vereinfachung befand und sich auf die Aneignung neuer Formeln zubewegte, als er aus Gründen, die nicht bekannt sind, seinen Wohnsitz nach Barcelona verlegte. In der katalanischen Hauptstadt nahm im Jahre 1490 Lluís Desplà, Erzdiakon der Kathedrale, seine Dienste in Anspruch. Aus der glücklichen Begegnung mit diesem gebildeten und einflussreichen Kleriker entstand die so genannte *Piedad Desplà* (Barcelona, Museo de la Catedral), die möglicherweise den Höhepunkt im Werk des Malers aus Córdoba markiert. Bei diesem Gemälde macht Bermejo meisterhaft Gebrauch von den Forderungen des symbolischen Realismus, um einen Gegenstand der Andacht, die Pietà, in das Abbild einer Andachtshandlung umzuformen, als deren Protagonist der Auftraggeber des Gemäldes erscheint.[43] Das Porträt des Desplà wird dabei durch den Willen gerechtfertigt, eine persönliche religiöse Erfahrung auszudrücken. Doch Bermejo geht noch weiter und entwirft eine expressionistische Landschaft, die als Resonanzraum für das Leid Mariens wirken soll sowie als pantheistische Metapher des Todes Christi.[44] Dies illustriert, in welchem Maße der Maler im Stande war, eine vollkommene Verschmelzung zwischen der Aussage des Bildes und den Ausdrucksmitteln herbeizuführen, die er zu ihrer visuellen Umsetzung einsetzte.

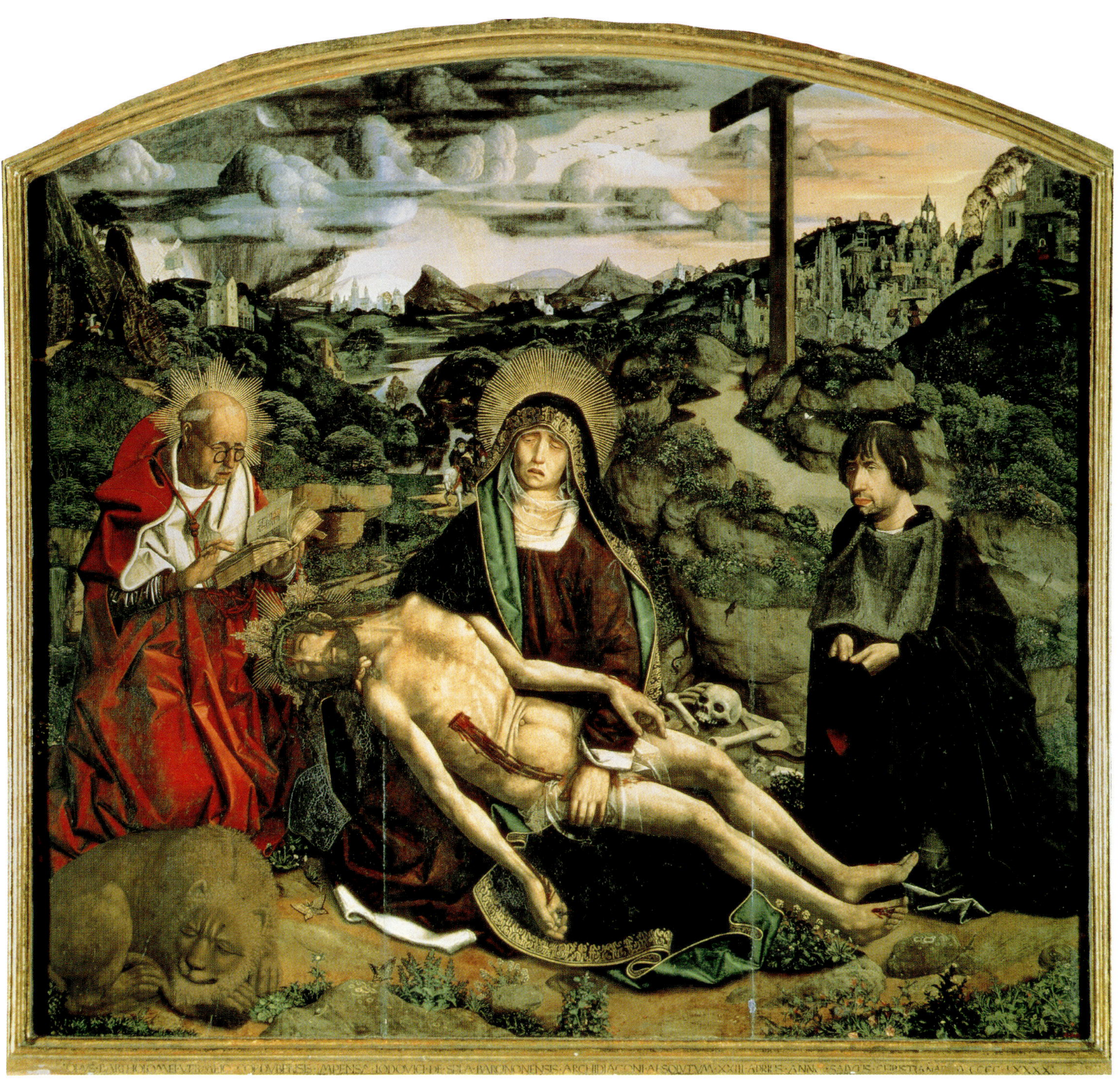

Bartolomé Bermejo,
Piedad Desplà, 1490,
Kathedrale von
Barcelona.

Die künstlerische Persönlichkeit Bermejos steht für sich allein. Weder vor noch nach ihm hat irgendein anderer Maler die flämische Bildsprache auf eine zugleich so intensive, eigenständige und originelle Weise übernommen wie der Meister aus Córdoba. So ist auch keiner in demselben Maße wie er von einer Gruppe von Kunstförderern umgeben, die noch am Ende des 15. Jahrhunderts eine ausgesprochene Vorliebe für solche Gemälde erkennen ließen, die in ihren Ausdrucksmitteln dem Vorbild des Jan van Eyck und seiner Zeitgenossen sehr nahe standen. Indem er die unvollkommenen Annäherungen der übrigen Maler in Valencia und Katalonien in der zweiten Hälfte des 15. Jahrhunderts weit hinter sich ließ, markiert die Ausnahmegestalt Bermejo die Grenzen der Rezeption flämischer Malerei im Königreich Aragón, einer Rezeption, die – wie beschrieben – durch die Uneinheitlichkeit und Vielfalt der angewandten Bildformeln gekennzeichnet war.

Architektur und Modernität am Beginn der Renaissance

Maria Antonietta Crippa

Maria Antonietta Crippa

Die Geografie der künstlerischen Kultur Europas im 14. und 15. Jahrhundert

Mit wachsender Häufigkeit wird die westliche Moderne in den weiten zeitlichen Bogen einer Kultur einbezogen, deren Ausdrucksformen nicht mehr als mittelalterlich angesehen werden können und doch noch nicht in den Bereich der Neuzeit gehören. Dieser Negativabdruck der Moderne zeigt an, dass bis zum heutigen Tag ihr innovativer Beitrag die eigene Vitalität nicht aufgebraucht hat. Folge der Tatsache ist zudem, dass sie sich in der europäischen Geschichte in den historiografischen Konstruktionen mit extrem variablem Anfang und Ende einprägt, je nach thematischem Blickwinkel und nationalen Standpunkten.

Dieser allgemeinen Unbestimmtheit der chronologischen Grenzen entgehen auch die historiografischen Kategorisierungen der Kunst und der Architektur nicht. Sehr beweglich und unbeständig ist bis auf den heutigen Tag die Grenze vor dem Einsetzen architektonischer Modernität, auch im Verhältnis zur – im 14. und 15. Jahrhundert sehr zersplitterten und dynamischen – geopolitischen Situation in Europa und zu einer Bewegung aufkommender künstlerischer Erneuerung, die in den verschiedenen Gegenden, die nicht alle rund um das Mittelmeer liegen, differenzierte und untereinander verschobene Akzente zeigt.

Im Allgemeinen wird zur Feststellung der Grenze *post quem* der Modernität das Aufkommen des Humanismus beschworen, der die umfassende und an Erinnerung reiche Ganzheit der einzelnen Person, vor allem des künstlerischen Genies, pries. Dies vollzog sich gegenüber dem Mittelalter in neuen Begriffen. In diesem Kontext erwarb der Architekt mit Unterstützung der umfassenden Rückgewin-

Die großartige Kuppel des Doms Santa Maria del Fiore zu Florenz, geschaffen von Filippo Brunelleschi; die Baustelle war fast die ganze Spanne seines Berufslebens über von 1409 bis 1438 in Betrieb.

"

nung der *firmitas* und der *venustas* der römischen, klassischen wie spätantik-altchristlichen, Bauten eine neuartige Fähigkeit, dem eigenen Vorhaben harmonische Proportionen zu verleihen, und das in vollkommener Kontinuität mit den antiken Vorbildern.

Die Neuerungen in der Architektur, zugleich ihrer Darstellung und ihrer Bauweise, wurden bei ihrem ersten Auftreten in Florenz sichtbar. Sie verflochten Faktoren ineinander, die Werkstätten und Bauweisen betrafen, Zäsuren in den sprachlichen Komponenten sowie substanzielle Änderungen im Sozialstatut des Künstlerarchitekten. Sie waren nicht nur die Gratlinie eines lange währenden Übergangsprozesses vom Mittelalter zur Moderne, sondern auch „Angelpunkt des anhaltenden Entwicklungsprozesses, der trotz seiner Momente der Pause und dialektischen Unterbrechung noch am Fundament der inneren Wesenseigenschaften der aktuellen Gegenwart verbleibt". Nicht zufällig ist übrigens bis heute im Architekturprojekt „die Darstellung eines figurativen Raums" vorherrschend, „der mit der euklidischen Perspektive und Geometrie konstruiert wird; die Methode von Darstellung und Beherrschung der geplanten Räume setzte sich gewiss sofort zu Beginn mit den Erfahrungen von Filippo Brunelleschi und seinem Kreis durch."

Es handelt sich um Errungenschaften, die mit der Erfindung und Beherrschung der Bedeutung der neuen Architektur verbunden sind, also mit den Sehvorgängen und deren Verknüpfung mit – persönlicher und kollektiver – Vorstellungskraft und Erinnerung, um substanzielle anthropologische Faktoren zur Festigung der historischen Identität und der zeit-räumlichen Symbolik der Orte. Wieweit die Überwindung dieser Errungenschaften schwierig, wahrscheinlich bis heute unmöglich ist, zeigt die jüngste allgemeine, nicht nur historiografische Sackgasse bei der Feststellung einer effektiven Kontinuität der avantgardistischen Annahmen, welche besonders die Moderne in der kurzen Zeit zwischen den beiden Weltkriegen des vergangenen Jahrhunderts getroffen hat. Die historische Einordnung dieser Phase der Architektur des 20. Jahrhunderts, wie sie heute im Gange ist, stellt die noch fragile Beschaffenheit einer neuen figurativen Synthese heraus, die mit den technischen Neuerungen und den im Zuge der neuen Konzentration der Städte aufgetretenen Problemen verflochten ist – wobei diese Konzentration ihrerseits die Folge der industriellen Revolution darstellt, die mit dem 18. Jahrhundert ausbrach.

Die Grenze der Moderne kann sich also nicht dem Dialog mit der Gegenwart entziehen, trotz der zweiten sich anschließenden und noch umfassenderen Veränderung, die auf die industrielle Revolution folgte, von der eine neue Bau- und Wohnweise ihren Anfang nahm, eine regelrechte urbane Revolution, die sich bis heute in einer Phase voller Turbulenz befindet.

Die jüngsten historisch-kritischen Erkenntnisse machen überdies augenfällig, dass die Architekturkonzeption der Renaissance nicht auf die „nur kulturelle Dialektik zwischen Klassizismus und Antiklassizismus"[1], das heißt auf eine Dialektik zwischen Stilen, zurückgeführt werden kann, der vor allem die schädliche Erstarrung der Architekturgeschichte in Form einer deskriptiven Phänomenologie zuzuschreiben ist.

Indes darf auch der Umstand nicht unterbewertet werden, dass die Architektur eine Kunst ist, die normalerweise langsame Veränderungen durchmacht, denn sie ist mit Techniken und Übungen verbunden, die auf ein dauerhaftes Bauen ausgerichtet sind, nicht mit elitären, sondern handwerklichen. Diese zeichnen sich durch graduelles Reifen aus, basieren auf mündlicher Überlieferung und der räumlichen Mobilität spezialisierter Fachhandwerker. Überdies blieben diese Techniken bis vor kurzer Zeit noch der historisch-kritischen Erforschung verborgen, auch weil sie in ihren Entwicklungen spärlich dokumentiert waren.

Im Verhältnis zu dieser besonderen Langsamkeit ist der starke Unterschied zwischen spätmittelalterlicher Architektur, deren Sinnbild die Errichtung der großen gotischen Kathedralen bildet, und den ersten Renaissancebauwerken in Florenz und Rom, zivilen Palästen wie Kirchen, daher als außergewöhnliches Phänomen zu betrachten, als Zäsur, die mit anderen Entwicklungsmomenten der vorangegangenen westlichen Architekturgeschichte nicht vergleichbar ist – wenngleich Letztere einen Bruch bilden.

Eine solche Zäsur öffnete wichtigen Neuerungen das Feld. An erster Stelle wurden einige neue Bautypen, die neu erfunden oder aus der Vergangenheit zurückgewonnen wurden, auf den Punkt gebracht. Man denke beispielsweise an die wichtige Definition des herrschaftlichen Palastes, eines Repräsentationsgebäudes, dessen Voraussetzung die befestigten italienischen Häuser des 13. und

14. Jahrhunderts waren, oder an das übermächtige Interesse der Architekten an der Kirche mit Zentralgrundriss. Er stürzte die hierarchische Ordnung und den würdevollen liturgischen Glanz um, Elemente, die sich im Okzident ab dem 4. bis 5. Jahrhundert gefestigt hatten.

Nicht weniger fundamental war die Regelung des Planungsgangs und seiner grafischen Darstellung, die exakter ausgearbeitet war als die mittelalterliche und die sowohl durch bedeutende Modelle,[2] die leider nur zu einem geringen Teil erhalten sind, als auch theoretische Prinzipien unterstützt wurde; diese wurden anfangs Vitruvs Werk *De Architectura*, das schon zur Zeit des Mittelalters zirkulierte, doch jetzt in gedruckten Kopien leichter zugänglich war, entnommen und anschließend in zahlreichen neuen Abhandlungen dargestellt.[3]

Es ist also von grundlegender Bedeutung und Aktualität, die Züge des Prozesses wieder zusammenzufügen, in dem sich die Anfänge einer Renaissancearchitektur herausbildeten. Sein Epizentrum lag zunächst in Florenz, dann in Rom, wobei die Architektur jedoch in einem weiten geopolitischen Kontext von einem instabilen Gleichgewicht innerviert war. Dieser Kontext sollte innerhalb sehr kurzer Zeit die Funktion jenes *Mare Nostrum*, jenes Mittelmeers, verändern, das über lange Jahrhunderte ein Gewässer beständigen Austauschs, von Handel, der Vermittlung von Werten, Kunst und wissenschaftlicher Erkenntnisse seitens der Völker war, die im Westen und Osten seine Anrainer waren.

Die vorhergehenden westlichen „Renaissancen" ab der karolingischen im 8. Jahrhundert hatten ihre Grundlagen sei es in einem nie eingeschlafenen Streben nach einer Rückkehr der Ordnung des römischen Kaiserreichs, sei es in einer Verflechtung der Beiträge der griechischen Philosophie, der christlichen Kultur des Orients, der wissenschaftlichen und mathematischen Leistungen der Araber.

„Expansion, Zusammenfluss, Synthese folgten einander ohne Pause", schrieb Georges Duby, „vom Jahr Tausend bis zum 15. Jahrhundert, dann, abrupt, kam die Stagnation, bisweilen sogar ein Regress. Europa trat in eine neue kulturelle Phase ein."[4] Von dieser neuen – nicht nur progressiven – Periode war die Architektur das stärkste Signal. Sie rief den – im modernen Bewusstsein – irreversiblen Auftritt eines entschiedenen Bruchs zwischen Gegenwart und nächster Vergangenheit hervor, die man für barbarisch oder gotisch hielt, der die Erhebung der griechisch-römischen Antike zum Mythos folgte – als unübertroffene, perfekte Wurzel der abendländischen Kultur.

Die klare Wahrnehmung eines Kontinuitätsbruchs regte im Rahmen einer neuen Reflexion über vorchristliche kulturelle und künstlerische Formen die Entstehung und Schärfung einer archäologischen, philologischen und, wenigstens in manchen Fällen, schon auf Erhaltung gerichteten Sensibilität an. Diese reifte nicht im Konflikt mit dem freien Spiel der Kreativität, der Erinnerungen und des kollektiven Gedächtnisses, das durch Neuerungen genährt wurde, die seit langer Zeit aus dem Orient kamen und seit kurzem über die Handels- und Forschungsrouten auf dem Atlantik.

Archäologie und Kreativität waren zwei auf Dauer fruchtbar konkurrierende Begriffe in der Schaffung der vortrefflichsten Architekturwerke, die auch durch den Beitrag der – zivilen und religiösen – Tatkraft von Bruderschaften und Handwerkskorporationen reiften. Tatsächlich ist ihnen in einem ersten Augenblick sowohl die Teilhabe der ganzen Gesellschaft an großen technischen und künstlerischen Unternehmungen wie den Kathedralen zu verdanken, als auch, bald darauf, der schnelle Erfolg des gebildeten Mäzenatentums mächtiger aristokratischer Familien, das sich für einige Jahrhunderte zur treibenden Kraft von Unternehmungen machen sollte, die in ihrer Imposanz und baulichen Komplexität den großen gotischen Kirchen entsprachen, freilich nicht nur für religiöse Zwecke bestimmt waren.

Dieser kulturellen und künstlerischen Entwicklung war selbst die Politik der europäischen Regierungen des 15. Jahrhunderts nicht fremd, in dessen Verlauf man von einer extremen territorialen Zersplitterung zur ersten Bildung von Nationalstaaten gelangte. Aber nicht nur das: Am Ende des Jahrhunderts und in wesensmäßiger Koinzidenz mit der Entdeckung der Neuen Welt wurden diese zum großen Teil in einem einzigen riesigen abendländischen Reich zusammengeführt, über dem, wie man sagte, die Sonne nie unterging.

Während sich auf der italienischen Halbinsel die typische Zersplitterung in kleine politisch autonome Staaten konstant hielt, begann die französische Monarchie nach Vertreibung der Engländer Mitte des Jahrhunderts unmittelbar mit einer kriegsbereiten Expansionspolitik, mit der sie auf Italien zielte.

Auf der Iberischen Halbinsel kurbelte die Monarchie der Katholischen Könige mit der Verschmelzung der Kronen Aragons und Kastiliens und der Rückeroberung Granadas die Öffnung ihres traditionellen Handelsverkehrs zum Orient wie auch des neuen Handels nach Amerika hin an. Die portugiesischen Könige verteidigten derweil die Seewege nach Afrika und Indien.

In Zentraleuropa herrschte am Ende des 15. Jahrhunderts in den deutschen Gebieten, die aristokratisch und föderalistisch organisiert waren, die Familie der Habsburger vor, während England die Autonomie der eigenen Insel festigte. Gleichzeitig legte im Osten Iwan der Große, Fürst von Moskau, die Grundlage für das russische Reich, wobei er es dem Westen annäherte. Die Türken ihrerseits führten im Jahre 1453 den endgültigen Zusammenbruch des Byzantinischen Reiches herbei und bildeten damit auf lange Sicht eine beständige Bedrohung für die christlichen Staaten.

In diesem geopolitischen Kontext änderten die europäischen Handels- und Kulturbewegungen rapide ihre Wege. „Der Abenteuergeist ergoss sich über den Atlantik … Die großen Ströme europäischer Vitalität entfernten sich vom Mittelmeerraum …"; es begann eine Zeit von „zweieinhalb, drei Jahrhunderten der Lethargie, in denen fast nichts aus dem Mittelmeer hervorspross", stellte Duby peremptorisch fest.[5]

Im 15. und 16. Jahrhundert bildete sich tatsächlich ein neues Gleichgewicht heraus, dessen Zentrum nicht mehr das Mittelmeer war; die europäischen Staaten fanden zu ihrer Identität, als Folge der protestantischen Reformation und des Konzils von Trient trat eine Spannung zwischen dem Norden und Süden Europas zu Tage, mit der Eroberung des amerikanischen Kontinents und der Erforschung Afrikas und des Fernen Ostens erschienen die ersten Zeichen des Kolonialismus.

Man darf auch nicht vergessen, dass sich nach der Erfindung des Buchdrucks schnell eine neue Art der Information und der Übermittlung von Kenntnissen verbreitete. Archäologie und kollektives Gedächtnis wurden davon tief beeinflusst.[6] Die Übermittlung von Informationen über bauliche und bildliche Inhalte konnte genauer sein, konkreter vorstellbar der Traum einer Beziehung zum vielgestaltigen vor- und frühchristlichen Erbe, das an den Küsten des östlichen und westlichen Mittelmeers lebendig war.

Der doppelte Ursprung der Modernität in der Architektur

Unter dem Gesichtspunkt, dass sich eine auf die Ordnung von Daten und auf die experimentelle Kontrolle gegründete Rationalität erstmals herausbildete, also des Beginns der wissenschaftlichen Methode und der sich anschließenden zeitgenössischen technischen Entwicklung, sollte die entscheidende Wende vom Mittelalter zum Renaissancehumanismus nicht nur an den Beginn der Wiederbelebung, wie sie in Florenz am Anfang des 15. Jahrhunderts ausgebildet war, gelegt werden, sondern auch außerhalb Italiens in das Gebiet Zentraleuropas, wo im 13. und 14. Jahrhundert die größten gotischen Baustellen eröffnet wurden.

Dank dem Neuerungsimpuls und dem konstruktiven Optimismus ihrer Vorkämpfer „wandelte sich die Gesellschaft des mittelalterlichen Abendlandes, die sich auf Zünfte und Ordensgemeinschaften gründete, indem sie die Grenzen zwischen Staaten ignorierte, um das industrielle Europa ins Leben zu rufen, in dessen Raum die Idee der individuellen Freiheit entstand"[7]. Indem er eine lange Brücke der Kontinuität vom mittelalterlichen Europa zum zeitgenössischen Europa schlägt, beschwört Basdevant in den individuellen Freiheiten den konstitutiven Faktor des Primats der Stadt über das Land, einen Primat, der das Mittelalter über noch teilweise verdunkelt war, doch im 14. und 15. Jahrhundert in Italien rapide sichtbar wurde.

Die Großartigkeit der Stadt verdiente daher, gefeiert zu werden. Das tat zum ersten Mal Bovesin de la Riva mit seinem *De magnalibus urbis Mediolani* vom Ende des 13. Jahrhunderts; es folgten zu Beginn des 15. Jahrhunderts Leonardo Bruni mit der *Laudatio Florentiane Urbis* und Leon Battista Alberti mit seiner *Descriptio urbis Romae,* der viele weitere Stadtbeschreibungen und -chroniken in Europa folgten; unter diesen verdient wenigstens *Barcino* von Jeroni Pau Erwähnung, ebenfalls vom Ende des 15. Jahrhunderts und Barcelona gewidmet, einer Stadt, deren Geschichte in mehr als 20 Bänden wieder aufgegriffen wurde, die allesamt bis zum 18. Jahrhundert erschienen.

Seit langem fanden Interpretationen breite Zustimmung, die Mentalität der Völker, philosophische und theologische Konzeptionen, Siedlungsweisen in einem einheitlichen allgemeinen Rahmen verbinden. Es scheint sinnvoll, dazu einen Umriss zu skizzieren: An erster Stelle gelangte man schrittweise von einer gänzlich kreatürlichen Konzeption des Menschen als körperlichen Mikrokosmos, der dem physikalischen Makrokosmos des Universums analog und wesensgleich ist, zur Konzeption eines Menschen, der in freier experimentierender Erkenntnisbeziehung zur eigenen Welt beständig darauf zielte, die einzelnen Komponenten zu objektivieren, indem er deren Autonomie mit Blick auf die eigene Körperlichkeit entdeckte.

Während sich daher im kollektiven Gedächtnis, wie es viele Kunstschöpfungen der Zeit zeigen, die Gestalt der nicht mehr von himmlischen Mächten bevölkerten Welt zum kopernikanischen Bild eines mit Sternen gefüllten, unbegrenzten leeren Raumes änderte, gewann die Wahrnehmung einer inneren, individuellen psychischen und psychologischen Räumlichkeit Bestand, einer Welt – derjenigen der Menschen –, die klar von der natürlichen Welt und der Welt der handgemachten Dinge geschieden war.

Nach und nach entwickelte sich parallel zu diesem Weg des Bewusstseins ein anderes technisches Wissen. Es handelte sich um den Primat einer – wir könnten sagen: schon technisch-wissenschaftlichen – Fähigkeit, nicht mehr vor allem verbale und bildliche Symbole hervorzubringen, die der rationalen Erfahrung fruchtbare Möglichkeiten der Öffnung hin zur Struktur des Kosmos und der Geschichte boten, die auf andere Weise unerkennbar war, sondern Manufakte zur Steigerung der Produktivität der menschlichen Arbeit und – später – einer verbreiteten Lebensqualität.

Die Plätze zum Wohnen, Städte und Land, Kontinente und Inseln, die verschiedenen „Enden der Welt" und die Gipfel der Berge, mit einem Wort: Die gesamte Landschaft, in der sich die Menschen bewegten, aus der sie die Ressourcen zum Leben schöpften und in der sie ihre Bleiben bauten, wurde in der Zeitspanne der Moderne dennoch nicht in ihrer fundamentalen Ordnung durcheinander gebracht. Sie bewahrte noch auf lange Jahrhunderte die eigenen Merkmale als Rahmen mit festen Bezugskoordinaten, auch als sie sich mit der Entdeckung der beiden Amerikas unvorhergesehen ausweitete und so der menschlichen Vorstellungskraft weitere Horizonte bot, um Paradiese und Utopien zu träumen.

Ab dem Beginn der Renaissance stellte sich der Architekt darauf ein – sowohl aus ideellen Gründen, als auch, weil er darum ersucht wurde, Verteidigungsbauten zu schaffen –, vor allem imposante Mauern planen zu können, ganze Städte, die nach einem einzigen Entwurf angelegt waren. Für ihn handelte es sich darum, die Rationaliät der Leitung und Durchführung des – schon auf den Baustellen der großen Kathedralen erprobten – Projekts in neuem Maßstab anzuwenden.

Die wachsende historiografische Aufmerksamkeit für den bei diesen vom 12. bis 14. Jahrhundert geübten „gotischen" Planungsprozess weist ihn daher zu Recht als Basis und Hauptbezugspunkt der modernen Architekturplanung aus. Die hier auf den Punkt gebrachte Planungspraxis kann vielleicht „in ihrer Gesamtheit, das heißt in allen Aspekten, die Entscheidungen, Simulationen, Kommunikation beim Prozess der Baudurchführung betreffen" für „die fortgeschrittenste und augenfälligste Linie eines Rationalisierungsprozesses von Arten und Weisen des Denkens und Handelns, der mit dem Wiederaufleben von Stadt und Kultur im 12. Jahrhundert entstanden ist", gehalten werden.

Viele spüren in dieser Rationalisierung „eine Art genetischen Kern" des zeitgenössischen konstruktiven Denkens auf, das heute unter Architekten und Ingenieuren aufgeteilt ist. Dieser Kern gründet sich auf zwei Hauptkomponenten: Freiheit und Kühnheit des baulichen Entwurfs sowie „Mechanisierung und Industrialisierung des Projekts".[8]

Die ersten, innovativen Baustellen bei den französischen gotischen Kathedralen waren in der zweiten Hälfte des 12. und während des ganzen 13. Jahrhunderts tätig. In ihnen eigneten sich die *magistri* die Erfahrungen der großen Bauunternehmungen der Cluniazenser und Zisterzienser an. Sie riefen überdies in anderen europäischen Gebieten eine lebhafte Nachahmung hervor, die sich schwungvoll während des gesamten 14. und des 15. Jahrhunderts fortsetzte, in einigen seltenen Fällen auch darüber hinaus.

Das *opus francigenum* wurde tatsächlich vom 13. bis zum 16. Jahrhundert zum Ursprung großer Unternehmungen mit regionalen Merkmalen. León, Burgos, Toledo, Cuenca, Lérida, Tarragona, Barcelona, Mallorca wurden zu Baustellen von gigantischen Ausmaßen. In Gerona fanden die im Jahre

1312 begonnenen Arbeiten im 15. Jahrhundert mit der Schaffung einer Kathedrale ein Ende, in der das einzige Schiff eine unerreichte Weite hatte.

Auf deutschem Gebiet vollzog sich das Eindringen des *opus francigenum* langsamer; dazu gehörten die großen Baustellen von Freiburg, Ulm, Wien und Prag, um nur die bedeutendsten anzuführen, die bis zum 16. Jahrhundert und darüber hinaus aktiv waren. Der Bau des Doms zu Köln wurde im Jahre 1560 unterbrochen. Bei manchen Bauten nahm der französische gotische Bautyp die Weiträumigkeit der „Hallenkirchen" an, die als Antwort auf die Predigtbedürfnisse der Bettelorden ab dem 13. Jahrhundert errichtet wurden.

Noch weiter nördlich mündete der selbstständige Verlauf der angelsächsischen Gotik an der Schwelle des Florentiner Renaissancehumanismus in einer gegenüber strukturellen Problemen der Bauweise gänzlich indifferenten ornamentalen Virtuosität.

Große Baustellen fehlten im 14. und 15. Jahrhundert auch in Italien nicht. Die wichtigsten waren der Dom zu Mailand, begonnen 1386; San Petronio zu Bologna, angefangen im Jahre 1390; der Dom Santa Maria del Fiore zu Florenz, im Jahre 1296 unter der Leitung von Arnolfo di Cambio begonnen und im 15. Jahrhundert mit der Kuppel Brunelleschis abgeschlossen.

Berühmt ist der Satz des französischen Architekten Jean Mignot, der im Jahre 1399 von den Erbauern des Mailänder Doms wegen eines wichtigen Rates hinzugerufen wurde: „Ars sine scientia nihil est".[9] Die neue geistige Haltung von Klärung und luzider Vervollständigung zwischen Experimentieren und logischen Schlussfolgerungen, die in diesem Motto zusammengefasst wird, hatte Gelegenheit, sich von Grund auf in den großen Baustellen der gotischen Kathedralen zu entwickeln, doch es handelte sich um eine kulturelle Errungenschaft von großer Tragweite. Tatsächlich war sie anfangs in den philosophischen Schulen des späten Mittelalters herangereift und dann mit verschiedenen Akzentuierungen auf viele Bereiche übertragen worden.

Früher Ausdruck davon war insbesondere in Paris – in der zweiten Hälfte des 14. Jahrhunderts europäische Hauptstadt – ein Realismus, vor allem in Malerei und Plastik, der den enthusiastischen Anspruch des Primats – wenn auch nur von kurzer Dauer und kaum befolgt – des französischen Humanismus über den italienischen hervorrief. „La France, Paris donnait le branle au grand courant du réalisme qui allait emporter tout le XV siècle, à une heure où l'Italie, toute gothique, attendait encore ses Ghiberti et ses Donatello et s'attardait depuis cinquante ans en répétitions giottesques"[10]; der exakte Hinweis des französischen Gelehrten Gillet bestätigt, wie verbreitet, geläufig und differenziert in den Jahren der Wende vom 14. auf das 15. Jahrhundert der europäische Hang zu einer humanistischen Erneuerung war.

Dennoch, die italienische Renaissancearchitektur war im Vergleich zu dem gesamten Bauschaffen des restlichen Europas bei weitem verfrüht. Während sich überall tatsächlich eine allgemeine Interessensverlagerung zu formaler Eleganz hin zeigte und neben der Fortsetzung einiger großer Bauvorhaben es allenthalben von Unternehmungen in bescheideneren Dimensionen nur so wimmelte, entwickelte sich in Italien eine Erneuerung, deren bedeutsames europäisches Echo sich fast ein Jahrhundert später vernehmen lassen sollte.

So reifte ein Schwung von Neuerungen im 15. und zu Beginn des 16. Jahrhunderts in Florenz und Rom heran. Auch an den Beitrag Neapels ab der Mitte des 15. Jahrhunderts und die manieristische Krise, die in Mantua und Venedig schon in den ersten Jahrzehnten des 16. Jahrhunderts begann, ist in diesem Zusammenhang zu erinnern.

Erst in den letzten Jahren des 15. Jahrhunderts lassen sich in den anderen Teilen Europas relevante Fälle dieser Erneuerung erkennen. Zu verdanken ist das der Präsenz italienischer Humanisten und Künstler an den Fürsten- und Königshöfen und der Verbreitung gedruckter Bücher und der Abhandlungen über Architektur. Allein in Ungarn und Russland finden sich schon im 15. Jahrhundert deutliche Spuren eines Einflusses der italienischen Renaissance.

Viel später dagegen, am Ende des 16. und zu Beginn des 17. Jahrhunderts, traten in verschiedenen Teilen Europas Persönlichkeiten auf, die die Fähigkeit zu einer selbstständigen Interpretation der neuen Kunstrichtung besaßen, beispielsweise, um nur einige der größten anzuführen, der Franzose Philibert Delorme (1510–1570), der Spanier Juan de Herrera (um 1534–1597), der Deutsche Elias Holl (1573–1646), der Engländer Inigo Jones (1573–1652).[11]

Unter historiografischem Gesichtspunkt schiene es daher erlaubt, einen zweifachen Ursprung der Modernität in der Architektur zu formulieren. Der florentinische und römische Humanismus war

einerseits tatsächlich der Beginn des Bewusstseins vom absoluten Wert, in etymologischem Sinn, des Künstlerindividuums, Beginn auch einer anderen Organisation des Wissens, das eine ganz neue Korrelation zwischen Planungsprozeduren, Architekturtypen und Methoden der Realisierung verfügte.

Die Begegnung zwischen dem Mäzenatentum gebildeter Herrscherpersönlichkeiten, der starke Impuls, den Humanisten und Gebildete der Vision einer Synthese aus antiken, mediterranen und nicht-mediterranen, Beiträgen gaben, die interpretative Lebhaftigkeit von Künstlern und Architekten, die wir als dichte Schar von Avantgardisten bezeichnen könnten, beteiligten sich daran, dem Epizentrum der neuen Architektur an den Höfen von Florenz und Roms Gestalt zu geben.

Doch die europäische Baustelle der Gotik ihrerseits war der Beginn der Konsolidierung einer modernen Technik, verstanden als Gesamtheit von Regeln, Methoden und Prozeduren, die sich erst nach und nach von der Kunst der Architektur im eigentlichen Sinne unterscheiden sollten, einer Technik, die zu einer organisatorischen Rationalität und einer Komplexität von Ergebnissen fähig ist, die bis dahin unbekannt waren.

Die Akzentuierung des kreativen Beitrags des einzelnen Künstlers, der Beitrag einer in den Begriffen eines entstehenden archäologischen Kunstsinnes erforschten Antike, die experimentelle Entwicklung technischer Komponenten an großen Baustellen: Diese drei Faktoren trugen zur Entwicklung eines Bedürfnisses nach weiteren Kenntnissen und einer reiferen, oder moderneren, kreativen Praxis bei.

„Es gibt drei Quellen der Erkenntnis", hatte schon Roger Bacon (1214–1292) in seinem *Opus maius* geschrieben, „Erkenntnis durch Autorität, durch die Vernunft und durch die Erfahrung; doch die grundlegende ist die dritte, weil die Autorität nicht ohne Vernunft auskommt und die Vernunft ohne die Erfahrung unzureichend ist."[12] Noch prämodern ist demnach die Kenntnisnahme einer experimentellen gnoseologischen Dynamik, die die Kunst der Renaissance sich methodisch in der Architektur angeeignet und zum ersten Mal auf die Stadt ausgedehnt hätte.

Am Schluss dieses Bandes, der die Verflechtung der verschiedenen konkurrierenden, um das Mittelmeer herum existierenden Einflüsse auf die Reifung eines von Humanismus und Renaissance geprägten Abendlandes beleuchtet, soll dieser Beitrag die bedeutende Komponente der Kontinuität zwischen Mittelalter und Renaissance herausstellen. Das Bewusstsein von den künstlerischen und architektonischen Wurzeln, die schon im 12. und 13. Jahrhundert in Nordeuropa entstanden, aber sogleich sowohl im Mittelmeerraum als auch in Nordeuropa angeeignet wurden, ging auch im 15. Jahrhundert nicht verloren.

Die Verknüpfung zwischen den beiden oben zusammenfassend umrissenen Komponenten wurde in einer starken Idealisierung der Stadt eingekapselt, fast eingekerkert; diese Idealisierung basierte auf der perspektivischen Konstruktion und den harmonischen Proportionen einer Stadt, die in kurzer Zeit zum neuen Zentrum der Aufmerksamkeit wurde, die neue Baustelle, und die sowohl als *urbs* wie als *civitas* konzipiert wurde, gleichzeitig physikalischer Ort und soziale Realität.

Zwei Bilder mögen dazu dienen, um ein fundamentales Merkmal dieser Verknüpfung wirklichkeitsgetreu zu fixieren, das die endgültige Heraufkunft der modernen Epoche anzeigt. Die Figuren dienen dabei als zusammengefasster Verweis auf verschiedene Sinn-Universen. Eine ist charakteristisch für das kollektive Bewusstsein des Mittelalters, die andere markiert die Entstehung eines Blickes, der mehr von den Besonderheiten der einzelnen physischen Formen angezogen, außerdem von einer idealen Rückgewinnung des Antiken genährt wird, als Chiffre für ein Vorbild von universeller Geltung.

Beide entstanden im 15. Jahrhundert, als viele europäische Städte von der Umtriebigkeit bedeutender Baustellen geprägt wurden, auf denen Bauten sowohl profanen als auch sakralen Typs entstanden. Derweil bildete sich an den italienischen Höfen, die für die humanistische Erneuerung empfänglich waren, und durch das Verdienst gebildeter Architekten eine ganz neue Idee der Stadt heraus. In dieser Idee verbanden sich die Veränderungen am konkreten historischen Gewebe durch die Einfügung des einzelnen, neu errichteten Monuments mit einem idealisierenden Blick. Dieser trachtete danach, ihre „bunte Vielfalt" als „Diversifikation der Einheit" zu entwerfen, das heißt eine neue kontextuelle Einheit, beherrscht von einer „Idee der Schönheit, die über der Symmetrie erstrahlt",[13] zu der die perspektivische Darstellung einen angenehmen Zugang verschaffte.

Das erste der beiden Bilder ist die Federzeichnung von Jan van Eyck aus dem Jahre 1437, die im Musée Royal des Beaux-Arts zu Antwerpen aufbewahrt wird. Auf ihr wird ein imposanter Turm, der sich im Bau befindet, von der riesenhaften Figur der heiligen Barbara beherrscht, die in ein weites Gewand gehüllt und in die Meditation über die heiligen Schriften vertieft ist. Als Hintergrund des Gebäudes und der menschlichen Figur dienen einerseits die hügeligen Hänge und andererseits eine geschlossene, mit Türmen bewehrte Stadt. Der Turm ist ein heiliger Ort, denn er spielt auf das Martyrium der Heiligen an; dennoch ist offenkundig, dass das fromme ikonografische Thema als Gelegenheit zur lebhaften Beschreibung der verschiedenen Aktivitäten einer mit extremer Präzision dargestellten gotischen Bauwerkstätte behandelt wird. Die rationale Organisation der Arbeit und die Imposanz der go-

tischen Baustelle hatten offenbar van Eycks Interesse auf sich gezogen, da es sich um neuartige Dinge handelte, die eine präzise Darstellung verdienten.

Das Bild des flämischen Künstlers ist etwa zeitgleich mit dem der *Perspektive* oder *Idealen Stadt*, das zu Urbino in der Galleria Nazionale delle Marche ausgestellt ist, vielleicht ein Werk von Francesco di Giorgio Martini. Das eindrucksvolle architektonische Projekt, ein Fest zum Ruhme Gottes in seinen Heiligen, dient in der ersten Abbildung als Thema. Auf der zweiten dagegen ist der Raum ruhig, man bemerkt, dass der Mann anwesend ist, doch unsichtbar bleibt. Die zentralperspektivische Einordnung beschwört die Ordnung einer Idee, die dem menschlichen Handeln Erfüllung gab, eine Ordnung als Ergebnis eines Zieles, das jenseits des *hic et nunc* der Vergänglichkeit der Existenz erreicht wird, ein Ideal von der ursprünglichen Harmonie des Kosmos. Es ist zum Bild einer Stadt geworden, das sich mit dem Auge überfliegen lässt.

Diese *Ideale Stadt* ist das „Bild einer wiedergefundenen Platonopolis, der Platonopolis, wie sie der Humanismus der Leser des Dialogs *Philebos* von Platon erhoffen konnte; eine Stadt, in der das wissenschaftliche Wissen und die Fähigkeit der Baumeister in den Dienst eines Strebens nach der *vita contemplativa* gestellt wurde", die „nach der platonischen Aussage *Leben des Denkens und Verstehens* genannt wird".[14] In diesem Leben verdichtet sich beispielhaft das ganze „atmende 15. Jahrhundert, das uns in der Darstellung des eigenen ästhetischen Ideals der Stadt in das Herz einer geometrischen, symmetrischen Platonopolis führt", Gipfel einer Erfahrung, die von Marsilio Ficino (Philosoph, Philologe und Arzt, 1433–1499) ausgemacht wird als „Verbindung von Weisheit und Lust".[15]

Es handelt sich nicht im eigentlichen Sinne um ein Modellbild für die Gründung neuer, idealer Städte oder für den Umbau alter Städte nach modernen Auffassungen. Es ist vielmehr die Bestäti-

gung einer Leitidee universaler Bedeutung, in der Schönheit, Geschichte, Adel eines stillschweigend vorausgesetzten menschlichen Zusammenlebens verschmelzen.

Der Vergleich beider Bilder könnte eine gegensätzliche – und in vielerlei Hinsicht selbstverständliche – Interpretation von gotischer Welt und Renaissancekontext ermöglichen. Mir hingegen liegt daran, damit auf den schnell verwirklichten Abstand im kollektiven Gedächtnis hinzuweisen, an erster Stelle der Künstler. Das symbolische Hervortreten eines solchen Zentrums gebildeter Erinnerungen, als Stütze einer harmonischen Ordnung des Komponierens, verweist mit wirkungsvoller plastischer Evidenz darauf, dass beim Aufkommen des Humanismus nicht nur eine Rückgewinnung der – klassischen und spätantiken römischen – Sprache auf dem Spiel stand. Vielmehr handelte es sich darum, die umfassende Neuerfindung zu verwirklichen, die Neugründung – auch im Bereich der Architektur – des Wohnzusammenhangs, den das eindrucksvolle Bild der *Idealen Stadt* vorzeichnete, sozusagen um der näheren Zukunft eine Richtung zu geben.

Dennoch, darauf wurde zu Recht hingewiesen, die Vorstellung von einer neuen *forma urbis* ermöglichte im 15. und 16. Jahrhundert eine ästhetische Suche und wiederholte städtebauliche Experimente, vor allem auf italienischem Boden, die sich bald von der ersten Annahme entfernten, die zugleich idealisierend und universal war und ablesbar in dieser *Idealen Stadt* aus Urbino.

Der Versuch, die ideale Renaissancestadt konkret und zur raum-zeitlichen Wirklichkeit zu machen, stieß auf der italienischen Halbinsel tatsächlich sowohl die Errichtung neuer urbaner Fragmente an, unter denen die Umbildung des Viertels von Corsignano in Pienza von Bernardo Rossellini, die Papst Pius II. durchführen ließ, ein exemplarischer Fall ist. Weiter gehört dazu die Reihe von im 16. Jahrhundert nach regelmäßigen Plänen neu erbauten Städten wie die toskanischen Städte Cosmopoli, später

Portoferraio genannt (1548–1559), Livorno (1576), Terra di Sole (1564) oder in der Emilia das Städtchen Sabbioneta (1560) sowie die sehr bekannte Stadt Palmanova im Veneto (1593).

Dieses waren die größten Baustellen auf dem Höhepunkt der Renaissance. Sie brachten indes nicht, wie es im Übrigen selbstverständlich war, jene *civitates* hervor, neue Gesellschaften, die mit der natürlichen Konfiguration des Ortes zur Einheit verschmolzen, so wie es sich die Verfasser von Abhandlungen im 15. Jahrhundert vorgestellt hatten, in erster Linie Filarete mit seiner Sforzinda. Die Neugründungen antworteten dagegen „perfekt auf die fachtechnischen und gesellschaftlich-weltanschaulichen Bedürfnisse der absolutistischen Regime, die derweil fast überall in Italien herangereift waren"[16]. Außerdem war das ästhetisch-soziale Ideal einer neuen Stadt schon zu Beginn des 17. Jahrhunderts vollständig verschwunden; sie hatten nunmehr in dem sozialen Projekt, deren erste prophetische Koryphäen Tommaso Campanella und Francis Bacon waren, die Farbe gewechselt.

Die Entfernung zwischen idealem Renaissancebild und europäischer urbaner Realität blieb dennoch groß. Nachdem die griechisch-römische Antike ihrem Gebiet ihre Entwürfe von einer Rationalität der Regelmäßigkeit als Stempel aufgedrückt hatte, war „die spezifische Charakteristik der europäischen Stadt ab dem Mittelalter stattdessen die Akzeptanz und bisweilen die Systematisierung der Unregelmäßigkeit, welche eine volle Anpassung an die Plätze und Funktionen erlaubt."

Diese komplexe Matrix, die aus der Überlagerung und der Überschneidung von Faktoren der Regelmäßigkeit und Unregelmäßigkeit resultiert, die noch heute in vielen Fällen deutlich erkennbar sind, wurde zur „Garantie der Historizität der Stadtentwicklung, zum Zeichen der Anerkennung des europäischen Raums im Hinblick auf die arrhythmische Gewundenheit islamischer und exotischer Entwürfe oder hinsichtlich der einförmigen Regelmäßigkeit der kolonialen Raster, welche die Europäer selbst auf den fünf Kontinenten zeichnen."[17]

Die klare und stets zwischen Beharrlichkeit und Innovation variierende Verflechtung charakterisierte also jede europäische Stadt auch in den Änderungen, die den Übergang vom Mittelalter zur Renaissance bezeichneten. Deswegen ist eine generalisierende Interpretation der europäischen Renaissancestädte nicht möglich, von denen nun im Anschluss jedoch allein zum Zwecke der Exemplifikation einige Züge aufgegriffen seien.

Die Araber besetzten von 831 bis 1072 Palermo, eine punische, römische und byzantinische Stadt; sie verwandelten sie in eine prachtvolle Oase und ließen auch mit Bewässerungstechniken persischen Ursprungs die umliegende Ebene erblühen. Während die Normannen sich darauf beschränkten, dort christliche Bauwerke auszuschmücken, machten Angioviner und Aragonesen stattdessen daraus einen kompakten, einheitlichen regulierten Organismus, der durch eine Mauer befestigt war und einen bedeutenden Hafen am Meer besaß.

Das Schicksal Palermos in der Renaissance entspricht demjenigen Toledos, anfangs Hauptstadt des Königreichs von Kastilien und León, dann des vereinigten Spaniens bis 1561. Früher römische Kolonie, anschließend Hauptstadt des Westgotenreiches, von 712 bis 1085 von den Arabern besetzt, wurde die Stadt im 15. Jahrhundert wie Palermo von einer radikalen baulichen Umwandlung erfasst, welche die maurische Gesamtanlage jedoch nicht veränderte.

Palermo und Toledo sind leuchtende Beispiele eines „dennoch extremen Ziels der Verschmelzung aus verschiedenen Entwürfen, die aus verschiedenen kulturellen Traditionen stammten".[18]

Eine winzige Stadt, doch erstrangiges europäisches Kulturzentrum war im 15. Jahrhundert Urbino. Ihr Ruhm kam damals dem der größten Zentren wie Paris, Rom, Florenz und Venedig gleich, wenn er ihn nicht übertraf. Ihr Herz war der herzogliche Palast, eine Zitadelle reich an mittelalterlichen Unregelmäßigkeiten, doch mit außergewöhnlichen Beigaben aus der Renaissance, für die Namen wie Liciano Laurana, Francesco di Giorgio Martini, Baccio Pontelli, Giuliano da Maiano und viele andere stehen. Nicht zu übergehende Verdienste an dieser Pracht hatte der gebildete Herzog Federico da Montefeltri, der dort residierte und über das kleine Herzogtum herrschte.

Unter den nordeuropäischen Städten gehörte Straßburg zu denjenigen, die das ganze 15. Jahrhundert über beständig anwuchsen. Es besitzt mit seiner Verflechtung aus Kanälen und Straßen eine mittelalterliche Anlage, die von Enea Silvio Piccolomini mit der Anlage Venedigs verglichen wurde. Den Kern bildet das wichtigste Gebäude, das Münster aus solidem Rotsandstein, das über die im 14. und 15. Jahrhundert errichteten Stadtmauern hinausragt und vom Umland aus gut sichtbar ist.

Auch das weiträumige Paris blieb im Laufe des 15. Jahrhunderts im Wesentlichen eine mittelalterliche Stadt. In den folgenden Jahren jedoch, im *Grand Siècle* von Heinrich IV. und Ludwig XIV., wurde es zur bedeutendsten und ausgedehntesten europäischen Kapitale, ein komplexer Organismus, der sich aus vielen Bezirken mit ärmlichen Baracken und spärlichster Infrastruktur und einigen Fragmenten monumentaler, erlesener Eleganz zusammensetzte.

Weiter nördlich wuchs auf einem Hügel um den Dom und die dicht gedrängten Warenlager Lübeck heran, das schon bei der Gründung Mitte des 12. Jahrhunderts zu einem wichtigen Ostseehafen geworden war, im 15. Jahrhundert ein größeres Zentrum des Hansebundes, das Beziehungen zu ganz Europa vom Mittelmeer bis nach Russland unterhielt.

Eine große europäische Stadt, die bereits im 14. Jahrhundert eine monumentale Anlagekonzeption aufwies, war Prag, die Hauptstadt des Heiligen Römischen Reiches in der zweiten Hälfte des 15. Jahrhunderts. Auch deswegen wurde sie durch außergewöhnliche Bau-Maßnahmen bereichert: die mächtige Brücke über die Moldau von 1357, die Teyn-Kirche von 1365, der Wenzelsplatz und den gotischen Sankt-Veits-Dom, eine erst im Jahre 1392 geschlossene Baustelle.

Im Allgemeinen lässt sich also festhalten, dass die städtebauliche Umwandlung in der Renaissance die Anpassung der europäischen Städte mit antiker und mittelalterlicher Anlage an eine neue repräsentative Ordnung verursachte, die vorhergehende Strukturen nicht umwarf. Das implizierte zumeist die Integration sowohl bedeutender profaner und sakraler Baukörper als auch breiter Straßen und weiträumiger Plätze.

Exemplarisch war unter diesem Gesichtspunkt die Schaffung des Platzes in der kleinen Stadt Vigevano im Herzogtum Mailand am Ende des 15. Jahrhunderts, des Vorläufers der aufwendigen Umbildung des mittelalterlichen Marktplatzes gegenüber der Markuskirche in Venedig. Noch bedeutender und berühmter waren die bekannten städtebaulichen Veränderungen, die Mitte des 15. Jahrhunderts in Rom durch Papst Nikolaus V. begonnen und dann über Jahrhunderte weitergeführt wurden.

Die ideellen Prinzipien der Renaissance im Bereich des Städtebaus und die im 15. und 16. Jahrhundert auftauchenden Bilder von Städten aus den Abhandlungen von Leon Battista Alberti, Filarete, Francesco di Giorgio Martini, Albrecht Dürer, Piero Cataneo und vielen anderen waren also nicht nur literarische Exerzitien ohne praktische Folgen. Jedoch für das Engagement, das sie animierte, aus der Stadt ein einheitliches Kunstgenre zu machen, ein *corpus* aus perfekter Regelmäßigkeit und geometrischer Symmetrie, hatten sie vor allem die Funktion eines imaginativen Stimulus. Zur selben Zeit öffneten sie Themen das Feld, die später bei der Ausarbeitung von Methoden zur Kontrolle des Wachstums der Städte angewandt wurden.

Bisher wurde die Zeit beleuchtet, in der sich die Architektur der Moderne zwischen Nord- und Südeuropa einerseits und zwischen Kontinuität um das Mittelmeer und Hinwendung zur Neuen Welt andererseits herausbildete. Da ich diese Bildungsphase aus Raumgründen auf der Ebene des Ideenaustauschs, der Kunstschöpfungen, der Techniken nicht genau beschreiben kann, bestimme ich hier nur ihre Herausbildung im Geflecht praktischer Gründe, Ideale und künstlerischer Kultur, die im Wesentlichen schon im Werk der beiden Protagonisten des architektonischen Humanismus augenfällig sind, nämlich Filippo Brunelleschis (1377–1446) und Leon Battista Albertis (1404–1472), deren Werk ich kurz im Geflecht zwischen einzelnen Großbaustellen und Städtebau herausarbeite, dem Leitmotiv meiner Ausführungen.

Der urbane Kontext, in dem die beiden humanistischen Renaissancearchitekten arbeiteten, hatte dominierende mittelalterliche Merkmale, dem sie mit der Einfügung neuer Bauwerke oder der Formulierung entgegengesetzter theoretischer Prinzipien nicht dialektisch entgegenwirkten. Diese Merkmale wurden sogar positiv als Bereiche angenommen, mit denen die eigenen Maßnahmen harmonierten. Das wurde für alle von Brunelleschi in Florenz verwirklichten Bauten festgestellt.[19]

Dieselbe Sorge zeigte Leon Battista Alberti bei der Behandlung des Themas Stadt in seinem Werk *De re aedificatoria*.[20] Er versuchte in der Tat nicht, unter diesem Aspekt neue städtische Modelle zu antizipieren, sondern richtete die Aufmerksamkeit auf die verschiedenen Dimensionen ihm bekannter Städte, wobei er zwischen der Form der Straßenzüge in den größeren und den kleineren Zentren unterschied. Insbesondere wies er bei den Ersten darauf hin, dass die breiten, geraden Straßenverläufe zu bevorzugen seien; bei den Zweiten, gewunden und eng, führte er daher klimatische Gründe an, Gründe der Verteidigung und der Wahrnehmung.

Seine ideale Stadt war die, in der er lebte, strukturiert nach dem Modell der Familie, ein Reflex der institutionell fixierten hierarchischen Differenzierungen. Unter ästhetischem Gesichtspunkt, daran wurde erinnert, war sie für ihn fast ein großes Haus, so wie die Wohnung eine kleine Stadt war. Außerdem stellte er sie nicht der ländlichen Umgebung gegenüber. Ihm schwebte auch keine beherrschende perspektivische Vision vor, sondern er bevorzugte eine kontinuierliche Integration zwischen geometrischen und harmonischen Werten und mittelalterlicher narrativer Qualität.[21] Ihre Schönheit hatte dieselbe Qualität von *concinnitas* wie die schöne Architektur, wie die harmonische Einheit ihrer Komponenten, in einem unauflöslichen Geflecht von Faktoren der Innovation und der Bewahrung der Tradition.

Dennoch ist es für die Darstellung des Entstehungsmoments der Modernität hier in erster Linie bedeutsam, dass es möglich ist, schon zwischen Brunelleschi und Leon Battista Alberti einen umfassenden Abstand in der Einstellung gegenüber der Architektur zu sehen, trotz des historiografisch bestätigten tiefen Gleichklangs der beiden Architekten in der Entwicklungsmethode des Projekts. Der Abstand hat seinen Ursprung in der theoretischen Bedeutung, die Alberti der einheitlichen Interpretation der Stadt gab, wobei er jene Vision der *Idealen Stadt* von Urbino antizipierte, die hier im Zeichen des Aufflackerns einer möglichen Neugründung der Welt bei den Renaissancekünstlern vorausgesetzt wird.

Filippo Brunelleschi dagegen war ausschließlich Künstler und ein außergewöhnlicher Baustellenmensch. Er verfügte damit über eine Kompetenz, in die er sein ganzes Wissen als Humanist und Erfinder von Maschinen für den Baubetrieb einbrachte. In seinem Werk wurde die Verbindung zwischen den Erfahrungen des gotischen Baustellenbetriebs und dem Erfindungsgeist der Renaissance in der Architektur auf humanistischen Grundlagen verwirklicht. Auf die Komplexität seines Beitrags wurde schon hingewiesen, die nicht auf die philologische Erforschung der klassischen Antike reduzierbar ist.

In lobpreisenden Begriffen, die auch sein ausgeprägtes Interesse für bauliche Belange hervorhoben, berichtete der Biograf Antonio Manetti, der ein Zeitgenosse war, von ihm.[22] Die Großartigkeit des von seinen Mitbürgern in Florenz in Bewegung gesetzten Unternehmens, der Abschluss des Doms Santa Maria del Fiore mit der Kuppel, fand in ihm, dem Erfinder eines neuartigen Systems von Baugerüsten und Baustellenmaschinen,[23] den genialen Meister. Unter Betonung der Vorstellung, dass Brunelleschi antike Geheimnisse wiedergewonnen habe, hinterließ uns Manetti Notizen über die Betrachtungen, die er zusammen mit Donatello anstellte, während er sich zwischen römischen Ruinen umtat und beide die Bauwerke vermaßen, doch „ohne je die Augen auf die Architektur zu öffnen". Brunelleschi, der auf seine eigenen intellektuellen Kenntnisse bedacht war, sann schweigend darauf, „die Weise der hervorragenden Maurer von großer Kunstfertigkeit der Alten und ihre musikalischen Proportionen wiederzufinden".[24] Heute jedoch wissen wir mit Sicherheit, dass er als Protagonist von „Erfindungen, die dem Meister gehören", wahrhaft Erbe sowohl der formalen und statischen Strukturierung der römischen Bauwerke als auch der Weisheit und der Planungsmethode der gotischen Baustellen war. Leon Battista Alberti war hingegen nur ein Meister der „Regeln".[25]

In Brunelleschi fand eine mittelalterliche Bautradition ihre bewusste und geniale Fortsetzung, die es gewohnt war, Bauwerke von großen Dimensionen anzupacken. Bei allen Problemen, die das Bauwerk bei der Errichtung mit sich brachte, beruhte seine Methode auf empirischen Maßnahmen, die nicht „als Wissenschaft klassifizierbar sind, da die Intuition von einer Sache nicht die Fähigkeit impliziert, sie zu messen".[26] Als faszinierender humanistischer Baumeister war Brunelleschi ein genialer Träger komplementärer Kompetenzen, die selten ein Mensch allein gleichzeitig zu übernehmen und zu praktizieren in der Lage ist.

Jüngere Untersuchungen und Restaurierungen an Bau und Gemälden der Kuppel von Santa Maria del Fiore erbrachten für uns eine vertiefte Kenntnis des Talents Filippo Brunelleschis. Der Gotik, die seine Mitbürger noch bewunderten, erwies der Architekt hier eine letzte Hommage, indem er die Bewegung der Kuppel zum Spitzbogen wieder aufnahm, die deutlich schon im Fresko vom Tri-

umph der Kirche von Andrea Bonaiuti aus den Jahren 1365 bis 1367 umrissen war, das sich im Kapitelsaal, dem Cappellone degli Spagnoli, von Santa Maria Novella zu Florenz befindet.

In Kontinuität mit den gotischen *magistri* verwendete Brunelleschi zudem als grundlegendes Instrument der eigenen Planung das maßstabsgetreue Modell, an dem auch Leon Battista Alberti in seiner Abhandlung *De re aedificatoria* explizit die Funktion eines Enthüllungsinstruments der *firmitas* erkannte, jener Stabilität, die Thema grundlegender, wenn nicht hauptsächlicher Forschungen der Erbauer der Kathedralen gewesen war.[27]

Die beiden Renaissancearchitekten eigneten sich also die mittelalterliche Methodik an, wobei sie jedoch durchsetzten, dass die *firmitas* Vitruvs „in den eisernen Gesetzen der Theorie der Proportionen eingekerkert" wurde.[28] Es handelte sich um eine Entscheidung, die offenbar bei der Errichtung der Kuppel von Santa Maria del Fiore keinen Einfluss hatte, doch sicher sowohl bei allen anderen Projekten Brunelleschis als auch bei denjenigen Leon Battista Albertis akzeptiert wurde, dem insbesondere die theoretisch begründete prinzipielle Verknüpfung von *firmitas* und Proportionensystem zu verdanken ist.

Erst viel später, ab dem 17. Jahrhundert mit Galileo Galilei, sollte diese im Wesentlichen irrige Wissenschaft der Renaissance von den Proportionen überwunden werden, die geometrische Perfektion, Stabilität und die Annahme eines festen Verhaltens der Materialien zu einer Einheit verschweißte.[29]

Im Doppelspiel von prozeduraler Kontinuität der gotischen Planung und der Differenzierung der umfassenden Haltung gegenüber der Architektur, das bei Filippo Brunelleschi früher als bei Leon Battista Alberti augenfällig ist, konsolidierte sich mit einem Ruck das neue Sozialstatut der Renaissancearchitektur, die sich zum Rang einer *ars liberalis* von der vorangegangenen *ars mechanica* aus erhoben hatte.

In jüngerer Zeit erschienen jedoch Streitschriften, in denen der Verdienst Albertis, diese Entwicklung maßgeblich mitinitiiert zu haben, in Frage gestellt wurde. Für manche ist Alberti tatsächlich schon *freier* Künstler, Zeuge einer freien Wahl künstlerischer Kultur, die sich zuvor in Brunelleschi gezeigt hatte; für andere dagegen ist er eher eine Gestalt des Übergangs zwischen den beiden Epochen, vom Mittelalter zur Moderne. Zur Unterstützung der ersten Interpretation hob Thoenes den Umstand hervor, dass „der neue Begriff des Künstlers als eines freien, selbständig schöpferischen Individuums" in Alberti auf mehreren Ebenen tatsächlich zum ersten Mal luzide in Erscheinung getreten sei.

An erster Stelle wurde in ihm die neue Position des Architekten gegenüber der Auftraggeberschaft deutlich, denn von diesem Augenblick an wird das Werk als Ergebnis des Talents des Architekten begriffen, in praktisch ausschließlichen Begriffen als Schöpfung seines Ingeniums. Überdies festigte Alberti endgültig die Beziehung zwischen Individuum und Renaissancegesellschaft, bei der das Individuum eine überlegene Führungsaufgabe über die Gesellschaft erwarb. Dies hatte in der Architektur immer eine große Bedeutung, da großdimensionale und komplexe Bauwerke, soweit es sich um Repräsentativbauten politischer Institutionen und gesellschaftlicher Verbände handelte, tatsächlich herausragende Zeichen des Willens und gesellschaftlichen Ausdrucks ihrer Werte darstellen.

Auch in diesem Zusammenhang beanspruchte Alberti nach Thoenes den Primat des Künstlerarchitekten in Hinsicht auf die Ausdrucksintentionen der Gesellschaft. Denn er bezeichnete die absolute Treue seitens ihrer Vertreter gegenüber den Ideen des ersten Planers eines Werkes mit Blick auf diejenigen, die an seiner Weiterentwicklung arbeiteten, als unerlässliches Gebot. Tatsächlich erklärte Alberti peremptorisch: „Ich glaube, dass man den Intentionen der Schöpfer treu bleiben muss, welche eine bestimmte Frucht reifer Reflexion waren."

Im Übrigen, führte Thoenes weiter aus, mahnte der gebildete Humanist bei den Architekten die Verantwortung an, sich auf keine Unternehmungen einzulassen, „die zum Ende zu bringen dir dann die Kraft fehlt", wobei er auf diese Weise auf die Notwendigkeit einer entschiedenen „Zurückweisung einer Aufgabe" hinwies, „die das 15. Jahrhundert aus der Zeit der Stadtrepubliken ererbt hatte: die Kathedralen, verstanden als Frucht des Werkes verschiedener Generationen." Vielleicht riet Alberti, wie bekannt, deswegen Papst Nikolaus V. davon ab, die Instandsetzung der Basilika von Sankt Peter zu beginnen? Auf jeden Fall ist es die Geschichte dieser „Kathedrale der Renaissance", die die unvermeidlichen Konflikte zwischen dem Alberti'schen Künstlerarchitekten und einem Bau herausstellt, der tatsächlich „die menschlichen Kräfte zu übersteigen" schien.[30]

Beim Übergang von der konkreten Rationalität in der Organisation und Bauweise der imposanten gotischen Baustelle zum harmonischen Maß der Glieder der Architektur, das die Voraussetzung für die einheitliche Konzeption der idealen Stadt bildet, hatten die Architekten nicht den Erkenntniszuwachs als einziges Ziel beim Bauen. Vielmehr verlagerten sie ihr Ziel. Beim gedanklichen Übergang von der Baustelle eines Großbauwerks zum Städtebau erahnten sie die Möglichkeit eines neuen Blicks, einer anderen imaginativen Erfahrung.

Mit ihrer idealen Stadt zeigte sich tatsächlich die erste Idealisierung des Wohnens und der erste Hinweis auf eine Planungsmentalität, die danach strebt, über die Architektur hinauszugehen, hin zur Gesellschaft.

ANMERKUNGEN UND BIBLIOGRAFIEN

DIE BYZANTINISCHE FRÜHRENAISSANCE
(13.–15. JAHRHUNDERT)

1 Zu dieser Renaissance siehe u.a. K. Weitzmann, *Geistige Grundlagen und Wesen der Makedonischen Renaissance*, Köln und Opladen 1963; ders., *The Joshua Roll. A Work of the Macedonian Renaissance*, Princeton 1948; H. Buchthal, *The Miniatures of the Paris Psalter. A Study in Middle-Byzantine Painting*, London 1938.

2 Zu dieser Kirche siehe S. Radojčić, *Mileševa*, Belgrad 1963.

3 Vgl. ders., Tafel XXIII; T. Velmans, *Le rayonnement byzantin*, Paris 1999 (dt. *Byzanz*, Kap. V, Tafel 77).

4 Vgl. S. Radojčić, Tafel XLVII.

5 Vgl. ebd., Tafel XIX.

6 Siehe zum Beispiel den Kopf des Apostels Andreas (vgl. dazu P. Romanelli, Per Jonas Nordhagen, *Santa Maria Antiqua*, Rom 1964, Tafel IV).

7 Vgl. S. Radojčić, *Mileševa*, Tafel XX.

8 Eine übersichtliche Einführung zu diesen Fresken gibt V. Djurić, *Pečka patriarchia*, Belgrad 1990.

9 Vgl. ebd., Abb. 24; siehe auch T. Velmans, *Le rayonnement byzantin*, Kap. V, Abb. 158.

10 Vgl. V. Djurić, *Pečka patriarchia*, Abb. 22. Diese Darstellung Christi habe ich bereits anderswo beschrieben, aber die Ähnlichkeit, auf die ich weiter unten verweise, lässt sich nur in farbigen Vergrößerungen seines Gesichts gut erkennen.

11 P. Romanelli, P.J. Nordhagen, *Santa Maria Antiqua*, Tafel 35.

12 Vgl. D. Talbot-Rice, *The Church of Haghia Sophia at Trebizond*, Edinburgh 1968, Tafel III und die Zeichnung S. 113.

13 Vgl. ebd., Tafel I.

14 Vgl. ebd., Tafeln IV und VI.

15 Vgl. ebd., Tafel VIII; T. Velmans, *Le rayonnement ...*, Kap. V, Abb. 160f.

16 Vgl. V. Djurić, *Sopoćani*, Belgrad 1963, Tafeln V, VI.

17 Das trifft überall zu, aber der Kopf des Apostels Johannes ist ein gutes Beispiel (vgl. V. Djurić, Tafel XLIII).

18 Vgl. ebd., Tafel XV, genauer: Der Apostel Jakobus.

19 Vgl. ebd., Tafeln XVII–XLI.

20 Diese Sinnlichkeit zeigt insbesondere der Engel hinter der Seele Marias (vgl. V. Djurić, Tafel XXXIII). Zur Dreifaltigkeitskirche von Sopoćani siehe auch: T. Velmans, *Le rayonnement byzantin*, S. 188–192 und die Tafeln 164–168 in Kap. V).

21 Viele Bildreproduktionen bei G. Millet und A. Frolow, *La peinture murale en Yougoslavie*, Bd. 2, Paris 1957, Tafeln 49ff.

22 Vgl. K. Orlandos, Ἡ Παρηγορητίσσα τῆς Ἄρτης, Athen 1963.

23 Zu diesen Fresken vgl. P. Miljković-Pepek, *Deloto na zografite Mikhailo i Eutikhije*, Skopje 1967.

24 Ich denke dabei besonders an die Heiligen Cosmas, Damianus Panteleimon und Philippus (vgl. M. Millet und A. Frolow, *Yougoslavie*, Bd. 3, Tafel 18, Abb. 1–4).

25 Vgl. T. Velmans, *Le rayonnement ...*, Abb. 175–177.

26 Über die strukturelle Gestaltung des Raums in der byzantinischen Malerei siehe: T. Velmans, Le rôle du décor architectural et la représentation de l'espace dans la peinture des Paléologues. In: *Cah. Arch.*, 14, 1964, S. 183–216.

27 Zu den Fresken in Kariye Camii und ihre Datierung vgl. P. Underwood, *The Kariye Djami*, Bde. 1–3, New York 1966.

28 Vgl. P. Underwood, *The Kariye Djami*, Bd. 3, Abb. S. 340–351.

29 Vgl. ders., Band 2, Abb. S. 230f.

30 Vgl. ders., Band 2, Abb. S. 239.

31 Vgl. ders., Band 2, Abb. S. 155.

32 Vgl. ders., Band 3, Abb. S. 411.

33 Vgl. ders., Band 2, Abb. S. 18.

34 Vgl. ders., Band 2, Abb. S. 155.

35 Vgl. ders., Band 2, Abb. S. 104.

36 D. Simić-Lazar, Observations sur le rapport entre les décors de Kalenic, de Kahrié Djami et de Curtea de Arges. In: *Cah.Arch.*, 34, 1990, S. 143–160.

37 Vgl. T. Velmans, Deux décors du XIVe siècle en Géorgie et les courants constantinopolitains. Les peintures d'Ubisi et de Sori. In: *Zograf*, 22, S. 87–94.

38 D. Mouriki, Stylistic Trends in Monumental Painting of Greece at the Beginning of the Fourteenth Century. In: *L'art byzantin au début du XIVe siècle*. Symposium in Gračanica 1973, Belgrad 1978, S. 58–59.

39 A. Xyngopoulos, *L'église des Saint-Apôtres* (griechisch); D. Mouriki, Stylistic Trends ..., S. 62 mit einer ausführlichen Bibliographie.

40 Vgl. A. Xyngopoulos, *Les peintures de Saint-Nicolas Orphanos* (griechisch), Athen 1964; T. Velmans, Les fresques de Saint-Nicolas Orphanos à Salonique et les rapports entre la peinture d'icônes et la décoration monumentale au XIVe siècle. In: *Cah. Arch.*, 16, 1966, S. 145ff.

41 Vgl. S. Pélékanidis, *Kaliergis* (griechisch), Athen 1973.

42 Das betrifft nicht nur den Freskenschmuck von Kariye Camii, sondern auch die – sehr fragmentarischen – Fresken in einigen anderen Kirchen von Konstantinopel, z.B. Tebiye Camii, und auch die in der Hauptstadt gemalten Ikonen und Miniaturen.

43 Vgl. G. Millet, *Les monuments byzantins de Mistra*, Paris 1910, Abb. 97,2, 98, 99.

44 Vgl. M. Chatzidakis, *Mistra*, Athen 1981, Abb. 47 und 50.

45 Vgl. ebd., Abb. 52.

46 Vgl. ebd., Abb. 63.

47 Diesbezüglich vgl. M. Chatzidakis, *Mistra*, Abb. 65 und 67.

48 Der Bilderschmuck dieser Kirchen ist beschrieben bei P. Miljković-Pepek, *Deloto na zografite Mikhailo i Eutikhij*, Skopje 1967 und H. Hallensleben, *Die Malerschule des Königs Milutin*, Gießen 1963.

49 Vgl. B. Todić, *Staro Nagoričino*, Belgrad 1988, Abb. 63–65.

50 Vgl. ebd., Abb. 92–94.

51 Siehe B. Todić, *Gračanica*, Belgrad 1988, Abb. 99.

52 G. Millet, *Monuments de l'Athos. Les peintures*, Paris 1927, Abb. 59–80.

53 A. Grabar, *La peinture religieuse en Bulgarie*, Paris 1928, S. 106–130.

54 ders., Les fresques d'Ivanova et l'art des Paléologues. In: *L'art de la fin de l'Antiquité et du Moyen Age*, Paris 1960, Bd. 2, S. 841ff.

55 T. Velmans, L'infiltration occidentale dans la peinture byzantine au XIVe siècle et au début du XVe siècle. In: T. Velmans, *Byzance, les Slaves et l'Occident*, London 2001, S. 376ff. (Sammelband).

56 Zur Beschreibung der Fresken siehe S. Tomić, und R. Nicolić, *Manasija*, Belgrad 1964.

57 T. Velmans, *Le rayonnement ...*, S. 300, Abb. 259.

58 Vgl. ebd., S. 301, Abb. 261, 262.

59 D. Simić-Lazar, *Kalenić et la dernière période de la peinture byzantine*, Skopje 1995.

60 Vgl. ebd., Tafeln XXXVI, XXIX, XXIII.

61 V. Lazarev, *Old Russian Murals*, London 1966, S. 132ff., 255f.

62 T. Velmans, *Le rayonnement ...*, Abb. 251.

63 V. Lazarew, *Old Russian Murals*, S. 134, 140–142.

64 Die Beschreibung sämtlicher Fresken in: ebd., S. 156ff.

65 Vgl. T. Velmans, *Le rayonnement ...*, Abb. 256.

66 Vgl. G. Vzdornow, *Freski Teofana Greca v cerkvi Spasa Preobraženija v Novgorode*, Moskau 1976, Abb. 135.

67 T. Velmans, *Le rayonnement ...*, S. 298 mit weiterführender Bibliografie.

68 V. Lazarew, *Old Russian Murals*, S. 183–185.

69 Heute befindet sich diese Ikonostase in der Galerie Tretjakow (vgl. V. Lazarew, *Les icônes de Moscou*, Abb. 30–35).

70 Ebd., Abb. 39.

71 Ebd., Abb. 35–38.

72 Vgl. T. Velmans, *Le rayonnement ...*, S. 104ff., Abb. 89.

73 Dieser Text Kyrils von Jerusalem wurde schon im 12., vor allem aber im 15. Jahrhundert von Niketos Choniates kommentiert (vgl. P. Migne, *PG*, Bd. 140, Blatt 165 D, 168 A, 164 B).

74 H.J. Schulz, *Sofia. Die byzantinische Liturgie. Vom Werden ihrer Symbolgestalt*, Freiburg im Breisgau

1964, S. 176. Zu diesem ikonografischen Thema siehe auch G. Babić, Les discussions christologiques et le décor des églises byzantines au XIIe siècle. Les évêques officiant devant l'Hétimasie et devant l'Amnos. In: *Frühmittelalterliche Studien*, II, Berlin 1968, S. 368–386.

75 L. Hadermann-Misguich, *Kurbinovo*, Brüssel 1975, S. 67ff., Abb. 21.

76 Zu diesem Bild siehe H. Belting, An Image and its Function in the Liturgy: The Man of Sorrows in Byzantium. In: *DOP*, 34–35, 1980–1981, S. 1–16; ders., *Das Bild und sein Publikum im Mittelalter*, Berlin 1981.

77 A. Grabar, *La peinture religieuse*, S. 256ff.

78 T. Velmans, *Le rayonnement ...*, S. 290–293.

79 G. Barnert, *Les commentaires byzantins de la Divine liturgie du VIIe au XVe siècle*, Paris 1966, S. 177.

80 G. Babic, Liturgijske teme na freskama u Bogorodicnoj crkvi u peci. In: *L'archevêque Danilo II et son époque*, Belgrad 1991, S. 377ff.

81 T. Velmans, *Le rayonnement ...*, S. 291ff.

82 Ebd., S. 267ff.

83 Vgl. R.S.E. Mercenier, *La prière des églises de rite byzantin*, Chevtogne 1953, S. 244.

84 Diese Szene ist sehr schön festgehalten bei B. Živković, *Sopoćani* (Zeichnungen), Belgrad 1984, S. 20.

85 Bei B. Živković (S. 22) ist ein besonders gelungenes Schema dieses Freskos in Sopoćani zu finden, das die Auferstehung der Toten in Byzanz mit den Auferstandenen in ihren Särgen und den Engeln zeigt, die den besiegten Satan umkreisen.

86 L. Hadermann-Misguich, *Kurbinovo*, Abb. 116–119.

87 P. Underwood, *The Kariye Djami*, S. 38f.

88 Vgl. R.S.E. Mercenier, *La prière ...*, Bd. I, 2, S. 244.

89 Diese Darstellung Christi als Ausdruck der Weisheit Gottes geht auf die Sprüche Salomons zurück, besonders Spr. 9, 1–6.

90 Siehe die Bildwiedergabe bei R. Hamann-Mac Lean und H. Hallensleben, *Die Monumentmalerei in Serbien und Makedonien*, Gießen 1963, Tafel 179.

91 Vgl. R.S.E. Mercenier, *La prière ...*, Bd. II, 1, S. 206.

92 Vgl. P. Migne, *PG*, Bd. 36, Blatt 624 AB.

93 Vgl. R.S.E. Mercenier, *La prière ...*, Bd. II, 2, S. 269, 271.

94 Ders., Bd. II, 1, S. 186.

95 Bildwiedergabe in: T. Velmans, *Le rayonnement ...*, Kap. VI, Abb. 99.

96 Der Bildzyklus ist dargestellt bei M. Millet und A. Frolow, *Yougoslavie*, Abb. 12ff.

97 Vgl. R.S.E. Mercenier, *La prière ...*, Bd. II, S. 81–98 und II, 1, S. 82, 149.

98 Kopien der erwähnten vorausdeutenden Darstellungen und einige andere Bildreproduktionen bei P. Underwood, *The Kariye Djami*, Bd. 3, S. 450ff.

99 Bilder aus dieser „Empfangsszene" in: T. Velmans, *La peinture byzantine à la fin du Moyen Age*, Paris 1978, Abb. 44, 45.

100 E. Wellesz, The „Akathistos". A Study in Byzantine Hymnography. In: *DOP* IX–X, 1956, S. 141–174; T. Velmans, Une illustration inédite de l'Acathiste et l'iconographie des hymnes liturgiques à Byzance. In: *Byzance, les Slaves et l'Occident*, S. 1–59.

101 Vgl. diess., L'iconographie de la „Fontaine de Vie" dans la tradition byzantine à la fin du Moyen Age. In: *Byzance, les Slaves et l'Occident*, S. 60ff. Das Kind in der Wanne ist ein gängiges Motiv. Es findet sich beispielsweise im Brontochionkloster in Mistra und anderswo (vgl. ebd., Abb. 8, 11).

102 Zum Beispiel auch in der Hagii Theodori, ebenfalls in Mistra (vgl. E. Wellesz, The „Akathistos". ..., Abb. 7).

103 Abgebildet in V. Antonova, N. Mneva, *Katalog drevnerusskoi zivopisi*, Moskau 1963, Tafel 9.

104 Nachdruck in N. Salko, *Early Russian Painting*, Leningrad 1982, Abb. 149–151.

105 C. Tischendorf, *Evangelia apocrypha*, Leipzig 1853, S. 262, 283, 292.

106 Vgl. R.S.E. Mercenier, *La prière ...*, Bd. II, S. 227ff.

107 Reproduktion in: T. Velmans, *Le rayonnement ...*, Kap. IV, Abb. 56.

108 Nachdruck in: S. Radojčić, *Mileševa*, Abb. XX.

109 Nachdruck in: T. Velmans, *La peinture ...*, Abb. 107.

110 Ebd., Abb. 111.

111 Nachdruck in: *Frühe Ikonen*, ein Sammelband, Kap. M. Chatzidakis, Abb. 67.

112 Vgl. ebd., Kap. Mijatev, Abb. 102–105.

113 D. Talbot-Rice, *Art byzantin*, Brüssel 1959, Tafel XXXIX.

114 Nachdruck in: T. Velmans, *La peinture ...*, Abb. 7, 8.

115 Nachdruck und Kommentar in: T. Velmans, La chronique illustrée de Constantin Manassès. Particularités de l'iconographie et du style. In: *Cah. Arch.* 34, 1986, S. 161–188, Abb. 13. Der Beitrag ist nachgedruckt in: *Byzance, les Slaves et l'Occident*, S. 175ff.

116 G. Millet, *La Dalmatique du Vatican*, Paris 1945, passim.

117 Bildwiedergabe in D. Talbot-Rice, *Art byzantin*, Abb. 62, 63.

DIE MUDÉJARARCHITEKTUR IN SPANIEN

1 Zur mudéjaren Kunst wurden zahlreiche Arbeiten veröffentlicht, darunter bibliografische Übersichten, wie die von Ana Reyes Pacios Lozano verfasste *Bibliografía de arquitectura y techumbres mudéjares, 1857–1991* (Teruel, Instituto de Estudios Turolenses, 1993). Ebenso: Bibliografía de Arte Mudéjar. Addenda (1992–1995) (in: *Sharq al-Andalus*, 12 [1995], S. 613–630). Sodann stellen die in Teruel stattfindenden „Simposios Internacionales de Mudejarismo" eine wichtige Referenz dar. Zwischen 1982 und 1999 sind sieben Tagungsbände durch das Centro de Estudios Mudéjares herausgegeben worden. Einige grundlegende Titel: López Guzmán, Rafael, *Arquitectura Mudéjar: Del sincretismo medieval a las alternativas Hispanoamericanas* (Madrid, Cátedra, 2000) und die Arbeiten von Borrás Gualis, G., El mudéjar como constante artística (in: *Actas del I. Simposio Internacional de Mudejarismo*. Teruel, Diputación Provincial, 1981), *El arte Mudéjar* (Teruel, Instituto de Estudios Turolenses, 1990), El arte mudéjar: estado actual de la cuestión (in: Henares Cuéllar, I. und López Guzmán, R., Hrsg., *Mudéjar Iberoamericano: una expresión cultural de dos mundos*. Granada, Universidad, 1992, S. 9–19). Ein Standardwerk ist: Borrás Gualis, G., Hrsg., *El Arte Mudéjar* (Zaragoza, UNESCO 1996). Weitere Arbeiten sind: Pérez Higuera, María Teresa, *Mudejarismo en la Baja Edad Media* (Madrid, La Muralla, 1987) und Díez Jorge, Elena, *El Arte Mudéjar expresión estética de una convivencia* (Granada, Universidad 2001), Morales Martínez, Alfredo, El Arte Mudéjar como síntesis de culturas (in: AA.VV., *Mudéjar Iberoamericano: Del Islam al Nuevo Mundo*. Madrid, Lunwerg 1995, S. 59–65). Ein Klassiker ist die Arbeit von Torres Balbás, Leopoldo, *Arte Almohade. Arte Nazarí. Arte Mudéjar* (Ars Hispaniae, Band IV, Madrid, Plus Ultra, 1949).

2 Zum Mudéjarstil in Kastilien und León vgl.: AA.VV., *Historia del Arte de Castilla y León. Arte Mudéjar* (Valladolid, Ámbito, 1996), Valdés Fernández, Manuel, *Arquitectura Mudéjar en León y Castilla* (León, Institución Fray Bernardino de Sahagún, 1981), Pérez Higuera, María Teresa, *Arquitectura Mudéjar en Castilla y León* (Valladolid, Junta de Castilla y León 1993), Gutiérrez Robledo, José Luis, *Sobre el Mudéjar en la Provincia de Ávila* (Ávila, Fundación Cultural Santa Teresa, 2001), García de Figuerola, María Belén, *Techumbres Mudéjares en la provincia de Salamanca* (Salamanca, Diputación 1996) und Lavado paradinas, Pedro J., *Carpintería y otros elementos típicamente mudéjares en la provincia de Palencia, partido judicial de Astudillo, Baltanás y palencia* (Palencia, Publicaciones de la Institución Tello Téllez de Meneses – C.S.I.C., Nr. 38, 1977).

3 Ein Werk, das nach kulturellen Zentren geordnet ist, vgl.: Pérez Higuera, María Teresa, *Arquitectura Mudéjar en Castilla y León* (Valladolid, Junta de Castilla y León, 1993).

4 Die genauesten Untersuchungen zur mudéjaren Kunst in Tierra de Campos stammen von Pedro J. Lavado Paradinas, darunter: La Carpintería mudéjar en la Tierra de Campos (in: AA.VV., *II. Simposio Internacional de Mudejarismo: Arte*. Teruel, Instituto de Estudios Turolenses, 1982, S. 189–201), Los materiales del arte mudéjar castellano (Tierra de Campos) (in: AA.VV., *III. Simposio Internacional de Mudejarismo*. Teruel, Instituto de Estudios Turolenses, 1984, S. 529–545) und Typología y análisis de la arquitectura mudéjar en Tierra de Campos (in: *Al-Andalus*, Band 43, 1978, S. 427–545).

5 Zur höfischen Mudéjararchitektur in Kastilien und León vgl.: Pérez-Higuera, María Teresa: El mudéjar, una opción artística en la Corte de Castilla y León (in: *Historia del Arte de Castilla y León. Arte Mudéjar*, Valladolid, Ámbito, 1996) und El primer mudéjar castellano: casas y palacios (in: Navaro Palazón, J., Hrsg.: *Casas y Palacios de al-Andalus*. Madrid, Lunwerg, 1995, S. 303–314). Siehe auch Lavado Paradinas, Pedro J. El palacio mudéjar de Astudillo (in: *II. Congreso de Historia de Palencia*. Palencia, Diputación 1990, S. 579–599).

6 Die Bibliografie zum Mudéjarstil in Toledo ist sehr umfangreich. An erster Stelle sind die Arbeiten von Delgado Valero, Clara zu nennen: *Toledo Islámico: Ciudad, arte de Historia* (Toledo, Caja de Toledo, 1987), El mudéjar, una constante en Toledo entre los siglos XII y XV (in: Henares Cuéllar, I. und López Guzmán, R., Hrsg.: *Mudéjar Iberoamericano. Una expresión cultural de dos mundos*. Granada, Universidad 1993, S. 79–107), El mudéjar toledano y su área de influencia (in: AA.VV., *Mudéjar Iberoamericano. Del Islam al Nuevo Mundo*. Madrid, Lunwerg, 1995, S. 111–126). Interessant ferner: Pavon Maldonado, Basilio: *Arte Toledano: islámico y mudéjar* (Madrid, Instituto Hispano-Árabe de Cultura, 1988) und Izquierdo Benito, Ricardo: *Un espacio desordenado: Toledo a fines de la Edad Media* (Toledo, Universidad de Castilla – La Mancha, 1996).

7 Vgl. Martínez Caviró, Balbina: *Mudéjar Toledano. Palacios y Conventos* (Madrid, Vocal Artes Gráficas, 1980) und *Conventos de Toledo* (Madrid, El Viso, 1990).

8 Die Kirchen von Toledo werden in folgenden Monografien behandelt: Abad Castro, María Concepción: *Arquitectura mudéjar religiosa en el arzobispado de Toledo* (Toledo, Caja de Ahorro de Toledo, 1991) und: AA.VV., *Arquitecturas de Toledo. Del Romano al Gótico* (Toledo, Junta de Comunidades de Castilla – La Mancha, 1991).

9 Zum Mudéjarstil in Andalusien vgl.: Fraga González, María del Carmen: *Arquitectura Mudéjar en la Baja Andalucía* (Santa Cruz de Tenerife, Gráicas Tenerife, 1977), Hernández Núñez, Juan Carlos und Martínez Montiel, Luis: Arquitectura Mudéjar en Ancalucía Occidental (in: *El Mudéjar Iberoamericano. Del Islam al Nuevo Mundo*, S. 169–177, Madrid, Lunwerg, 1995), Morales Martínez, Alfredo J.: Arte Mudéjar en Andalucía (in: Borrás Gualis, G., Hrsg.: *El Arte Mudéjar. Za

ragoza, UNESCO 1996, S. 119–136) und López Guzmán, Rafael: El Arte Mudéjar (in: AA.VV., *Aportaciones Andaluzas a la Historia del Arte*. Sevilla, Ediciones Tartessos, 2000, S. 156–183).

10 Die beiden interessantesten Arbeiten zur Erforschung der spätmittelalterlichen Baukunst in Córdoba sind: Jordano Barbudo, María de los Ángeles: *Arquitectura medieval cristiana en Córdoba* (Córdoba, Universidad 1996) und Escobar Camacho, José Manuel: *Córdoba en la Baja Edad Media. Evolución urbana de la ciudad* (Córdoba, Caja de Ahorros de Córdoba, 1989).

11 Sevilla ist Gegenstand einer der ersten Arbeiten zum Mudéjarstil: Ángulo Iníguez, Diego*: Arquitectura Mudéjar Sevillana de los siglos XIII, XIV y XV* (Sevilla 1932, Neuauflage Sevilla, Ayuntamiento, 1983). Außerdem: Morales Martínez, Alfredo J.: Los inicios de la arquitectura mudéjar en Sevilla (in: *Metrópolis Totius Hispaniae. 750 aniversario de la incorporación de Sevilla a la Corona Castellana,* Sevilla, Ayuntamiento, 1999, S. 91–106) und Duclós Bautista, Guillermo: *Carpintería de lo blanco en la arquitectura religiosa de Sevilla* (Sevilla, Diputación 1993).

12 Vgl. Martínez Valero, María de los Ángeles: *La iglesia de Santa Ana de Sevilla* (Sevilla, Diputación 1991).

13 Vgl. Gómez Ramos, Rafael: *La iglesia de Santa Marina de Sevilla* (Sevilla, Diputación 1993).

14 Vgl. Sánchez Saus, Rafael: aspectos de la religiosidad urbana bajomedieval: Las fundaciones funerarias de la aristocracia sevillana (in: *Actas del VI. Coloquio Internacional de Historia Medieval de Andalucía.* Málaga, Universidad 1991, S. 299–311).

15 Zu den Klöstern Sevillas vgl.: Valdivieso González, Enrique und Morales Martínez, Alfredo: *Sevilla oculta: monasterios y conventos de clausura* (Sevilla, Guadalquivir, 1991).

16 Die Wiederentdeckung der Bedeutung dieses Palasts ist folgender Arbeit zu verdanken: Almagro, Antonio: El Patio del Crucero de los Reales Alcázares de Sevilla (in: *Al-Qantara,* Band XX, S. 331–376).

17 Unter den Arbeiten zum Palast König Pedros sind hervorzuheben: González Ramírez, María Isabel: *El trazado geométrico en la ornamentación del Alcázar de Sevilla* (Sevilla, Universidad 1995); Gómez Ramos, Rafael: *El Alcázar del Rey don Pedro* (Sevilla, Diputación 1996); Hernández Núñez, Juan Carlos und Morales, Alfredo J.: *El Real Alcázar de Sevilla* (London, Scala Publishers Ltd., 1999); Marín Fidalgo, Ana: *El Alcázar de Sevilla bajo los Austrias* (Sevilla, Guadalquivir, 1990); Morales, A. und Serrera, J.M.: Obras en los Reales Alcázares de Sevilla en tiempo de los Reyes Católicos (in: *Laboratorio de Arte,* 12 [1999], S. 57–65).

18 Die Bibliografie zum aragonesischen Mudéjarstil ist sehr umfangreich. An erster Stelle zu nennen sind die Arbeiten von Borrás Gualis, Gonzalo: *Arte mudéjar aragonés.* Zaragoza, Guara 1978, und unter dem gleichen Titel *Arte Mudéjar Aragonés* (Zaragoza, Caja de Ahorros y Monte de Piedad de Zaragoza, Aragón y Rioja, 1985). Zur Keramik: Álvaro Zamora, María Isabel: *Cerámica aragonesa I* (Zaragoza, Librería General, 1976). Weitere Pionierarbeiten sind: Galiay Sarañana, José: *Arte mudéjar aragonés* (Zaragoza, Institución „Fernando el Católico" [C.S.I.C.] 1950) und Torres Balbás, Leopoldo: La arquitectura mudéjar en Aragón. Las iglesias de Daroca (in: *Archivo Español de Arte,* 99 (1952), S. 209–221).

19 Zu den mudéjaren Türmen vgl.: Iñiguez Almech, Francisco: Torres Mudéjares aragonesas. Notas de sus estructuras primitivas y de su evolución (in: *Archivo Español de Arte y Arqueología,* 39 [1937], S. 173–189); Borrás Gualis, Gonzalo: *Huesca, Teruel y Zaragoza desde sus torres* (Zaragoza, Caja de Ahorros de la In-

maculada, 1987); und Sanmiguel Mateo, Agustín: *Torres de ascendencia islámica en las comarcas de Calatayud y Daroca* (Zaragoza, Institución Fernando el Católico, 1998).

20 Vgl. Rincón García, Wilfredo: El Mudéjar y la Orden del Santo Sepulcro en Aragón (in: AA.VV., *El Arte y las Ordenes Militares,* Cáccres, Comité Español de Historia del Arte, 1985, S. 247–254).

21 Zum Mudéjarstil in Teruel vgl.: AA,VV. *El Mudéjar de Teruel, Patrimonio de la Humanidad.* (Teruel, Instituto de Estudios Turolenses, 1989); und Borrás Gualis, Gonzalo: *El arte mudéjar en Teruel y su provincia* (Teruel, Instituto de Estudios Turolenses, 1988).

22 Die Bedeutung des Daches der Kathedrale von Teruel hat eine umfangreiche und kontroverse Literatur hervorgebracht. Zu den interessanteren und systematischeren Arbeiten zählen: Rabanaque Martín, Emilio/Novella Mateo, Angel/Sebastian López, Santiago/Yarza Luaces, Joaquín: *El artesonado de la catedral de Teruel* (Zaragoza, Caja de Ahorros de Zaragoza, Aragón y Rioja, 1981); und Borrás Gualis, Gonzalo et al.: *La Techumbre de la Catedral de Teruel. Restauración* (Zaragoza, Diputación General de Aragón, 1999).

23 Vgl.: AA.VV., *La Seo de Zaragoza* (Zaragoza, Diputación General de Aragón, 1998).

24 Zur Aljafería gibt es reichlich Literatur. Nach den unlängst ausgeführten Restaurationsarbeiten ist ein Band erschienen, der die bisherigen Erkenntnisse zusammenfasst: AA.VV., *La Aljafería* (Zaragoza, Cortes de Aragón, 1998).

DER WIDERHALL DER FLÄMISCHEN MALEREI IN VALENCIA UND IN KATALONIEN

1 Simonson Fuchs, A., The Virgen of the Councillors by Luis Dalmau (1443–1445): the contract and its eyckian execution, in: *Gazette des Beaux-Arts,* 99 (1982), S. 48–52 und Molina, J., *Arte, devoción y poder en la pintura tardogótica catalana (1443–1501),* Murcia 1999, S. 173–228.

2 Zum Atelier Jan van Eycks und seiner Arbeitsweisen vgl. Foister, S., Jones, S., Cool, D. (Hrsg.), *Investigating Jan van Eyck,* Turnhout 2000, und Holger-Borchert, T., Introduction: L'influence de Jan van Eyck et de son atelier, in: Holger-Borchert, T. (Hrsg.), *Le siècle de van Eyck (1430–1530). Le monde méditerranéen et les primitifs flamands,* Gent, Amsterdam 2002, S. 8–31.

3 Holger-Borchert, T., La mobilité des artistes. Aspects du transfert culturel à la veille des Temps Modernes, in: *Le siècle de van Eyck,* op. cit., S. 32–51.

4 Neve, J., *L. Dalmau peintre spagnol, elève de J. van Eyck,* Antwerpen 1899, S. 3–9.

5 Tramoyeres. L., El pintor Luís Dalmau. Nuevos datos biográficos, in: *Cultura Española,* 1907, S. 570.

6 Tormo, E., Jacomart, pintor de Alfonso V., in: *Cultura Española,* II (1906), S. 509–517; Sanchis Sivera, J., *Pintores medievales en Valencia,* Barcelona 1914, S. 79–80.

7 Young, E., *Bartolomé Bermejo,* London 1975, S. 10–17; Berg Sobré, J., *Bartolomé de Cardenas „El Bermejo": Itinerant Painter in the Crown of Aragon,* San Francisco, London, Bethseda 1998.

8 Sanchis Sivera, J., *Pintores medievales …,* op. cit., S. 76

9 Blockmans, W., The Creative Environment. Incentives to and Functions of Bruges Art Production, in: Ainsworth, M.W. (Hrsg.), *Petrus Christus in Renaissance Bruges,* Turnhout 1995, S. 14; Benito Domenech, F. und Gómez, J. (Hrsg.), *La clave flamenca en los primitivos valencianos,* Valencia 2001, S. 85, 102–103.

10 Mesuret, Antoni de Lonhy, in: *Anales y Boletín de los Museos de Arte de Barcelona,* 9 (1951), S. 13–17. Zur künstlerischen Persönlichkeit dieses herausragenden Malers vgl. Avril, F., Le Maître des Heures De Saluces: Antoine de Lonhy, in: *Revue de l'Art,* 85 (1989), S. 9–34; Romano, G., Sur Antoine de Lonhy en Piémont, in: *Revue de l'Art,* 85 (1989), S. 35–44.

11 Ainaud, J. et al., *Els vitralls medievals de l'església de Santa Maria del Mar,* Barcelona 1985, 49ff.

12 Marinesco, C., Les affaires commerciales en Flandre d'Alphonse V. d'Aragon, roi de Naples (1416–1458), in: *Revue Historique* (1959), S. 33–48. Eine weiter gefasste Sichtweise findet sich in Montias, J.M., *Le Marché de l'Art aux Pays-Bas, XVe–XVIIe siècles,* Paris 1996, S. 25–54.

13 Sanchis Sivera, J., *Pintores medievales …,* op. cit., S. 69.

14 Tramoyeres, L., El arte flamenco en Valencia. Una tabla inédita del siglo XV, in: *Museum,* 5 (1911), S. 98–109.

15 Cerveró y Gomis, L., *Pintores Valentinos. Su cronología y documentación,* Valencia 1964, S. 106–107. Das Thema des Vorhandenseins van Eyck'scher Kopien in den Mittelmeerländern ist behandelt worden von Strehlke, C.B., Jan van Eyck. Un artista per il Mediterraneo, in: Rischel, J.J. und Spantigati, C. (Hrsg.), *Jan van Eyck (1390 – ca. 1441). Opere a confronto* (Ausst.-Kat.), Turin 1997, S. 55–72.

16 Yarza, J., La Couronne d'Aragon et la Flandre, in: *Le siècle de van Eyck (1430–1530) …,* op. cit., S. 129.

17 *La clave flamenca …,* op. cit., S. 118–123.

18 Vgl. Nicolini, F., *L'arte napoletana del Rinascimento e la lettera di Pietro Summonte a Marco Michiel,* Neapel 1925; Marinesco, C., Notes sur le faste à la cour d'Alfons V d'Aragon, roi de Naples, in: *Mélanges d'histoire Génerale à l'Université de Cluj,* 1 (1927), S. 133–146; Baxandall, M., *Giotto and the orators,* Oxford 1971, S. 165–167.

19 Aurell, J., *Els mercaders catalans al Quatre-Cents. Mutació de valors i procés d'aristocratització a Barcelona (1370–1470),* Lleida 1996, S. 73–81; Molina, J., *Arte, devoción y poder …,* op. cit., S. 40–47.

20 Die Hypothese, van Eyck habe sich in Valencia aufgehalten, wurde aufgestellt durch Sterling, J., Jan van Eyck avant 1432, in: *Revue de l'Art,* 33 (1976), S. 32–33. Es gibt jedoch viele gute Gründe, die gegen eine solche Annahme sprechen. Vgl. Strehlke, Jan van Eyck, un artista per il Mediteráneo …, op. cit.

21 Bermejo, E., *La pintura de los primitivos flamencos en España,* Band I, Madrid 1980, S. 76–77; Molina, J., Contemplar, meditar, rezar. Función y uso de las imágenes de devoción en torno a 1500, in: *El arte en Cataluña y los reinos hispánicos en tiempos de Carlos I,* Madrid 2000, S. 102.

22 Vgl. Bologna, F., *Napoli e le rotte mediterranee della pittura da Alfonso il Magnanimo a Ferdinando il Catolico,* Neapel 1977; Natale, M. (Hrsg.), *El Renacimiento Mediterráneo. Viajes de artistas e itinerarios entre Italia, Francia y España en el siglo XV,* Madrid 2001, S. 219–220.

23 Natale, M. und Eisig, F., Pintor valenciano. Crucifixión, in: *El Renacimiento Mediterráneo,* op. cit., S. 294–297. Neuerdings wird das Werk wieder, wie seit Longhi üblich, Colantonio zugeschrieben. Beyer, A., Eclectisme des princes et des commanditaires. Naples et le Nord, in: *Le siècle de van Eyck (1430–1530),* op. cit., S. 121.

24 Beseran, P. und Alcoy, R., Notícia sobre la procedència pobletana del retaule de santa Úrsula de Joan Reixac, in: *Bulletí del Museu Nacional d'Art de Catalunya,* 2 (1994), S. 145–150.

25 Company, X., *La pintura hispanoflamenca,* Valencia 1990, S. 83.

26 Cool, D., La peinture hispano-flamande. Approche historique et analyse du concept, in: *Annales d'Histoire de l'Art et d'Archéologie*, XX (1998), S. 83–94.

27 Serra, A., La Anunciación, in: *El Renacimiento Mediterráneo*, op. cit., S. 445–449.

28 Zu den verschiedenen Hypothesen siehe Gudiol, J., *Pintura gótica* (Ars Hispaniae, IX), Madrid 1955, S. 240; Serra, La Anunciación, op. cit., S. 448; *Las claves flamencas …*, op. cit., S. 35–36, 188–191; Company: *La pintura hispanoflamenca …*, op. cit., S. 42–47.

29 Vgl. Tormo, E., *Jacomart y el arte hispano-flamenco cuatrocentista*, Madrid 1913; Post, R.C. *A History of Spanish Painting*, Cambridge/Mass. 1935, Band VI.1, 16ff.; Company: *La pintura hispanoflamenca …*, op. cit., S. 15–27; Yarza, J., La pittura spagnola del Medievo: il mondo gotico, in: *La pittura in Europa. La pittura al tempo di Alfonso e Ferrante d'Aragona*, Band I, Mailand 1995, S. 143–145; Leone di Castris, P., Napoli capitale mediterranea. La pittura al tempo di Alfonso e Ferrante d'Aragona, in: Leone di Castris, P. (Hrsg.), *Quattrocento Aragonese. La pittura a Napoli al tempo di Alfonso e Ferrante d'Aragona*, Neapel 1997, S. 19–22.

30 Ferré, J., *Jacomart. Retaule de Sant Llorenç i sant Pere de Verona de Catí*, Valencia 1997.

31 Sanchis Sivera, op. cit., S. 82–89; Gómez Ferrer, M., Un nuevo contrato de jacomart: el retablo de la iglesia parroquial de Museros, in: *Archivo de Arte Valenciano*, 1994, S. 20–24.

32 Ferré, J., Joan Reixac, autor de dues obres del cercle Jacomart-Reixac, in: *Actes del Primer Congrés d'Estudis de la Vall d'Albaida*, Valencia 1997, S. 311–320; ders., San Benito, in: *La luz de las imágenes* (Ausst.-Kat.), Band II, Valencia 1999, S. 92.

33 González, M., Les emprentes del mecenatge dels Borja a Xàtiva, in: *Xàtiva, els Borja: una projecció europea*, Band I, Jàtiva 1995, S. 246.

34 Siehe: *El Renacimiento Mediterráneo*, op. cit., S. 31–45, 329–344 und Yarza, La Couronne d'Aragon et la Flandre, op. cit., S. 130.

35 Gudiol, J., *Pintura gótica*, op. cit., S. 249

36 Post, *A history …*, op. cit., S. 15 und Saralegui, L., Problemas de pintura valenciana del siglo XV, in: *Archivo Español de Arte*, 1944, S. 123.

37 Yarza, La pittura spagnola …, op. cit., S. 145; Natale, M. und Toscano, G., Viergen Anunciada, in: *El Renacimiento Mediterráneo …*, op. cit., S. 323–328.

38 Ferré, J., Trajectòria vital de Joan Reixac, pintor valencià del quatre-cents. La seva relació amb Andreu Garcia, in: *L'artista-artesà medieval a la Corona d'Aragó* (Actas del Congreso, Lleida 14.–16. Januar 1998), Lérida 1999, S. 419–426.

39 *Las claves flamencas*, op. cit., S. 31–44, 198–279.

40 Gudiol, J. und Ainaud, J., *Huguet*, Barcelona 1948; Molina, J., *Jaume Huguet*, Barcelona 1992.

41 Yarza, J., Jaume Huguet i el retaule dels sants Abdó i Senén, in: *Terme*, 9 (1994), S. 26–37.

42 Rebora, G., Rovera, G., Bocchiotti, G., *Bartolomé Bermejo e il Trittico di Acqui*, Acqui Terme 1987.

43 Siehe Molina, J., *Arte, devoción y poder …*, op. cit., S. 117–146.

44 Moffit, J.F., Bartolomé Bermedo's Pietà (1490) and the invention of expressionistic landscape, in: *Gazette des Beaux-Arts*, 1998, S. 71–76.

VON DER GOTIK ZUR RENAISSANCE

J.J. Azcarate, *Arte gotico en España*, Madrid 1996.

M. Durliat, *L'art dans le royaume de Majorque: les débuts de l'art gothique en Roussillon, en Cerdagne et aux Baléares*, Toulouse 1962.

A. Erlande-Brandenburg und A.-B. Merel-Brandenburg, *Histoire de l'architecture française du Moyen Age à la Renaissance (IVe siècle – début XVIe siècle)*, Paris 1995.

A. Erlande-Brandenburg, *Le monde gothique. La conquête de l'Europe. 1260–1380*, Paris 1983.

C. Freigang, *Imitare ecclesias nobiles*, Worms 1992.

J. Gagliardi, *La conquête de la peinture. L'Europe des ateliers du XIIIe au XVe siècle*, Paris 1993.

C. Gnudi, *Giotto*, Mailand 1955.

C. Gnudi, Le jubé de Bourges et l'apogée du „classicisme" dans la sculpture en Ile-de-France au milieu du XIIIe siècle, in: *Revue de l'art*, 1969–3, S.18–36.

R. Krautheimer, *Lorenzo Ghiberti*, Princeton 1986.

P. Lavedan, *L'architecture gothique religieuse en Catalogne, Valence et Baléares*, Paris 1935.

V. Pace und M. Bagnoli, *Il gotico europeo in Italia*, Neapel 1994.

E. Panofsky, *La Renaissance et ses avant courriers dans l'art d'Occident*, Paris 1976.

M. de los A. Piquero, *El gótico mediterraneo*, Madrid 1984.

J. Pope-Hennessy, *Donatello*, Paris 1993.

J. Pope-Hennessy, *Italian gothic sculpture*, London 1955.

M. Pradalier-Schlumberger, *Toulouse et le Languedoc: la sculpture gothique XIIIe–XIVe siècles*, Toulouse 1998.

A. Romanini, *L'arte medievale in Italia*, Florenz 1988.

M.-H. Vicaire (Hrsg.), *La naissance et l'essor du gothique méridional au XIIIe siècle*, Toulouse, 1974 (Cahiers de Fanjeaux, Nr. 9).

W. Sauerländer, *Le siècle des cathédrales. 1140–1260*, Paris 1989.

DER PÄPSTLICHE HOF IN AVIGNON IM BRENNPUNKT INTERNATIONALER KUNST-STRÖMUNGEN

Die Forschungen über das Avignon des 14. Jahrhunderts, insbesondere über die Malerei, verdanken sehr vieles den Studien E. Castelnuovos. Den Anfang bildete die Monografie *Un pittore italiano alla corte di Avignone. Matteo Giovannetti e la pittura in Provenza nel secolo XIV*, Turin 1962. Vgl. auch das Werk in der durchgesehenen und erweiterten Fassung unter demselben Titel, Turin 1991. Vom selben Autor stammt ebenfalls der Artikel ‚Avignone' in der *Enciclopedia dell'Arte Medioevale*, Bd. II, S. 759–777 mit aktualisierter Bibliografie. Zu speziellen Fragen vgl. L. Bellosi, Il maestro del Codice San Giorgio, in: *Il Gotico a Siena*, Katalog, Siena 1982 (Florenz 1982), S. 166–167; M. Laclotte, Le Maître des Anges rebelles, in: *Paragone*, 20, 1969, 237, S. 3–14; M. Laclotte, Les peintres siennois à Avignon, in: *L'art gothique siennois*, Katalog, Avignon 1983 und Florenz 1983; M. Laclotte und D. Thiebaut, *L'École d'Avignon*, Paris 1983.
Zur Architektur des Papstpalastes vgl. das schon genannte Stichwort *Avignon* in der *Enciclopedia dell'Arte Medioevale* und insbesondere F. Piola Caselli, *La costruzione del Palazzo dei Papi di Avignone (1316–1367)*, Mailand 1981, sowie S. Gagnière, *Le Palais des Papes d'Avignon*, Avignon 1983.

DAS MAMELUCKENREICH, ZENTRUM DER ISLAMISCHEN RENAISSANCE

Abel, A., *Ghaiby et les grands faïenciers égyptiens d'époque mamlouke*, Kairo 1930.

Allan, J.W., Later Mamluk metalwork. A series of dishes, in: *Oriental Art*, NS XV, n.l, Frühjahr 1969, S. 38–43.

Allan J.W., Venetian Saracenic Metalwork: The Problems of Provenance, in: *Venezia e l'Oriente Vicino*, hg. von E.J. Grube, Venedig 1989, S. 167–183.

Atil, E., *Renaissance of Islam. Art of the Mamluks*, Washington 1981.

Atil, E., Chase, W.T., Jett, P., *Islamic metalwork in the Freer Gallery of Art*, Washington 1985.

Ayalon, D., *L'esclavage du Mamelouk*, Jerusalem 1951.

Baer, E., *Metalwork in Medieval Islamic Art*, Albany 1983.

Bacharach, J.L. (Hrsg.), *The Restoration and Conservation of Islamic Monuments in Egypt*, Kairo 1995.

Behrens-Abouseif, D., *Islamic Architecture in Cairo*, Leiden 1989.

Bosworth, C.E., *The Islamic Dynasties*, Edinburgh 1967.

Carboni, S., Whitehouse, D., *Glass of the Sultans*, New York 2001.

Creswell, K.A.C., *The Muslim Architecture of Egypt*, Bd. II, Oxford 1959.

Curatola, G., Sgargia, G., *Le arti nell'Islam*, Rom 1990.

Ellis, C.G., Mysteries of the Misplaced Mamluks, in: *Textile Museum Journal*, II, Nr. 2, 1967, S. 2–20.

Erdmann, K., Keirener Teppiche, Teil II: Mamluken- und Osmanenteppiche, in: *Ars Islamica, I*, 1940, S. 55–81.

Ettinghausen, R., *Arab Painting*, Genf 1962.

Gabrieli, F., *Storici arabi delle crociate*, Turin 1973.

Gaudefroy-Demombynes, M., *La Syrie à l'Epoque des Mamelouks d'après les auteurs arabes*, Paris 1923.

Haldane, D., *Mamluk Painting*, Warminster 1978.

Herz-Bey, M., *La Mosquée du Sultan Hasan au Caire*, Kairo 1899.

Ritti, P.K., *History of Syria*, New York 1957

James, D., *Qur'ans and Bindings from the Chester Beatty Library*, London 1980.

James, D., *Qur'ans of the Mamluks*, London 1988.

King, D., *Islamic astronomical instruments*, London 1987.

Lamm, C.J., *Mittelalterliche Glaser und Steinschnittarbeiten aus dem Nahen Osten*, Berlin 1929–1930.

Lane, A., *Early Islamic Pottery*, London 1947.

Lane-Poole, S., *A History of Egypt in the Middle Ages*, rist. IV ed., London 1968

Lane-Poole, S., *The Arts of the Saracens in Egypt*, London 1986.

Lapidus, I.M., *Muslim Cities in the Later Middle Ages*, Cambridge (Mass.) 1967.

Lings, M., *The Quranic Art of Calligraphy and Illumination*, Westerham 1976.

Little, D.P., *An Introduction to Mamluk Historiography: An Analysis of Arabic Annalistic and Biographical Sources for the Reign of al-Malik an-Nasir Muhammad ibn Qala'un*, Wiesbaden–Montreal 1970.

Mayer, L.A., *Saracenic Heraldry*, Oxford 1933.

Mayer, L.A., „Saracenic Arms and Armor", in: *Ars Islamica*, X, 1943, S. 1–12.

Mayer, L.A., *Mamluk Costume*, Genf 1952.

Mayer, L.A., *Islamic Woodcarvers and Their Works*, Genf 1958.

Mayer, L.A., *Mamluk Playing Cards*, Leiden 1971.

Meinecke, M., „Zur mamlukischen Heraldik", in: *Mitteilungen des Deutschen Archäologischen Instituts Abteilung Kairo*, 28, Nr. 2, S. 214–287.

Meinecke, M., *Patterns of Stylistic Changes*, in: *Islamic Architecture. Local Traditions versus Migrating Artists*, New York 1996.

Parker, R.B, Sabin, R., Williams, C., *Islamic Monuments in Cairo*, Kairo 1974.

Pauty, E., *Les palais et les maisons d'époque musulmane au Caire*, Kairo 1938.

Porter, V., *Medieval Syrian Pottery*, Oxford 1981.

Quatremere, E.M., *Histoire des Sultans Mamelouks de l'Egypte*, Paris 1845.

Rice, D.S., Two unusual Mamluk Metal Works, in: *Bulletin of the School of Oriental and African Studies*, 20, 1957, S. 487–500.

Rogers, J.M., Evidence for Mongol-Mamluke Relations 1260–1360, in: *Colloque International sur l'Histoire*

du Caire, März–April 1969, Leipzig und Berlin 1973,
S. 385–404.

ROGERS, J.M., The Spread of Islam, Oxford 1976.

RUNCIMAN, S., A History of the Crusades, Cambridge 1951.

SCERRATO, U., Metalli Islamici, Mailand 1967.

WARD, R., Islamic Metalwork, London 1993.

WIET, G., Catalogue Général du Musée Arabe du Caire:
Objets en cuivre, Kairo 1932.

ZIADA, M., The Mamluk Sultans to 1293, in: A History of
the Crusades II: The Later Crusades, 1191–1311, hrsg.
von H. Lazard, Madison–London 1969, S. 735–758.

ZIADA, M., „The Mamluk Sultans to 1291–1517", in: A History of the Crusades III: The Fourteenth and Fifteenth
Centuries, hrsg. von H. Lazard, Madison–London
1975, S. 486–512.

DIE KUNST IM OSTEN DER BYZANTINISCHEN WELT

1 Zu dieser Frage siehe T. Velmans, La koine grecque
et les régions périphériques orientales du monde byzantin, in: dies., L'art médiéval de l'Orient chrétien
(Sammelband), S. 1–32; dies., Le rayonnement byzantin, Paris, 1999, Kap. II.

2 Dies., La peinture murale byzantine d'inspiration
constantinopolitaine du milieu du XIVe siècle (1330–
1380). Son rayonnement en Géorgie, in: L'Orient
chrétien, S. 171–192.

3 S. Der Nersessian, Aght'amar. The Church of the Ho-
ly Cross, Cambridge (Mass.), 1965.

4 Ders., L'art arménien, Paris, 1977, Abb. 134, 136.

5 Ebda., Abb. 131, 133.

6 Ebda., Abb. 146.

7 Ebda., Abb. 157.

8 Ebda., Abb. 145.

9 Ebda., Abb. 142, 143.

10 Ebda., Abb. 141.

11 Beispielsweise in der Kirche von Pitareti (1213–1222),
vgl. C. Beridze und E. Neubauer, Die Baukunst des
Mittelalters in Georgien, Berlin, 1980, Abb. 149.

12 Ebda., Abb. 144 und 155.

13 Ebda., Abb. 124.

14 In Kirchen auf dem Balkan und in Russland sind mit
Ausnahme von örtlichen Grabkirchen für die Deesis
andere Stellen vorgesehen, z.B. oberhalb von Fresken, an den Kirchenpfeilern oder an den Innenwän-
den der Kirchen. Dennoch taucht sie manchmal auch
in der Konche einer Apsis auf wie in Kirchen auf Kre-
ta, in abgelegenen Gegenden des Peloponnes und in
Süditalien. Möglicherweise wirken hier Einflüsse aus
dem Osten des Byzantinischen Reichs, die durch die
wiederholte Auswanderung von Mönchen aus Kleinasien in Richtung Italien dorthin gebracht wurden.

15 P. van Moorsel, Les peintures du monastère Saint-Antoine près de la mer Rouge, Kairo, 1995, Abb. 108–109.

16 T. Velmans, L'image de la Déisis dans les églises de
Géorgie et dans celles d'autres régions du monde by-
zantin, 1. Teil, in: dies., L'Orient chrétien, S. 33–74,
Abb. 18.

17 S. Der Nersessian, L'art arménien, S. 123.

18 J. Leroy, Les peintures des couvents du désert d'Esna,
Kairo, 1975, Blatt 15.

19 M.E. Heldman, Marian Icons of the painter Fre Sey-
on, Wiesbaden, 1994, S. 96–98.

20 C. Jolivet-Lévy, Les églises byzantines de Cappadoce,
Paris, 1991; es gibt zu viele Beispiele, um sie im Einzelnen zu benennen.

21 Vgl. T. Velmans, Déisis, 1. Teil, Abb. 54.

22 Vgl. dies., La peinture murale en Géorgie qui se rap-
proche de la règle constantinopolitaine. Le program-
me iconographique et le style (fin XIIe–début XIIIe siè-

cles), in: dies., L'Orient chrétien, S. 161, Abb. 137–
138.

23 Jolivet-Lévy, Cappadoce, S. 315ff., Blatt 173, I, 1992.

24 Es handelt sich um Fresken im Kloster des heiligen
Moses d. Äthiopiers (Mar Musa Al-Habashi), die auf
das Ende des 12. Jahrhunderts datiert werden, aber es
gibt keine derartigen Wandmalereien aus späterer Zeit
in Syrien. Zu diesen Fresken vgl. E. Kruikshank
Dodd, The Monastery of Mar Musa Al-Habashi, near
Nebek, in: Arte Medievale, II, VII, n. 1, 1992, S. 79.

25 U. Monneret de Villard, Les Couvent près de Sohâg,
Bd. 1, Mailand, 1925, Blatt 15; M. Zibawi, Orient chré-
tiens, Paris, 1995, Blatt 17.

26 M. Restle, Die Byzantinische Wandmalerei in Kleinasien, Recklinghausen, 1917, S. 511.

27 Beispielsweise in der Kirche von Tanghil, vgl. T. Velmans, Déisis, 1. Teil, Abb. 113.

28 Zur Beschreibung, Kommentierung und wissenschaftlichen Verweisen zu all diesen Bildern in der Mitte der
unteren Bildleisten der Apsis vgl. T. Velmans, Le rayonnement byzantin, 2. Kap. Paris, 1999.

29 Zur Legende des Mandylions siehe E. Dobschütz,
Christusbilder. Untersuchungen zur christlichen Legende, 2 Bde., Leipzig, 1899 (2. Aufl. 1931) passim;
über die Liturgie an seinem Festtag vgl. ebda., S. 117.

30 T. Velmans, Déisis, 1. Teil, Abb. 80, 81.

31 P. van Moorsel, Saint-Antoine, Bd. 1, Abb. 9.

32 Die vierköpfigen Engelsfiguren kommen in den Kuppeln byzantinischer Kirchen zwar selten vor, aber in
einigen von ihnen, z.B. in der Sophienkirche in Mistra sind sie trotzdem zu sehen (vgl. G. Millet, Monuments byzantins de Mistra, Paris, 1910, Blatt 132,2).

33 P. van Moorsel, Saint-Antoine, Bd. 1, 26ff., Abb. 13,
Bd. 2, Blatt 7, 8.

34 Über die künstlerische Ausgestaltung der Kirchen von
Lichne und Kalendžicha siehe T. Velmans, Le Miroir
de l'Invisible, Paris, 1995, Kap. 7.

35 Zum Beispiel in einem armenischen Evangelienbuch
im Matenadaran in Jerewan, Nr. 5417 (vgl. T. Velmans,
Déisis, 2. Teil, Abb. 88).

36 Vgl. dies., Le rayonnement byzantin, 2. Kap.

37 Über die Miniaturenmalerei im Königreich Kilikien
siehe S. Der Nersessian, L'Art arménien, S. 125ff. und
besonders Abb. 114; sie zeigt Jonas, nachdem ihn der
Wal ausgespuckt hatte, aus dem Lektionar König He-
thums II. von 1286 (vgl. Matenadaran, Nr. 979, Blatt
200, Rückseite).

38 Zu diesen Miniaturen siehe J. Leroy, Manuscrits syria-
ques à peintures, 2 Bde., Paris, 1964.

39 Ders., Les manuscrits coptes et coptes-arabes illustrés,
Paris, 1974.

40 Zur äthiopischen Miniaturenmalerei siehe E. Balicka-
Witakowska, La Crucifixion sans crucifié dans l'art
éthiopien (mit umfangreichen bibliographischen An-
gaben), Warschau, 1977, Kap. 3, S. 31ff.

DIE KUNST DER NASRIDEN UND MERINIDEN
DIE WESTISLAMISCHE KUNST BEI ANBRUCH
DER EUROPÄISCHEN RENAISSANCE

AA.VV., Casas y palacios de al-Andalus, siglos XII y XIII,
Granada 1995.

'ABBADI, AL-, A.M., El reino de Granada en la época de Muhammad V., Madrid 1973.

Al-Andalus: Las Artes islámicas en España, Madrid, New
York 1992.

Arte islámico en Granada. Propuestas para un museo de
la Alhambra. Granada 1995.

BERMÚDEZ PAREJA, J., Pinturas sobre piel en la Alhambra de
Granada, Granada 1987.

BORRÁS, G.M., La Alhambra y el Generalife, Madrid 1989.

CABANELAS, D., Literatura, arte y religión en los palacios de
la Alhambra, Granada 1984.

– Ders., El techo del Salón de Comares en la Alhambra. Decoración, Policromía, Simbolismo y Etimolo-
gía. Granada 1988.

– Ders., La Madraza árabe de Granada y su suerte en
época cristiana, in: Cuadernos de la Alhambra, 24
(1988), S. 35.

ELIADE, M., Lo sagrado y lo profano, Barcelona 1985.

ETTINGHAUSEN, R. und GRABAR, O., Arte y arquitectura del
Islam 650–1250, Madrid 1996.

FERNÁNDEZ PUERTAS, A., La Fachada del Palacio de Comares
I., Granada 1980.

– Ders., Arte nazarí. Conocimiento, investigación y
bibliografía, in: C. Castillo Castillo (Hrsg.), Estudios
nazaríes. Al-Mudun, Granada 1995, S. 11–145.

– Ders., The Alhambra. From the Ninth Century To
Yusuf I. (1354), Bd. I, London 1997.

GARCÍA GÓMEZ, E., Ibn Zamrak, el poeta de la Alambra.
Granada 1975.

– Ders., Poemas árabes en los muros y fuentes de la
Alhambra. Madrid 1985.

– Ders., Foco de Antigua luz sobre la Alhambra. Madrid 1988.

GARCÍA GRANADOS, J.A.; GIRÓN IRUESTE, E.; SALVATIERRA CUEN-
CA, V., El Maristán de Granada, un hospital islámico,
Granada 1989.

GONZÁLEZ ALCANTUD, J.A. und MALPICA CUELLO, A. (Hrsg),
Pensar la Alhambra, Granada 2001.

GRABAR, O., La Alhambra: iconografía, formas y valores,
Madrid 1980.

HATTSTEIN, M. und DELIUS, P. (Hrsg.), El islam. Arte y arquitectura, Köln 2000.

IBN AL-AHMAR, Ismail: Rawdat al-nisrin fi dawlat Bani Ma-
rin, Übersetzung und Einführung von M.A. Manzano,
Madrid 1989.

IBN AL-JATIB, Diwan Lisan al-Din Ibn al-Jatib, 2 Bände,
hrsg. von M. Miftah, Casablanca 1989.

– Ders., Historia de los Reyes de la Alhambra. Übersetzung von J.M. Casciaro und Einführung von E. Molina, Granada 1998.

IBN LUYUN, Tratado de agricultura, Granada 1988.

IBN ZAMRAK, Diwan Ibn Zamrak al-Andalusi, hrsg. von
M.T. al-Nayfar, Beirut 1997.

LAFUENTE ALCANTARA, E., Inscripciones árabes de Granada,
Madrid 1859 (Neuauflage Madrid 2000).

Les jardins de l'Islam, 3eme Colloque International sur la
Protection et Restauration des jardins organisé par
PICOMOS et l'IFLA, Granada 1976.

LÓPEZ GUZMÁN, R. (Hrsg.), La arquitectura del Islam occidental, Granada 1995.

MANZANO RODRÍGUEZ, M.A., La intervención de los benime-
rines en la Península Ibérica, Madrid 1992.

MARINETTO SÁNCHEZ, P., Los capiteles del Palacio de los Leones en la Alhambra, Granada 1997.

MARTÍNEZ ENAMORADO, V., Epigrafía y Poder. Inscripciones
árabes de la Madrasa al-Yadida de Ceuta, Ceuta
1998.

MEHREZ, G., Las pinturas murales islámicas en el partal de
la Alhambra, Madrid 1951.

NYKL, A.R., Inscripciones árabes de la Alhambra y del Generalife, in: Al-Andalus, 4 (1936), S. 174–194.

PAVÓN MALDONADO, B., La Alcazaba de la Alhambra, in:
Cuadernos de la Alhambra, 7 (1971), S. 4–34.

– Ders., El arte hispano-musulmán en su decoración
geométrica, Madrid 1989.

– Ders., El Cuarto Real de Santo Domingo de Granada (Los orígenes del arte nazarí), Granada 1991.

– Ders., El arte hispano-musulmán en su decoración
floral, Madrid 1991.

PÉREZ GÓMEZ, R. (Hrsg.), La Alhambra, rev. Epsilon, Granada 1995.

Puerta Vílchez, J.M., *Los códigos de utopía de la Alhambra de Granada*, Granada 1990.
– Ders., *Historia del pensamiento estético árabe. Al-Andalus y la estética árabe clásica*, Madrid 1997.
– Ders., *La cultura y la creación artística (en el reino nazarí)*, in: Barrios Aguilera, M. und Peinado Santanella, R. (Hrsg.), *Historia del Reino de Granada*, Bd. I: De los orígenes a la época mudéjar (bis 1502), Granada 2000, S. 349–413.
– Ders., L'Architecture parlante, in: *Al-Quantara*, 37, Paris 2000, S. 41–44.
– Ders., Le jardin de Bonheur, in: *Al-Quantara*, 39, Paris 2001, S. 43–45.
– Ders., El vocabulario estético de los poemas de la Alhambra, in: González Alcantud, J.A. und Malpica Cuello, A. (Hrsg.), *Pensar la Alhambra*. 2001, S. 69–88.
Rubiera Mata, M.J., *La arquitectura en la literatura árabe. Datos para una estética del placer*, Madrid 1981.
– Ders., *Ibn al-Yayyab, el otro poeta de la Alhambra*, Granada 1982.
Torres Balbás, L., La Mezquita Real de la Alhambra y el baño frontero, in: *Al-Andalus*, 10 (1945), S. 196–214.
– Ders., Arte almohade. Arte nazarí. Arte mudéjar, in: *Ars Hispaniae*, Bd. IV, Madrid 1949.
Vílchez Vílchez, C., *El Generalife*, Granada 1991.
Yarrar, S., *Diwan al-Hamra*, Beirut, Amman 1999.

DER ISLAM IN DER ITALIENISCHEN KUNST

Amari, M., *I diplomi arabi del R. Archivio di Firenze*, Florenz 1863.
Auld, S., Kuficising Inscriptions in the Work of Gentile da Fabriano, in: *Oriental Art*, XXXII, 3, 1986, S. 246–265.
Bagnera, A., Tessuti islamici nella pittura medievale toscana, in: *Islam. Storia e Civiltà*, VII, 25, 1988, S. 250–265.
Christie, A.H., The Development of Ornament from Arabic Script. II, in: *The Burlington Magazine*, XLL 1922, S. 34–41.
Di Natale, M.C., La Bibbia di Manfredi della Biblioteca Vaticana, in: *Federico e la Sicilia. Dalla terra alla corona*, hrsg. von M. Andaloro, II, Palermo 1995, S. 397–403.
Dodds, J. (Hrsg.), *Al-Andalus. The Arts of Islamic Spain*, New York 1992.
Erdmann, K., Arabische Schriftzeichen als Ornamente in der abendländischen Kunst des Mittelalters, in: *Akademie der Wissenschaften und der Literatur in Mainz, Abhandlungen der geistes- und sozialwissenschaftlichen Klasse*, 9, 1953, S. 467–513.
Ettinghausen, R., Kufesque in Byzantine Greece, the Latin West and in the Muslim World, in: *A Colloquium in Memory of George Carpenter Miles (1904–1975)*, New York 1976, S. 28–47.
Ferber, S., *Islam and the Mediaeval West*, New York 1975
Fontana, M.V., Un itinerario italiano sulle tracce dello pseudo-cùfico, in: *Grafica*, VII, 10/11, 1990–91, S. 67–84.
– Ders., L'influsso dell'arte islamica in Italia, in: *Eredità dell'islam. Arte Islamica in Italia*, hrsg. von G. Curatola, Mailand 1993, S. 456–493; 496–498; 514–517.
– Ders., I caratteri pseudo epigrafici dell'alfabeto arabo, in: *Giotto. La Croce di Santa Maria Novella*, hrsg. von M. Ciotti und M. Seidel, Florenz 2001, S. 217–225.
– Ders., Breve nota sugli ornati pseudo epigrafici di derivazione dall'alfabeto arabo in alcuni monumenti funebri del Quattrocento, in: *Europa e Islam tra i secoli XIV e XVI/Europe and Islam between 14th and 16th Centuries*, hrsg. von M. Bernardini, C. Borrelli, A. Cerbo und I. Sanchez, Neapel (im Druck).
Grabar, O., Trade with the East and the Influence of Islamic Art on the „luxury arts" in the West, in: *Il Medio Oriente e l'Occidente nell'Arte del XIII secolo*, Bologna.

Klesse, B., *Seidenstoffe in der italienischen Malerei des 14. Jahrhunderts*, Bern 1967.
Muller, G., *Documenti sulle relazioni delle città toscane coll'Oriente cristiano e coi Turchi fino all'anno 1531*, Florenz 1879.
Olschki, L., Asiatic exoticism in Italian Art of the Early Renaissance, in: *The Art Bulletin*, XXVI, 1944, S. 95–106.
Piemontese, A.M., Le iscrizioni arabe nella Poliphili Hypnerotomachia, in: *Islam and the Italian Renaissance*, hrsg. von C. Burnett und A. Contadini, London 1999, S. 199–202.
Spittle, S.D.T., Cufic Lettering in Christian Art, in: *Archaeological Journal*, CXI, 1954, S. 138–152.
Soulier, G., *Les Influences Orientales dans la Peinture Toscane*, Paris 1924.
Tanaka, H., Oriental Scripts in the Paintings of Giotto's Period, in: *Gazette des Beaux-Arts*, 113, 1989, S. 214–226.
Vercellin, G., *Venezia e l'origine della stampa in caratteri arabi*, Venedig 2001.

DER KÜNSTLERISCHE AUSTAUSCH IM MITTELMEERRAUM IM 15. JAHRHUNDERT

1 R. Longhi, *Piero della Francesca*, 2. Aufl., Mailand 1946, S. 106.
2 *El Renacimiento Mediterráneo*, Madrid, Museum Thyssen-Bornemisza, 31. Januar–6. Mai 2001. Der von Mauro Natale herausgegebene hervorragende Katalog bietet in den speziellen Übersichten einen wichtigen Überblick über viele Probleme der Kunstzirkulation im Mittelmeerraum. Auch die Verfasserin dieser Seiten beabsichtigt, die in dem vor inzwischen 20 Jahren erschienen Werk *Italia e Fiandra nella pittura del Quattrocento*, Mailand 1983, behandelten Themen erneut aufzugreifen und dabei zu aktualisieren.
3 F. Nicolini, L'arte napoletana del Rinascimento e la lettera di P. Summonte a M.A. Michiel, in: *Napoli nobilissima*, 1925.
4 Die *Cockerell-Chronik*, so genannt nach dem Namen ihres ursprünglichen Besitzers, besteht aus acht Blättern, die jetzt auf verschiedene Museen verstreut sind; auf ihnen sind berühmte Persönlichkeiten in zeitlicher Folge nach den sechs Zeitaltern der Menschheit dargestellt. Die Chronik wurde erstmals von M. Laclotte mit dem künstlerischen Umfeld König Renés in Verbindung gebracht: M. Laclotte, Rencontres franco-italiennes au milieu du XVᵉ siècle, in: *Acta Historia Artium*, XIII, 1967, S. 36. Im Jahre 1986 nannte F. Sricchia Santoro erstmals den Namen Barthélemy d'Eycks für das sich in Amsterdam befindende Blatt der Chronik (Enguerrand Quarton, Rezension der Bände von Ch. Sterling und Laclotte-Thiebaut in: *Prospettiva*, 44, 1986, S. 83).
5 Nach der Vorahnung von M. Laclotte, der im *Kodex Santa Marta* die Gegenwart eines Künstlers aus dem Kreis König Renés erblickte (M. Laclotte, *Rencontres …*, 1967, S. 35), versuchten die späteren Studien die im selben Kodex vorhandenen beiden Persönlichkeiten festzustellen, eine mit französisch-flämischer Ausbildung (Schild von Arnau Sans), die andere mit spanisch-neapolitanischer Ausbildung (Schild von Pere Roig de Corella).
6 Das Werk wurde von Longhi dem Umfeld Colantonios zugewiesen (Frammento Siciliano, in: *Paragone*, 47, 1953, S. 22–23) und von Bologna dem jungen Antonello in: *Napoli e le rotte mediterranee della pittura di Alfonso il Magnanimo e Ferdinand il Cattolico*, Neapel 1977, S. 73. Eine kurze, deutliche Erwähnung bei Joaquin Yarza Luaces zugunsten des valencianischen Malers Jacomart Baço (*La pittura spagnola del

Medioevo: il mondo gotico*, Mailand 1995, S. 145) wird in der Übersicht des Ausstellungskatalogs Madrid 2001, verfasst von Mauro Natale und Gennaro Toscano, akzeptiert und wieder aufgenommen (S. 323–328).
7 M. Natale und Gennaro Toscano, ebda., S. 324.
8 Die Zuweisung der Kreuzigung, ehemals Sammlung Henschel, an Colantonio wurde von Longhi vorgebracht (Una crocifissione di Colantonio, in: *Paragone*, 101, 1958, S. 3–10) und von verschiedenen Forschern akzeptiert; es kommt Ch. Sterling zu, sie dagegen einem valencianischen Maler zugeschrieben zu haben, der wahrscheinlich ein verlorenes Werk von Luis Alimbrot zum Vorbild hat (Tableaux espagnols et un chef d'œuvre portugais méconnus du XVᵉ siècle, in: *Actas del XXIII Congreso Internacional de Historia del Arte*, Granada 1973, I, 1976, S. 33).
9 Es könnte sich genau um den Miniaturisten handeln, der als „Hand H" in den *Turin-Mailänder Stundenbüchern* bekannt ist, erkennbar auch an seinen dramatischen Interpretationen der Szenen wie des Gebets im Garten auf f. 30 dieser Stundenbücher.
10 Das Vorhandensein der *Kreuzigung* van Eycks und des zugehörigen Paneels mit dem Weltgericht (jetzt im Metropolitan Museum, New York) *ab antiquo* in Spanien, beide im Jahre 1845 vom russischen Fürsten Tatistschew erworben, eröffnet die Möglichkeit, dass beide Tafeln von van Eyck als spanische Auftragsarbeit geschaffen wurden. Ebenso wird das Tafelbild mit dem *Lebensbrunnen*, jetzt im Prado, doch ursprünglich aus einem Kloster bei Segovia stammend, vom größten Teil der Forscher als alte Kopie eines bedeutenden Tafelbilds von van Eyck angesehen. Schließlich stammt die *Madonna mit dem Kind* aus Covarrubias (Burgos) von einem spanischen Maler, der direkt die van Eyck'sche *Madonna mit dem Kind* von Ince Hall, jetzt in der National Gallery of Victoria zu Melbourne, kopierte; auch er, lässt sich daher annehmen, hielt sich damals in Spanien auf.
11 Vgl. im Ausstellungskatalog Madrid 2001 die von M. Natale verfasste Übersicht, S. 391–396.
12 Die *Kreuzigung* von Hans Witz in Berlin ist als Jugendwerk um 1445 anzusehen. Der folgende Katalog des Malers wurde vor relativ wenigen Jahren weiter durch die Zuweisung des Freskos im Grab von Filiberto di Monthuz in Annecy aus dem Jahre 1458 bereichert, außerdem durch Werke der dokumentierten späteren lombardischen Periode am Hofe von Gian Galeazzo Sforza. Vgl. G. Romano, Tra la Francia e l'Italia, Note di Giacomo Jaquerio e una proposta *per* Enguerrand Quarton, in: [Sammelband] *Hommage a Michel Laclotte, Études sur la peinture du Moyen Âge et de la Renaissance*, Mailand/Paris 1994, sowie ders., Sur Antoine de Lohny en Piémont, in: *Revue de l'art*, 85, 1989); F. Cavalieri, Una nuova presenza oltemontana nella pittura milanese dell'età sforzesca, in: *Nuovi Studi*, 5, 1998.
13 Die Hypothese eines Aufenthalts von Antonello in der Provence von etwa 1457 bis 1460 wurde zum ersten Mal mit guten Argumenten von F. Sricchia Santoro vorgebracht (*Antonello e l'Europa*, Mailand 1983, S. 47ff.).
14 Zur Miniaturmalerei Barthélemy d'Eycks und Enguerrand Quartons vgl. die Abhandlung von F. Avril, La illuminación francesa del siglo XV y el mundo mediterráneo, im Ausstellungskatalog Mailand 2001, S. 63–78.
15 Die Zuschreibung des imposanten Missale von Jean des Martins ist F. Avril zu verdanken (Pour l'enluminure provençale. Enguerrand Quarton, peintre de manuscrits?, in: *Revue de l'art*, 35, 1977, S. 9–40).
16 F. Zeri, Rintracciando Donato de' Bardi, in: *Quader-

ni d'Emblema, 2, Bergamo 1973, und *Diari di lavoro*, Turin 1976.

17 Der Vorschlag, den Meister der Madonna Cagnola mit Zanetto Bugatto gleichzusetzen, geht zurück auf F. Bologna, Una Madonna lombarda del Quattrocento, in: *Paragone*, 93, 1957, S. 3–11. Es ist nicht möglich, hier auf die verschiedenen Zuschreibungen zu verweisen, die kontinuierlich vorgebracht wurden (Antonello da Messina, ein ligurischer oder provenzalischer Künstler). Vgl. die aktualisierte Bibliografie in der Übersicht von F. Cabalieri im Ausstellungskatalog Madrid, S. 464.

18 Die letzten Studien zu Josse Lieferinxe mit wichtigen Aktualisierungen sind zu verdanken D. Thiébaut, Josse Lieferinxe et son influence en Provence; quelques nouvelles propositions, in: *Hommage a Michel Laclotte, Études …*, 1994, S. 194–214, und ders., La Visitation de Josse Lieferinxe, in: *Nouvelles Acquisitions de Département de Peintures*, 1991–1995, Paris 1996, S. 114–117.

19 G. Romano, Sur Antoine de Lohny en Piémont, in: *Revue de l'art*, 85, 1989, und F. Avril, Le Maître des Heures de Saluces: Antoine de Lohny, in: *Revue de l'art*, 85, 1989.

20 Zur gesamten „mittelmeerischen" Geschichte der Malerei des späten Quattrocento vgl. das an Vorschlägen überaus reiche Werk von F. Bologna, *Napoli e le rotte mediterranee della pittura da Alfonso il Magnanimo a Ferdinando il Cattolico*, Neapel 1977.

21 Zu „Johannes Hispanus" vgl. F. Zeri, Johannes Hispanus: ancora una Deposizione, in. *Paragone*, 11, 1950.

NEAPEL – TREFFPUNKT DER FLÄMISCHEN SCHULE IM MITTELMEERRAUM

1 Vgl. dazu den neueren Beitrag von G. Toscano, Leonardo da Besozzo à Naples: un peintre du gothique tardif à l'époque des derniers rois de la dynastie angevine, in: F. Joubert und D. Sandron, *Pierre, lumière, couleur. Études d'histoire de l'art du Moyen-Âge en l'honneur d'Anne Prache*, Paris 1999, S. 413–424 (mit Bibliographie).

2 Der von Summonte an Michiel am 20. März 1524 geschriebene Brief wurde zum Teil zu Beginn des 19. Jahrhunderts bekannt gemacht und vollständig veröffentlicht von F. Nicolini, Pietro Summonte, Marcantonio Michiel e l'arte napoletana del Rinascimento, in: Napoli Nobilissima, XVIII, 1923, S. 124–129; ders., *L'arte napoletana del Rinascimento e la lettera di P. Summonte a M.A. Michiel*, Neapel 1925, S. 143–284. Für die kunsthistorischen Ereignisse in Neapel in den Jahren Roberts von Anjou sind wichtig die Studien von F. Bologna, *Napoli e le rotte mediterranee della pittura*, Neapel 1977, S. 53–80, und von F. Sricchia Santoro, *Antonello e l'Europa*, Mailand 1986, S. 17–24. Zu einer Übersicht über die folgenden Maßnahmen vgl. G. Toscano, Nápoles y el Mediterráneo. Relaciones entre miniatura e pintura en la transición de la casa de Anjou a la casa de Aragón, in: *El Renacimiento Mediterráneo*, Austellungskatalog, hrsg. von M. Natale, Madrid/Valencia 2001, S. 79–99.

3 Vgl. F. Nicolini, L'arte napoletana del Rinascimento, a.a.O., 1925, S. 160.

4 Vgl. C. Sterling, *Enguerrand Quarton. Le peintre de la Pietà d'Avignon*, Paris 1983, S. 196–197.

5 Vor inzwischen langer Zeit hatte L. Demonts (Le Maître de l'Annonciation de Aix, in: *Revue de l'art ancien et moderne*, Bd. 53, 1928, S. 257–280) für beide Polyptychen die Urheberschaft eines flämischen Meisters vorgeschlagen, Aru dagegen (Colantonio, ovvero il Maestro dell'Annunciazone di Aix, in: *Dedalo*, XI, 1931, 2, S. 1121–1141) den Namen Colantonios.

6 Vgl. C. Sterling, *Enguerrand Quarton, ibid.*, S. 172–183, 196–197; M. Laclotte und D. Thiébaut, *École d'Avignon*, Paris 1983, S. 218–222; F. Robin, *La Cour d'Anjou-Provence. La vie artistique sous le règne de René*, Paris 1985, S. 81; N. Reynaud, Barthélemy d'Eyck avant 1450, in: *Revue de l'art*, 84, 1989, S. 22–47.

7 Vgl. C. Sterling, *Enguerrand Quarton, ibid.*, S. 172–183, und F. Robin, *La Cour d'Anjou-Provence, ibid.*, S. 81.

8 N. Reynaud, Le Triomphe de la mort de Palerme: rencontre franco-italienne au milieu du XVe siècle?, in: *Hommage à Michel Laclotte: études sur la Peinture du Moyen Âge et de la Renaissance*, Paris/Mailand 1994, S. 132–151. Vgl. auch L. Castelfranchi Vegas, *L'arte del Quattrocento in Italia e in Europa*, Mailand 1994, S. 51.

9 Genaue Hinweise auf verlorene Fresken von Masolini finden sich in G. Rucellai, *Il Giubileo del 1450*, hrsg. 1881, S. 578, und in zwei Texten des 15. Jahrhunderts, publiziert von W.A. Simpson, Cardinal Giordano Orsini (1438) as a Prince of the Church and a patron of the Arts, in: *Journal of the Warburg und Courtauld Institutes*, XXIX, 1966, S. 135–159.

10 Die *Chronik*, illustriert von I. Toesca (Gli „Uomini famosi" della biblioteca Cockerell, in: *Paragone*, 25, 1952, S. 16–20) und von R. Longhi (Ancora sulla cultura del Fouquet, in: *Paragone*, II, 1952, 27, S. 56–57) und F. Bologna (*Napoli e le rotte …, ibid.*, S. 70) Fouquet zugeschrieben, wurde von F. Sricchia Santoro Barthélemy zugewiesen (Rezension zu Ch. Sterling, *Enguerrand Quarton, le peintre de la Pietà d'Avignon*, und zu M. Laclotte-D. Thiébaut, L'École d'Avignon, in: *Prospettiva*, 44, 1986, S. 83), ebenso von N. Reynaud, *Barthélemy d'Eyck, ibid.*, 33–44. Eine auf Stand gebrachte genaue kritische Nachbetrachtung des Problems stammt von D. Thiébaut, in: *El Renacimiento, ibid.*, S. 357–361.

11 Eine Neufokussierung der künstlerischen Kulturentwicklung in Neapel unter der Regierung des Großmütigen ist insbesondere zu verdanken F. Bologna, *Napoli e le rotte mediterranee, ibid.*, S. 1–97; außerdem F. Sricchia Santoro, *Antonello e l'Europa, ibid.*, S. 25–45. Zur anschließenden Entwicklung vgl. die Beiträge von P. Leone de Castris, *Quattrocento aragonese. La pittura a Napoli al tempo di Alfonso e Ferrante d'Aragona*, Neapel 1997, und von G. Toscano, *Nápoles y el Mediterráneo, ibid.*, S. 81–99 (mit Bibliographie).

12 Vgl. das Dokument publiziert von C. Minieri Riccio, Alcuni fatti di Alfonso I di Aragona (dal 15 aprile 1437 al 31 maggio 1458), in: *Archivio Storico per le province napoletane*, VI, 1881, S. 243–244, sowie F. Sricchia Santoro, *Antonello e l'Europa, ibid.*, S. 28.

13 Zu einem Gesamtbild der spanischen Bildkultur in den Jahren Alfonsos von Aragón und insbesondere zu Jacomart wird auf die Kataloge der 2001 in Madrid und Valencia durchgeführten Ausstellungen verwiesen: *El Renacimiento, ibid.*, hrsg. von M. Natale, und *La clave flamenca en los primitivos valencianos*, Ausstellungskatalog, hrsg. von F. Benito Doménech und J. Gómez Frechina, Valencia 2001.

14 Zum Manuskript von Camillo Tutini (1664–1671), veröffentlicht von B. Croce in Napoli Nobilissima, 1898, VIII, S. 121–124, vgl. auch O. Morisani, *Letteratura artistica a Napoli fra il '400 ed il '600*, Neapel 1958, S. 114–118. Die Rekonstruktion der *Cona* von Colantonio wurde begonnen von F. Bologna (Il maestro di San Giovanni da Capestrano, in: *Proporzioni*, III, 1950, S. 86–98, und *Napoli e le rotte mediterranee, ibid.*, S. 55–60), und wurde jüngst vervollständigt dank der Erkennung der beiden fehlenden Täfelchen der seitlichen Pfeiler durch Mauro Natale (vgl. A. Gal-

li, in: *El Renacimiento, ibid.*, Übersicht Nr. 58, S. 381–387). Ein auf Stand gebrachte kritische Würdigung findet sich bei F. Bologna, *Il politico di Colantonio a San Lorenzo*, Neapel 2001.

15 Vgl. F. Sricchia Santoro, *Antonello e l'Europa, ibid.*, S. 28–32, 152.

16 Vgl. F. Bologna, *Napoli e le rotte mediterranee, ibid.*, S. 68–70.

17 Zur Argumentation zugunsten Antonellos vgl. insbesondere die Studien von F. Bologna, *Napoli e le rotte mediterranee, ibid.*, S. 73, 89–90, und von F. Sricchia Santoro, *Antonello e l'Europa, ibid.*, S. 37–38, 153–154; anderer Ansicht sind L. Castelfranchi Vegas (*Italia e Fiandra nella pittura del Quattrocento*, Mailand 1983, S. 80–83), die an einen iberisch-neapolitanischen Meister denkt, sowie M. Natale und G. Toscano (in *El Renacimiento, ibid.*, Übersicht 46, S. 323–328, mit Bibliographie), die Jacomart vorschlagen.

18 In diesem Zusammenhang sei verwiesen auf die jüngeren Einlassungen von P. Leone de Castris („*Codice di Santa Marta*" in La Biblioteca Real de Nápoles en tiempos de la dinastia aragonesa, Ausstellungskatalog, Valencia 1998–99, S. 34–41), und von G. Toscano (in: *El Renacimiento, ibid.*, Übersicht 52, S. 353–356).

19 B. De Dominici, *Le vite de' pittori scultori ed architetti napoletani*, Neapel 1742–1745, Bd. I, S. 165; zu weiteren bibliografischen Hinweisen siehe auch Anm. 11.

20 Zum ziemlich komplexen Thema der Rolle verschiedener Bildhauer, die an der Realisierung des Bogens teilnahmen, vgl. neben der Monografie von G.L. Hersey (*The Aragonese Arch and Naples 1443–1475*, New Haven/London 1973), v.a. die letzten Beiträge von F. Bologna (L'Arco trionfale di Afonso d'Aragona nel Castel Nuovo di Napoli, in. *L'Arco di Alfonso e il suo restauro*, Rom 1987; und Un passo del „Libro de architectura" di Antonio Filarete e l'Arco trionfale di Alfonso d'Aragona a Napoli, in: *Rivista dell'Istituto Nazionale d'Archeologia e storia dell'arte*, 1994, S. 191–221) sowie von F. Caglioti (Una conferma per Andrea dall'Aquila scultore: la madonna di casa Coffarelli, in: *Prospettiva*, 69, 1993, S. 14–17; und Sull'esordio brunelleschiano di Domenico Gagini, in: *Prospettiva – Omaggio a Fiorella Sricchia Santoro*, Nr. 91–92, 1998, S. 70–90).

21 Vgl. Anm. 11.

22 Vgl. die Dokumente veröffentlicht von T. De Marinis, *La biblioteca napoletana dei re d'Aragona*, Mailand 1947–1969, Bd. II, S. 238–239 und die Beiträge von A. Putaturo Donati Murano (*Libri a corte. Testi e immagini nella Napoli aragonese*, Neapel 1997, S. 15–39) sowie G. Toscano (*Nápoles y el Mediterráneo, ibid.*, S. 85–86).

23 Eine erschöpfende kritische Würdigung des Buches findet sich bei G. Toscano, in: *El Renacimiento, ibid.*, Übersicht 61, S. 401–405. Zum Zitat von Summonte vgl. F. Nicolini, *L'arte napoletana del Rinascimento*, ibid., S. 162.

24 Vgl. die kritische Ausgabe mit Übersetzung von M. Baxandall, Bartholomoeus Facius on Painting. A fifteenth century manuscript of the ‚De viris illustribus', in: *Journal of the Warburg and Courtauld Institutes*, XXVII, 1964, S. 90–107.

25 Vgl. A. Putaturo Donati Murano, *Libri a corte, ibid.*, S. 15.

26 Vgl. M. Baxandall, *Bartholomoeus Facius, ibid.*, S. 98, und L. Castelfranchi Vagas, *Italia e Fiandra, ibid.*, S. 53–73.

27 Vgl. F. Bologna, *Napoli e le rotte mediterranee, ibid.*, S. 93–94.

28 Zur Bibliografie vgl. Anm. 11.

29 Zum Gemälde von Hans Witz vgl. F. Elsig, in: *El Renacimiento, ibid.*, Übersicht 43, S. 312–315.

30 Vgl. F. SRICCHIA SANTORO, *Antonello e l'Europa*, ibid.,
S. 67–68, 156.

31 Vgl. F. SRICCHIA SANTORO, *Antonello e l'Europa*, ibid.,
S. 100 und den Katalog, hrsg. von F. Bologna, *Il po-
littico di San Severino. Restauri e recuperi*, Neapel
1989, mit umfassender Bibliografie.

DIE GOTIK IM KÖNIGREICH ARAGÓN UND IM MITTELMEERRAUM

ABBATE, F., *Storia dell'arte nell'Italia Meridionale. Il Sud
angioino e aragonese*, Rom 1998.

ACETO, F., Il „Castrum Novum" Angioino di Napoli, in: Cassanelli, Roberto (Hrsg.), *Cantieri medievali*, Mailand
1995, S. 251–267.

AGNELLO, G., *L'architettura aragonese-catalana in Italia*,
Palermo 1969.

AINAUD DE LASARTE, J., Alfonso el Magnánimo y las artes
plásticas de su tiempo, in: *IV Congreso de Historia de
la Corona de Aragón*, Palma de Mallorca 1955, S. 5–27.

AINAUD DE LASARTE, J., Les relacions econòmiques de Barcelona amb Sardenya i la seva projecció artística, in: *VI
Congreso de Historia de la Corona de Aragón celebra-
do en Cerdeña...*, Madrid 1959, S. 637–645.

AINAUD DE LASARTE, Joan, *La pintura catalana. De l'esplen-
dor del Gòtic al Barroc*, Ginebra-Barcelona 1990.

ALCOY, R., Escultura i pintura sardes i art medieval català,
in: *Lambard. Estudis d'art medieval*, 5, 1989–91,
S. 201–214.

ALCOY, R.; Beseran, Pere, Cascalls i les escoles de la Itàlia
meridional a Catalunya: L'escultura del Trescents, in:
Analecta Sacra Tarraconensia, 63–64, 1990, S. 153–
197.

ALCOY I PEDRÓS, R., La pintura gòtica, in: Barral i Altet, X.
(Hrsg.), *Pintura antiga i medieval*, Barcelona 1998
(Art de Catalunya/Ars Cataloniae), S. 136–348.

ALOMAR, G., *Guillem Sagrera y la arquitectura gótica del
siglo XV*, Barcelona 1970.

ARCE, J., *España en Cerdeña. Aportacion cultural y testimo-
nios de su influjo*, Madrid 1960.

BENITO DOMÉNECH, F.; GÓMEZ FRECHINA, J. (Hrsg.), *La clave
flamenca en los primitivos valencianos*, Ausst.-Kat.,
Valencia, Museo de Bellas Artes, 2001.

BLAYA ESTRADA, N. (Hrsg.), *Oriente en Occidente. Antiguos
iconos valencianos*, Ausst.-Kat., Valencia: Fundación
Bancaja,

BOLOGNA, F., *Napoli e le rotte mediterranee della pittura
da Alfonso il Magnanimo a Ferdinando il Cattolico*,
Neapel: Società Napoletana di Storia Patria, 1977.

BOLOGNA, F., Apertura sulla pittura napoletana d'età aragonese, in: *IX Congresso di storia della Corona d'Aragona. La Corona d'Aragona e il Mediterraneo: aspetti
e problemi comuni, da Alfonso il Magnanimo a Ferdinando il Cattolico (1416–1516)*, Neapel: Società Napoletana di Storia Patria, 1978, S. 251–299.

BOSCOLO, A., *Catalani nel medioevo*, Bologna 1986.

BOSQUE, A. de, *Artistes italiens en Espagne. Du XIV siècle
aux Rois Catholiques*, Paris 1965.

BOTTARI, St., *La cultura figurativa in Sicilia*, Messina-Flo-
renz 1954.

BRACONS CLAPÉS, J., Lupo di Francesco, mestre pisà, autor
del sepulcre de Santa Eulàlia, in: *D'Art*, 19, 1993,
S. 43–51.

Bracons, J., Triadó, Juan-Ramón, *La pintura española. Ro-
mánico-Gótico-Renacimiento*, Barcelona 2000.

BRESC-BAUTIER, G., *Artistes, patriciens et confreries. Production et consommation de l'œuvre d'art à palerme et en
Sicilie Occidentale (1348–1460)*, Rom 1979.

CARBONELL, J.; Manconi, F. (Hrsg.), *Els catalans a Sardenya*,
Barcelona: Enciclopedia Catalana-Generalitat de Cata-
lunya-Consiglio Regionale della Sardegna, 1984.

CAUSA, R., *Sagrera, Fouquet, Laurana e l'arco di Castelnuovo*, Neapel s.d.

CIRICI, A., *L'art gòtic català. L'arquitectura als segles XIII i
XIV*, Barcelona 1977.

CIRICI, A., *L'art gòtic català. L'arquitectura als segles XV i
XVI*, Barcelona 1979.

COMPANY, X., *La pintura dels Osona: una cruïlla d'hispanis-
mes, flamenquismes i italianismes*, 2 Bde., Lleida 1991.

COMPANY, X. (Hrsg.), *El Món dels Osona ca. 1460–ca.
1540*, Ausst.-Kat., Valencia: Generalitat Valenciana,
1994.

CORONEO, R., Un frontal català del segle XIII a Sardenya, in:
Lambard. Estudis d'art medieval, 5, 1989–91, S. 195–
199.

DALMASES, N. de; José i Pitarch, A., *L'Art gòtic s. XIV–XV*,
Barcelona, 62, 1984 (Història de l'Art Català, 3).

DALMASES, N. de, *Orfebreria catalana medieval 1300–1500
(aproximacio a l'estudi)*, 2 Bde., Barcelona 1992.

DDAA, *La Corona de Aragón en el Mediterráneo. Un Lega-
do común para España e Italia 1282–1492*, Ausst.-
Kat., Barcelona: Ministerio de Cultura-Generalitat de
Catalunya-Ayuntamiento de Barcelona, 1988.

DDAA, *MediTERRAneum Cerámica medieval en España e
Italia/Ceramica medievale in Spagna e Italia*, Ausst.-
Kat., Viterbo: FAVL, 1992.

DDAA, *Valenza-Napoli. Rotte mediterranee della cerami-
ca/València-Nàpols Les rutes mediterrànis de la ceràmica*, Ausst.-Kat., Valencia: Generalitat Valenciana,
1997.

DDAA, *Ausiàs March i el seu temps*, Ausst.-Kat., Valencia:
Museo de Bellas Artes, 1997.

DDAA, *Mallorca i el comerç de la ceràmica a la Mediterrà-
nia*, Ausst.-Kat., Barcelona: Fundación „la Caixa",
1998.

DDAA, *Sicilia e la Corona d'Aragona Rotte mediterranee
della ceramica/Sicilia y la Corona de Aragón Rutas
mediterráneas de la cerámica*, Ausst.-Kat., Valencia:
Generalitat Valenciana, 1999.

DDAA, *Mallorca gótica*, Ausst.-Kat., Palma de Mallorca:
MNAC-Govern Balear, 1999.
– *Dizionario degli artisti italiani in Spagna (secoli
XII–XIX)*, Madrid 1977.

DOMENGE I MESQUIDA, J., En torno a las relaciones entre la
orfebrería italiana y catalano-aragonesa en el Trecento. Tres postillas sobre el caso ligur, in: Calderoni Ma-
setti, A.R.; Di Fabio, C.; Marcenaro, C. (Hrsg.), *Tessuti, oreficerie, miniature in Liguria XIII–XV secolo* [Atti
del Convegno Internazionale di Studi, Genova-Bor-
dighera, 22–25 Mai 1997], Bordighera: Istituto Internazionale di Studi Liguri, 1999, S. 149–184.

DUBREUIL, M.H., *Valencia y el gótico internacional*, 2 Bde.,
Valencia 1987.

DURLIAT, M., *L'art en el regne de Mallorca*, Palma de Mallorca 1964 (Existe edición en francés) (auch in Frz.)

ENLART, C., *L'Art gothique et la Renaissance en Chypre*, Paris 1899.

ENLART, C., Ferroneries catalanes dans le Levant, in: *Melan-
ges offerts à M. Gustave Schlumberger ... à l'occasion
du 80 anniversaire de sa naissance*, Paris 1924.

FILANGIERI, R., Architettura e scultura catalana in Campa-
nia, in: *Boletín de la Sociedad Castellonense de Cultura*, 1930.

FILANGIERI DI CANDIDA, R., La casa di Marino Marzano prin-
cipe di Rossano in Carinola, in: *Miscel·lània Puig i
Cadafalch*, Barcelona 1947–1951, S. 37–40.

FILANGIERI, R., *Castel Nuovo. Reggia angioina ed aragonese
di Napoli*, Neapel 1964.

FLORENSA, A., Il gotico catalano in Sardegna, in: *Bollettino
del Centro Studi per la Storia dell'architettura*, 1961.

FLORENSA, A., La arquitectura catalana en la Italia insular, in:
*Memorias de la Real Academia de Ciencias y Artes de
Barcelona*, 9, 1962, S. 215–224.

FLORENSA, A., El *voltone* de Anagni y nuestro Tinell, in:
Cuadernos de arqueología e historia de la ciudad,
10, 1967, S. 213–220.

FOIS, F. Le mura e le torre medioevali di Oristano. Contri-
buto alla storia delle fortificazioni in Sardegna, in: *VI-
II Congreso de Historia de la Corona de Aragón*, Valencia, 1969, S. 175–189

FORCONI, M.-J., Courants de la Ligurie à la Catalogne entre
la fin du XVe et le début du XVIe siècle: l'exemple
de la Corse, in: Barrucand, M. (Hrsg.), *Arts et culture:
une vision méridionale. 4e congrès national d'archéologie et d'histoire de l'art, Montpellier, 1996*, Montpellier 2001.

FRANCO MATA, A., La „Madonna di Trapani" y su repercusi-
ón en España, in: *Boletín del Seminario de Estudios de
Arte y Arqueología*, 49, 1983, S. 267–282

FRANCO MATA, A., *Escultura gótica española en el siglo XIV
y sus relaciones con la Italia trecentista*, Madrid 1984.

FRANCO MATA, A., Tres copias de la Madonna di Trapani en
el Museo „Camón Aznar" de Zaragoza, in: *Boletín del
Museo e Instituto Camón Aznar*, 24, 1986, S. 5–32.

FRANCO MATA, A., Influenza catalana nella scultura monumentale del Trecento in Sardegna, in: *Arte Cristiana*,
75, 1987, S. 225–246.

FRANCO MATA, A., El Crucifijo de Oristano (Cerdeña) y su
influencia en el área mediterránea catalano-italiana.
Consideraciones sobre la significación y origen del
Crucifijo gótico doloroso, in: *Boletín del Museo e Instituto Camón Aznar*, 35, 1989, S. 5–68.

GIUNTA, F.; Riquer, Martí de; Sans i Travé, Josep Maria
(Hrsg.), *Els catalans a Sicília*, Barcelona 1992

GUDIOL, J.; Alcolea i Blanch, Santiago, *Pintura gótica catalana*, Barcelona 1986.

HERSEY, G.L., *Alfonso II and the artistic renewal of Naples
1485–1495*, New Haven/London 1969.

HERSEY, G.L., *The aragonese arch at Naples 1443–1475*,
New Haven/London 1973.

LACARRA DUCAY, M.C., Benedicto XIII y el arte, in: *Academia. Boletín de la Real Academia de Bellas Artes de
San Fernando*, 80, 1995, S. 213–233.

LALINDE ABADIA, J., *La Corona de Aragón en el Mediterráneo medieval (1229–1479)*, Zaragoza 1979.

LEONE DE CASTRIS, P., *Quattrocento aragonese: la pittura a
Napoli al tempo di Alfonso e Ferrante d'Aragona*, Neapel 1992 (Quaderni di Capodimonte, 12).

LLOMPART, G., *La pintura medieval mallorquina. Su entor-
no cultural y su iconografía*, 4 Bde., Palma de Mallorca 1977–1980.

LLOMPART, G.; Palou, J.M.; Pardo Falcón, J.M.; Ruiz i Quesada, Francesc, *El cavaller i la princesa. El Sant Jordi
de Pere Nisard i la Ciutat de Mallorca*, Ausst.-Kat. Palma de Mallorca: Consell de Mallorca-„Sa Nostra",
2001.

MEREU, S., Per una storia del tardogotico nella Sardegna
meridionale: nuove acquisizioni e documenti d'archivio, in: *Studi Sardi*, 31, 1994–98, S. 451–486.

NATALE, M. (Hrsg.), *El Renacimiento Mediterráneo. Viajes
de artistas e itinerarios de obras entre Italia, Francia
y España en el siglo XV*, Ausst.-Kat., Madrid-Valencia:
Museo Thyssen Bornemisza-Museo de Bellas Artes,
2001.

OLWER, L.N. d', *L'expansió de Catalunya en la Mediterrà-
nia oriental*, Barcelona 1974.

PADRÓS I COSTA, M.R.; Ruiz i Quesada, Francesc; Manote i
Clivilles, Maria Rosa, Italia e Catalogna. Chiavi per
l'avvicinamento alla pittura e scultura gotiche, in: Manote i Clivilles, Maria Rosa (Hrsg.), *Bagliori del Medioevo. Arte Romanica e Gotica dal Museu Nacional
d'Art de Catalunya*, Ausst.-Kat., Venedig 1999,
S. 33–45.

PREVITALI, G., Il sepolcro di Giovanni d'Aragona: un sug-
gerimento, in: Previtali, Giovanni, *Studi sulla scultura*

gotica in Italia. Storia e geografia, Turin 1991, S. 91–102.

PROSKE, B.G., Spanish details in the gothic architecture of Sicily, in: *Notes Hispanic,* 4, 1944, S. 1–35.

REBORA, G.; Rovera, G.; Bocchiotti, G., *Bartolomé Bermejo e il trittico di Acqui,* Acqui Terme 1987.

Retabli. Sardinia: Sacred Art of the fifteenth and sixteenth Centuries. Arte sacra in Sardegna nei secoli XV e XVI, Ausst.-Kat., Cagliari 1993.

ROBOTTI, C., *Palazzo Antignano e l'architettura rinascimentale a Capua,* Neapel 1983.

ROSENMAN, B.Ch., *The royal tombs in the Monastery of Santes Creus,* Ann Arbor 1983.

ROSI, M., *Architettura meridionale del rinascimento,* Neapel 1983.

RUBIÓ, J., Alfons el Magnànim, rei de Nàpols i Daniel Florentino, Leonardo da Bisuccio i Donatello, in: *Miscel·lània Puig i Cadafalch,* Barcelona 1947–1951, S. 25–35.

RUBIÓ Y LLUCH, A., Atenes en temps dels catalans, in: *Institut d'Estudis Catalans. Anuari,* 1, 1907, S. 224–254.

RUBIÓ Y LLUCH, A., Els castells catalans de la Grècia continental, in: *Institut d'Estudis Catalans. Anuari,* 2, 1908, S. 364–425.

SALMI, M., Un monumento della scultura pisana a Barcelona, in: *Miscellanea di Storia dell'arte in onore di Igino Benvenuto Supino, a cura della Rivista d'Arte,* Florenz 1933, S. 125–139.

SANCHEZ REGUEIRA, M., *La arquitectura gótica civil del Levante de España en Sicilia,* Madrid 1956.

SANTORO, L., *Castelli angioini e aragonesi nel regno di Napoli,* Mailand 1982.

SCALESE, T., La chiesa di S. Domenico a Gaeta, in: *Quaderni dell'istituto di storia dell'architettura,* 151–156, 1979, S. 77–90.

SCANO, D., *Storia dell'arte in Sardegna dal XI al XIV secolo,* Cagliari 1907.

SERRA, R., Il Santuario di Bonaria in Cagliari e gli inizi del gotico catalano in Sardegna, in: *Studi Sardi,* 14–15, 1955–1957.

SERRA, R., Contributi all'architettura gotica catalana: il S. Domenico di Cagliari, in: *Bollettino del centro studi per la storia dell'architettura,* 17, 1961, S. 117–127.

SERRA, R., *Pittura e scultura dall'età romanica alla fine del '500,* Nuoro 1990 (Storia dell'arte in Sardegna).

TORRES FONTES, J.; TORRES-FONTES SUÁREZ, C., Los retablos de Bernabé de Módena en la catedral de Murcia y sus donantes, in: *Academia. Boletín de la Real Academia de Bellas Artes de San Fernando,* 84, 1997, S. 87–116.

Un retaule català del monestir del Sinaí, in: *Estudis Universitaris Catalans,* 6, 1912, S. 92–94.

WAADENOIJEN, J. van, *Starnina e il gotico internazionale a Firenz,* Florenz 1983.

YARZA LUACES, J., La Bibbia di Carlo V nella Cattedrale di Gerona, in: Pace, Valentino; Bagnoli, Martina (Hrsg.), *Il Gotico europeo in Italia,* Neapel 1994, S. 415–427.

ARCHITEKTUR UND MODERNITÄT AM BEGINN DER RENAISSANCE

1 Vgl. G. SPAGNESI, *Progetto e architetture del linguaggio classico (XV–XVI secolo),* Mailand 1999, S. 9. In dem Band wird das hier zusammenfassend angesprochene Thema sehr luzide in dem umfassenden Einleitungsessay diskutiert (S. 9–29). Darin richtet der Autor den Blick an erster Stelle auf die Ergebnisse der italienischen kritischen Philologie zum klassischen Erbe in der Zeitspanne von Brunelleschi bis Donato Bramante. Dabei werden die grundlegenden Beiträge von Leon Battista Alberti, Francesco di Giorgio Martini und Leonardo einbezogen. Zudem wird die noch heute sehr verbreitete herabmindernde Interpretation der Renaissance, insbesondere des Werks von Brunelleschi gebrandmarkt, das nur verstanden wird als „Wiederentdeckung der architektonischen Ordnungen der Antike". Von daher stammten nach dem Autor die zeitgenössische antiklassische Einstellung und die Bevorzugung der Gotik, die in der zweiten Hälfte des 19. Jahrhunderts und den ersten Jahrzehnten des 20. Jahrhunderts aufkamen. Die Pioniere der Modernen Bewegung in der Architektur hätten in der Überwindung eines derart herabgeminderten Klassizismus „die Erneuerung der Regeln der Darstellung und der Kontrolle des architektonischen Raumes angepackt und dabei die Aufhebung der Ordnungen und die nur zum Teil gelungene Überwindung der traditionellen Bautypen bekräftigt." (vgl. S. 12).

2 Zum Thema der Architekturmodelle der Renaissance vgl. H.A. Millon, I modelli architettonici nel Rinascimento, in: [Sammelband] *Rinascimento da Brunelleschi a Michelangelo. La rappresentazione dell' architettura* (hrsg. von H.A. Millon; V. Magnago Lampugnani), Mailand 1994, S. 19–121.

3 Vgl. M. CARPO, *L'architettura dell'età della stampa. Oralità, scrittura, libro stampato e riproduzione meccanica dell'immagine nella storia delle teorie architettoniche,* Mailand 1998 (mit Bibliografie).

4 Vgl. G. DUBY, Il Mediterraneo nella storia della cultura europea, in: G. Duby (Hrsg.), *Gli ideali del Mediterraneo,* Messina 2000, S. 18.

5 Ebda., S. 19.

6 Interessante Betrachtungen zum Thema bei Mario Carpo, *La maschera e il modello. Teoria architettonica ed evangelismo nell'Extraordinario Libro di Sebastiano Serlio,* Mailand 1993.

7 Vgl. B. BASDEVANT, *Storia moderna 1420–1799,* Mailand 1993, S. 17.

8 Die – hier zusammengefasst aufgenommenen – Begriffe zur Beziehung zwischen gotischer Baustelle und Entstehung des zeitgleichen baulichen Denkens werden im Einzelnen dargelegt in: S. Mecca; R. Sernicola, *Progetto e cantiere al tempo delle cattedrali. La cultura tecnologica nel progetto delle cattedrali,* doc. 2–93, Rapporto finale della ricerca, Università degli Studi di Firenze, Dipartimento di Processi e Metodi della Produzione Edilizia, Florenz 1993, S. 7, 8, 10. Dort findet sich auch eine umfassende Bibliografie. Die heute zur Verfügung stehenden grundlegenden Texte zur gotischen Baustelle sind: J.S. Ackermann, Ars sine scientia nihil est. Gothic Theory of Architecture at the Cathedral of Milan, in: *The Art Bulletin,* Nr. 31, 1949, S. 84–111; P. Booz, *Der Baumeister der Gotik,* München/Berlin 1956; P. du Colombier, *Les Chantiers des cathédrales,* Paris 1973; J. Gimpel, *Costruttori di cattedrali,* Mailand 1982; A. Erlande-Brandenburg (Hrsg.), *Villard de Honnecourt: disegni dal manoscritto conservato alla Bibliothèque Nationale di Parigi,* Mailand 1988; R. Cassanelli (Hrsg.), *Cantieri medievali,* Mailand 1995; V. Ascani, *Il Trecento disegnato: le basi progettuali dell'architettura gotica in Italia,* Rom 1997; R. Recht, *Il disegno d'architettura. Origini e funzioni,* Mailand 2001.

9 Zur Statik des Mailänder Doms nach den kürzlich vorgenommenen Restaurierungsmaßnahmen an den Pylonen des Tiburio vgl. C. Ferrari da Passani, *Il Duomo Rinato. Storia e tecnica del restauro statico dei piloni del tiburio del Duomo di Milano,* Veneranda Fabbrica del Duomo, Diakronia, Vigevano 1988. Dort (S. 37–38) werden auch die Begriffe der Maßnahmen von Mignot zwischen 1399 und 1401 erklärt.

10 „Frankreich, Paris, gab den Anstoß zur großen Strömung des Realismus, der sich im 15. Jahrhundert zu einer Zeit durchsetzte, da Italien, noch ganz in der Gotik befangen, noch auf seine Ghiberti und Donatello wartete und sich seit fünfzig Jahren mit giottesken Wiederholungen aufhielt" (übers. von H. Schareika). Vgl. L. GILLET, *Histoire de l'art français,* Abbaye Sainte-Marie de la Pierre-qui-vire (Yonne) 1977, S. 306.

11 Zur allgemeinen Einordnung der Verbreitung des Renaissance in Europa vgl. P. Murray, *Architettura del Rinascimento,* Mailand (Originalausgabe London 1965), S. 317–364.

12 Vgl. J. PLAZAOLA, *Arte cristiana nel tempo. Storia e significato.* Bd. 1: *Dall'antichità al Medioevo,* San Paolo, Cinisello Balsamo (Mailand) 2001, S. 516.

13 Vgl. R. ASSUNTO, *La città di Anfione e la città di Prometeo. Idee e poetiche della città,* 2. Aufl., Mailand 1997, S. 5 der Anmerkungen zu den Illustrationen.

14 Ebda., S. 66.

15 Ebda., S. 67f.

16 Vgl. V. FRANCHETTI PARDO, Le città ideali, in: ders., *Città, architetture, maestranze tra tarda antichità ed età moderna,* Mailand 2001, S. 329.

17 Vgl. L. BENEVOLO, *Lo scenario della città,* Mailand 1993, S. 49.

18 Ebda., S. 80.

19 Vgl. G. SPAGNESI, *Progetto e architetture del linguaggio classico (XV–XVI secolo),* a.a.O., S. 13.

20 Vgl. L.B. ALBERTI, *L'architettura (De re aedificatoria),* lat. Text und Übersetzung hrsg. von G. Orlandi, Einführung und Anmerkungen von P. Portoghesi, 2 Bde., Mailand 1966. Das Thema Stadt wird umfassend sowohl in Band 1 als auch in Band 2 an mehreren Stellen behandelt.

21 Ebda, vgl. die umfassenden Beobachtungen in der Einführung von P. Portoghesi.

22 Vgl. A. MANETTI, *Vita di Filippo Brunelleschi, preceduta da La novella del Grasso,* Mailand 1976, S. 64f.

23 Interessante Informationen zur Baustelle der Renaissance und den Maschinen in: D. Lambertini, Costruzione e cantiere: le macchine, in: [Sammelband] *Rinascimento da Brunelleschi a Michelangelo,* a.a.O., S. 478f. Besonders wird daran erinnert, dass die Gesamtheit der Baumaschinen, die im Wesentlichen auf dem Hebelprinzip basierten, von Brunelleschi weiterentwickelt wurden, in vielen zeitgenössischen Zeichnungen überliefert ist. Die wichtigste Zusammenfassung der technischen Kultur der Zeit bietet die Abhandlung *De ingeneis* des Sieneser Mariano di Jacopo Vanni (1381–1453), genannt Taccola, Freund von Brunelleschi. Das Werk eröffnete die Abhandlungen der Renaissance zur Ingenieurskunst. Mit Brunelleschi war Taccola der Stammvater der Dynastie der toskanischen Ingenieurskünstler, deren Höhepunkt Francesco di Giorgio Martini und Leonardo da Vinci bildeten.

24 Vgl. A. MANETTI, a.a.O., S. 66.

25 Ebda., S. 69.

26 Vgl. S. DI PASQUALE, *L'arte del costruire tra conoscenza e scienza,* Venedig 1996, S. 15.

27 Zu den Modellen für die Kuppel von Santa Maria del Fiore vgl. H.A. Millon, a.a.O., außerdem M. Scolari und andere: La cupola e la lanterna del Duomo di Firenze, in: [Sammelband] *Rinascimento da Brunelleschi a Michelangelo,* a.a.O., S. 585–599.

28 Vgl. S. DI PASQUALE, a.a.O., S. 42f.

29 Zu diesem Thema vgl. den informativen Text von Di Pasquale, a.a.O.

30 Vgl. C. THOENES, Postille sull'architetto nel De re aedificatoria, in: [Sammelband] *Leon Battista Alberti. Architettura e cultura,* Florenz 1999, S. 31.

ABBILDUNGSNACHWEIS